U0524738

中国社会科学院
经济研究所
INSTITUTE OF ECONOMICS

经济所人文库

史志宏集

中国社会科学院经济研究所学术委员会 组编

中国社会科学出版社

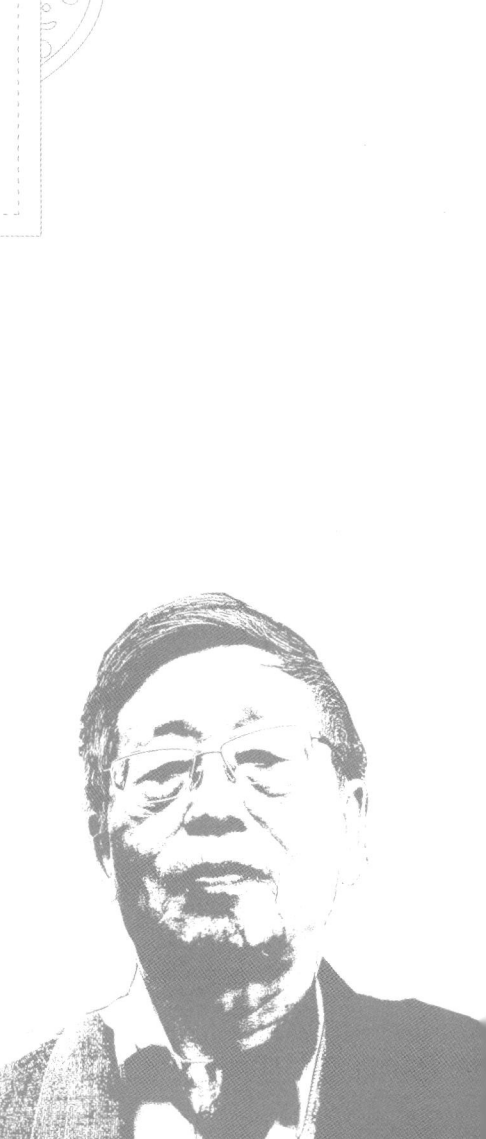

图书在版编目（CIP）数据

史志宏集/中国社会科学院经济研究所学术委员会组编.
—北京：中国社会科学出版社，2022.5
（经济所人文库）
ISBN 978-7-5203-9823-7

Ⅰ.①史… Ⅱ.①中… Ⅲ.①中国经济史—文集
Ⅳ.①F129-53

中国版本图书馆 CIP 数据核字（2022）第 035225 号

出 版 人	赵剑英
责任编辑	王 曦
责任校对	赵雪姣
责任印制	戴 宽
出 版	中国社会科学出版社
社 址	北京鼓楼西大街甲 158 号
邮 编	100720
网 址	http://www.csspw.cn
发 行 部	010-84083685
门 市 部	010-84029450
经 销	新华书店及其他书店
印刷装订	北京君升印刷有限公司
版 次	2022 年 5 月第 1 版
印 次	2022 年 5 月第 1 次印刷
开 本	710×1000 1/16
印 张	22
字 数	322 千字
定 价	126.00 元

凡购买中国社会科学出版社图书，如有质量问题请与本社营销中心联系调换
电话：010-84083683
版权所有 侵权必究

中国社会科学院经济研究所
学术委员会

主　任　高培勇

委　员　（按姓氏笔画排序）

　　　　龙登高　朱　玲　刘树成　刘霞辉
　　　　杨春学　张　平　张晓晶　陈彦斌
　　　　赵学军　胡乐明　胡家勇　徐建生
　　　　高培勇　常　欣　裴长洪　魏　众

总　序

作为中国近代以来最早成立的国家级经济研究机构，中国社会科学院经济研究所的历史，至少可上溯至1929年于北平组建的社会调查所。1934年，社会调查所与中央研究院社会科学研究所合并，称社会科学研究所，所址分居南京、北平两地。1937年，随着抗战全面爆发，社会科学研究所辗转于广西桂林、四川李庄等地，抗战胜利后返回南京。1950年，社会科学研究所由中国科学院接收，更名为中国科学院社会研究所。1952年，所址迁往北京。1953年，更名为中国科学院经济研究所，简称"经济所"。1977年，作为中国社会科学院成立之初的14家研究单位之一，更名为中国社会科学院经济研究所，仍沿用"经济所"简称。

从1929年算起，迄今经济所已经走过了90年的风雨历程，先后跨越了中央研究院、中国科学院、中国社会科学院三个发展时期。经过90年的探索和实践，今天的经济所，已经发展成为以重大经济理论和现实问题为主攻方向、以"两学—两史"（理论经济学、应用经济学和经济史、经济思想史）为主要研究领域的综合性经济学研究机构。

90年来，我们一直最为看重并引为自豪的一点是，几代经济所人孜孜以求、薪火相传，在为国家经济建设和经济理论发展作出了杰出贡献的同时，也涌现出一大批富有重要影响力的著名学者。他们始终坚持为人民做学问的坚定立场，始终坚持求真务实、脚踏实地的优良学风，始终坚持慎独自励、言必有据的学术品格。他们是经济所人的突出代表，他们的学术成就和治学经验是经济所最宝贵的财富。

抚今怀昔，述往思来，在经济所迎来建所90周年之际，我们编选出版《经济所人文库》（以下简称《文库》），既是对历代经济所人的纪念和致敬，也是对当代经济所人的鞭策和勉励。

《文库》的编选，由中国社会科学院经济研究所学术委员会负总责，在多方征求意见、反复讨论的基础上，最终确定入选作者和编选方案。

《文库》第一辑凡40种，所选作者包括历史上的中央研究院院士、中华人民共和国成立后的中国科学院学部委员、中国社会科学院学部委员、中国社会科学院荣誉学部委员、历任经济所所长以及其他学界公认的学术泰斗和资深学者。

《文库》第二辑共25种，在延续第一辑入选条件的基础上，第二辑所选作者包括经济所学术泰斗和资深学者，中国社会科学院二级研究员，经济所学术委员会认定的学术带头人。

在坚持学术标准的前提下，同时考虑的是入选作者与经济所的关联。他们中的绝大部分，都在经济所度过了其学术生涯最重要的阶段。

《文库》所选文章，皆为入选作者最具代表性的论著。选文以论文为主，适当兼顾个人专著中的重要篇章。选文尽量侧重作者在经济所工作期间发表的学术成果，对于少数在中华人民共和国成立之前已成名的学者，以及调离经济所后又有大量论著发表的学者，选择范围适度放宽。为好中选优，每部文集控制在30万字以内。此外，考虑到编选体例的统一和阅读的便利，所选文章皆为中文著述，未收入以外文发表的作品。

《文库》每部文集的编选者，大部分为经济所各学科领域的中青年学者，其中很多都是作者的学生或再传弟子，也有部分系作者本人。这样的安排，有助于确保所选文章更准确地体现作者的理论贡献和学术观点。对编选者而言，这既是一次重温经济所所史、领略前辈学人风范的宝贵机会，也是激励自己踵武先贤、在学术研究道路上砥砺前行的强大动力。

《文库》选文涉及多个历史时期,时间跨度较大,因而立意、观点、视野等难免具有时代烙印和历史局限性。以现在的眼光来看,某些文章的理论观点或许已经过时,研究范式和研究方法或许已经陈旧,但为尊重作者、尊重历史起见,选入《文库》时仍保持原貌而未加改动。

《文库》的编选工作还将继续。随着时间的推移,我们还会将更多经济所人的优秀成果呈现给读者。

尽管我们为《文库》的编选付出了巨大努力,但由于时间紧迫,工作量浩繁,加之编选者个人的学术旨趣、偏好各不相同,《文库》在选文取舍上难免存在不妥之处,敬祈读者见谅。

入选《文库》的作者,有不少都曾出版过个人文集、选集甚至全集,这为我们此次编选提供了重要的选文来源和参考资料。《文库》能够顺利出版,离不开中国社会科学出版社领导和编辑人员的鼎力襄助。在此一并致谢!

一部经济所史,就是一部经济所人以自己的研究成果报效祖国和人民的历史,也是一部中国经济学人和中国经济学成长与发展历史的缩影。《文库》标示着经济所90年来曾经达到的学术高度。站在巨人的肩膀上,才能看得更远,走得更稳。借此机会,希望每一位经济所人在感受经济所90年荣光的同时,将《文库》作为继续前行的新起点和铺路石,为新时代的中国经济建设和中国经济学发展作出新的更大的贡献!

是为序。

于 2019 年 5 月

编者说明

《经济所人文库》所选文章时间跨度较大，其间，由于我国的语言文字发展变化较大，致使不同历史时期作者发表的文章，在语言文字规范方面存在较大差异。为了尽可能地保持作者个人的语言习惯、尊重历史，因此有必要声明以下几点编辑原则：

一、除对明显的错别字加以改正外，异形字、通假字等尽量保持原貌。

二、引文与原文不完全相符者，保持作者引文原貌。

三、原文引用的参考文献版本、年份等不详者，除能够明确考证的版本、年份予以补全外，其他文献保持原貌。

四、对外文译名与今译名不同者，保持原文用法。

五、对原文中数据可能有误的，除明显的错误且能够考证或重新计算者予以改正外，一律保持原貌。

六、对个别文字因原书刊印刷原因，无法辨认者，以方围号□表示。

作者小传

史志宏，男，1949年生于北京，1988年进入经济所工作。

史志宏是"六八届老高中生"，"文化大革命"期间曾在北京一家街道小厂做模具钳工。1978年国家恢复高考，史志宏以高分考入北京大学哲学系就读本科，次年又以明清史专业第一名的成绩考为同校历史系研究生，师从著名清史专家商鸿逵教授攻读清史，1982年获历史学硕士学位。北大毕业后，被分配到中国第一历史档案馆工作。1985年，考入中国社会科学院研究生院经济系，师从著名经济史学家李文治先生专攻中国农业经济史，1988年获经济学博士学位并于同年入所工作。1994年4月至12月、1997年4月至12月和2000年10月至2001年10月，曾分别在英国伦敦大学亚非学院（SOAS）和荷兰莱顿大学汉学研究院做访问学者并进行合作研究。在经济所工作期间，历任助理研究员、副研究员、研究员兼研究生院教授、博导。2011年退休。从1993年起享受国务院政府特殊津贴。

史志宏在经济所的主要工作是参加所在研究室承担的国家社科基金"八五"规划重点项目"中国近代经济史（1895—1927）"及其续作、国家社科基金"九五"规划重点项目"中国近代经济史（1927—1937）"课题组，负责其中"财政与内债"部分的研究与写作（两书已由人民出版社于2000年、2010年出版）。1996—2000年，牵线并促成由荷兰教育与科学部资助的经济所与荷兰莱顿大学汉学研究院合作进行的第四次"无锡、保定农村经济调查"项目，是项目课题组的领导核心成员之一。此外，还曾主编《中国经济发展史》（中国经济出版社1999年版）第三册（明代编和清代前期编);参与《中国封建社会经济史》(齐鲁书社、文津出版社1996年版)、《中国农业通史·明清卷》(中国农业出版社2016年版)、《中国大通史·清》(学苑出版社2018年版)以及《中国大百科全书》《中国历史大辞典》《中国历代官制大辞典》等大型集体著作的撰写;主持国家社科基金重点项目"十九世纪中期的中国经济总量估值研究"、国家社科基金重大项目"近代中国经济统计研究"之子课题"近代中国农业经济统计研究"及中国社会科学院的一项重点课题和一项老年科研基金课题。已出版的学术专著有《清代前期的小农经济》(中国社会科学出版社1994年版)、《清代户部银库收支和库存统计》(福建人民出版社2008年版)、《晚清财政:1851—1894》(与徐毅合作,上海财经大学出版社2008年版)、《清代农业的发展和不发展(1661—1911年)》(社会科学文献出版社2017年版)。英文学术专著有:*Central Government Silver Treasury: Revenue, Expenditure and Inventory Statistics, 1667—1899*,荷兰Brill出版社2016年出版;*Agricultural Development in Qing China: a Quantitative Study, 1661—1911*,荷兰Brill出版社2017年出版。发表过中英文学术论文数十篇。

　　史志宏自幼酷爱读书,"文化大革命"初期,作为"逍遥派"曾有一年时间(1967年)日日怀揣两个烧饼为午餐,奔波于文津街北京图书馆、国子监街首都图书馆之间,上午北图,下午首图,伏案阅读,自得其乐。彼时所读之书不拘门类,哲学、历史、中外文学名著、古今名人传记乃至生物学、地理学、比较语言学、古诗词格律学著作,只要开放,兴之所至,皆一一借阅,虽囫囵吞枣,亦从此打下了广博的学识基础。1971年到工厂做工后,每逢周四厂休日,除向著名翻译家陈泽宪先生学习英语外,必赴国子监首都图书馆借书,且不时到琉璃厂中国书店的内部书店及西四、东单、王府井各大旧书店淘书,偶有所得,则喜不自胜,菲薄的工资,半耗于此。时著名红学家周汝昌先生从干校回京,奉命重新修订1954年旧版《红楼梦新证》,因商榷曹雪芹家世,史志宏与周先生结识,常对面请教,并不时有书信诗文往还,亦师亦友,受影响颇深。在北大求学期间,除在各系广泛听课外,其余大部时间都消耗在校图书馆尤其是其收藏甚丰的善本书室,举凡清代官修实录、政书、地方志,以及名宦奏牍、时人文集、笔记、家谱、碑传等历史文献,均广为涉猎,为日后治学打下了扎实的史料基础。在中国第一历史档案馆工作期间,又大量阅读并摘录明清档案文书,史料积累更上层楼。

史志宏治学,牢记"坐冷板凳""多读书、多积累、不熟悉的问题不发言""厚积薄发,不急于发表文章""言必有据""论从史出"这些当年将其引入史学研究之门的北大恩师商鸿逵教授的谆谆教导,将其视为一辈子都必须遵循的座右铭。文章、论著不求其多,下笔定要言之有物,务求较之前人研究有新的发现、新的贡献;不炒冷饭、不发大而无当之言,是其为文自我要求的最低准则。

回顾一生,史志宏曾这样总结为学心得:"读书宜博,博则视野开阔;考史宜慎,慎则不至漏洞百出;厚积薄发,切忌浮躁;博采众长,永不故步自封。"(引自传主学术自传)此言,既是其学术人生的自我精准写照,亦可作为后来治学者前行的有益警句格言。

退休以后,史志宏仍笔耕不辍,时有新作问世,钻坚仰高,务求竿头日进。所谓老骥伏枥,此之谓也!

目　录

论清代的摊丁入地 …………………………………………… 1

中国传统社会的经济结构与农业发展 …………………… 83

20世纪三四十年代华北平原农村的土地分配及其变化
　　——以河北省清苑县4村为例 …………………………… 92

20世纪三四十年代华北平原农村的租佃关系和雇佣关系
　　——以河北省清苑县4村为例 ………………………… 121

20世纪三四十年代华北平原农村土地以外主要生产资料的
　　占有状况
　　——以河北省清苑县4村为例 ………………………… 142

明及清前期保守主义的海外贸易政策 ………………… 160

明及清前期保守主义的海外贸易政策形成的
　　原因及历史后果 ……………………………………… 176

无锡、保定农村调查的历史及现存无、保资料概况 …… 192

清朝前期财政概述 ……………………………………… 213

关于中国历史GDP研究的点滴思考 ……………………… 271

清代农业生产指标的估计 ……………………………… 277

清代农业生产指标研究的缘起、数据和方法
　　——《清代农业的发展和不发展（1661—1911年）》
　　一书导言节录 ………………………………………… 323

编选者手记 ……………………………………………… 332

论清代的摊丁入地

前　言

摊丁入地是清代前期（主要在雍正年间）实施的一项重要的赋役制度变革，其内容是把丁银摊入田赋，即把人头税并入土地税。

以人户、丁口为对象的征税课役是地主政权对劳动者直接实施的超经济强制，是封建人身依附关系在我国特色封建制度下的一种表现形式，亦即马克思所说的"直接的统治关系和从属关系"①。在历史上，它一直是强加于劳动者，特别是广大农民身上的最苛扰、最痛苦的负担之一。自唐中叶均田制逐渐崩坏起，随着地主土地所有制的扩张，原来在农业生产中占优势地位的自耕农日益破产和佃农化，以及随着地主土地所有制扩张引致的封建人身依附关系的日渐松解，这种国家对劳动者"直接的统治关系和从属关系"越来越不适应历史发展的要求，逐渐成为封建经济进一步前进的严重阻碍。经过唐代的两税法改革和明代的一条鞭法改革，田赋渐成为国家赋税征敛的重点，对人口征课的比重趋于缩小，力役签派也逐渐为征银雇役所代替。清代的摊丁入地将明代一条鞭法改革遗留下来的人头税即按人丁征银的制度彻底废止，最后完成了役并于赋、人头税归入土地税这一封建后期赋役制度变革的历史进程。

从"税人"与"税地"并行的二元化税制转变到单一的土地税

---

① 《马克思恩格斯全集》第23卷，人民出版社1972年版，第371页。

制意味着封建国家放松了对劳动者（主要是农民）直接的人身束缚，不再同地主争夺劳动人手，从而使赋税制度完全建立在"农夫输于巨室，巨室输于州县"①这种比较单纯的地租再分配形式的基础之上。这是与中国封建社会后期土地占有关系的现状相适应的，对保护农业劳动力、促进封建经济和当时已经出现的资本主义萌芽的发展，无疑具有历史进步的意义。

"赋税是政府机器的经济基础"②，而作为一定的赋税制度的经济基础的，则是当时的生产关系。因此，研究一定时代的赋税制度，对于了解那个时代的经济、政治制度和阶级关系是必不可少的。而在以往的中国封建时代赋役制度的研究中，对摊丁入地的研究十分薄弱，远不能与对两税法、一条鞭法的研究相比。有感于此，我选择了这个专题。

在接触史料和形成观点的过程中，导师商鸿逵教授自始至终进行了深入具体的指导，许大龄老师，中国社会科学院经济研究所的李文治、彭泽益老师，历史研究所的郭松义老师，中国人民大学清史研究所的李华、潘喆老师等，也给予了很多帮助，在此一并感谢。

笔者深知尽管尽了最大努力，但囿于自己的学识能力和理论水平，本文必仍存在许多不足乃至错误之处，诚恳地期盼各位专家、老师指谬。

一 摊丁入地的历史背景

1. 清初的土地集中和地主身份地位、封建人身依附关系的变化

一定的赋役制度是在一定的生产关系的基础之上建立和运作的，它的发展变化也总是同生产关系方面的变动密切相关，这是已为整个中国古代赋役制度的历史演进所证明了的。因此，考察清代摊丁入地改革的历史背景，不能仅仅局限于从赋役制度本身去发现问题、

---

① 王柏：《鲁斋集》卷7《赈济利害书》，载《丛书集成初编》。
② 《马克思恩格斯选集》第3卷，人民出版社1972年版，第22页。

追溯渊源，而必须揭示其同当时生产关系变化的内在关联。

清代前期生产关系变化的主要特点是：在度过了最初几十年的经济恢复阶段之后，大约从康熙中后期起，随着土地集中的发展，失地农民日渐增多；同时，在地主土地所有制的发展演进中，随着庶民地主地位的增强，出现了封建人身依附关系日渐松弛的趋势。这些，都对我们所要讨论的清初从明代继承下来的丁银制度发生了直接的影响，是摊丁入地改革的经济背景。

经过轰轰烈烈的明末农民大起义，明王朝的宗室藩王和缙绅大地主势力受到扫荡，一部分土地回到了农民手中，因此，在清初的一段时间里，明中期以后高度发展起来的土地集中现象有所改变。但这种局面并未维持很久。康熙中期以后，随着社会经济的恢复和发展，土地兼并再次出现，许多农民又失去了土地。

在没有受到明末农民起义直接冲击的东南沿海省份，土地的兼并集中出现得较早，集中的程度也比较高。特别是在土地膏腴、经济发达的江南地区，由于那里的缙绅大地主势力没有受到根本触动，基本保存了昔日的经济实力，加之地狭人稠，明代土地高度集中的状况原本就没有得到多大改善，入清以后就发展得更加严重。据史料记载，在松江上海等县，还当顺治之初就"人争置产"，到康熙十几年间出现了"一户而田连数万亩，次则三、四、五万至一、二万"的大地主，远远超过了明末"缙绅富室，最多不过数千亩"的规模，被时人称为"田产之一变"。① 其时，江南的缙绅官僚之家动辄买田数千亩、十万亩、一百万亩②。这种疯狂的土地扩张使得江南地区在康熙中叶就已经土地高度集中，"小民有田者少，佃户居多"③。东南地区的其他地方也大致类是。江北淮扬地区占人口仅十分之一的"富民"，"坐拥一县之田"④；浙江汤溪"农多佃富室之田……其有

---

① 叶梦珠：《阅世篇》卷1《田产一》。
② 参见钱泳《履园丛话》卷1《旧闻·王永康》；王先谦《东华录》，康熙二十八年九月壬子、十月癸未等条。
③ 《清圣祖实录》卷230，康熙四十六年七月戊寅。
④ 盛枫：《江北均丁说》，载《皇朝经世文编》卷30《户政五》。

田而耕者什一而已"①；福建侯官县康熙时一次编审，"豁无田穷丁三千二百七十二丁"②；大学士李光坡的家乡安溪县"富者田连阡陌""贫者粮无升合"③；等等。这些在广大区域里大量出现的记载，足证当时东南各省土地集中，农民普遍失地并佃农化的情景。

  康熙中期以后，由于各地经济普遍步入恢复和发展的轨道，土地收益明显提高，大大刺激了地主阶级扩充土地的欲望，土地的兼并和集中就到处都有了明显的表现。"土地则屡易其主，耕种不时"④，"年来有田者或自有而之无，无田者或自无而之有"⑤——出自当时文献的这类记载，说明土地转手频繁，兼并正在进行。在土地问题比较严重的山东，康熙二十年已经有了"势豪侵占良民田产"引发的农民大量逃亡现象⑥，到四十年，就完全是"田野小民，俱系与有身家之人耕种"⑦的景象了。康熙四十三年，皇帝描述他巡幸过的北方和东部七省情形说："田亩多归缙绅之家"，"计小民有恒业者十之三四耳，余皆赁地出租"⑧。可见，当时北方地区的土地集中已很普遍，有相当多的农民失去土地了。在南方各省的地方志中，这一时期也不断出现"生齿日繁""世风渐靡""有有田之农，有无田之农""贫者佃富人之田众"之类的记载。有地数百亩、数千亩，年食租数百石、上千石的地主，各地都不少见。

  在明末清初遭受战争严重破坏，土旷人稀的西北、西南各省，康熙后期，也因"人民渐增，开垦无遗"⑨而发生了土地问题。当初清政府在这些地方大力推行招徕流民垦荒的政策并不只是造成了大批自耕农。垦荒需要资本，而这正是贫苦农民所缺乏的。清政府迫于"招

---

① 乾隆《汤溪县志》卷1《地舆志·风俗》引康熙旧志。
② 乾隆《天门县志》卷14《宦绩列传·龚廷飏》。
③ 李光坡：《答曾邑侯问丁米均派书》，载《皇朝经世文编》卷30《户政五》。
④ 康熙《栖霞县志·序》。
⑤ 康熙《孝感县志》卷12《风俗》。
⑥ 《清圣祖实录》卷116，康熙二十三年七月己丑。
⑦ 《清圣祖实录》卷214，康熙四十二年八月甲申。
⑧ 《清圣祖实录》卷215，康熙四十三年正月辛酉。
⑨ 《清圣祖实录》卷249，康熙五十一年二月壬午。

俫无资",为迅速取得成效,实行了"激劝有力人户,招俫耕种"的方针①。事实上,清初一些地方的所谓垦荒,许多是农民"借绅衿报垦耕种,自居佃户"②。所以,即使在这些省份,也仍然是地主土地所有制下的租佃关系占主导地位,只不过由于土旷人稀,土地问题相对而言不那么突出就是了。但从康熙晚期起,情况也发生了变化。雍正初,陕西兰州按察使李元英奏报甘肃情形说,当地有产之丁"居十之六七",无产之丁"居十之二三"③,无产的农民已经有了相当大的比例。在四川,由于人口渐多,土地竞争激烈,田价由清初的每亩值银"不过数钱"上涨到"数两不等"④。巴县富者"华屋连云,腴田绝众"⑤。云南也随着"粮有定额,荒已垦熟"而出现了"殆无虚日"的田产纷争⑥,有的地方"田地半入绅衿衙役之家"⑦。这些情况说明,西北、西南各省也在走上土地集中、农民失地破产的道路。

当然,就全国多数地区而言,康熙时期的土地集中还没有达到明末那样严重的程度,但农民失地和佃农化的现象无疑已经普遍出现。表1是笔者根据直隶获鹿县康熙四十五年和五十五年两次编审的部分审册⑧数据做出的统计⑨。

表1　　　　康熙后期获鹿县19个甲土地占有情况统计

户丁别	户丁数（户）	占户丁总数的比例（%）	户丁占地（亩）	占总土地数的比例（%）
占地100亩以上	67	1.9	18731	30.0
占地60—99亩	67	1.9	4929	7.9

---

① 徐旭龄：《安流民以弭盗疏》，载《皇朝经世文编》卷34《户政九》。
② 《清高宗实录》卷175，乾隆七年九月乙酉。
③ 参见雍正《朱批谕旨》第20册，雍正六年李元英奏折。
④ 《清朝文献通考》卷2《田赋考二》。
⑤ 乾隆《巴县志》卷14《艺文·论风俗（佚名）》。
⑥ 杨名时：《杨氏全书》卷17《条陈滇省事宜疏》。
⑦ 康熙《禄丰县志》卷3《艺文·王毓奇〈诡寄滥免碑记〉》。
⑧ 文中"审册"与"编审册"混用不作统一。——编者注
⑨ 为保持著者行文原貌，文中涉及的图表样式、数据除有考证外均不作修改。全书下同。

续表

户丁别	户丁数	占户丁总数的比例（%）	户丁占地（亩）	占总土地数的比例（%）
占地30—59亩	316	9.1	12804	20.5
占地10—29亩	1131	32.5	20064	32.1
占地10亩以下	1251	35.9	5934	9.5
无地户丁	648	18.6	0	0
合计	3480	100	62462	100

注：表中数据经过四舍五入处理。下表同。
资料来源：据获鹿县康熙四十五年编审同治社下五甲、龙贵社五甲审册，康熙五十五年编审在城社二、七、八、十甲，永壁社二、三、四、六、八、九、十甲，甘子社八甲，任村社十甲审册。按据原审册编例，各甲每户均只按一丁登录，各户名下的土地数系政府征税的"粮地"数而非实际耕地数（粮地数系按当地上、中、下地的分类标准各按一定比例折合而成）。

如表1所示，有地60亩以上的富裕户丁和地主（按当地情况，占地100亩以上的户丁就可以依靠租地生活，因此可以算作地主）仅占19个甲户丁总数的3.8%，却拥有全部土地的37.9%；地数不足10亩的贫苦户丁占总户丁数的35.9%，仅有9.5%的土地；18.6%的户丁完全没有土地。后两类户丁合计，共占户丁总数的54.5%，即有一半以上的户丁处在缺地少地的状态。占地10—59亩的处在中间状态的两档户丁，从表中看出，多数分布在占地10—29亩一档里，占地30—59亩的中上等户丁比例很小。根据当时北方地区的生产水平，其实这些占地不足30亩的中等户丁有相当一部分仍然是占地不足的。如顺治《临颖县志》载："以今日论，一夫之所耕不能四十亩，计其饮食工价不下二十石，加以牛具籽种，一岁所收不足以偿其所出矣。"① 在笔者的原始统计里，占地10—29亩的中等偏下户丁在户丁总数中的占比，各甲普遍在20%以上。如果把这部分户丁与占地不足10亩及完全无地的赤贫户丁合算，则他们的总数要占全部户丁的70%—80%。在一些绅衿地主和富裕户丁集中的甲里，情况还要严重得多。如龙贵社五甲，占总户丁8.3%的地主垄断了全甲

---

① 顺治《临颖县志》卷3《赋役》。

65.4%的土地，中等户丁和贫苦户丁只分别有14.3%和2.4%的土地。

上举获鹿县编审册的统计结果应具有普遍意义。康熙帝说北方和东部七省"小民有恒业者十之三四"，李元英说甘肃无产之丁"居十之二三"，都同上面的统计结果相符合。对今日尚存的康熙五十五年安徽休宁县4个甲残损编审册的统计也证明了这一点。此4甲共计243户，除一户有地71.8亩外，其余占地都在40亩以下，可以认为全部是农民。统计结果如表2所示。

表2　　　　　　　　休宁县4个甲土地占有情况统计

户别	户数（户）	占总户数的比例（%）
占地71.8亩	1	0.4
占地20—40亩	22	9.1
占地10—19亩	62	25.5
占地5—9亩	41	16.9
占地5亩以下	117	48.1
合计	243	100

资料来源：据休宁县4个甲的编审册。原册题为"康熙伍拾伍年份尊奉颁式丁口税亩编审红册"，未详何处编审。但册内有左满右汉阳文县印，汉文看不清，满文为"休宁县印"之意。册载田亩数系指折实税亩数。

表内多数户占地不足10亩，近一半户在5亩以下，土地问题是很严重的。

大量农民失去土地，康熙中后期农村土地关系的这种变化与清初沿袭的丁银制度存在着尖锐的矛盾。丁银制度是以人丁为征课对象的赋税制度。按照清制，男子年16—60岁为"丁"，无论贫富，原则上都必须向政府缴纳丁银：不分等则一条鞭征收的地方，贫富人丁平均负担；分等则的地方，虽按丁、粮多少划定丁则，各等则人丁征银轻重不同，但即便无粮之丁，亦需缴纳丁银。由于农民人丁总数远比地主要多，按人征丁的结果必然是无地少地的农民反而成为国家丁税的主要承担者。绅衿地主的特权优免、无优免权的地主在编审中勾连地方官吏脱免舞弊行为的普遍存在，使得农民的负担更加沉重。"有地之家田连阡陌,所输丁银无几;贫民粮仅升合,所输丁银独多"①,"按人征丁,实为穷民世累"②。关于丁银负担贫富不均的情形,下节将详细讨论,这里只指出:如果说当清初许多农民还保留着一小块土地的时候,丁银征收的严重不均农民还能勉强负担,那么,随着之后这一小块土地的失去,他们也就同时失去了负担的能力。一方面,以"以十九之丁尽征之(于)无田之贫民";另一方面,"贫民丁课并不能办当时户调二十分之一,犹且下贫不聊生至于转徙流亡者,举息尽锱铢而利源竭"③。这就是清代前期严重的丁银问题的症结所在,是按人征丁制度难以维持下去的根本原因。

清前期,与明代相比,地主的身份地位发生了明显的变化。经过明末农民大起义的沉重打击,在明代一度十分嚣张的缙绅特权大地主的势力在很大程度上衰落了。这不仅仅是因为在明末农民战争的过程中农民军"不杀平民惟杀官"④,"宗室无得免者"⑤,"缙绅大姓皆遁徙"⑥,"高门大阀化为榛莽之区"⑦,即昔日的缙绅大族受到了毁灭性的扫荡;而且,也与新政权的政策有关。鉴于明王朝覆亡的教训,清朝统治者从一开始就对这部分地主势力的扩张及其享有的种种特权采取了防范和限制的方针,如禁止其使用暴力强占土地和接受他人投献、诡寄,不许其包揽、拖欠钱粮,限制其赋役优免,等等。这些裁抑、限制缙绅势力的政策措施在清初与满、汉民族矛盾纠缠交织在一起,一度推行得十分严厉。如顺治时期的江南科场案、通海案、哭庙案、奏销案等,通过这一系列影响极广的大案要案,清统治者从政治上、经济上都从严从重制裁、打击了对新王朝统治不顺从、不合作的江南缙绅。康熙时期,清朝统治渐趋稳

---

① 迈柱:《请丁随粮派疏》,载嘉庆《湖北通志》卷18《政典一·户口》。
② 戴兆佳:《天台治略》卷2《一件吁宪推广皇仁泽遍穷黎恩垂不朽事》。
③ 盛枫:《江北均丁说》,载《皇朝经世文编》卷30《户政五》。
④ 《怀陵流寇始终录》卷13。
⑤ 《明季实录》卷下。
⑥ 郑廉:《豫变纪略》卷6。
⑦ 曹家驹:《说梦》卷1。

定，为了缓和民族矛盾，争取汉族知识分子的支持，在一定程度上放松了对缙绅势力的压制，但限制其势力过度扩张的政策总方向并没有改变。在清前期的限制政策下，缙绅大地主的特权地位和势力扩张与明朝时期完全不能同日而语。

随着缙绅特权地主势力的衰落，普通庶民地主在清前期得到了很大发展。在接触和统计直隶获鹿县编审册这批珍贵的地方档案的过程中，笔者发现，在当地占地100亩以上可以视作地主的户丁中，绝大多数都只有地100—200亩；往上以每100亩为一档，户丁数总体上层层递减，到300—400亩及以上的档位就只有个位数的户丁了，就是说，大地主很少，中小地主很多。在中小地主，尤其是仅占地100—200亩的小地主中，没有功名身份的普通庶民占有优势地位。这种情况，当时在全国其他地方，应该也是一种普遍存在。清初张履祥说他的朋友徐敬可有田400亩，而"三吴之地，四百亩之家，百人而不可得其一也"①，可见，即便在土地集中程度较高的江南地区，拥田几百亩的大地主也不是很多。康熙时著名学者方苞说："计一州一县，富绅大贾绰有余资者不过十数家或数十家"，一般的中家不过"有田二三百亩以上"②，也反映了当时大户不多，中小地主普遍存在的事实。清前期，在缙绅大地主势力趋于衰落的背景下，普通民众通过垦荒、小土地所有者分化（力农致富）、经商买地等途径进入地主行列的机会增加，从而出现了大量的庶民中小地主。这是当时地主土地所有制发展的一个深刻变化和突出特点。

地主身份地位的这种变化必然影响到阶级关系。庶民地主不像缙绅地主拥有政治特权，不能像他们那样对其剥削对象实行严格的人身控制和奴役。在这种情况下，清前期的租地农民对地主的人身依附出现了明显的松弛化趋势，即以主佃间的经济契约关系为基础的一般租佃制得到了发展。时人所谓"昔则田东分尊，今则佃户风炽"③"敝冠

---

① 参见《杨园先生全集·文集》卷8。
② 方苞：《方望溪全集·集外文》卷1《请定征收地丁银两之期劄子》。
③ 乾隆《长沙府志》卷14《风俗》。

苴履，名分荡然"①，就生动地反映了一般租佃制发展所带来的主佃关系的变化。

农民与地主之间比较松弛的人身依附关系带来了农民相对的离土自由。在土地兼并、赋役压迫和自然灾祸的打击下，失地破产的农民被迫逃离家乡寻找生活出路，这在清前期已经日益成为普遍的现象。在直隶近畿地区，经过清初几次大规模的圈地，农民"恒产尽失"，加之赋役繁重，很早便有大批人"轻去其乡"，"丁男流离，城郭为空"②。康熙末甘汝来做涞水县知县时，调查到"涞治大小一百零八村，土著不过十之二三，其余俱系旗人"③，可以想见当地户口散失的程度。山东是清前期较早出现土地兼并的省份之一，也发生了十分严重的流民问题。还在康熙早期，就不断有山东人"逃亡京畿近地"或"流入京师"的记载④。流亡口外的也很多，据说康熙五十一年，到口外谋生的山东人已多至10万人有余⑤。频繁的天灾也是造成北方大量流民的重要原因。"民遇凶荒，负担而去，谓之逃荒"⑥。逃亡的农民"千百成群，携男挈女"，随处可见⑦。此外，如四川，经过明末以来的长期战乱，清初土旷人稀，整个康雍时期都有陕西、湖广、江西、广东、广西等外省人民源源不绝地大量流入⑧。在东南、西南以及南方各省山区从事开荒、采矿、造纸的"棚民"，基本都是来自外省的逃亡农民。在东南沿海的经济发达地区，失地农民往往流入城市，转化为工商业人口。"为农者相率而趋于工"，这在当时已经成为引起统治者严重注意的现象⑨。

---

① 康熙《衡阳县志》卷8《风俗》。
② 分见姚文燮《无异堂文集》卷6《重修雄县志序》，卷7《清厘雄邑赋役记》。
③ 甘汝来：《甘庄恪公全集》卷16《宦绩纪略》。
④ 分见《清圣祖实录》卷116，康熙二十三年七月乙丑；杨景仁《辑流移》，载《皇朝经世文编》卷41《户政十六》。
⑤ 《清圣祖实录》卷250，康熙五十一年五月壬寅。
⑥ 康熙《上蔡县志》卷1《舆地志·风俗》。
⑦ 龚鼎孳：《龚端毅公奏疏》卷3《敬陈民困书》。
⑧ 《清圣祖实录》卷250，康熙五十一年五月壬寅；《清世宗实录》卷61，雍正五年九月己卯。
⑨ 《清世宗实录》卷57，雍正五年五月己未。

在封建人身依附关系日渐松弛历史条件下出现的清前期人口大量流动对于开发落后地区、促进农业生产力提高，以及手工业、商业的繁荣发展，都起到了重要的积极作用，但与统治者想要继续维持的丁银制度的要求背道而驰。实行丁银制度需以国家对人口严格和稳定的控制为前提，而人口的不断流动使这种控制很难实现。有人形容当时的地方官"百姓多寡虚实之数不知"①，正是反映了这种状况。"民不可稽"导致"人户以籍为定"，五年编审"核实天下丁口，具载版籍"② 等目的在控制人口以便于丁银征收及丁役签派的国家户籍规定徒成具文，无法得到有效执行。清前期，户籍管理日益混乱，人丁编审"不过以派费为事，丁口之增减，田亩之推收，因无从问也"③。这种状况，是对丁银制度的致命打击。"其人性轻而易徙，男子丁恒不足额"④，丁银征收因而受到影响。勾取逃丁回籍的做法已经根本行不通⑤，而"以现丁赔纳逃亡"又必然引起更多的逃亡，"流亡日众，户口日绌"⑥。丁银制度就这样走进了没有出路的死胡同。

总之，由于土地日益集中和地主土地所有制发生了新的变化，丁银制度的根基被破坏了。这是清前期统治者不得不推行摊丁入地改革在生产关系方面的原因。

2. 清初的丁银制度及其弊端

清初的赋役制度袭自明代，仍然丁、地分征。"人丁、地土乃财富根本"⑦，人民"有田则有赋，有丁则有役"⑧。丁银"亦国家惟正之供，与田赋并列"⑨，是国家最主要的正税收入之一。

---

① 朱泽云：《养民》，载《皇朝经世文编》卷28《户政三》。
② 《清朝文献通考》卷19《户口考一》，卷21《职役考一》。
③ 康熙《漳浦县志》卷20《续志·赋役》。
④ 康熙《潜江县志》卷9《赋役志·户口》。
⑤ 《赵氏世德录》第13册，赵凤诏《龙冈纪笔·遵檄陈地方利弊详文》。
⑥ 光绪《常山县志》卷39《政绩》，载雷经《历勘情形详文》。
⑦ 《清世祖实录》卷87，顺治十一年十一月丙辰。
⑧ 《清朝文献通考》卷21《职役考一》。
⑨ 《清朝文献通考》卷19《户口考一》。

丁银是从明代一条鞭法改革未并入田赋的代役银发展演变而来的。明代的赋役制度，最初向载籍编户人口征派里甲、均徭、杂泛三种徭役，里甲按户派征，其他按丁派征。均徭分力差、银差；里甲和杂泛也可以银代役。嘉、隆、万时期，各地陆续实行一条鞭法，将繁杂的役目合并编银，官府征银雇役；同时，在改革的过程中，有相当一部分代役银被并入了田赋，但未全部并入，而是仍向人丁征收一部分。这部分仍然征诸人丁的税收，沿袭下来就成为丁银，又叫"丁徭银""徭里银"。清朝丁银的征数，大体上，从顺治末起一直维持在三百一二十万两（此外，还有一部分粮米，主要征自浙江），占地丁总收入的十分之一强。

丁银的征收方法和种类也是从明代沿袭下来的，各地不同。征收方法，"有分三等九则者，有一条鞭征者，有丁随地派者，有丁随丁派者"①。大体上说，北方分三等九则征收的地方居多，南方则多按一条鞭派征。丁随地派也主要实行于南方省份，特别是西南的四川、贵州、广西等地和东南的江苏、安徽以及浙江的一些地方。就全国而言，丁随地派在清初不是主要的，占统治地位的是丁随丁派。

丁银的种类，清初有民丁银、屯丁银、匠班银、盐钞银等。民丁银征于民户人丁，有更名田省份的更名丁银也属于民丁银。南方有的地方又分民丁为乡丁（农村人丁）和市丁（城市人丁），分别征银。屯丁银征自归并卫所屯丁。清初裁撤明代卫所，除有漕运任务者外，原来的卫所屯军都陆续"改入民籍"，归并州县编审征银，是为屯丁银。归并州县管理的卫所屯丁与普通民丁实际上已无区别，但是在征银科则上彼此不同，所以编审时仍单独造册。匠班银是从明代沿袭下来的工匠代役银。顺治二年，除豁直省匠籍，匠班银一度免征，但不久又告恢复。可是，因"年代久远，匠役子孙或改图别业，迁徙逃亡，或久已故绝，仅存户籍"②，已无法向匠丁征收，

---

① 《清朝文献通考》卷19《户口考一》。
② 年遐龄：《湖北匠班银两请归并地丁带征疏》，载雍正《湖广通志》卷93《艺文志》。

只得"或派民户带完，或有司自行赔补"①。康熙三十六年以后，各省陆续将匠班银归入地亩田赋征收。盐钞银本是明代人民领取政府配给的户口食盐所纳钞米的折银，"其后盐已不颁，而钞米折银如故"②。入清以后，大多数省份都已将其归入地亩田赋征收，只有江西、福建等少数省份仍然保留，按口派征。以故，江西、福建等省在编审时除登录男丁外，还编女口。盐钞银实际也是一种人头税。上述之外，各地还有一些地方性的丁银项目，如灶丁银（征于盐场灶丁）、军丁银、土军丁银、站丁银、渔丁银等，不能一一列举。

丁银科则不但各省不同，一省之内各州县也往往不同，民、屯、更等人丁又各不同，并无统一标准，彼此差异很大。"其科则最轻者每丁科（银）一分五厘，重者至一两三四钱不等，而山西有至四两余者，巩昌（甘肃）有至八九两者。大抵因地制宜，如前代差役，视民间物力为轻重，故各有不同"③。一般来说，丁银之征北方重，南方轻；西北尤重，东南尤轻。"北地粮轻丁重，以纳丁而外，一切公差杂派，皆出于丁……南土粮重丁轻，以纳正赋而外，一切公差杂派，皆出于粮"④。清前期各地丁银轻重的大致情况如表3所示。

表3　　　清前期各地区人丁及丁银数占全国总数的比重　　　单位：%

地区	北方6省						东南5省					中南3省			西南4省			
	直隶	山东	山西	河南	陕西	甘肃	江苏	安徽	浙江	江西	福建	湖北	湖南	广东	广西	四川	云南	贵州
丁数比重	46.6						43.7					8.0			1.6			
丁银数比重	52.8						34.4					9.7			2.9			

资料来源：根据雍正《大清会典》所载康熙二十四年各省丁数和丁银数计算。

---

① 《清朝文献通考》卷19《户口考一》。
② 康熙《衢州府志》卷23《贡榷考·盐课》。
③ 《清朝文献通考》卷21《职役考一》。
④ 黄六鸿：《福惠全书》卷9《编审部·编审余论》。

表3说明了两个问题：第一，当时全国绝大部分丁银是由北方和东南两个地区负担的，其中仅北方6省就负担了全国总数的一半还多，而中南3省和西南4省负担的丁银比例很小。第二，北方6省与东南5省比较，前者的人丁数比例仅略高于后者，但丁银负担却大大超过后者，说明北方的丁银征收远比东南为重。

为了保证丁银的征收，清初制定了一套严格的人口户籍管理和人丁编审制度。户籍方面，顺治三年"定人户以籍为定及脱漏户口律：凡军、民、驿、灶、医、卜、工、乐诸色人户，并以原报册籍为定，若诈冒、脱免、避重就轻者，杖八十，仍改正"①。这是沿用明代旧例，目的在把人户的职业用法律形式强行固定下来，世世承袭，以便于控制和征税课役。当时，按照规定，"冒籍、跨籍、跨边、侨籍，皆禁之"②，是很严格的。人丁编审初定三年一次，顺治十三年改为五年。编审的目的在于"核实天下丁口，具载版籍，年六十以上开除，十六以上添注，丁增赋亦随之"，"平赋役，清隐匿，别老幼，均差徭"③。具体做法，每届编审之时，"责成州县印官察照旧例造册，……人户各登其丁口之数，而授之甲长，甲长授之坊、厢、里各长，坊、厢、里长上之州县，州县合而上之府，府别造一总册上之布政司，……督抚据布政使所上各属之册达之户部，户部受直省之册汇疏以闻，以周知天下生民之数"④。编审册对人户的丁、产及应纳税额等项信息按原额、新收、开除、实在四柱格式登录，一一详载无遗，届届相沿，上届编审之实在即为下届之原额。因编审关系到"丁赋之所由出"，清初的统治者十分重视，制定了许多专门的法令、条例，州县官涉嫌隐匿、捏报的均治罪；凡能增丁至2000名以上的，不仅州县官，而且督抚、布政司及道、府各官，俱予记录，"以户口消长课州县吏殿最"⑤。

---

① 《清朝文献通考》卷19《户口考一》。
② 《清史稿》卷120《食货一》。
③ 《清朝文献通考》卷21《职役考一》。
④ 《清朝文献通考》卷19《户口考一》。
⑤ 《清朝文献通考》卷19《户口考一》。

里甲组织（有的地方叫图甲或其他名目）也是丁银制度的内容之一，户籍管理、人丁编审都要通过里甲组织才能落实。清代的里甲编制与明代没有区别：州县四乡"以百有十户为里，推丁多者十人为长，余百户为十甲；城中曰坊，近城曰厢，各有长"①。里、甲长负责管摄本里本甲公务、催征钱粮、编审造册等。

以上，就是清初丁银及与之相关的各种制度规定的概况。从表面上看起来，这一套制度设计得十分严密，但是，如上节所分析的，清代的封建土地关系在土地占有状况、地主身份地位、佃农对地主的人身依附等多方面都发生了新的变化，这些变化使得丁银制度已经不再适合当时的经济条件现实了，因此执行起来不能不到处碰壁，破绽百出，一片混乱；其自身固有的种种缺陷和腐败行为则进一步加剧了这种混乱。

清初的丁税征收依据的是明万历条鞭册，顺治十四年纂修的《赋役全书》即以此为准，略加订正。虽说规定要"参酌时宜"开除荒亡②，实际并未进行过认真的户口、土地清查。当时规定凡符合万历册者就不再丈量③，丈量了的地方也多属虚应故事④。因此，当时的所谓"开除荒亡"，不过是根据督抚奏报，免除了一部分实在征收不上来的税额而已，而"茕独之未得上闻者犹不乏也"⑤。不核实初始征数的结果使得清代的丁赋"原额"不但继续保留了明万历旧册原有的不均和失实弊病，而且，由于经过了数十年的社会变动，特别是明末清初的大动乱，这些沿袭下来的初始数字变得比原来更加不均和失实了。这是清代丁银制度的一个先天不足。

沿用万历旧册而又未认真清查核实的另一个结果是人丁负担的普遍加重。清初战乱之后，"地多荒芜，民多逃亡"⑥。西北"几成

---

① 《清朝文献通考》卷19《户口考一》。
② 《清世祖实录》卷112，顺治十四年十月丙子。
③ 《清朝文献通考》卷1《田赋考一》。
④ 可参看同治《浔州府志》卷24《杂记上》所载康熙九年清丈民田条。
⑤ 陆陇其：《三鱼堂文集》卷3《灵寿志论》。
⑥ 《清世祖实录》卷43，顺治六年四月壬子。

无人之区……里甲寥落，户口萧条"①。山西"他徙及饥困死亡者十去其六七，仅存三四分之残黎"②。山东"有一户之中止存一二人，十亩之田止种一二亩者"③。河南"满目榛荒，人丁稀少"④。南方也到处"弥望千里，绝无人烟"⑤。在这种情况下，可供征税的人丁自然大大减少，"按册则丁多，阅人则丁寡。问其姓名，则大半已登鬼录；稽其户里，则亲族并无识认"，而官司迫于功令之严，不得不严为催科，以旧额丁银征之仅存人丁，"数丁之供，坐之一丁"。在丁银问题极为严重的陕北延安府，有的县"以一千六百余丁而包七千六百余丁"，致使"赤贫只身"的人丁有"岁纳（银）至七八两不止者"⑥。再如山西保德州，清初户口凋零，不及明万历末之半，以原额派征的结果，"中中则每丁征银二两九钱，视昔之上上犹多；下下则每丁征银八钱二分，比昔之下下（高）数倍"⑦。浙江常山也因以原额派征，"每丁加至四五钱不等"，"揆之原额，实有霄壤之别"⑧。广东昌化留存人户不但要包赔虚丁，而且加征"门摊槟榔"之税，以补缺额⑨。这种为补缺额的现丁包赔加征，有许多沿袭下来就成为定例，"始不得已而权行，既遂，相沿而不改"⑩，结果留下了无穷之患。清初北方地区，特别是西北各地丁银之征之所以特重，此为主要原因之一。

社会经济恢复、户口繁殖增多之后，上述情况也并未好转。由于在人身依附关系日渐松弛的背景下清前期人口的跨地区、跨行业流动大为增加，非常普遍，清政府已经没有条件像明初那样大规模

---

① 白如梅：《会剿备饷疏》，载康熙《陕西通志》卷32《艺文》。
② 白如梅：《请蠲荒地逃丁钱粮疏》，载乾隆《太原府志》卷53《艺文二》。
③ 《清世祖实录》卷13，顺治二年正月己丑。
④ 李人龙：《垦荒宜宽民力疏》，载《皇清奏议》卷4。
⑤ 刘余谟：《垦荒兴屯疏》，载《皇朝经世文编》卷34《户政九》。
⑥ 许瑶：《延民疾苦议》，载康熙《陕西通志》卷32《艺文》。
⑦ 乾隆《保德州志》卷4《田赋》引杨永芳说。
⑧ 光绪《常山县志》卷24《食货·户口》。
⑨ 陶元淳：《南崖集》卷1《请免荒粮绝丁》。
⑩ 叶燮：《己畦文集》卷7《宝应重修六事亭碑记》。

地普查人口并编制比较准确的户口黄册了。所谓"人户以籍为定""核实天下丁口，具载版籍""平赋役，清隐匿，别老幼，均差徭"，等等，只是写在政府法规上的条文，实际无法兑现，定期举行的编审基本就是走过场。以故，清前期各地编审册籍的内容数十年而不一变的情况十分普遍，"鬼名累累，空缺纷纷，按册则姓名俱有，点丁则踪迹全无"①，混乱已极。

然而，无论户口的实际如何，税额不可减少，这是清代丁银征收的一个不成文的"成例"。地方官考课所系，编审不到足额人丁就只能向在籍人丁开刀。"自承平以来，有司谨守原额，如天经地义之不可移易。鸠形鹄面之人呼天抢地无所告诉，甚则人已亡而不肯删除，子初生而责其当差。沟中之瘠犹是册上之丁，黄口之儿已入追呼之籍，苟无缺额而已，遑恤其他"②。"又相沿旧习，每遇一审，有司务博户口加增之名，不顾民生疾痛，必求溢于前额，故应删者不删，不应增者而增"，"王成伪增户口，处处皆然"③。广西迁江县原额人丁460丁，康熙二十年至四十年五届编审共增加42丁，"夫以数十年之休养生息而仅增此四十二丁，不可谓不少矣，然按册虽有四十二丁之增，而核实仍四百六十丁之额"，结果虚增之丁应征之银只能由在籍人丁包赔，致使当地每丁额征银从0.65476两增加到0.71454两④。

在籍人丁不堪包赔，只有逃亡："民困追呼，渐至逃亡漏籍。"⑤于是清代又有一个不成文的"成例"："里顶里，甲顶甲，户顶户"。如山西省，"某户开除，必须某户顶补；倘户有十丁而九丁死、逃，即以一丁而供九丁之徭。户绝则累甲，甲绝则累里"⑥。这种情况，全国各地普遍存在⑦。包赔引起逃亡，逃亡导致更多包赔，如此恶性

---

① 《赵氏世德录》第13册，载赵凤诏《龙冈纪笔·条陈编审陋弊详文》。
② 陆陇其：《三鱼堂文集》卷3《灵寿志论》。
③ 陆陇其：《三鱼堂外集》卷1《编审人丁议》；卷2《时务条陈六款》。
④ 《赵氏世德录》第12册，载赵申季《督学集·条议丁粮》。
⑤ 康熙《钱塘县志》卷6《户口》。
⑥ 《赵氏世德录》第13册，载赵凤诏《龙冈纪笔·遵檄陈地方利弊详文》。
⑦ 参见赵申乔《赵恭毅公剩稿》卷5《清查仁钱二邑光丁详》；乾隆《长沙府志》卷23《政绩》，载冯祖望《浏阳县八难七苦详》。

循环，在籍之丁日少，丁徭日重。湖北宜都县原额丁则每丁征银 0.49 两有奇，因不断包赔加码，康熙中增至 0.66 两有奇①。河南最高丁则载于《会典》者为每丁 1.2 两，而实征中有的地方竟叠加到 6—7 两之多②。

　　腐败吏治下的编审滋扰和私征杂派也导致了人丁负担的加重。在封建时代，整体来说，不可能有较为廉洁的吏治。五年一举的人丁编审是州县官及具体经办的吏胥们贪污纳贿、私征苛派敛财的大好机会。康熙九年，福建莆田县审丁就公然索贿："未审，每丁三钱可以贿脱；既审，每丁五钱方能摘出，官吏分肥。"③ 各种公费也乘机向民间摊派："有里书里长之费，有州县造册之费，有院司道府吏书纸笔之费，有部册之费，有黄绫纸张解册诸费，悉向里户公派，追索甚于丁粮，各省皆然。"④ 江西宜黄县还另有"硃价陋规六百金"⑤。总之，举凡有关编审之费，无一不派，用一派十。甚至无关之费也乘机加派。如甘肃河州在编审时"百姓于应纳丁银之外，又被里积指称按丁加引，加增七分；以及停免茜草、奏销公费、表笺、伞扇、季规、巡逻、仓库等项名色，按丁苛敛"⑥。陕西延安府则把"官役之俸薪工食""师生廪饩""上司提册催号之使费""各差役需索供应之费""本州县驿递城守"等费用统统派入人丁项下⑦。当时有人将借编审之机无情吸取百姓膏血的经承、差役、歇保乃至有司官统称为"群蠹"："黎元之膏血日以枯，而中饱者，群蠹也。"⑧ 直隶雄县有个姓刘的总书，每年杂派万余两，"官收其六，彼蚀其四"⑨。无艺私征的结果，是"百姓穷蹙

---

① 康熙《宜都县志》卷 3《经制志·户口》。
② 傅而师：《上田邑侯书》，载雍正《河南通志》卷 77《艺文六》。
③ 陈鸿、陈邦贤：《清初莆变小乘》，载《清史资料》第一辑。
④ 李绂：《请改编审行保甲疏》，载《皇朝经世文编》卷 30《户政五》。
⑤ 雍正《湖广通志》卷 56《人物志·岳州府·黎大观》。
⑥ 王全臣：《清地均丁详文》，载康熙《河州志》卷 6《艺文》。
⑦ 杨素蕴：《延属丁徭疏》，载康熙《陕西通志》卷 32《艺文》。
⑧ 金德嘉：《与姚给事论赋役书》，载乾隆《黄州府志》卷 17。
⑨ 甘汝来：《甘庄恪公全集》卷 16《宦绩纪略》。

不支，致多流离转徙"①。

清初丁银征收混乱的另一个方面，是贫富负担严重不均。上节已经指出，在封建土地制度下按人征丁，必然由占人口绝大多数的无地少地农民承担主要的丁税，地主方面则因人丁远少于农民而负担较轻。除了这个根本的原因之外，还有两个原因使双方的负担更加不均：一个是绅衿地主法定的优免，另一个是无优免权的地主利用自身的经济优势勾结造册吏书在编审中舞弊，向农民转嫁负担。关于绅衿优免，顺治五年户部题定的官员、举人、生员、官学生以及吏员人等的优免则例完全照依明代。十四年对此做了修改，规定："一品官至生员、吏承止免本身丁徭，其余丁粮仍征充饷。"康熙二十九年再次重申了这个原则，强调不许绅衿族户子弟诡寄滥免。② 但这些只不过是官样文章，在腐败的吏治和乡绅豪强的破坏下不可能认真执行。如在山西沁水县，顺治十四年奉文将原由绅衿包免的供丁清出后，本来这些供丁的应征银额已经摊派于通县丁额之内，乃仍然贪心不足，又复"私立供丁名色，滥免公务杂差"，"清出之丁虽均徭于阖邑，而冒免之丁反数倍于旧额"。当时沁水全县额征民、屯粮银12863两，人丁8918丁，而优免粮竟多达4500余石，供丁数多达2600余丁，"较之全额，已去其三分之一，日增月长，有加无已。……穷民敢怒而不敢言，有司能言而不能行"。③ 在当时的北方，"乡绅供丁多至数十名，青衿亦有数十丁者"，使得"百姓独肩力差，终年毕世，罔有休息"。④ 在南方地区，有优免权的人丁一般只负担里甲一差的纲银，其他均徭、民壮、驿站等银一概优免，有优免丁与无优免丁的科银数额往往相差数倍之多⑤。

---

① 《赵氏世德录》第9册，载赵申乔《自治官书·恭奉历朝谕旨》。
② 雍正《大清会典》卷31《赋役一》。
③ 《赵氏世德录》第13册，载赵凤诏《龙冈纪笔·查革供丁示、遵檄陈地方利弊详文、条陈编审陋弊详文》。
④ 黄六鸿：《福惠全书》卷9《编审部·总论·编审余论》。
⑤ 参见康熙《平和县志》卷6《赋役志·户口》。此外，康熙《漳浦县志》也对此有详细记载。

无优免权的地主富户非法逃避丁役的情况同样十分严重。康熙二十九年山东巡抚佛伦上疏皇帝说:"东省累民之事,第一赋役不均……奸猾百姓,将田诡寄绅衿贡监户下,希图避役,积习相沿,牢不可破。"① 还有其他的花样,如"丁册不书官名而书奶名;……或父、兄系白丁,而子弟为青衿,则借名冒顶……冒认伊子为父,更替乃弟为兄,止图一时欺罔,不顾五伦颠倒"②。又如:"奸豪巨猾,欲减多粮而就少,避重差而就轻,于是花立户名,诡寄别里,而总书册房,或受人贿嘱,或将己田粮飞洒各户,移换斗则,脱漏顷亩,冒栽田地,种种弊端,莫可穷诘。"③ "富者既多幸脱,承差者俱属穷黎","素封之家多绝户,穷檐之内有赔丁"④。

清前期丁银负担贫富不均的情形在直隶获鹿县康熙年间的编审册中反映得十分清楚,如表 4 所示。

表 4　　　　　获鹿县 19 个甲人丁、土地、丁银统计

户丁别	户丁数（户）	户丁占比（%）	土地数（亩）	土地占比（%）	丁银（两）	丁银占比（%）	绅衿身份的户丁数（户）
占地 100 亩以上	67	1.9	18731	30.0	12.22	2.7	42
占地 60—99 亩	67	1.9	4929	7.9	20.02	4.5	8
占地 30—59 亩	316	9.1	12804	20.5	69.76	15.5	6
占地 10—29 亩	1131	32.5	20064	32.1	154.15	34.3	4

---

① 《清圣祖实录》卷 146,康熙二十九年六月乙亥。
② 参见《赵氏世德录》第 13 册,载赵凤诏《龙冈纪笔·查革供丁示、遵檄陈地方利弊详文、条陈编审陋弊详文》。
③ 黄六鸿:《福惠全书》卷 9《编审部·总论》。
④ 曾王孙:《清风堂文集》卷 13《汉中录·勘明沔县丁银宜随粮行状》。

续表

户丁别	户丁数（户）	户丁占比（%）	土地数（亩）	土地占比（%）	丁银（两）	丁银占比（%）	绅衿身份的户丁数（户）
占地不足10亩	1251	35.9	5934	9.5	128.43	28.6	2
无地	648	18.6	0	0	64.73	14.4	2
合计	3480	100	62462	100	449.31	100	64

注：表中数据经过四舍五入处理。
资料来源：同表1。

表中数据反映出的两个事实值得注意：第一，在这19个甲的67名占地100亩以上的地主户丁中，拥有绅衿身份因而能够免征丁银的多达42名，占62.7%，足见优免权的存在对于地主在丁银负担上的经济利益不可低估。第二，依占地多少划定的六类户丁中，前三类（地主户丁、富裕户丁和中上等户丁）所纳丁银的比例都比他们占有的土地的比例小，而后三类户丁的情况则正好相反，而且越处在贫富两极，丁银和土地比例对比的反差就越大：占有全部土地30%的地主户丁只负担2.7%的丁银，而完全无地的赤贫户丁却要交纳14.4%的丁银。前面分析过，占地30亩以下的户丁在当时北方农业生产力条件下都可以算作占地不充分的。表中的统计数据表明，这后三类无地或少地的户丁总共要负担77.3%的丁银，是地主户丁的28倍多，可见贫富负担是多么不均。

随着土地集中的发展，一方面，无地少地的农民日益增多，农民整体承受丁税的能力不断下降；另一方面，极端混乱、不均的国家丁银征收制度却把越来越沉重的丁税负担强加在他们身上，竭泽而渔。农民不堪忍受，只能大量逃亡、漏籍。清前期丁册失额十分严重。陕西原额民丁2675047丁（系折算的下下丁数，下同），康熙二年实在数为2185520丁，雍正时又减少到2140809丁，只及原额的80%，比康熙二年还少了2%。失额最严重的兴安州雍正时数只及原额的19%，比康熙二年数少28%。① 从全国来看，康熙时期的人丁数虽然是缓慢上升的②，但始终没有达到清初《赋役全书》的原额水平。为了充实丁额，康熙十七年令各省归并卫所屯丁"照州县人丁例一体编征"。二十五年、二十六年两年又连续下达严厉的编审命令："州县将新增之丁隐匿不报者罪之"；"编审缺额人丁，令该督抚陆续招徕，于下次查编补足"。三十五年，命将云南省兵丁之"兄弟、亲属、余丁"悉行查出，编入丁数，输纳钱粮。③ 甚至连贵州这样的边远省份，康熙三十一年编审，户部也"以其丁数寡少，驳令加增"④。直到康熙五十一年，户部还在题奏："州县官员如有将应增添之丁隐匿，不行添入编审册内，该督抚即行题参"⑤，可见丁额仍然不足。如果再考虑到丁册内失额不报或报而不除的虚假成分的话，那么问题还要严重得多。

　　丁不足额必然大大影响清政府的税收。"始以数丁之徭坐之一丁，久之一丁之供同于数丁，赔纳不堪，逋欠益夥"⑥。这种现象在康熙时期十分普遍；越是丁银重、逃亡多的地方，就越严重。陕甘、山西等省自不待言。他如在浙江号称"丁粮独重"的常山县，自清兴以来，"兵燹频仍，疫疠流行，户口寥寥无几"，"一图有仅存一二丁、三四丁者，几同空谷"，因而丁银包赔极多，"历年逋欠万余"⑦。又如广东琼州府属之澄迈、临高二县，自康熙十九年至二十七年，共积欠丁赋正供71900两有奇、无征米4138石有奇，"皆系丁逃地荒"所致⑧。丁册内无粮穷丁日益增多也是导致丁银征收困难

---

　　① 分见康熙《陕西通志》卷9《贡赋》、雍正《陕西通志》卷24《贡赋一》。原额数和康熙二年数均取自康熙志陕西布政司项下。
　　② 参见梁方仲《中国历代户口、田地、田赋统计》甲表74。
　　③ 以上均见《清朝文献通考》卷19《户口考一》。
　　④ 1947年修《贵州通志·宦绩志十·阎兴邦》。
　　⑤ 雍正《大清会典》卷30《户口·编审直省人丁》。
　　⑥ 1944年修《宜川县志》卷14《财政志》引乾隆志。
　　⑦ 光绪《常山县志》卷24《食货·户口》，卷39《政绩·详文》；曹希濂《力请题蠲详文》。
　　⑧ 雍正《广东通志》卷7《编年志》。

的原因之一。康熙五十一年户部题准定例："州县增丁,若新增俱照下则,开除俱系上则,虽增至二千丁以上,不准议叙"①,就是证明。

大量人丁避役逃亡导致了社会矛盾激化,影响到清朝统治的稳定。在丁徭重、灾荒多、土瘠民贫、社会极不安定的陕西省,还当清初,当地官员就已指出:沉重的丁银使"淳朴者鬻卖男女以偿,其奸滑者非携家远徙,则铤而走险","此盗之所以遍秦中也"②。康雍时期,随着土地兼并集中发展,这个问题愈加凸显。"天下有其人至贱,其力足以有为,散之不见其多,聚之足以为乱者,闲民也。古之闲民十之一,今之闲民十之六;通都大邑之闲民十之三,穷荒州县之闲民十之六"③。连康熙皇帝也注意到了流亡农民"任意行走,结成党类"的现象④。这对清统治者是很不利的。

丁银难征影响到清政府的财政收入,人丁逃亡导致社会矛盾激化,影响统治秩序的稳定,这是清前期推行丁银制度造成的两个严重后果。为了扭转这种局面,清统治者不得不采取措施,对之加以改革。

3. "滋生人丁永不加赋"以后的形势

清前期丁银制度的改革是从康熙帝晚年实行"滋生人丁永不加赋"的政策开始的。康熙五十一年二月,皇帝颁布谕旨:

> 朕览各省督抚奏编审人丁数目,并未将加增之数尽行开报。今海宇承平已久,户口日繁,若按现在人丁加征钱粮,实有不可。人丁虽增,地亩并未加广。应令直省督抚,将现今钱粮册内有名丁数,勿增勿减,永为定额。其自后所生人丁,不必征收钱粮,编审时止将增出实数察明,另造清册题报。朕凡巡幸地方,所至询问,一户或有五六丁,止一人交纳钱粮;或有九

---

① 雍正《大清会典》卷30《户口·编审直省人丁》。
② 杨素蕴《延属丁徭疏》、白如梅《会剿备饷疏》,均见康熙《陕西通志》卷32《艺文》。
③ 朱泽沄:《养民》,载《皇朝经世文编》卷28《户政三》。
④ 《清圣祖实录》卷250,康熙五十一年五月壬寅。

丁、十丁，亦止二三人交纳钱粮。……前云南、贵州、广西、四川等省，遭叛逆之变，地方残坏，田亩抛荒，不堪见闻。自平定以来，人民渐增，开垦无遗。……由此观之，民之生齿实繁。朕故欲知人丁之实数，不再加征钱粮也。

此事经九卿议定：

嗣后编审人丁，据康熙五十年征粮丁册，定为常额。其新增者，谓之盛世滋生人丁，永不加赋。①

以上，就是历史上著名的"滋生人丁永不加赋"决定。它于当年定议，至次年三月十八日康熙帝六十大寿时，以"万寿恩诏"的形式向全国发布。康熙五十年，全国在册人丁数为2462万余名，额征丁银335万余两。

撇开那些粉饰之语，从康熙帝的谕旨可以看出这位皇帝很清楚两件事：第一，清政府历来编审所得到的人丁数不仅不是实数，而且与实际相距甚远，实际人丁数要远多于册载数。第二，想要把全部人丁清查出来加征丁银是不可能的。之所以出现这种局面，前文已经详细讨论。"君主们在任何时候都不得不服从经济条件，并且从来不能向经济条件发号施令"②。清朝统治者实行过时的丁银制度，受到了经济条件的无情惩罚，最终不得不对之进行改革，实际就是承认现实，向经济条件屈服。实行"滋生人丁永不加赋"政策的直接目标很简单，就是试图在缓和社会矛盾、稳定王朝统治的同时，保住既有的丁银收入，不使其因受制于混乱不堪的编审实际而受损。

然而，主观愿望是一回事，能不能实现是另一回事。新的办法能否奏效，还要看它是不是完全适合现实的经济条件。前面已经详

---

① 《清圣祖实录》卷249，康熙五十一年二月壬午；《清朝文献通考》卷19《户口考一》。
② 《马克思恩格斯全集》第4卷，人民出版社1972年版，第122页。

细分析，清前期丁银问题的关键所在，是按人征丁的制度本身已经不适应变化了的现实生产关系，因此不改变按人征丁制度，就不能使矛盾得到彻底的解决。"滋生人丁永不加赋"政策在这个"关键所在"上并没有做出改变：它只是固定了丁额及与之相联系的丁税总水平，并没有从制度上取消按人征丁。因此，新政策实施以后，丁银制度所固有的弊病及其所引致的种种严重的政治和财政问题就只能继续存在。

实行"滋生人丁永不加赋"以后的丁银问题在康熙五十五年御史董之燧所上的一篇奏疏中反映得很清楚。这篇奏疏说：

> 续生人丁永不加赋，皇上轸念民生高厚之恩，真有加无已。但现在人丁尚多偏苦。各省州县丁制亦有不同，有丁从地起者，有丁从丁起者。丁从地起其法最善，而无知愚民每每急求售地，竟地卖而丁存。至丁从丁起者，凡遇编审之年，富豪大户有嘱里书隐匿不报，而小户贫民尽入版册，无地纳税，亦属不堪。一切差役，俱照丁起派，田连阡陌坐享其逸，贫无立锥身任其劳。既役其身，复征其税，逃亡者有所不免。一遇逃亡，非亲族赔累，则国课虚悬，现在人丁之累也。①

可见，编审舞弊、贫富不均、人丁逃亡、丁银包赔、国课虚悬等问题，都一仍其旧，没有什么改变。在有的地方，造册图头还利用手中权力，公然向穷丁增税，"剜他人之肉以补己之疮"，致使"穷民父子兄弟叔侄既见丁当丁，复于丁银之外，今年加一二分，明年又加一二分，年复一年，递增不觉。户无毫厘田产，每丁竟有完至二三钱、四五钱者"②。其结果，尽管总的丁税定有常额，而贫苦人丁的实际丁税却仍在不断增加。

不仅如此，实行"滋生人丁永不加赋"以后，在编审中还产生

---

① 董之燧：《请统计丁银按亩均派疏》，载乾隆《江南通志》卷68《食货志·田赋二》。
② 戴兆佳：《天台治略》卷2《一件吁宪推广皇仁泽遍穷黎恩垂不朽事》。

了新的流弊。既然新政策把丁额固定下来，那么就发生了一个问题：当人丁死亡变故丁册出现缺额时怎么办？康熙五十五年，户部就此议定了一个办法："以编审新增人丁补足旧缺额数。……如一户之内开除一丁、新添一丁，即以所增抵补所除；倘开除二三丁，本户抵补不足，即以亲族丁多者抵补；又不足，即以同甲同图之粮多者顶补。"① 但是，人丁的情况是经常变化的，"以一丁言之，不能以数十年而无故；合一县数千丁言之，即不能以一日而无事"，而且"亲族不必丁多，同甲亦不必粮多"，② 即便丁多、粮多，编审时也很难做到公平通融除补，所以在实际操作中必然是一旦出现缺额时便户顶户、甲顶甲，而不问其是否有负担能力。"晋省有丁倒累户，户倒累甲之谣"，"在官谓之补，在民则谓之累"。③ 时间一长，就出现了很不合理的荒谬现象："额丁子孙多寡不同，或数十百丁承纳一丁；其故绝者，或一丁承一二十丁，其户势难完纳"④。

那么，是不是说"滋生人丁永不加赋"没有任何积极意义呢？不是的。实行新政策后，丁税不再增加，州县增丁议叙的条例也随之停止执行，这对广大无地少地的贫苦人丁无疑还是有一定好处的。此其一。

其二，更为重要的是，在历史上，"滋生人丁永不加赋"是作为比较彻底地解决丁银问题的摊丁入地改革的一个先期步骤而出现的，它本身虽然没有解决问题，但是为以后问题的彻底解决铺平了道路，准备了前提和条件。在实行新政策之前的丁额不确定，"丁增赋亦随之"情况下，丁银征收数目要视人丁多少来决定，无法割断与人丁的联系，因此难以摊入地亩。即便是在那些实行了丁随地派的地方，由于丁税是浮动的，要随着人丁数的变化而变化，丁银与地亩田赋的结合也是不稳固的，在实际操作中只能与田赋分开来计算，各归

---

① 《清朝文献通考》卷19《户口考一》。
② 王庆云：《石渠余纪》卷3《纪丁随地起》。
③ 王庆云：《石渠余纪》卷3《纪丁随地起》。
④ 吴振棫：《养吉斋余录》卷1。

各款，定期重新合编。明代实行一条鞭法的过程中和之后，有不少地方推行丁随地派，但都普遍存在着"地卖丁存""粮多丁少"或"粮少丁多"的情况，甚至还有合而复分的，原因即在于此。而实行"滋生人丁永不加赋"以后情况就不同了。这时，由于丁税已是一个固定的数额，与人丁的多少不再关联，对于清政府来说，这笔收入征诸人丁与征诸地亩就都是一回事了，所要考虑的，只是采取哪一种办法更为符合自己的利益。这时，也只有这时，统治者才会比较认真地考虑彻底的改革办法，才会在丁随丁派和丁随地派之间进行比较、取舍。既然丁随丁派已经没有出路，那么，把丁银摊入地亩就是很自然的了。正如雍正四年河南巡抚田文镜在请求本省摊丁入地的奏疏中所说的，"丁、粮同属朝廷正供，派之于人与摊之于地均属可行，然与其派在人而多贫民之累，孰若摊在地而使赋役之平？况盛世人丁永不加赋，则丁银亦有一定之数，按地均输更易为力"①。

所以，尽管"滋生人丁永不加赋"没有从根本上解决丁银问题，但它为以后的进一步改革准备了条件，提供了可能。在此之后，随着丁银问题的继续恶化，实施进一步的改革，以期彻底解决其引起的困扰，就历史性地提上了后继统治者的议事日程。

二　改革的过程和各地实施中的特点

1. 雍正以前各地的摊丁入地

摊丁入地作为彻底解决丁银问题的一个有效办法，早在雍正时期，清政府正式批准在全国实行以前，就已经在一些地方推行了。地方上的自行摊丁充分证明了丁银制度的改革势在必行，也为其日后在全国的普遍实施提供了经验和借镜。

摊丁入地的历史可以追溯到明代。明熹宗天启元年十二月，吏科给事中甄淑曾经提出过一个"以米带丁"的建议：

---

① 田文镜：《抚豫宣化录》卷2《题请豫省丁随地派疏》。

> 小民所最苦者，一则无田之粮，田鬻富室，田尽而粮独存；一则无米之丁，丁附于米，米推而丁无推。宜取额丁与额米，两衡而定其数，米若干即带丁若干，买田者收米便收丁，鬻田者推米便推丁。在县册不失丁额，以违祖制；在贫者不留空丁，以致赔累；而官亦免逋责之难矣。乞行各抚按藩臣有司，自天启二年后改正施行。①

这个建议将"丁"与田赋"米"联系起来，以米带丁，丁随米转，无米者不征丁，其实就是摊丁入地。

甄淑的建议是针对当时各地所行一条鞭法②的不彻底性而提出来的。一条鞭改革实行丁役折银和赋役合并，主要目的是解决丁役苛扰和贫富负担不均的问题。可是各地实际执行的情况十分复杂，其中虽也有"粮、差合而为一，皆出于地"③，即比较彻底的赋役合并的情况，但只是个别的。当时多数地方的赋役合并都不彻底，或丁二粮八，或丁三粮七，或丁、粮各半，或丁六粮四，等等，总之只把部分的"役"（已折合成银）并入地亩田赋，其余的部分仍然征诸人丁。此外还有未合并的情况，即丁归丁，地归地，两不相涉。所以总的来看，一条鞭法改革并没有放弃对人丁的征课。"一条鞭之法，凡取于民者，不归于地则归于丁，虽曰一条鞭，实有二歧也"④。这是很恰当的评价。《明史·食货志》所谓"悉并为一条，皆计亩征银"⑤ 是不确切的。

由于没有放弃对人丁的征课，尽管一条鞭法改革在一定程度上暂时减轻了无地少地农民的负担，但不能真正解决问题。"条鞭法行

---

① 《明熹宗天启实录》卷 12，天启元年十二月癸酉。按：此疏又见《明史》卷 78《食货二》，文字略有不同。
② 文中"条鞭""一条鞭""条鞭法""一条鞭法"混用不作统一。——编者注
③ 于慎行：《与宋抚台论赋役书》，见《西园闻见录》卷 32《户部一·赋役前》。
④ 咸丰《贵阳府志》卷 44《食货略一》。
⑤ 《明史》卷 78《食货二》。

十余年，规制顿紊，不能尽遵"①。各种加派、私征接踵而来，所谓"小条鞭"者是。在这种情形下，贫苦农民的负担依然十分沉重，不要说粮外之丁，即粮内之丁，也往往不随田转，田去丁存，致受空丁之累。随着明末土地兼并的激烈进行，失地农民大量增加，问题就变得更加严重。正是针对这种情况，甄淑总结了各地一条鞭改革的经验，提出"以米带丁"，试图把当时仍仅在少数地方实行的"粮、差合而为一，皆出于地"的办法，划一地推向全国。这是见诸史册的关于普行摊丁的最早建议。

甄淑之法，"史称当时行之……特其时政荒赋重，故不久辄罢"②。在明末社会动荡、政令荒废的条件下，改革未能普遍实行。

不过，就笔者见到的史料看，明代实行了摊丁入地的地方，还是不少。早在隆庆、万历时期，随着一条鞭法的推行，各地就已经出现了一些完全赋役合并的州县。如河南的太康、汝阳、正阳、信阳、罗山、许州、郾城、光州、光山、息县、商城、新蔡12个州县，就都在这一时期实行了照地派丁，"虽有人丁在册，并不派银"③。湖广的靖州直隶州及其所属绥宁、会同、通道、天柱等县的丁银，也于万历间"随粮派征"④。湘潭县初行条鞭时，"有丁无粮者仍纳丁银"。万历丈量后，"有攸县令董某者来查丈量册，遂欲改派每粮五石兼出一丁之银"，虽未得行，该县的无粮人丁却从此不再缴纳丁银。⑤ 此外，麻城县也是"丁随粮派"，虽实行的具体时间不能确定，但从县志的记载看，大约也同明后期一条鞭法的实行有关系。⑥

明末，因丁银问题日渐严重，又有一些地方相继摊丁。陕西城

---

① 《明史》卷78《食货二》。
② 王庆云：《石渠余纪》卷3《纪丁随地起》。
③ 嘉庆《息县志》卷2《食货·田赋》。
④ 光绪《靖州直隶州志》卷4《贡赋》。
⑤ 参见乾隆《长沙府志》卷24《政迹》，载李腾芳《湘潭征丁议》。
⑥ 参见康熙《麻城县志》卷3《民物志·变乱》顺治八年条、卷4《赋役志·徭役》，并参见附表1的说明。

固县于崇祯八年"丁随粮行"。① 鄠县于三年后踵而行之。② 浙江黄岩县万历初行条鞭时"将役银一概匀入田土",但仍有丁口之征。"明末更将丁口银米并入田征"。③ 湖广襄阳卫也在此时"将本卫丁尽归地亩"④。

明代摊丁地方最多的是西南的贵州、四川、广西等地。贵州多数州县自一条鞭法改革后就已将丁银"随粮带派"或"计亩征收"了。四川也有相当一部分州县在明代实行了"以粮载丁"。明清鼎革后,因人口锐减,版籍变动很大,"原额难稽",大概在清初编制《赋役全书》时,四川的大部分州县也都一例实行。广西的情况与四川差不多,多数州县在明末清初就已按粮派丁。⑤

入清以后,丁银制度的弊端更加暴露无遗,各地要求摊丁的呼声越来越高。在这一背景下,顺康时期又有许多州县加入摊丁的行列,尤以东南江浙等省最为突出。

早在康熙十年,浙江布政使袁一相就在《清丁条议》中提出"按地派丁",指出:"地土乃一定之额,鱼鳞册内无遗漏;人丁乃无定之数,一则登耗不同,一则往来靡定,若欲一一清编,其事甚难,而其患甚大"。特别是无产之"赤脚光丁","所纳丁银不过钱许,而现年催往,一次脚力饭食,足抵一丁之银;倘往催不应,势不得不赔纳矣"。⑥ 此后,浙江各地不断有类似议论。康熙四十年初,在宁波还发生了人民群众起来要求"照地派丁"的风潮,"煽众聚党,入巨室,焚庐毁垣,竟有燎原之势"⑦。从康熙中期以后,在现实情势的逼迫下,浙江许多州县相继改按人派丁为按地派丁。如康熙四十年,浙江布政使赵申乔说:"浙省近来各州县竟不从人起丁,

---

① 曾王孙:《清风堂文集》卷13《勘明沔县丁银宜随粮行状》。
② 康熙《鄠县志》卷4《田赋》。
③ 康熙《黄岩县志》卷2《版籍·徭役》。
④ 乾隆《襄阳府志》卷12《赋役·丁赋》。
⑤ 以上三省的情况参见附表1的说明。
⑥ 袁一相:《清丁条议》,载康熙《钱塘县志》卷6《户口》。
⑦ 《赵氏世德录》第2册,载赵熊诏《赵恭毅千秋录》。

而从田起丁。"① 雍正元年山东巡抚黄炳在奏折中说："臣访知浙省丁银俱随地办。"② 可见，浙江实行了摊丁改革的地方相当普遍。已经确知的，康熙四十八年张德纯（字天农）任常山县知县时，五十八年戴兆佳任天台县知县时，都曾在其所主政的地方推行了摊丁改革。③

江南各地实行摊丁的州县也很多。康熙中任山西沁水县知县的赵凤诏说："东南之通例，丁随粮转，各从其地。"④ 雍正五年两江总督范时绎题请江南摊丁的奏疏说："江南各州县内，向有丁银随田征输者。"⑤ 凡此，皆是证明。

全国其他地方在顺治、康熙时期实行了摊丁的，据见到的史料包括：陕西南郑、褒城、沔县，直隶乐亭，山东莒州，江西都昌、南昌，湖北天门，湖南安乡，广西平乐，四川荣昌，云南阿迷州等。此外，广东的部分州县也是在全省改革前就"随粮派丁"了。

截至康熙末年，实行了摊丁的州县已经星星点点分布在东西南北的许多省份之中，具有了相当的规模，充分显示出历史的大势所趋。笔者收集到的从明代起到清康熙末各地州县自行摊丁的事例，详见本文附表1。如表中事例所示，这些自行摊丁州县的地域分布特点是南方多、北方少；在南方，又以东南和西南两个方向上最多。这种情况，与各地原来的一条鞭改革的基础不无关系。明代推行一条鞭改革的时候，南方特别是东南地区因土田肥沃，负担赋税的能力较强，大多实行按田派差，而以人丁为辅；北方则正相反：土地的负担能力有限，有地者的反抗也较强烈，故多按丁派差，以田地为辅。这样，改革后保留下来征诸人丁的丁银税收所呈现的特点就是南轻北重。南方在相对较轻的丁银征收的基础上进一步实行摊丁

---

① 赵申乔：《赵恭毅公剩稿》卷5《丁粮不宜从田起赋详》。
② 雍正《朱批谕旨》第9册，雍正元年六月初八日黄炳奏折。
③ 常山摊丁事见杨名时《杨氏全书》卷23《张天农小传》。另据光绪县志，张天农于康熙四十八年任常山知县。天台摊丁事见戴兆佳《天台治略》卷2、卷7、卷10。
④ 《赵氏世德录》第13册，载赵凤诏《龙冈纪笔·遵檄陈地方利弊详文》。
⑤ 范时绎：《题请丁随田办疏》，载乾隆《江南通志》卷68《食货志·田赋二》。

入地，自然要比北方容易一些。西南各省的差役、丁银之所以多按粮起征是因为那里地旷人稀，人户丁口的负担能力低下。此外，明末清初西南地区遭受战争破坏严重，人逃地荒，赋役册籍大多损毁散失，恢复生产后前来开垦种地的多系外省流民，户口无稽，也是重要的原因。

从实施的效果看，各地的自发摊丁改革确实起到了减轻无地少地农民的负担和方便官府征税的双重作用。如直隶《乐亭县志》记载：

> 我朝（指清朝）初年，丁分三等，科定九则，亦条鞭之遗意也。但田与丁分，或田日溢而丁转轻，富者不以为德；若田去丁存，或本无田而丁不免，则糊口不给，犹苦追呼，甚而转徙逃亡，年久摊赔滋累。前令于公成龙深悉其弊，按田均丁，在富户正供之外所增无几，而贫者永得息肩，可谓法良意美者矣。①

正因为如此，当时主张摊丁的人大多称此法为"上不误公，下不妨民"的"两便"之法。②

不过，正如前文所说，当时各地的"按粮派丁"或"按地派丁"还是在不放弃丁额的前提下实行的，丁银与人丁并没有彻底割断联系，原则上必须"丁增赋亦随之"。由于丁银征数不能固定，每次编审，都要发生重编的问题，极易滋生弊端。而且，既然丁银仍与人丁相联系，它同土地的结合也就不可能牢固，在田地买卖推收过割之时，买主往往买田不买丁，致使卖主田去丁存，时间一久，仍会出现田多丁少及田少丁多的贫富负担不均局面。康熙时的一个小官盛枫看出了问题的实质所在，因而主张："善变法者不若并丁之名而去之，条目归于一。人既易知而事不繁，何用巧立名目以滋文

---

① 乾隆《乐亭县志》卷4《田赋·户口》。
② 《赵氏世德录》第13册，载赵凤诏《龙冈纪笔·遵檄陈地方利弊详文》。

案乎？且仍立丁名，则富民意中若代贫民偿丁课者。故去之善。"①这是彻底解决丁银问题的办法，但在当时还做不到。只有在最高统治者决策"滋生人丁永不加赋"，即在国家层面固定征收丁银的数目后，才有可能将丁银与人丁分离开来，"并丁之名而去之"。也只有到了这个时候，统治者才会认真对待地方上自行摊丁的经验，将其作为彻底解决丁银问题的一个现实可行的办法加以考虑。就是说，康熙帝晚年的"滋生人丁永不加赋"，是其后继统治者彻底解决丁银问题的必要逻辑前提。这个前提一旦具备，随之而来的，就是中国古代赋役史上重要的一幕：取消丁银，摊丁入地。

2. 摊丁入地在全国的推行及其基本完成

摊丁入地正式提上清朝最高统治集团的议事日程是在康熙五十五年。当时新的编审届期，御史董之燧看到"滋生人丁永不加赋"没有从根本上解决丁银问题，乃上疏请求实行进一步的摊丁入地。据《江南通志》记载：

> （康熙）五十五年，御史董之燧疏请统计丁银，按亩均派。户部议覆：各省州县地亩人丁原有不同，随地制宜，相沿已久，未便更张。如有情愿买卖地亩而丁应从地起者，其地亦随买主输课。奉旨："依议。"②

董之燧的建议，因部议阻挠而被搁置了。但在当年，清朝廷就"准广东所属丁银就各州县地亩分摊征收"③，说明对摊丁入地这件事，最高统治者的态度并非坚决反对，只是在当时的朝廷内部，还未就此事达成一致意见，兹事体大，还在犹豫待机罢了，否则也不会放行广东的改革试水。广东摊丁，是全国大规模摊丁入地改革的序幕。

---

① 盛枫：《江北均丁说》，载《皇朝经世文编》卷30《户政五》。
② 乾隆《江南通志》卷68《食货志·田赋二》。按：此事《癸巳类稿》《石渠余纪》等书均记作康熙五十三年，误。参见《清圣祖实录》卷267，康熙五十五年二月庚寅条。
③ 《清朝文献通考》卷19《户口考一》。又见雍正《广东通志》卷7《编年志》。

雍正元年六月初八日，新皇帝即位不久，问题再一次被提出来。这次是由山东巡抚黄炳出头。他在奏折中陈情说："各州县中，往往有田连阡陌而全无一丁者，有家无寸土而承办数丁者。穷民在丰稔之年已难措办，设遇歉收之岁，更无力输将。此东省之民所以易去其乡而不顾也"。而在"丁银俱随地办"的浙江省（实只有部分州县，见上节），"有地则有丁，无地则无丁，苦乐均平"。是以请求山东援例仿行，"并请通饬北五省一体遵行"。①

对黄炳的奏请，雍正帝的态度一开始并不赞成，其在黄炳奏折后面朱批云："摊丁之议，关系甚重，岂可草率从事？……将此等变易旧章之奏冒昧渎陈，殊为无知之甚！"但不久，他的态度就有了转变。当年七月十二日，直隶巡抚李维钧也上折请求摊丁，同时正式具题请旨。李维钧是雍正初年特别倚重的大臣，做过多年地方官，对实际情况比较了解。他的意见，雍正帝不能不慎重考虑。虽然在李维钧奏折的后面，皇帝仍然批示"此事尚可少缓。更张成例，似宜于丰年暇豫、民安物阜之时，以便熟讲利弊，期尽善尽美之效"，态度仍然犹豫，但口气缓和多了。②因李维钧已经正式具题，按程序应交部议，结果户部议奏准行；为表示慎重，再交九卿詹事科道廷议，而九卿的议覆支吾其词，模棱两可。九卿的态度激怒了雍正帝，下旨"仍照户部议行"。③

经过这一番曲折，摊丁入地的决定终于做出。是年十月，李维钧拟定了具体实施办法，得到批准。次年，直隶实现了全省摊丁。此后，摊丁改革便在全国推开，到雍正七年，福建、山东、浙江、云南、河南、陕西、甘肃、四川、江西、广西、江苏、安徽、湖南、湖北等省继广东、直隶之后，也相继奏准实行了摊丁入地。"历年以来，改随地派，十居其七"④，"地丁合一"基本上成为全国统一的

---

① 雍正《朱批谕旨》第9册，雍正元年六月初八日黄炳奏折。
② 雍正《朱批谕旨》第5册，雍正元年七月十二日李维钧奏折。
③ 《清世宗实录》卷11，雍正元年九月戊戌。
④ 雍正《大清会典》卷30《户口》。

赋税制度。

乾隆以后，改革继续推行。十二年，"福建台湾府丁银匀入官庄田园内征收"①。四十二年，贵州仍然丁地分征的贵阳等29个府、厅、州、县一例改为"按亩摊征"②。山西摊丁起步于雍正九年，但直到清末的光绪五年才在最后一批州县推行了改革，前前后后拖了近一个半世纪，不过最后总算九转功成。其他如东北的吉林、奉天等地，也都在光绪年间实行。③

摊丁入地以后，原来五年一举的人丁编审失去意义，"徒滋小民繁费"，其被最终废止也自然就提上了日程。雍正四年，直隶总督李绂上疏请废除编审，专行保甲④。乾隆五年，命停止编审，各省改按保甲册报的方式，统计大小男妇户籍人口，每年报告，户部汇总奏闻。但在当时，"盐钞征派尚未尽除，故各省犹有照常册报者"。乾隆三十七年，又准李翰请，发布上谕，命全国一律停止编审造册。"自是惟有漕卫所丁四年一编审而已。"⑤ 这样，封建国家对农民的直接人身束缚和役使的最后一个标志，便也从法律制度层面上消失了。

摊丁入地的推行过程并非一帆风顺，而是充满了观念交锋和利益受损者的激烈反抗。实行"因田为赋，因赋起丁，其无田者亦无丁银"⑥ 的赋税制度需要破除"普天王土，而率土王臣"⑦ "人无贫富，莫不有身丁可役"⑧ 的传统观念，更需要压制住来自地主富户方面的阻挠和反抗。"按亩征丁，将丁银归入田亩一事，独利于贫民而

---

① 《清朝文献通考》卷19《户口考一》。
② 王庆云：《石渠余纪》卷3《纪丁随地起》。
③ 以上所述主要是民丁银的情况。其他征自人口的税收，如屯丁银、匠班银、灶丁银、盐钞银等，也都在民丁银摊入地亩的前后或同时，或与民丁银一起，或单独，并入地亩摊征，成为统一的土地税的一部分，具体见本文附表2。
④ 参见李绂《请改编审行保甲疏》，载《皇朝经世文编》卷30《户政五》。
⑤ 王庆云：《石渠余纪》卷3《纪停编审》。
⑥ 张琛：《日锄斋日记》卷4。
⑦ 赵申乔：《赵恭毅公剩稿》卷5《丁银不宜从田起赋详》。按：此语原出自《诗经·小雅·北山》。
⑧ 邱嘉穗：《东山草堂文集》卷9《丁役议》。

不利于富室，盖富室产多而贫民产少"①，因而遭到地主富户的反对和阻挠是必然的。

还在康熙年间，就有一些地主官僚撰文立说，力言摊丁之非。邱嘉穗说：并丁于粮"使富户坐困于输丁，而一切游手末作者皆相率而为化外之民"②。赵申乔说："人不纳丁则户多脱漏，田复有丁则赋多加派，虽或便于顽民，实有悖于国法。"③ 赵申乔的弟弟赵申季则断言摊丁乃"补苴旦夕之计"，"断不可行"④。直到康熙末年，李光坡还在喋喋不休地说什么按田派丁就是蠲除贫民的"公旬之义"，造成役法的"偏枯"，鼓吹"利不百则不兴，害不百则不去。今朝廷清明，大法小廉，戴其清净，民自安乐，不必更求良法"⑤，颠倒黑白到了罔顾事实的程度。当时一些地方的摊丁尝试，就因为地主的阻挠而未能推开。如康熙三十五年至三十六年，云南巡抚石文晟"欲以丁银摊于田粮之内，通饬各属查议，而绅衿及有产之民内有因其不利于己从而阻挠者，致甫行而中止"⑥。稍晚些浙江宁波的摊丁之议也由于"缙绅富室多不便之"和布政使赵申乔的反对而未果行⑦。有的地方虽然实行了，但多少年后地主富户们还在念念不忘颠覆已成之局。如陕西城固县于明崇祯十一年丁随粮行，入清后到了康熙二十一年，修县志的人还在愤愤于"有田之家反受有田之累"，呼吁"有田之家同心协力赴上台力辩"，以恢复分征⑧。

在雍正以后的全国普行摊丁时期，官僚们公开反对的议论虽然少了，但来自民间地主富户对改革的公然抗拒依然是个严重问题。如雍正二年福建宁洋县议行摊丁，因"丁多地少，不能概均"，引起

---

① 戴兆佳：《天台治略》卷6《告示·一件丁米已经分案通详请除天台之积困特行晓谕静候宪批事》。
② 邱嘉穗：《东山草堂文集》卷9《丁役议》。
③ 赵申乔：《赵恭毅公剩稿》卷5《丁银不宜从田起赋详》。
④ 《赵氏世德录》第12册，载赵申季《督学集·条议丁粮》。
⑤ 李光坡：《答曾邑侯问丁米均派书》，载《皇朝经世文编》卷30《户政五》。
⑥ 杨名时：《杨氏全书》卷17《条陈滇省事宜疏》。
⑦ 《赵氏世德录》第2册，载赵熊诏《赵恭毅千秋录》。
⑧ 康熙《鄠县志》卷4《田赋》。

"粮户、穷丁讦控",一直拖到雍正五年,才"以一半(丁银)匀入地亩征收,一半仍存丁纳",算是达成妥协①。下面以浙江、山西两省的摊丁过程为例,说明摊丁入地改革是如何在地主富户的激烈抗拒下向前推进的。

先看浙江。浙江是较早出现摊丁的省份之一,康熙时就已有不少州县自发改革,遭到缙绅富室的反对和阻挠,上面已举过宁波的例子。雍正初年各省先后奏办,掀起改革热潮,浙江自不例外,开始筹划在全省推行,于是矛盾就表面化了。据雍正四年八月初二日巡抚李卫奏:

> 浙省向有丁归粮办一事,业经均摊将妥,乃有田多丁少土棍,蛊惑百余人,齐集巡抚衙门,喊叫拦阻摊丁。彼时(巡抚)法海惊慌失措,即令官员劝散,暂缓均摊之议。及后又被有丁无田情愿均摊者窥破伎俩,聚集乡民,围辕吵闹更甚。又有一班门面丁差,亦为效尤。从此开端,聚众更迭而起,毫无忌惮。仁、钱二县遂分为六起,动辄打街罢市。

这是雍正三年春天的事。不久法海离任。在两司护理抚印及福敏在浙期间,各方"仍常聚闹不已"。十月,李卫抵任,"群党即以此事纷纷来控"。经李"出示开导"并保证"务使均平,不致偏累",事态方才渐渐平息下去。②虽然浙江的摊丁改革在新任巡抚李卫的努力下最终于雍正四年推开,却是向"田多丁少"者做了重大让步的。如仁和、钱塘二县,原来议定的均摊办法是"乡、市人丁,无论田地山荡屋基,均匀摊纳","其租户完租者,每亩米加二升,银加二分,以助产主完丁之费",对地主已经很迁就了。而摊派以后,二县地主"较之往年所完,多增三分之一",因

---

① 参见光绪《宁洋县志》卷4《赋役·户口》。
② 以上事件整个过程的叙述均参见雍正《朱批谕旨》第40册,雍正四年八月初二日李卫奏折。

此仍不满意。最后，官方只好宣布豁除市丁银，于清出隐占地亩租银内抵补，仅把乡丁银摊入。① 又是加租，又是减摊，足见改革阻力之大。

山西摊丁在各省中阻力最大，费时亦最久。早在雍正二年，布政使高成龄就已奏准实行改革②，但筹办起来阻力甚大，州县多以"居民置产者少，逐末者多，且地土瘠薄，不同于他省，若一经归并，恐地价愈贱，并恐无人承买，输赋愈难"为由，抗争不行。③ 有的甚至行而又改，如稷山县，本已在雍正六年"奉檄归丁于粮，合一征收"，可是到了雍正十年，新任知县蔡理勤就又借口"民大不便"而"力请于上，得仍其旧"④。只是由于省里一再檄饬催办，才有一批州县在雍正九年"试办"，于乾隆元年奏准正式实行⑤。山西此次摊丁，共有临汾等18州县；此外，祁县等8州县实行"丁徭酌归地派"⑥。乾隆八年，因盐臣吉庆条奏，山西摊丁之议再起。然而就在巡抚阿里衮着手办理的时候，连续发生了平定州及万泉县等地的大规模摊丁风潮。

平定州风潮发生在此次摊丁尚未得到批准，还在各州县讨论、酝酿的时候。据当地一个官僚地主事后追述，当摊丁之议一起，"无端乡民竦栗闻风惧患，似溺如焚"，"或捐资，或用力"，"徒步赍粮"，直接到省城请愿示威，向官府施加压力。面对这些汹汹而来的

---

① 雍正《浙江通志》（乾隆元年刊）卷71《户口一》。
② 参见《清世宗实录》卷24，雍正二年九月甲寅。
③ 雍正《朱批谕旨》第2册，雍正四年七月二十九日伊都立奏折。
④ 乾隆《稷山县志》卷3《宦绩志·蔡理勤》。
⑤ 参见乾隆元年五月十七日山西巡抚觉罗石麟题本，中国第一历史档案馆藏内阁户科题本。
⑥ 王庆云：《石渠余纪》卷3《纪丁随地起》。按：王氏记是年山西共16州县摊丁，系将平遥算作半摊州县并漏记马邑（嘉庆元年裁撤，并入朔州为乡）。据光绪《山西通志·田赋略》的记载，平遥此次摊丁未涉及的部分丁银（平遥原额丁银8155两有奇，是年归入地粮2661两有奇）并非如王庆云所说的"仍随丁征纳"，而是"向系按粮均派"。乾隆三十年山西道御史戈涛在《请丁银仍归地粮疏》（载《皇朝经世文编》卷30《户政五》）中亦说山西摊丁"自雍正九年试办之后，至乾隆元年，抚臣觉罗石麟奏请改归者十八州县"。戈涛的说法与乾隆元年觉罗石麟的题本以及光绪《山西通志》的记载可以互相佐证，王庆云的16州县说法肯定是不对的。

"乡民",巡抚阿里衮、布政使陶正中最终做出让步,"谕令照旧办理,永免更张。一时榆关数百里之间,欢声震林"。①

万泉县虽实行了摊丁,但不久也起了风潮。因有盐井,万泉向有民、盐两类人户。按照议定的摊丁方案,民丁银和原由民户负担的门银摊入民地,盐丁银摊入盐地。这样摊下来的结果,两类人户的有地者增加的负担轻重不等(民户重于盐户),于是互相讦控,表面上是争摊银多少,实际反映了地主不愿摊丁,因而互相推诿,向官府施加压力。县令皮蔚为了缓和双方的矛盾,提出将门银"照旧征纳不摊"。这个办法得到地主们的支持,却激起了无地少地农民的强烈反对。愤怒的农民痛殴了在恢复门银的"乐从甘结"上画押并下乡来"传谕"的地主,放火烧了他们的房屋;又冲入县城,向反复无常的官府进行抗议,此即山西历史上有名的"万泉之变"。虽然这次风潮最终被镇压平息了,却迫使官府仍照最初的方案实行了改革。②

由于阻力太大,山西此次办理摊丁只有太原等18个州县完全实行③。此后,改革近乎陷入停滞,至道光以前,七十多年间才又有22个州县实行。

山西摊丁之所以难行,有其特殊原因。乾隆三十年,山西道御史戈涛上疏说:"州县动以舆情为请者,一由绅衿富户之畏摊丁赋;一由经承里胥之贪存编审。盖分征而不免逃亡,必藉编审为擦补,而吏胥经手,因缘为奸。"④ 此二条,后一条无须论,全国都是一样的,前一条则山西有其不同他省之处。从乾隆元年巡抚觉罗石麟奏请摊丁的题本可以看出,山西绅衿富户之畏摊丁赋,一因"地方跷瘠,粮轻丁重",二因"贸易者众,虽家无寸土,而资本丰饶,丁徭颇易为力"。"有土者未必尽富,有丁者未必皆贫"。地主们自问不如商人之富有,经营土地已经"不无瘠地赔粮之处",再要

---

① 甄芮:《待泽碑》,载光绪《平定州志》卷12《艺文中》。
② 关于"万泉之变"的相关情况,见山西巡抚爱必达于乾隆十二年三月二十七日、四月十八日所上奏折,载《康雍乾时期城乡人民反抗斗争资料》,第312—315页。
③ 参见《清高宗实录》卷249,乾隆十年九月乙酉。
④ 戈涛:《请丁银仍归地粮疏》,载《皇朝经世文编》卷30《户政五》。

增加丁银负担，特别是增加一份来自富有的商人的丁银，实有不甘。①地瘠丁重和商人众多，这是山西的特殊情况，山西地主较之其他地方的地主更加反对摊丁，原因就在这里。

但是，"无地有丁者"毕竟不全是富有的商人，"无地之民，宽裕者终少，拮据者实多"。大多数无地者是负担不起丁银的。丁地分征的结果，只能是造成贫苦人丁的大量逃亡。从乾隆八年至二十三年十余年间，岢岚州逃亡630余丁，五寨县逃亡250余丁。阻挠摊丁的人总是说只有丁地分征才能"民情相安"，果真如此，人丁"何以逃亡至是"？在无情现实的教育下，清政府中的明智者终于认识到向来所谓的"俯顺舆情，可以经久"之类的议论，"特虚语耳"。这个"舆情"，实只是少数地主的舆情，而绝非占人口大多数的贫苦人丁的舆情。"贫民之不欲输丁，与地户之不愿增额，情同也"，只不过"富民之情易达，贫民之情难诉"罢了。②

顺从"富民之情"使清政府自己的利益受到损害，到头来它也不得不考虑考虑"贫民之情"了。平定州风潮过去七十余年，道光元年，州属盂县民人秦美章赴京"具控"该州的丁银问题：

> 丁银归入地粮，每亩不过摊银一分有零，即贫民亦易输纳。若丁地分征，则每丁征银自六钱八分九厘至一钱三分六厘不等，更有一丁顶充一二十丁及逃亡故绝之户，势难完纳。③

沉重的丁银已使贫民"势难完纳"了，清政府不得不在摊丁问题上再次积极起来。经道光帝批准，平定本州及其所属盂县于次年摊丁。④ 此后许多州县相继举行。至道光二十年，除辽州等8州县仍丁地分征，保德州等9州县部分摊征外，山西摊丁基本完成。又经

---

① 乾隆元年五月十七日山西巡抚觉罗石麟题本，中国第一历史档案馆藏内阁户科题本。
② 戈涛：《请丁银仍归地粮疏》，载《皇朝经世文编》卷30《户政五》。
③ 光绪《山西通志》卷58《田赋略一》引《阳曲县志》。
④ 《清宣宗实录》卷28，道光二年正月甲子。

过光绪五年一次扫尾,就全部结束了。

以上浙江、山西的摊丁过程说明,这一改革确是在地主们的强烈抗拒下向前推进的。清最高统治者在做出改革决定前之所以犹豫不决,原因也在这里。只是在广大无地少地农民的支持和斗争下,也因为统治者需要维护自己的财政利益和统治安定的长远利益,才在"地多之家力能输纳,而无地之民免受光丁之累"① 的原则下,把改革贯彻下去。

各省摊丁的情形,参看附表2。山西的情况特殊,故除在附表2中列出外,再单立附表3。

3. 各地实施中的特点

摊丁入地改革与明代的一条鞭法相比,要简单、划一得多。明代各地所行条鞭,具体情形极为复杂,并无统一内容。万历中于慎行说:

> 夫条鞭者,一切之名,而非一定之名也。如粮不分廒口,总收分解,亦谓之条鞭;差不分户则,以丁为准,亦谓之条鞭;粮差合而为一,皆出于地,亦谓之条鞭。丁不分上下,一体出银,此丁之条鞭;地不分上下,一体出银,此地之条鞭。其名虽同,而其实不相盖也。

相比之下,清代的摊丁入地就要简单划一得多。摊丁入地的内容与核心精神无论在全国哪个地方都是一样的,即地丁合一,丁银摊入地亩田赋,取消丁口之征。

但是,在具体做法上,各地仍各有特点,不仅省与省不同,即一省内各府、州、县之间,也往往不同。如从计摊范围看,有通省计摊的,也有本州县计摊的;从计摊标准看,有按田赋银一两、粮米一石、田地一亩计算该摊多少丁银的,也有按田赋银若干两、粮

---

① 田文镜:《抚豫宣化录》卷2《题请豫省丁随地派疏》。

米若干石、田地若干亩核算该摊一丁的；各种丁银项目如民、屯、灶、匠班等，有合并摊征的，也有分别摊入不同种类的地亩的，等等。这种种不同的做法，是由各地的丁、粮情况及赋税征收的历史传统等因素决定的。要之，摊丁入地只要求实质内容上的统一，至于具体做法，则因地制宜，不强求一律。

各地摊丁的特点在附表2中已经分省份，一一详细说明。各地多种多样的摊丁做法可大致分成两类：一类是直隶、山东、陕西、甘肃、江西、湖北、云南、贵州8省的通省计摊，另一类是山西、河南、江苏、安徽、浙江、福建、湖南、广东、广西、四川10省的州县计摊。通省计摊的省份在计摊标准、各种丁银的摊征方法上也是省内统一的，因此情况比较简单。而采取州县计摊的省份，则计摊标准、各种丁银的摊法很不统一，不仅省与省不同，而且往往省内各地也互异，情况比较复杂。下面就这两类省份的摊丁做法，分别做些概要说明。

通省计摊各省。所谓通省计摊，就是不考虑各州县原来的地丁征收情况，总计一省之丁银，平均摊入全省的地亩田赋之内，实行全省统一的摊则。由于省内各地原来的丁、粮情况不同，这样做之后，各地承担的丁银多少必然会发生变化。例如直隶，雍正二年实行"每地赋银一两摊入丁银二钱七厘有奇"① 的全省统一摊则摊征以后，各府、州的丁银负担与之前相较，发生了如表5所示的变化。

表5　　　　　直隶各府及直隶州摊丁后的丁银负担变化

府、直隶州	应征丁银（两）	摊入丁银（两）	负担变化（％）
顺天府	36264.76	26903.77	-25.81
永平府	26783.24	14357.44	-46.39
保定府	42789.52	38996.49	-8.86
河间府	39016.75	34311.45	-12.06

① 《清朝文献通考》卷19《户口考一》。

续表

府、直隶州	应征丁银（两）	摊入丁银（两）	负担变化（％）
天津府	8278.37	17183.69	107.57
正定府	46735.78	44876.55	-3.98
顺德府	15923.00	34232.08	114.99
广平府	40202.91	51558.20	28.24
大名府	47188.41	56760.58	20.29
宣化府	11327.25	4530.25	-60.01
易州	5113.08	5773.66	12.92
冀州	31460.63	26380.12	-16.15
赵州	15408.56	18922.38	22.80
深州	20097.39	16153.13	-19.63
定州	13582.06	13915.14	2.45
总计	400171.71	404854.93	1.17

资料来源：据雍正《畿辅通志》卷31《户口》、卷33《田赋》雍正十二年数字。表中的应征丁银数（即应征原额丁银）和摊入丁银数都比雍正二年数略小一些，盖因又经过了雍正四年、九年两次编审并与期间的行政区划变动有关。又宣化府有新归并蔚州丁银8900.82两，易州有新归并广昌县丁银2793.2两，均尚未摊入地亩，故未计入各该府州数内。

从表5看出，摊丁以后，顺天、保定、河间、永平、宣化"北五府"及正定府、冀州、深州的丁银负担都比原来减轻了，而天津、顺德、广平、大名4府及易州、赵州、定州3个直隶州则负担加重了。不仅如此，一府之内各属的负担也发生了不同的变化。如河间府总的丁银负担是减轻的，但其属献县和河间县就各不相同："（献县）丁匠银额征三千一百七十两，后摊入地亩则为五千一百余两，其数盈。考《河间县志》，征丁银六千六百余两，摊入地亩则为四千五百余两，其数绌。"[①] 其他通省计摊的各省，情形也都如此。

一般来说，凡负担减轻了的必是原来粮少丁多的地区。如直隶北五府，"地多圈占，其所拨补半属窪下，完粮之外所余无几"，"丁

---

① 乾隆《献县志》卷3《食货·地亩》。

浮于地,尤为苦累"①。当初李维钧提出直隶通省均摊,就是因为"北五府地少丁多,难就本州县之丁银摊入本州县地粮之内"②。均摊以后,北五府的丁银总共减少了23.7%,其中顺天府减少25.81%,永平府减少46.39%,减少的幅度相当大。相反,原来粮多丁少地区的丁银则相应有所增加。这样一减一增,通融调剂的结果,粮少丁多和粮多丁少地区的赋税负担就比较平均了,有利于改变历史上形成的不同地区负担不均的状况。这是通省计摊做法的优点。因为有"酌盈剂虚"的功用,这种做法被许多省借鉴采用,利用它来解决省内部分地区粮少丁多、摊丁难行的问题。

但通省计摊并非处处可行。这种摊法固然可以使某些丁银过重的地区减轻负担,却不可避免地要增加另外一些地区的丁银负担。在增加幅度不大的情况下,此法还不致发生什么问题,但若增幅过大,就有可能引起反对,致使摊丁受阻。如湖北省,雍正七年通省摊丁之后,武昌等42州县减征丁银18928.8两,"摊入江夏等一十九州县之内,照粮加增",结果有些州县加银过多;特别是钟祥县,于原额丁银2430两之外,又加增3586两,引起了当地有地者的普遍不满。雍正八年九月和九年三月,钟祥等地接连发生了大规模的抗粮风潮③。面对这种局面,清政府不得不决定将19个增加丁银的州县所增之银于升科地亩之内"渐次摊抵"。以后,在乾隆初年,又将未能摊抵的部分丁银全部豁免,并准许19个州县"应征原额丁银各就本州县情形各项摊征"。④ 又如甘肃,雍正五年初行摊丁时,"止按通省额征银粮通计核算,每银九钱零、每粮九斗零摊入一丁,额征多则摊丁亦多,额征少则摊丁亦少",也引起了增丁州县的反对,"纷纷具控,以为均丁之不公。"⑤ 新法实行仅一年余,就被迫改行粮轻丁多的河东地区与粮重丁少的河西地区"各自均派,河东

---

① 雍正《朱批谕旨》第5册,雍正元年十月十六日李维钧奏折。
② 雍正《朱批谕旨》第5册,雍正元年十月十六日李维钧奏折。
③ 雍正《朱批谕旨》第19册,雍正九年十二月初六日王世俊奏折。
④ 《清朝文献通考》卷19《户口考一》;乾隆《襄阳府志》卷12《赋役·丁赋》。
⑤ 雍正《朱批谕旨》第20册,雍正六年李元英奏折。

则丁随粮办，河西则粮照丁摊"①。所以，通省计摊虽有均平赋税的好处，但存在着增银、减银问题，实行起来矛盾较多，阻力亦往往较大。当时多数省没有采用通省计摊的办法，原因即在于此。

通省计摊各省在计摊标准和各种丁银的摊法上也都实行省内统一的原则。计摊标准：云南、贵州按田地"亩"计，其他省均按田赋银"两"计。各种丁银的摊法：直隶、山东、湖北将屯、更名等项丁银与民丁银合并摊征。江西将民、屯丁银分别摊入民、屯地亩。陕西、甘肃先是合并摊征，后因屯、更名地亩额赋重于民田，所摊丁银超过原征屯、更名丁银额数，"输纳惟艰"，于乾隆二年将多摊之数豁除，定议以后编审时在民地粮内补额，实际就是改行了各类丁银分别摊入各自地亩的办法。② 云南只摊民丁银，屯丁银原定俟"将无主影射田土查清，渐次抵补"，至乾隆二年，除已经抵补者外，余数全部豁免。③ 此外，直隶、山东二省的灶丁银是分别摊入各自灶地的，均按亩计征。

不同的计摊标准没有实质的区别，对摊丁效果亦不发生影响。但各种丁银如何摊法，则对摊丁结果有直接的影响。合并摊征可以在民、屯、更名各类地亩人丁之间通融调剂，均平彼此的赋税负担；但若增减变化太大，容易引起矛盾，妨碍摊丁进行。陕、甘二省从合并摊征改为分项摊征，就是例证。这同通省计摊的情形是一样的。相比之下，分项摊征虽不能在各类地亩人丁之间调节赋税负担，却也没有增银、减银的矛盾，易于推行，故为多数省份所采用。于此也可看出，各地的摊丁改革，走的的确是阻力尽可能小的路线。

再谈按州县计摊各省的情况。州县计摊，就是以州县为单位，将各州县的丁银分别摊入该州县的地亩田赋。由于州县自行其是，省里不做统一规定，这些省份的摊丁做法五花八门，远不像通省计摊省份那样整齐划一。以计摊标准而言，有按田赋银"两"计的，

---

① 《清世宗实录》卷74，雍正六年十月己卯。
② 《清高宗实录》卷28，乾隆元年十月丁卯；《清朝文献通考》卷19《户口考一》。
③ 《清世宗实录》卷43，雍正四年四月丁亥；《清朝文献通考》卷19《户口考一》。

有按粮米"石"计的，有按田地"亩"计的，也有计粮米多少石、田地多少亩合摊一丁的，更有各种标准兼而有之的，但总的来说，以按田赋银"两"计者较多。以各种丁银的摊法而言，合并摊征与分项摊征的都有，以后者居多。这种种不同，既体现在省与省之间，也体现在省内各府州县之间。

与通省计摊相比，州县计摊更有利于因地制宜。采取这个办法，各州县都可以根据本州县的实际情况来决定具体的做法，而不必问别州县如何，掌握起来比较灵活。由于没有增银、减银的问题，可以免去不同地区间的矛盾和争吵，实行起来相对阻力较小。这个办法尤其适合那些省内地区间差别大、情况复杂的省份。如山西省，各府州县的情况十分不同，土地肥瘠、丁粮多少等差异很大，而且丁银普遍较重，加之很多地方的富户中没有土地或土地不多的商人占有相当比例，推行摊丁比任何省份都困难得多。在这种情形下，连统一全省的摊丁时间都难做到，自然就更谈不上通省计摊了，而是只能州县计摊，分别实行，逐步推进。对于山西这样的省份，州县计摊的办法显然是有其适用性和方便之处的。

州县计摊只限于在本州县范围内均丁，因而不能像通省计摊那样调节省内不同地区的赋税负担。各州县摊则的高低，完全取决于其自己原来的丁粮比例，粮多丁少的摊则就低，反之则高。从附表2可以看出，在州县计摊各省内部，摊则高、低之间往往相差至数倍、十数倍，甚至数十倍。如湖南省，每粮一石摊征丁银最低的州县仅为0.00014两，最高的达到0.861两，两者竟相差6150余倍。这样摊丁以后，原来粮多丁少的州县与粮少丁多的州县各自的赋税负担都不发生变化，丁重的依然重，丁轻的依然轻。这不能不说是州县计摊的一个很大的局限。

由于不能在地区间通融调剂，州县计摊的省份往往会发生某些粮少丁多特别严重的州县的摊丁改革难以开展的情况。对此，各地一般采取豁免部分丁银的办法来解决。如福建省的台湾府，每丁原征丁银0.47两，加上火耗高达0.5两，比福建内地"加倍有余"。

因丁银太重，先于乾隆元年"照内地之例，酌中减则，每丁征银二钱"，然后才在乾隆十二年实现了摊丁。又如福建省的延平府南平、永安二县、漳州府平和县、汀州府清流县、龙岩州宁洋县、福宁府寿宁县等，也都因地少丁多，雍正二年全省摊丁时或未能实行，或虽实行了但摊则过高，引发征收困难，都于乾隆二年豁免了部分丁银。① 此法运用得最广的是山西省，那里相当大一部分州县的丁银是在部分减免之后才摊入地亩的。② 这些减免是清政府为了顺利摊丁而迫不得已做出的，由此而导致的政府财政上的损失，最终将通过丁银问题的彻底解决而得到补偿。

通过上述分析可以得出结论：虽然清代的摊丁改革在内容上是统一的，但具体做法却因各地情况的不同而表现出十分复杂而多样的特点。在改革中有着不同利害得失的社会各阶级、阶层之间，以及它们与清政府之间的利益诉求的互相博弈，对各地摊丁采取何种具体做法产生了至关重要的影响。"盖因地制宜，使有田之家所加者无多，而无业之户利益者甚大，询法良而意美也"③。这可以说是清朝统治者在整个改革过程中一以贯之的指导思想和基本态度。

三 摊丁入地评议

1. 中国封建赋役制度的划时期的变革

前面两部分分别讨论了摊丁入地的历史背景和实施的情况及特点，下面对其试做评价。首先看这一改革在中国封建赋役制度史上的地位和意义。

自古中国税制一向把人户丁口和土地同列为国家赋役征课的对象，不过，在封建社会的前期和后期，侧重点有所不同。在前期，由于地主土地所有制尚不发达，自耕农的小土地所有制在全部土地

---

① 以上福建的事例参见《清朝文献通考》卷19《户口考一》。
② 山西摊丁减免丁银的事例参见光绪《山西通志》卷58—64《田赋略》。
③ 《清朝文献通考》卷19《户口考一》。

关系中还占着相当大的比重，按人口征收赋税居于主导地位。汉代的口赋、算赋、更赋，魏晋南北朝的户调、租调，隋唐时期的租庸调等，都只按户、丁、口征收，而不问纳税者的土地财产情况。当时虽也有按土地、财产征收的赋税，如汉代的田租、唐代的地税和户税等，但都不是主要的。在封建社会后期，随着地主土地所有制的发展壮大，自耕农作为一个社会阶层的经济地位及其在农业生产中的作用从整体上说日益弱化了[①]，与此相应的是占地不足因而需要向地主租种土地谋生的佃农大量出现和租佃制逐渐成为农业中占统治地位的生产形式。封建社会后期农业生产关系的这些变化反映在赋税制度上，就是国家政权赋役征课的重点逐渐从人户丁口转向了土地。唐德宗建中元年的两税法改革废除了与均田制下大量自耕农、半自耕农的存在相适应的租庸调制，而代之以"唯以资产为宗，不以丁身为本"的两税制[②]，就是这一转变的第一个标志性事件。宋代以后，土地在赋税征收中的地位更显重要，两税变为田赋的同义语，成了以后历代封建政权最主要的赋税收入。但是，直到清代的摊丁入地以前，对人口的征课仍然存在。两税法在宣布"租庸杂徭悉省"的同时，明确规定"丁额不废"[③]。到五代时，就又出现了身丁钱米、身丁米麦等新的人口税名目。以后，宋代有丁口之赋，有职役、役钱；元代有丁税、科差；明代有里甲、均徭和杂泛，一条鞭法改革后又有丁银，等等。可见，把人口列为国家赋役征课的对象，是清代摊丁入地以前历代税制相沿未改的共同特点。

不过，封建社会后期对人口的征课已与前期不同，表现在两点：第一，封建社会后期人口征课在国家税收中所占比重远比前期要小，已不占主要地位；第二，在征收方法上，封建社会后期的人口征课更加照顾到纳税者的负担能力，即在向人户丁口征税课役时将其资

---

① 这是就历史的长期趋势而言，不否认在某些时期（如王朝的初期）自耕农的数量及在农业生产中的地位可能还有所增强（与前一朝代的中、后期相比）。
② 陆贽：《陆宣公翰苑集》卷22《均节赋税恤百姓六条》。
③ 《新唐书》卷145《杨炎传》。

产状况，尤其是土地也列为决定征课轻重的重要标准。宋代的职役，法律上规定只由主户中的上四等户按户等高低分别承担，第五等户及客户都不应役①。明代编签徭役，也按户等高低决定役之轻重。这一时期还不断发生赋役改革，对役法进行整理。北宋王安石变法推行的募役法及后来在一些地方出现的以田助役法、义役法，明洪武初年的"均功夫"，等等，都是役法的改革。其中最重要的，是明代后期的一条鞭法改革。一条鞭法将力役折银，普行雇役，从赋役法令上取消了力役之征；其役银征收，一部分合并于田赋，由土地所有者承担，一部分征诸人丁，而这征诸人丁的部分，也大多按照丁、粮多少的双重标准划定人丁等则分别征收，并非单纯的计丁征银。凡此，都标示着封建社会后期的赋役制度是在向着人口之征的比重越来越小和并役于赋、人头税归入土地税的方向发展。

摊丁入地是封建社会后期又一次重大的赋役制度改革。它同以前的历次改革既有联系，又有区别。在改革的基本精神上，它与两税法的并庸调于两税、一条鞭法的并役于赋一脉相承。从这一点说，可以认为，它是两税法和一条鞭法的继承和发展。人们通常把摊丁入地与两税法和一条鞭法并列为封建后期的三大赋役改革之一，就是承认它们之间的前后相承关系。但仅仅这样看是不够的。两税法在废除租庸调的同时仍然保留了丁额，一条鞭法于田赋之外继续编丁征丁，因此，这两次改革之后的税制依然是人口、土地并征的二元化税制。摊丁入地则不同。它彻底废弃了丁银制度，不仅将全部丁银摊入地亩，而且将人丁编审也一并取消了。这样，征税原则就发生了重大变化，即由丁、地并征的二元税制变成了单一的土地税制。这是中国封建赋役制度史上一件划时代的大事。

对后一点的意义，人们往往估计不足。甚至有人认为摊丁入地只是"巧妙地变更了一下赋役的征收方式"，与一条鞭法只在"丁税摊派的程度上"有所不同，"本质上没有什么区别"。这是从表面

---

① 《宋史》卷130《食货上·役法上》。

上看问题。不能忽略摊丁入地是在丁额已经固定、"滋生人丁永不加赋"的基础上将丁银归入地亩的这样一个重要的事实，即它所摊的是一个确定的税额，这个税额一经归入土地税，就与人丁完全脱离了关系；人丁多也好，少也好，都不再对它发生任何影响。因此，摊入地亩以后的丁银，已经不是原来意义上的丁银了，不再有代役银、人头税的性质，而只不过相当于一个固定的田赋附加而已。乾隆时期人丁编审日渐废弛，最后终于明令取消，就说明了这一点。所以很显然，摊丁入地并不只是"巧妙地变更了一下赋役的征收方式"，相反，它是"数千年来力役之征一旦改除"①，即标志着封建国家最终放弃了对人口的征课。它与一条鞭法的区别也并非只在"丁税摊派的程度上"，这个区别是确实存在的，但更重要的还是在是否放弃征丁的原则：摊丁入地放弃了，而一条鞭法则没有。

　　清代人是懂得这一点的。如乾隆元年修的《山东通志》改旧志的《赋役志》为《田赋志》，其作者按语说："夫任之土者谓之赋，任之力者谓之役。今则滋生之丁已免其徭，而原额之丁又编入地亩，是无所谓役也，故以'田赋'总之。"② 稍后修的《福建续志》也以此理由改"户役"为"户口"③。同样的例子还可举出许多。摊丁入地以后，连丁银一词也逐渐匿迹于史册，在人们的头脑中，它的含义日渐模糊了："士人日抱古书以谈丁赋者，多谿刻愁苦之词。求之于时事，而不见其迹，不知古人何故做此语"④，变化确实很大。

　　摊丁入地是中国古代税制的一个有历史意义的重大进步。对人口的征税课役标志着封建国家对农民以及其他劳动者直接的超经济强制，是封建人身依附关系在中国大一统中央集权封建制度下的一种表现形式。在中国封建制度下，以人身依附关系为基础的超经济强制不仅体现在个别地主与农民之间，而且体现在代表地主利益的

---

① 光绪《湖南通志》卷49《赋役二·户口二》。
② 乾隆《山东通志》卷12《田赋志》。
③ 乾隆《福建续志》凡例。
④ 俞正燮：《癸巳类稿》卷12《地丁原始》。

封建国家政权与农民之间。在中国封建社会，"不但地主、贵族和皇室依靠剥削农民的地租过活，而且地主阶级的国家又强迫农民缴纳贡税，并强迫农民从事无偿的劳役，去养活一大群的国家官吏和主要是为了镇压农民之用的军队"①。在封建国家的这种直接的超经济强制下，农民被束缚于世代不变的固定户籍，不能迁徙，也不能改业，完全没有人身的自由。无偿的徭役征发和人头税，历史上一直是压在农民身上的最繁重、最痛苦的负担之一，严重干扰着他们正常的生产劳动。特别是在封建社会后期，由于自耕农大量转化为佃农，以及在长期的社会发展中日益出现了人身依附关系松弛化的趋势，这种国家政权对农民直接的超经济强制就更加不符合历史前进的要求，不但造成了极大的骚扰，而且越来越成为社会经济发展的严重阻碍，同时也激化了阶级矛盾，遭遇到来自劳动者方面的越来越强烈的反抗和抵制，在极端的情况下甚至威胁到国家政权自身的安危。正因为如此，为了维持统治阶级的长远利益，封建国家不得不一再改革赋役制度，实行力役征银，并役于赋，逐步放松了对农民直接的人身束缚。摊丁入地标志着这一历史过程的一个全新的阶段。第一，由于彻底废弃了"赋出于田，役出于丁"②"丁自为丁，地自为地，本不相涉"③的二元化税制，不再于土地税外另征丁税，几千年来一直压在农民身上的徭役负担就解除了。第二，随着丁税取消，人丁编审和"人户以籍为定"的户籍限制就再无必要，或明令停止，或名存实亡，从此封建国家对农民的人身控制前所未有地放松了。特别是对于免除了一切纳税义务的无地农民，封建国家政权同他们的直接的经济联系，对他们直接的超经济强制奴役，从此不复存在。"生于斯世者，几不识丁徭之名，盖数千年来未有之盛，（遂）使天下耕田凿井者相望帝力于何有，不独在康衢间矣。"④"丁

---

① 《中国封建社会土地所有制形式问题讨论集》（上），生活·读书·新知三联书店 1962 年版，第 210 页。
② 任源祥：《鸣鹤堂文集》卷 1《赋役上》。
③ 雍正《朱批谕旨》第 9 册，雍正元年六月初八日黄炳奏折。
④ 朱云锦：《豫乘识小录》卷上《户口说》。

不加编，里无徭役……皞皞黄民，有终身不知赋役为何事者。"① 这些变化说明，在摊丁入地以后，封建国家直接控制和剥削农民这一古老的赋役剥削方式，已经基本被放弃了。"富民为贫民出身赋，贫民为富民供耕作以输赋税"②，即农民输租于地主，地主输税于国家，从此成为封建剥削的典型方式和国家赋税制度的基础。这个转变是同封建社会后期土地生产关系的变化和社会经济发展的要求相适合的，无疑具有历史进步的意义。

2. 对社会发展起了积极作用

摊丁入地改革对社会发展所起的积极作用主要表现在以下三个方面：

第一，摊丁入地减轻了无地少地农民的负担，使此前因丁银征收引致的农民与官府（代表封建国家）的尖锐矛盾有所缓和，释放了农业劳动力，因而促进了社会生产的发展。

摊丁以后，无地农民免除了丁税，少地农民也多少减轻了负担。前一点无须论述。关于后一点，我们先以直隶获鹿县审册反映的情况做具体说明，然后再做一般分析。获鹿县这批审册，雍正四年的4本（共8个甲）记载了摊丁后每名户丁应摊的丁银数目，因而可以与摊丁前的情况进行比较。我们依据这8个甲的审册所做摊丁前、后分档户丁平均负担变化及变化百分比统计如表6所示。

表6 获鹿县8个甲摊丁前后分档户丁平均负担变化及变化百分比统计

户丁别	占地100亩及以上	占地60—99亩	占地30—59亩	占地10—29亩	占地10亩以下
摊丁前负担（两/丁）	0.5750	0.3426	0.2187	0.1345	0.1014
摊丁后负担（两/丁）	1.8574	0.4122	0.2242	0.1008	0.0280

---

① 光绪《黄岩县志》卷4《版籍志》。
② 光绪《定远厅志》卷7《赋役志》。

续表

户丁别	占地100亩及以上	占地60—99亩	占地30—59亩	占地10—29亩	占地10亩以下
负担变化（%）	223.0	20.3	2.5	-25.1	-72.4

资料来源：据龙贵社五甲、同治社下五甲康熙四十五年审册，在城社八甲、甘子社八甲康熙五十五年审册，以及这8个甲的雍正四年审册。计算摊丁前的数字时，绅衿及寄庄户丁因其例不纳丁银，均未计入户丁总数，计算摊丁后的数字时则予以计入。

由表6看出，地数不足30亩的户丁在摊丁后负担都明显减轻了，而60亩以上和100亩以上两档户丁的负担则明显加重了，越是两端，变化越大。前文曾分析过，地数不足30亩的户丁在当时的生产力条件下绝大部分都是少地的农民（只有少数占地超过20亩至接近30亩的才有可能是自耕或接近自耕的农民），而地数在60亩以上和100亩以上的两档则基本上是富裕农民或地主。由此可见，摊丁入地确实使少地农民的负担减轻了；地数越少，减轻越多。他们减轻的负担，分别转移到了中等和中等以上的农民阶层，特别是地主身上。

表6增加了负担的几档户丁中，占地30—59亩这一档负担增加比较有限，这一档的户丁基本上应该算是中上等的自耕农民。在我们做分甲统计时，发现占地30亩以下和占地60亩以上各档户丁的负担变化比较规律，与表6的合计统计结果是基本一致的，而占地30—59亩这一档则不是所有分甲统计结果都与合计统计结果一致。为便于分析，先将分甲统计结果列出（同治社下五甲合计计算），如表7所示。

表7　获鹿县8个甲占地30—59亩户丁负担变化及变化百分比分甲统计

甲别	同治社下五甲	甘子社八甲	在城社八甲	龙贵社五甲
摊丁前负担（两/丁）	0.2548	0.1762	0.1835	0.2400
摊丁后负担（两/丁）	0.2367	0.2342	1.1813	0.2465
负担变化（%）	-7.1	32.9	-1.2	2.7

资料来源：同表6。

表7中，同治社下五甲占地30—59亩的户丁负担减轻了7.1%。按全省统一摊则摊丁后，全甲总的丁银数下降了近一半（康熙四十五年全甲丁银40.67两，摊丁后的雍正四年数只有21.397两余）。这个情况对户丁的负担变化影响较大，凡地数不足60亩的户丁都减轻了负担。甘子社八甲：土地分配比较平均，集中程度不高，故摊丁后不但有地30—59亩的户丁负担明显增加（增幅近1/3），而且连占地20—29亩的户丁的负担也有所增加（增加6.8%）。在城社八甲和龙贵社五甲：土地集中的程度较高，绅衿多，因此摊丁后各档户丁的负担呈明显的两极变化，而有地30—59亩的中间一档，因摊丁前各自负担的情况不同，摊丁后的负担增减变化也不同，不过无论增减，幅度都不大（在城社八甲减1.2%，龙贵社五甲增2.7%）。总起来看，占地30—59亩的中上等户丁，由于其在摊丁前负担的丁银比例与其土地的比例相差不是很多（参见前文表4），摊丁后的负担增减易受各种因素影响，在某种有利的条件下可能减少一些，在不利的条件下又可能增加一些。不过，总地看增减变化不大，可以说基本上还是维持在原来的负担水平。根据笔者掌握的资料，这一阶层（中等或中上等的自耕农民），即便做保守的估计，其在摊丁以后的负担，也只能说略有增加。表7中甘子社八甲那样大幅增加了负担的，只是个别情形。

摊丁入地之所以能使各阶级、阶层的负担发生上述变化，首先是由于丁银征收的对象变了。在封建土地关系下，农民和地主是两个基本的阶级，农民方面地少丁多，地主方面地多丁少，因此按丁征银，必然是农民的负担重，地主的负担轻；而按地征银，情况又必然要反过来。在农民方面，因其内部各个阶层的土地数量不同，在摊丁中的负担变化自然也会不同。在摊丁中得益的主要是无地和少地的农民各阶层；而对于土地较多的中等或中上等的农民，就要视摊丁前其所在地区的丁银轻重，丁、粮负担是否均衡以及摊丁时采取何种摊法（全省计摊还是州县计摊）等许多具体因素的影响而结果有所不同，不过，总的来说，变化不会太大，最多是稍微增加一些负担。

其次，引起不同阶级、阶层负担变化的另一个原因是绅衿优免权的取消。摊丁前，有绅衿身份的人是不负担丁银的。有这种身份的人多数是地主（参见前文），他们虽然土地很多但都不用负担丁银。摊丁以后，绅衿的优免权没有了，他们的土地也一律参加摊征丁银，这就增加了承担丁银的土地数量，因而也能使农民的负担减轻一些。表6所统计的8个甲中，摊丁前共有绅衿31名，其土地占8个甲土地总数的40.4%，这么多的土地参加摊银，无疑对那里无地、少地农民负担的减轻起了很大作用。

最后，摊丁以后，繁杂苛扰的人丁编审取消了，赋税征收趋于简单、划一，"法归简易"①，"既无分等盘剥之累，又省分项追呼之烦"②。这也使农民免去了一些额外的负担。

以上三点是在全国都起作用的基本因素，因此，摊丁入地减轻无地、少地农民的负担并不是获鹿一县的特殊情况，而是全国的普遍情形。当时人一致认为摊丁"便于穷民不便于富民"③，说"自摊丁之法立，穷民免累"④，"贫民得以安枕"⑤，"无田者得以安居乐业"⑥——这些，应该说是反映了实际情况的。

在清前期土地集中已有相当发展的情况下，无地、少地农民占了农村人口的大多数。据笔者对残留的获鹿县审册的统计，在大多数甲中，无地和地数不足10亩的户丁一般要占到户丁总数的一半以上，10—29亩的户丁约占30%，30—59亩的户丁通常只占10%或更低一些，其余有地60—99亩的富裕户丁和有地100亩以上的地主合起来最多占户丁总数的10%，就是说，80%的户丁都是占地不足30亩的无地、少地户丁。在山西，也有记载说，"一邑之中，贫民多而富户少，地多丁少者十之一二，丁多地少者十之六七，丁、地相当者十之二

---

① 光绪《黄岩县志》卷4《版籍志》。
② 傅玉书：《桑梓述闻》卷4《食货志》。
③ 曾王孙：《清风堂文集》卷8《上颜澹叟布政》。
④ 萧奭：《永宪录》卷1，康熙六十一年春正月甲午"户部进编审户口"条。
⑤ 乾隆《江南通志》卷68《食货志·田赋二》。
⑥ 乾隆《广信府志》卷6《赋役·户口》。

三"①。在这样的土地分配格局下,摊丁后税负的减轻面必然是相当宽广的,多数农民、包括一部分土地较少的自耕农民,都会从中得到好处;从摊丁中得益不多,甚至负担有所加重的农民,只是占农民很小比例的中上等农户,但这部分人即便负担加重,也不会增加很多,如获鹿县审册的统计数据所显示的,他们的负担大体上仍能维持在原来的水平上。显然。那种认为"占有小块土地的自耕农因此而负担加重了"的意见并不符合事实,至少是不符合普遍的情况。

清前期的丁银征敛曾给农民造成了很大的扰害,把许多人逼上了破产、逃亡之路,"或流入邪教,或逃藏渊薮,或投遁他乡"②,不但不利于农业生产的正常进行,而且还危害到封建统治秩序的稳定。摊丁入地以后,大多数农民的负担减轻了,也不再受到编审增除中吏胥舞弊及乘机敲诈勒索的苛扰,劳动条件有所改善,生产的积极性提高了,逃亡的现象因而有所减少。"保甲无减匿,里户不逃亡,贫穷免敲补,一举而数善备焉"③。这虽是出自封建文人的渲染之笔,但也多少反映了摊丁后社会矛盾有一定程度缓和的事实。比较安定的社会局面是生产发展的必要条件。雍正、乾隆时期,农业生产以较快的速度向前发展,荒土垦辟、耕地增加、人口增长、经济繁荣,出现了清朝260余年统治的"鼎盛"局面。这一局面的出现固然是广大劳动人民辛勤劳作的结果,但无疑也与统治者顺应历史发展的要求改革赋役制度、减轻劳动者的负担、改善其劳动条件,社会因此相对安定的作用分不开。

第二,摊丁入地使封建人身依附关系进一步松弛,劳动者获得了一定程度的人身自由,对农业劳动力流动,开发落后地区,以及手工业、商业的发展,促进经济繁荣,都起了积极作用。

前文说过,摊丁入地意味着封建国家基本放弃了对农民,特别是无地农民的直接人身控制。这一变化,使广大农业劳动者获得了

---

① 乾隆元年五月十七日山西巡抚觉罗石麟题本,中国第一历史档案馆藏内阁户科题本。
② 《清圣祖实录》卷5,顺治十八年十一月戊戌。
③ 王庆云:《石渠余纪》卷3,纪丁随地起。

迁徙和改业的自由，不用再受严格的户籍制度的限制了。其所产生的结果，首先是人口在地域上的流动大大增加，促进了一些当时尚属半开发或未开发地区的经济发展。清代前期，四川、东北、山西口外蒙古地区、西南少数民族地区、台湾和许多沿海岛屿、南方各省山区，经济都还比较落后，有的地方人烟稀少，基本上还处在未开发的状态。康熙时期，就已有很多地狭人稠地方的失地农民纷纷流亡到这些地区开荒垦种或从事工商业。雍、乾以后，随着户口限制的放松，这种情况就更多了。如四川省，雍正六年时，从湖广、广东、江西等省迁徙而来的农民不下数万人①。乾隆初的记载称："蜀中元气既复，民数日增，人浮八口之家，邑登万户之众，盈宁富庶，虽历代全盛之时，未能比隆于今日也。"② 乾隆末，更连一些向因土瘠而客民较少的县份也有了大批客民，"依亲觅戚，佃地耕种，视为乐土，渐集渐多，……与土著几参半矣"③。又如东北地区，本是清政府严令封禁的地方，自乾隆后关内直隶、山东等省的人民也大量迁入。奉天、锦州二府乾隆六年编审时，只有新编民户60057户、男女359622口，四十六年达到115194户、789093口。吉林各属乾隆三十六年有民户13027户、56673口，四十五年达到28053户、135827口，都分别增加了一倍有多。④ 跨区域的大量人口流动在缓解内地许多地方人多地少、土地资源紧张的局面的同时，向落后地区输送了先进的劳动工具和生产技术（如在西南少数民族地区），开发了当地的经济，密切了全国各地区、各民族间的联系和交往。

人身依附关系的松弛还促进了手工业、商业的繁荣和发展。摊丁入地以后，虽然多数失地破产的农民仍然留在农村，继续附着在世代劳作的土地上，但是，从农村游离出来，进入城镇、矿山，到新的领域里谋求生活出路的也很不少。如苏州阊门外的踹坊工

---

① 《清世宗实录》卷66，雍正六年二月甲辰。
② 乾隆《四川通志》卷5《户口》。
③ 乾隆《盐亭县之》卷1《土地部·风俗》。
④ 乾隆《盛京通志》卷36《户口二》。

匠，"从前数有七八千余"，雍正七年增加到万余人，"皆系外来单身游民"①。乾隆时江西景德镇的制瓷业人口比以前更多，"除窑户外，其间碓房匠作，以及坯行、车坯行、画行、彩行、茭草行、柴行诸色人等，动以万计，率多别籍异民"②。乾隆时达到极盛的云南铜矿开采、冶炼业，从业人数最多时不下 70 万人，绝大多数是外省来的"游惰穷民""五方杂处"。③ 这些并非个别的例证。雍乾以后，全国各地的手工业生产都有了很大发展，不仅原有的手工业中心更加发达，而且兴起了许多新的手工业中心。在这些手工业中心，各种与主产品相关的行业以及服务业也都兴盛起来，形成了大大小小的新兴工商业城镇，工商业人口日益增多。这一切，固然同包括农业在内的社会生产力整体的提升和社会分工的发展有关，也与国家制度层面对劳动者人身束缚的松动分不开。以摊丁入地以后人丁编审的废弛和最终明令停止为标志的封建国家对农民人身束缚的松动使大量农业剩余劳动力得以离开农业而转入城镇手工业和商业。"愚民见工匠之利多于力田"，乃"相率而趋于工"④，雍正初年皇帝曾忧心忡忡地谈到过的这种历史现象，在摊丁入地以后确实更加引人注目了。

　　许多研究都指出清前期，特别是乾隆以后，在明代若干地方、若干手工业部门已经出现的资本主义萌芽又有了新的发展，并且这种新的经济因素在清代的农业生产中也有了某种表现。这一变化，也与封建人身依附关系的松动密切相关。资本主义生产方式发展的一个必要前提，是存在相对稳定并不断得到补充的自由劳动力市场，在这个市场上，劳动力出卖者没有生产资料，但在人身上是充分自由的。"只有在工人有人身自由的地方，国家范围内的雇佣劳动，从而还有资本主义生产方式，才是可能的"⑤。显然，如果没有摊丁入

---

① 雍正《朱批谕旨》第 42 册，雍正七年十二月初二日李卫奏折。
② 凌燽：《西江视臬纪事》卷 4《条教》。
③ 参见彭泽益编《中国近代手工业史资料》第 1 卷，生活·读书·新知三联书店 1957 年版，第 333—349 页。
④ 《清世宗实录》卷 57，雍正五年五月己未。
⑤ 《马克思恩格斯全集》第 26 卷第 3 册，人民出版社 1972 年版，第 476 页。

地以后封建人身依附关系的进一步松弛，农村中失地破产的农民获得了人身自由，从而能够走出农村这个历史条件，城镇和矿山就不会得到自由劳动力来源，资本主义萌芽的扩大增长也就因之不可能。当然，这里所谓的资本主义萌芽，在当时还是非常微弱的，对之不能做出过分的估计。

提及手工业和商业，这里需做一点补充说明，就是摊丁入地不仅使农民对封建国家的人身依附关系松弛了，而且使手工业者和商人对国家的人身依附关系也松弛了。在各地摊丁入地的过程中，匠班银和市丁银也都一并摊入了地亩（有些省的匠班银在康熙时已经摊入地亩）。从此，历史上一直束缚着手工业者的匠籍制度就从根本上废除了，在农村没有土地的工商业者不再有丁银负担，从而他们在人身上依附于封建国家的标志也就消失了。这对当时工商业的繁荣发展无疑起了积极的促进作用。

第三，摊丁入地使国家的人口统计摆脱了与赋役征课的联系，因而较为符合实际和准确了。

中国历代的人口数量，汉、唐、明三个大一统的朝代，最多时都在五六千万人。入清以后，根据《清实录》公布的官方"人丁户口"统计，顺治十八年为1913万余人，康熙五十年为2462万余人，雍正十二年为2735万余人①。此后，从雍正十三年至乾隆五年，《清实录》没有人口记录。从乾隆六年起，《清实录》又开始每年公布根据保甲烟户册汇总的全国"大小男妇"民数。这种"大小男妇"民数，乾隆六年为14341万余名口，二十七年超过2亿民口（20047万余名口），五十五年超过3亿民口（30148万余名口），道光十四年超过4亿民口（40100万余名口），此后直至道光末，均在4亿以上。

上面的清官方人口统计数字向人们提出了这样的问题：清代的版图比汉、唐、明历代都大，从顺治十八年基本统一全国起到雍正

---

① 《清实录》从顺治八年起，于每年岁末一卷的结尾处公布官方的人口统计，作"是岁人丁户口"若干；从康熙五十二年起，每年公布的数字除定额人丁数外，另有"永不加赋滋生人丁"数。

十二年的70余年间，除去康熙十二年至二十年的三藩之乱一段时间外，基本没有全国性的大的动乱，为什么休养生息了这么多年，人口数非但没有超过历代，反而要少很多呢？乾隆六年以后又突然人口猛增，远远超过历代，这似乎是用魔法从地下呼唤出来的大量人口又是怎么一回事呢？对此，通常的回答自然是乾隆以前的人口统计不准确。这当然是对的，但是为什么不准确呢？这里面的原因可能不止一个，但笔者以为最根本的原因在于乾隆以前的人口统计是与赋役制度联系在一起的，当时统计人口主要是为了课征赋役，而不是为了确知人口实数。具体来说，服务于这个目的的人口统计，至少在以下两个方面大大影响了统计的准确性：

首先，统计的对象不全面。清前期的赋役征课袭自明代，而明代自实行一条鞭法以后，赋役制度就逐渐变为计亩征收田赋和计"丁"征收丁银了，户和口都不再是赋役征课的对象，对它们的统计也就越来越无关紧要。"自条鞭法行，有丁无户"①。入清以后，这种倾向更为明显。康熙七年，停止编造从明代沿袭下来的户口黄册，"以五年编审者为黄册"②。《清实录》和康熙、雍正两朝编纂的《大清会典》所记录的人口数，其实都是来自侧重统计人丁即年16—60岁的成年男子的编审数字，人丁以外的人口（老年男子、成年女性以及未成年的男女幼童等）在这种统计里都隐匿不见了③。所以，乾隆以前的官方人口数，并非全部人口的统计。它之所以比汉、唐、明都少一大截，这是一个基本的原因。

其次，清前期丁银征收的特点也对人口统计产生了很大影响。清代的丁银制度实行的不是严格意义上的"计丁征银"，即不是在清查人丁实数的基础上来决定征银多少。在当时的历史条件下，这样做已经没有可能了。清初顺治时编制《赋役全书》，其中所载人丁数

---

① 光绪《登州府志》卷13《户口》。
② 王庆云：《石渠余纪》卷3《纪赋册粮票》。
③ 有个别省因仍保留有盐钞银的征收，也编女口，见本文第一部分关于丁银制度的论述。因为如此，清前期官方人口数字的单位也常见"丁口"字样。

额和应征丁银数都沿袭自明代，以明万历条鞭册为准，仅根据当时的实际征收可能而略加修订。此后整个顺康时期，都是以此为依据来编审征银。顺治十八年，有人提议"请照十家保甲册逐户详查，十六岁以上入册"，当即遭到部议反对，认为："直省丁银，有按地派征者，有按丁派征者，则例不同"，明确表示不准备清查全部人丁并加派丁银①。康熙五十一年二月皇帝关于"盛世滋生人丁永不加赋"的谕旨也承认，并非所有人丁都在国家的丁册上，"一户或有五六丁，止一人交纳钱粮；或有九丁十丁，亦止二三人交纳钱粮"，还表示"若按现在人丁加征钱粮，实有不可"。至于康熙时期的几次严编审之令，也只是因为当时所编征的人丁和丁银数尚未达到清初《赋役全书》所定下的"原额"数字，希望达到这个"原额"而已，并没有清查实际人丁的意思。所以，清前期的编审人丁数，并非全部人丁，而只不过是清政府为了维持一定的丁税收入必须加以保证的一定"丁额"，其在"征税标准"上的意义要远大于实际人口统计的意义。明乎此，就不会对清前期官方记录的"丁"或"丁口"数字常带尾零的现象感到奇怪了②：这种在正常人口统计中本不该出现的现象在清前期之所以见怪不怪，就是因为人丁编审是与丁银征收相挂钩的，而当时的丁银征收既有按"丁"的人头征的，也有按地亩的田赋银、粮摊派的；在征收对象"丁"这方面，既有不分等则一例征收的，也有按三等九则派征的。凡此种种，就使当时的人丁编审不再是单纯的"人头"意义上的人丁数统计，而是与国家的丁税征收纠

---

① 袁一相：《清丁条议》，载康熙《钱塘县志》卷6《户口》。
② 例如乾隆《浙江通志》记载宁波府人丁数："原额人丁三十九万八千九百四十七丁九分二厘六毫，康熙二十年实在人丁三十八万四千四百八十四丁二分三厘六毫三丝"（卷72《户口二》。按该志在上引文后面记载宁波府康熙四十年、六十年和雍正四年、九年的"实在人丁"数亦均带尾数）。又雍正《河南通志》记载河南康熙三十年编审："旧管活丁一百四十九万六千八百丁八分六厘三毫三丝，……实增人丁三十三万七千三百四丁八分六厘三毫三丝"（卷22《户口考》）。再如雍正《湖广通志》记湖北人丁数："原额民赋、更名户口并节届编审额外新增及恩施县原报屯丁三十二名，共人丁五十五万三千二百九十六丁六分八厘九毫二丝六忽"（卷17《户口志》）。类似的例子还有许多。在湖广、四川、贵州等省的方志中，人丁数字还常带"斗、升、合、勺、抄、撮"等尾数。

缠不清，所编审出来的"人丁"数往往是经过按人丁的等则或应征税银、税粮数折算的（这个问题甚复杂，这里不能展开）。

　　清前期赋役制度对人口统计的影响不止上述两个方面，但是，这两个方面是最基本的。赋役制度，特别是其中的徭役制度影响人口统计的准确性是历史上一直存在的现象，不过到了封建后期的清代，由于徭役制度（丁银制度）已是一种没落的、勉强维持的制度，它对人口统计的影响就尤为严重。应当清楚，不是清统治者不想清出全部人丁并向他们课征丁税，而是当时的历史条件不允许再那样做——越来越多的农民失去土地使征课对象不再具有纳税能力，封建人身依附关系的日渐松弛又使国家管控户口困难——那样做只能激起纳税对象无地、少地农民更激烈的反抗，引起更多的隐匿和逃亡，到头来连现有的丁税收入也保不住。对于清前期人口统计的不准确，甚至可以说没有真正意义上的人口统计，应该这样去理解。

　　摊丁入地以后，清官方的人口统计从赋役制度的影响下解放出来，以前隐匿着的大量人口通过保甲的渠道被册报上来，因而就出现了乾隆六年人口陡增的现象。此后清政府按照保甲册报每年统计的"大小男妇""天下民数"虽仍不能说"准确"——在当时的制度和技术条件下，现代统计学意义上的"准确性"是不可能达到的，但比起此前的人丁编审数字，无疑是要符实和准确多了①。乾隆时中国人口从1亿数千万人起，先后超过2亿人、3亿人，道光中后期又超过4亿人，达到中国传统时代人口增长的高峰，这是与清代前、中期一百数十年的长期和平环境和此期间农业及整个社会经济繁荣发展的历史实况相吻合的，与近、现代乃至当代的人口统计数字也能够"接上茬"，形成"基本可信"的人口长期增长的数据链条，因此在整体上是可信的。王庆云曾评论摊丁入地以后的人口数说："自丁随地起，无编审之忧，自无减匿之弊，二男三女，皆乐以其数

---

　　① 乾隆六年以后的保甲册报的人口数严格说还不是全部人口数：它只是"天下民数"即只是民籍人口数，不包括八旗、绿营等特殊户籍人口，也不包括蒙、藏、新疆回部及西南土司地区的少数民族人口。

上闻，又是时更定保甲之法，奉行惟谨，户口之数，大致得其实矣。"①这个评论，是有道理的。乾隆时期，中国人口实现了较高速的增长，人口数量远超历代，这是当时社会生产力，特别是农业生产力提高、经济繁荣发展带来的一个结果，而摊丁入地减轻无地、少地农民负担又是有利于社会生产力提升、促进经济发展的。在这个意义上，笔者也认为，摊丁入地对清中期以后人口的较快增长起了某种推动作用。

某些评论文章认为，摊丁入地有抑制土地兼并的作用，理由是既然地主在摊丁后增加了负担，对土地的兴趣就会减低并减少对土地的投资。对这种意见，笔者不敢苟同，因为没有实证。摊丁入地是在土地兼并日趋激烈、失地农民大量增加的背景下发生的，它的主要作用是使无地、少地农民减轻一些负担并适应历史的发展趋势解除直接劳动者（主要是农民）对国家的封建人身依附关系。摊丁后地主土地上增加的那一点负担（总摊征丁银 300 余万两，仅相当于田赋征数的约 1/10，并且这些丁银并不是都由地主来承担，其他的土地所有者也都要负担）在当时农业生产力发展、土地收益有很大提高的情况下，并不足以抑制土地兼并。没有多少材料证明这种观点。实际上，摊丁入地以后，土地兼并总的来说不是趋向缓和，而是更加激烈了。当然，清中期土地兼并的发展与摊丁入地也没有必然联系，我们同样不能把它们混在一起。

3. 阶级实质和局限性

虽然摊丁入地在税制史上具有重大的历史进步意义，但它仍然只是封建税制体系内的一次变革。清前期废除丁银制度，从土地、人丁并征的二元化税制转变到单一的土地税制，丝毫不意味着清朝赋税制度本身的阶级性质有任何变化。摊丁入地没有改变社会的经济基础，没有改变地主土地所有制在农村土地关系中占统治地位和租佃制度即地主对农民（佃农）的地租剥削是占主导地位的农业生产方式这样的基本事实；它所改变的只是丁税的征收方式。改革以

---

① 王庆云：《石渠余纪》卷 3《纪丁额》。

后,"粮从租出,租自佃交",因此,摊丁后国家向土地所有者征收的包括了原来丁银税额在内的田赋(合称"地丁")归根到底仍然是并且也只能是封建地租的转化形式,是由农民的剩余劳动提供出来的。

清统治者实行这次改革,不是出自同情"贫民丁银之累"的善良愿望,而是为了维护自身的统治利益和财政利益。改革后的赋税制度适合了封建后期生产关系变化的现实,客观上对减轻无地、少地农业劳动者的负担,促进社会经济的发展起了一定积极作用,这些应当予以充分肯定,但同时应看到,从改革中得到最大好处的,毕竟是封建国家自己。改革之后,一方面随着丁银问题的基本解决,由其引起的社会矛盾得到缓和,国家的安定局面巩固了;另一方面丁税银额摊入地亩,比征诸人丁更有保障了。不仅如此,在社会安定、生产发展的背景下,封建国家的税收还更增加了。以田赋而言,雍正二年征银2636万余两,乾隆三十一年增至约2992万两,嘉庆十七年又增至约3285万两,80余年间增加了24.6%。[1] 当然,乾嘉时期的数字里面是包括了原来的丁银税额的(计300余万两),但即便将其扣除,也仍然看得出有较大的增加。其他税收也增加了。康熙时清政府的岁入银为3484万余两[2],雍正初年大概也还不到4000万两[3]。乾隆时期,岁入大幅增加,乾隆三十一年不计实物征收,田赋地丁、耗羡、盐课、关税、各项杂税、杂收及常捐收入等,不下5000万两[4]。嘉庆、道光时期国力衰退,清政府岁入下降,但仍能维持在4500万—4800万两的水平上。可见,摊丁入地改革的贯彻执

---

[1] 以上雍正二年、乾隆三十一年的田赋数字据《清朝文献通考》,嘉庆十七年田赋数据嘉庆《大清会典》。

[2] 刘献廷:《广阳杂记》卷2。

[3] 雍正初年的财政岁入包括:民田赋银2636万余两,丁银300余万两,屯田赋银43万余两(以上为雍正二年数),盐课443万两,关税135万两(以上为雍正三年数),此外当时每年还有杂税收入几十万两、常捐收入约计200万两,满打满算也就3800多万两。

[4] 据《清史稿》,乾隆三十一年收入田赋地丁2991万余两,耗羡银300余万两,盐课银574万两,关税银540万余两,各项杂税共计149万余两,常捐银300余万两,合计4854万余两。这里的收入并没有开列完,如屯田赋银就没有列出(乾隆三十一年为78万余两,参见《清朝文献通考》),此外还有其他杂收,总计当不下5000万两。

行，对封建国家来说，是稳固了统治，稳定和增加了赋税收入。封建文人颂扬摊丁总是把"赋税不亏"作为首要的成果提出来，就正好说明了改革的阶级实质。我们给予摊丁入地一定的积极评价，是从社会发展的角度来谈的，与他们的出发点根本不同。

因为摊丁入地毕竟只是一次封建制度下的赋役改革，体现着封建国家的意志，代表着地主阶级的根本利益，所以不能不带有阶级和历史的局限性。

第一，废除丁银制度不是通过直接放弃丁税收入而是以将其摊入地亩的方式来实现，这本身就说明改革以保证封建国家的既得利益为前提，是改良性质的、不彻底的。在封建统治下，也只能期望采取这种方式来废除丁银制度。

第二，在推行摊丁的过程中，封建国家对地主的抗拒、破坏和捣乱表现得十分软弱，总是尽可能地照顾地主的情绪，迁就地主的利益，因而使摊丁改革的彻底性和农民可能从中得到的好处打了折扣。清最高统治者的摊丁决心下得十分勉强，从康熙五十五年董之燧提出建议直到雍正初年，经过了长时间的犹豫徘徊。就在改革决心下了之后，实行中也往往并不坚决，显得十分矛盾。雍正四年，当福建布政使沈廷正奏请摊丁时，雍正帝就说过："朕深知此事当行，但不肯勉强行之。"① 为什么呢？就是顾虑会遭到地主的反对。所以，在摊丁过程中，清政府一再强调要"因地制宜"。这个政策固然有要求各地官府根据当地情况灵活实施，以使改革顺利进行的积极一面，但也有不少地方是在这个幌子下对地主让步，使改革长期停滞不行，或实行得不彻底。山西省从雍正二年布政使高成玲奏准摊丁，到雍正九年部分州县试办，再到光绪五年最后一批州县将民丁银摊毕，前前后后拖延了整整一个半世纪。许多州县长期拒绝改革，理由就是情况特殊，"有土者未必尽富，有丁者未必皆贫"，"地方跷瘠，粮轻丁重"，"丁粮分办，

---

① 《雍正上谕内阁》，雍正四年七月沈廷正奏。

民情相安"。① 而实际情况如何？在我们前面引述过的乾隆三十年山西道御史戈涛的奏疏中已经反映得很清楚了。又如福建一些州县的摊丁也一直拖到乾隆初，其中宁洋、寿宁的丁银始终也没有完全摊入地亩②。有的地方官府为了实现摊丁，甚至公然支持地主加租，如前面举过的浙江仁和、钱塘二县的事例。此外，直隶肃宁县的地主也"借摊丁事端，每亩加租二分"③。可见，虽然在摊丁问题上封建国家与地主之间确有矛盾，有博弈，但在共同剥削农民这一点上，其利益又是完全一致的。这就决定了摊丁改革不可能完全彻底。一些地方地主的趁机加租使农民从改革中得到的好处大打折扣，甚至还可能因此而负担加重。

第三，摊丁入地以后，徭役制度从法令上废除了，清政府也多次申禁各地官府的徭役签派。但在封建制度下，这是不可能完全做到的。各种地方性的、临时的差役征发，在摊丁后依然很多。如在直隶这个"差务殷繁"的省份，当地人民每年都要承办"大差"和"杂差"两种差役。"大差"指为皇帝巡幸木兰与谒陵所办之差，盖届时"一切桥道工程、车马支应等项，虽有经费，不敷支销"，因而派之于民间，"司道派之州县，州县派之民里"。虽说民间办差，一些地方规定有旗户、绅户承办的比例，但大户总有办法规避，甚至能"并其亲戚族党而包揽之"，从中捞取好处；实际承差的都是"地亩至少之良善穷民"，"有因此而拆屋去产者，有因此而卖妻鬻子者，有因此而弃家逃亡者，流离困苦，死而无告"。至于杂差，则更繁更多，累民尤甚。有米车、煤车、酒车、委员过境车、递解犯人车，有草、料、麸、炭、挑夫……"种种名目，离奇古怪，悉难枚举"。"其承办大差，尚兼有旗户、绅户之分办，而杂差则无论省北省南，概系地少穷民独力承当"，正所谓"衙门一点硃，民间一片血，良不诬也"。④ 据当时人记

---

① 乾隆元年五月十七日觉罗石麟题本，见中国第一历史档案馆藏内阁户科题本。
② 《清朝文献通考》卷19《户口考一》；光绪《宁洋县志》卷4《赋役志·户口》。
③ 乾隆《肃宁县志》卷7《人物》。
④ 张杰：《论差徭书》，载《皇朝经世文编》卷33《户政八》。

载，直隶的这两种差役每年摊派到地数不足10亩的贫穷小户身上的，"较之所完正赋加十倍"①。道光二年，有人上疏请"就历来按地行差之法酌定额数，以均徭役，减重差而清积弊"②。可是差役是摊不完的，而且必然摊而复出，摊完旧的，又出来新的。直到清末，京畿顺天府仍然是"其在田赋外者，徭无定时，役有定里，或摊资曰'差钱'，或征力曰'差夫'"的情况③。此类赋外之徭，各省都有。可见即便在摊丁以后，差徭之征还是相当普遍的。只要是封建生产关系，就必然有超经济强制，官府的徭役征发不可能消除得干干净净。不过应该指出，摊丁后的差役征派，只是徭役制度的残余形态，与摊丁前的情形是不完全相同的。并且这时的差徭，不是所有人都承担，无地无产者一般是不必承担的（即便被拉去当差做苦力，按规矩是应当付酬的）。摊丁入地毕竟从法令上废除了徭役制度，使农民免除了对封建国家的人身依附，这一点必须肯定。

此外，在摊丁时，有的地方官不顾功令，擅自加重摊则的事也是有的。如原属直隶后来划归河南的濬、滑、内黄三县，本来按（直隶）通省摊则每两田赋银只应摊征丁匠银二钱七厘零，乃因划入河南，"各该县竟摊至二钱五分"④。摊丁后的各种田赋加派、官吏的额外勒索苛扰，也都依然如故。乾嘉以后，随着封建制度日渐没落，吏治更加腐败，农民的田赋负担普遍加重。他们在摊丁中得到的那点好处，比起新增加的负担来说，又不算什么了。

总之，摊丁入地作为封建后期最重要的赋役改革，在中国古代税制史上有划时期的意义，客观上对减轻无地、少地农民的负担，促进社会经济发展，起了积极作用，对此应当充分肯定。但同时，必须看到它终究是一种剥削制度，对它的阶级实质和历史局限性，也要有清醒的认识。

---

① 张杰：《均徭辩》，载《皇朝经世文编》卷33《户政八》。
② 屠之申：《敬筹直隶减差均徭疏》，载《皇朝经世文编》卷33《户政八》。
③ 光绪《顺天府志》卷51《食货三·田赋上·徭役（附）》。
④ 雍正《朱批谕旨》第30册，雍正三年九月二十九日河南巡抚田文镜奏折。

附　　录

附表 1　　　　　　　　明末清初各地摊丁入地事例

省别	州县	时间	说明	资料来源
河南	太康 汝阳 正阳 信阳 罗山 许州 郾城 光州 光山 息县 商城 新蔡	明代	·《通志》：此12州县"历来丁归地粮，并无另征丁银"。《汝阳县志》：人丁"照依部颁赋役旧例，归入地内一条鞭派征，并无另征丁银"。按这里所谓"赋役旧例"，当指前明旧制。如《息县志》卷5记："赵如崑，沙河人，隆庆初以明经任息县令。……刊定条鞭法，至今遵行。"该志卷2开列万历四十五年税款，于丁下注："虽有人丁在册，并不派银，止照地亩通融均派。"又《光山县志》记："万历十四年，知县牛应元奉行一条鞭法，以丁银摊入田粮。县户人丁不另派征，实自兹始。"据上述史料，此12州县的丁银可能都是明隆、万间推行一条鞭法时归入地粮的。 ·自明至清未改。	·雍正《河南通志》卷23《户口上》 ·田文镜：《抚豫宣化录》卷2《题请豫省丁随地派疏》 ·康熙《汝阳县志》卷4《食货志·户口》 ·嘉庆《息县志》卷2《食货》，卷5《宦绩上》 ·乾隆《光山县志》卷12《户口》
陕西	鄠县	明崇祯十一年	·县志："鄠邑田赋、丁差，项目分别，其实并丁于赋。……崇祯戊寅，岁大饥，民人死亡逃散。前令定襄张公苦丁无所出，不得已归并之。……因循未改。"	·康熙《鄠县志》卷4《田赋》 ·邱嘉穗：《东山草堂文集》卷9《丁役议》
陕西	城固	明崇祯八年	·曾文："汉属城固县于明季崇祯八年据乡绅张凤翩等条议，丁随粮行。"	·曾王孙：《清风堂文集》卷13《勘明沔县丁银宜随粮行状》 ·康熙《城固县志》卷7《人物·贤达·张凤翩》
陕西	南郑 褒城	清顺治十三年	·曾文："南郑县于顺治十三年据乡绅李圣翼等条议，丁随粮行。……褒城亦然。" ·县志无考。	·曾王孙：《清风堂文集》卷13《勘明沔县丁银宜随粮行状》
陕西	沔县	清康熙初	·《曾公墓志铭》："汉属赋多不均，而沔尤甚。公为酌定丁随粮行之法，积困顿甦。" ·县志无考。	·曾王孙：《清风堂文集》附查慎行撰《曾公墓志铭》

续表

省别	州县	时间	说明	资料来源
直隶	乐亭	清康熙初	·县志："前令于公成龙……按田均丁。"按于成龙于康熙七年至十八年任乐亭县知县。	·乾隆《乐亭县志》卷4《田赋·户口》
山东	莒州	清康熙中	·李折：摊丁入地之法，"臣为县令、州牧时，……曾在山东、江西、四川行之，皆善"。按李维钧于康熙四十六至四十九年任莒州知州。 ·州志无考。	·雍正《朱批谕旨》第5册，雍正元年七月十二日李维钧奏折
浙江	黄岩	明季	·县志：明万历初，"将役银一概匀入田土"，"明末更将丁口银米并入田征。……国初因之"。	·康熙《黄岩县志》卷2《版籍·徭役》
	常山	清康熙中	·张传："邑赋二万余，地丁分纳，丁赋缺则摊于贫户。君于编审，力清其弊，请均丁于地，而民困以苏。"按张天农于康熙四十八年任常山县知县。 ·县志无考。	·杨名时：《杨氏全书》卷23《张天农小传》
	天台	清康熙末	·戴书："本县自康熙五十八年七月十二日莅任后，……两年之内，……丁归粮办……种种，俱告成功。"	·戴兆佳：《天台治略》卷7《一件临别叮咛事》
	其他部分州县	清康熙时	·赵文："浙省近来各州县竟不从人起丁，而从田起丁。"按此文撰于康熙四十年代初。又黄折："臣访知浙省丁银俱随地办。"合看，康熙中浙江应有不少州县丁随地办。	·赵申乔：《赵恭毅公剩稿》卷5《丁粮不宜从田起赋详》 ·雍正《朱批谕旨》第9册，雍正元年六月初八日黄炳奏折
江苏安徽	部分州县	清康熙时	·范疏："江南各州县内，向有丁银随田征输者。"赵文（作于康熙三十年代）："东南各省，丁随粮转，虽或户口缺额，而粮归某户，丁亦随之。"合看，康熙时江南已有不少州县摊丁入地。	·范时绎：《题请丁随田办疏》，载《乾隆江南通志》卷68 ·《赵氏世德录》第13册，载赵凤诏《龙冈纪笔·遵檄陈地方利弊详文》

续表

省别	州县	时间	说明	资料来源
江西	都昌	清康熙中	·据此折，李在江西做官时，曾行摊丁入地之法。按李折原文见本表山东莒州栏。李维钧于康熙三十五年任都昌县知县。 ·县志无考。	·雍正《朱批谕旨》第5册，雍正元年七月十二日李维钧奏折
	南昌	清康熙末	·《通志》："李莲，……康熙五十七年任南昌知县。……尝创以丁随粮之法，上官初不允，其后卒如莲所议，至今便焉。"	·光绪《江西通志》卷128《宦绩录四·南昌府·李莲》
湖北	天门	清雍正六年以前	·"湖北丁银，止天门一县，前经题请，随田起丁，民各称便。"按是疏上于雍正六年十二月，故天门摊丁当在此前，具体何时不详。 ·县志无考。	·迈柱：《请丁随粮派疏》，载嘉庆《湖北通志》卷18
	麻城	明代	·县志卷3记："顺治八年辛卯，梅佃家仆用继萃敛金嘱蠹，借废宦包占丁粮，呈控抚院。……会审谳明：麻城……粮从田摊，丁随粮派，向无包免"。卷4记："人丁以石、斗、升、合计，每一石为一丁，通计米、丁之数均摊，不拘户口。盖谓米多者丁多，米少者丁少。……此前辈仕宦家盛德，不知始于何时。"据上二条，麻城摊丁，至晚当在明季。	·康熙《麻城县志》卷3《民物志·变乱》；卷4《赋役志·徭役》
	襄阳卫	明季	·"（明）季世丁残，襄阳府清军同知程景颐始将本卫丁尽归地亩。……本朝初，汰官兵为屯丁，丁银仍归地亩，与民一例起科。"	·乾隆《襄阳府志》卷12《赋役·户口》
湖南	湘潭	明万历	·李文："……而忽自丈量之后（万历初），有攸县令董某者来查丈量册，遂欲改派每粮五石兼出一丁之银。"虽未得行，但丁银从此不征。	·李腾芳：《湘潭征丁议》，载乾隆《长沙府志》卷24《政迹》
	靖州、绥宁、会同、通道、天柱	明万历	·《通志》：靖州及各属"州县丁银原系随粮带派"。《靖州直隶州志》：会同，"查照万历间未经随粮派征之先，每丁原派银二钱八分"；通道，"万历间未经随粮派征之先，每丁原派银三钱九分一厘"。据此，靖州及各属丁银于明万年历间随粮派征。天柱县于清雍正五年改隶贵州黎平府。	·雍正《湖广通志》卷17《户口·湖南人口》 ·光绪《靖州直隶州志》卷4《贡赋》

续表

省别	州县	时间	说明	资料来源
湖南	安乡	清康熙中	·事见赵申乔批文。此事县志无考。	·赵申乔：《赵恭毅公自治官书类集》卷13《批藩司详安乡县优免由》
广东	部分州县	清康熙初	·刘疏："康熙八年分，垦复民田一万七百一十五顷七十四亩，安插男妇共九万六千七百九十八名口，内随粮派丁计三万六千三百四十二名口。"由此知康熙初广东已有随粮派丁者。	·《清圣祖实录》卷33，康熙九年六月己亥引刘秉权奏疏
广西	平乐	清康熙初	·《平乐府志》卷24："平乐人丁旧从粮编，……始于知县陈光龙。"卷19："陈光龙，……康熙七年冬，由南阳府推官裁缺，改知平乐县。……请均丁徭，创修县志。"	·嘉庆《平乐府志》卷19《名宦部二·宦绩》；卷24《田赋部·钱粮》
广西	其他多数州县	明末清初	·据实录，雍正五年广西实行摊丁的只有全州、罗成、阳朔3州县，则其他州县必已早就实行。又载赵申季条议记：编丁之法，"粤西通例，大约从粮居多"。参考省志及各府州县志清初原额人丁数，大多有分、厘等尾数，可以判断广西多数州县在明末清初即已随粮派丁。	·《清世宗实录》卷59，雍正五年七月己未 ·嘉庆《广西通志》卷85，卷86及部分府志县志 ·《赵氏世德录》第12册，载赵申季《督学集·条议丁粮》
贵州	平越等36府厅州县	明代	·据《石渠余纪》，贵州平越等36府厅州县应征丁银"历年随粮完纳"，不在乾隆四十二年全省摊丁范围内。查雍、乾间，贵州再无摊丁之举，故此部分府厅州县必旧例如此。又乾隆通志记：清初，"原额人丁十五万八千二百九十丁，内原不编差并随粮带派丁共九万六千六百九十八丁"。又1947年修通志记：贵州丁徭银"万历中并入田赋，计亩征收。清因之，名曰地丁"。上述史料合看，此部分府厅州县摊丁当在明代，很可能与一条鞭之推行有关系。	·王庆云：《石渠余纪》卷3《纪丁随地起》 ·乾隆《贵州通志》卷11《户口》 ·1947年修《贵州通志·食货志》附表五《地丁》附言

续表

省别	州县	时间	说明	资料来源
四川	荣昌	清康熙四十年	·据此折，李在四川做官时，曾行摊丁入地之法。按李折原文见本表山东莒州栏。李维钧于康熙四十年任荣昌县知县。 ·县志无考	·雍正《朱批谕旨》第5册，雍正元年七月十二日李维钧奏折
	其他多数州县	明末清初	·罗疏："川省州县，多属以粮载丁。"岳疏同。他书亦言四川摊丁早于各省。查《四川通志》及各府州县志，所载该省明季原额人丁数不少带有斗、升、合、勺等尾数，其入清后所征各税，俱丁条粮银合征，载于地。由此判断，四川至少有一部分州县在明代已经以粮载丁。鼎革后，川省人口大减，旧有赋册大都散失，大概在清初编制新的赋役全书时，多数州县都改行了以粮载丁。后来，又有陆续实行的。如荣昌县。又如《福建通志》记载："陈名蟠，……康熙丙午举人，授四川汶上令。……有中山邪圃地，隶汶川，而徭冒威州，年久逋赋。乃按籍得三百户，力请大吏，徭随田派，籍乃定"。也是个摊丁的例子。	·《清世宗实录》卷43，雍正四年四月戊子引罗殷泰疏；卷51，同年十二月壬戌引岳钟琪疏 ·乾隆《四川通志》卷5《户口、田赋》及部分府志县志 ·乾隆《福建通志》卷48《人物六·福宁府·陈名蟠》
云南	阿迷州	清康熙二十九年	·州志记："康熙二十九年知州王来宾详请题准，丁徭拨归民赋。"	·嘉庆《阿迷州志》卷7《丁赋》

论清代的摊丁入地 73

附表 2 各省直摊丁入地情况

省别	时间	主持人	摊则	特点	说明	资料来源
广东	康熙五十五年奏准，雍正四年不详，雍正四年完成	康熙五十五年不详，雍正四年为杨文乾	每田赋银一两均摊丁银0.1064两不等	各州县按田赋银两计摊	·屯丁银一并摊入 ·雍正四年，广东巡抚杨文乾疏言：广东"丁归粮办者十四五，余令布政使确核，尽归地粮"。（《清史稿·杨传》） ·雍正九年十二月六日湖北巡抚王世俊奏折："楚省皆丁，应照河南、广东等省，以另外丁银之丁银归各州县随即完纳"（雍正《硃批谕旨》第19册）	·雍正《广东通志》卷7《编年志》；卷20《贡赋志二》 ·《国朝文献通考》卷19《户口考一》 ·《清史稿》卷292《杨宗仁传附杨文乾》 ·光绪《大清会典事例》卷157《户口·丁银摊征》
直隶	雍正元年匠饷并入地丁额征雍正二年实行	傅泰 王世俊	每亩摊银0.00013两	按亩计摊		
	雍正六年覆准，二年实行	李维钧	每田赋银一两均摊丁银0.207两有奇	通省民、屯丁银并匠班银丁银一例分别摊征	·民、屯丁银并匠班银一例从通省攒摊 ·广平府属磁州原辖河南，雍正初来求。	·《清世宗实录》卷11，雍正元年九月甲申，戊戌 ·雍正《硃批谕旨》第5册，雍正元年七月十二日、十月十六日李维钧奏折 ·《清朝文献通考》卷19《户口考一》
	雍正六年长芦盐灶丁银摊入灶地		每亩摊银0.006—0.01两	按亩计摊		·《畿辅通志》卷30-33《赋役》
	雍正二年	黄国材	每田赋银一两均摊丁银：民地0.0527—0.312两屯地0，0083—0.1448两	各州县按田赋银两计摊民、屯丁银分别摊征	·宁洋、寿宁二县因粮少丁重，是年丰摊（宁洋《宁洋县志》）。乾隆二年半摊，每丁五钱，余蠲免 ·南平县丁多不能通摊，仍分征。乾隆二年十月定：每田粮一两征（丁银）二钱，余蠲繁 ·平和、清流、永安二县每田粮不等，乾隆三年抚议减	·《清朝文献通考》卷19《户口考一》 ·王庆云：《石渠余纪》卷3《纪丁随地征》 ·光绪《宁洋县志》卷4《赋役志·户口》 ·1921年重修《南平县志》卷4《赋役志·附前代户役》
福建	雍正十三年奏准，匠银分12年匀入田粮	赵国麟				
	乾隆十二年台湾府丁银匀入官庄田园		每亩摊丁银0.0041—0.0086两	各县按亩计摊		

续表

省别	时间	主持人	摊则	特点	说明	资料来源
山东	雍正三年覆准，四年实行	陈世倌	每田赋银一两摊丁银 0.115 两	通省民、屯丁银按田赋银两一例计摊	·州县卫所丁银一例摊人。·《石渠余纪》雍准山东摊丁条例以定二年奏准山东摊丁条例定：新垦升科地亩，遇五年编审之期，合一县丁银，计新旧地粮，按两摊减，各就一县之地均算。（《山东通志》）	·《清世宗实录》卷34，雍正三年七月乙丑·雍正《大清会典》卷30《户口》·雍正《山东通志》卷12《田赋》·《清朝文献通考》卷19《户口考一》
山东	康熙四十一年，匠银归入地丁					
山东	乾隆二年，永利各场灶丁银摊入灶地				·匠银归田摊征，《通志》作康熙四十二年。	
浙江	雍正四年	李卫	每亩摊银 0.0104 两	按亩计摊	·雍正《大清会典》：浙省丁银以通省之田均摊。又《通志》，各州县有"照粮起丁"者，"照亩起丁"者，并无统一摊则，当然《会典事例》也不会通省计摊。光绪《会典事例》记浙江丁银摊则为田每两摊 0.2045 两。	·雍正《大清会典》卷30《户口各省》·乾隆《浙江通志》卷50，户口考一
浙江	康熙三十六年匠班银归入地丁	李卫	每亩摊银 0.1045 两不等	各州县或照田粮分别计摊或照熙		
浙江	雍正四年仁和场之丁和仓及许村等场灶丁银摊人"给丁汤地"					
云南	雍正四年	杨名时	上则地亩摊 0.0055 两 中则地亩摊 0.0046 两 下则地亩摊 0.0036 两 上则田亩摊 0.0076 两 中则田亩摊 0.0066 两 下则田亩摊 0.0056 两	通省按亩分等计摊	·据《实录》，云南摊丁于雍正二年二月丙申，作二年。·云南屯军丁银影射土地未摊，议定候"将无主军丁影射田土清查，浙次抵补"，至乾隆二年，除已抵补者3000 余两外，余额免。·太和等处土军丁银 905 余两雍正四年豁免。·摊则据各州县志。	·《清世宗实录》卷29，雍正二年二月丁亥·雍正《大清会典》卷30《户口》·编审《清世宗实录》卷43，雍正四年十一月癸卯·《清朝文献通考》卷19《户口考一》·乾隆《云南通志》卷9，卷10·杨名时：《杨氏全书》卷7

续表

省别	时间	主持人	摊则	特点	说明	资料来源
河南	雍正四年覆准，五年实行	田文镜	每田赋银一两均摊丁银 0.0117—0.207 两	各州县田赋银两计摊		·《清世宗实录》卷 51，雍正四年十二月辛酉 ·雍正《大清会典》卷 30《户口·编审直省人丁》 ·雍正《河南通志》卷 22—24 ·田文镜：《抚豫宣化录》《题请豫省丁随地派疏》 ·朱云锦：《豫乘识小录》卷上
	乾隆三年，匠银摊入各州县地亩				·更名、卫所丁银一体摊征	
陕西	雍正四年覆准，五年实行	岳钟琪	每田赋银一两均摊丁银 0.153 两（遇润加 0.004 两）	通省民、屯、更名等丁银按田赋银两一例计摊	·更名、屯丁银所定，更地亩之数，照甘肃豁除屯丁之例办理 ·光绪《定远厅志》卷7《赋役志》记："匠班银《定班县志》卷24—27 ·嘉庆《定边县志》卷4《田赋》："嘉庆十九年盐课摊入地丁。"	·《清世宗实录》卷 51，雍正四年十二月壬戌 ·雍正《陕西通志》卷 28，乾隆元年十月丁卯 ·雍正《清朝文献通考》卷 19《户口考一》
甘肃	雍正四年覆准，五年实行	岳钟琪	河东每田赋银 0.1593 两丁银 0.0154 两 河西每田赋银 0.0106 两	通省民、屯丁银两按田赋银两一例计摊	·雍正六年十月岳钟琪疏：河东"粮轻而丁多"，河西"粮多而丁少"，"请将二属各自均派"，河东则粮随丁摊。 ·河西、河东各自均派之先，统按粮丁每粮九斗零零摊丁银一丁（李元英奏折）。 ·乾隆元年谕：将民户丁银户者暂为豁除，于以后编审时在民地粮内渐次补足	·《清世宗实录》卷 51，雍正四年十二月壬戌 ·《硃批谕旨》第 20 册，李元英奏折 ·《清朝文献通考》卷 19《户口考一》

续表

省别	时间	主持人	摊则	特点	说明	资料来源
四川	雍正四年	岳钟琪	每粮0.052—1.96石不等算一丁征收	各州县按粮石计摊	·四川向系以粮载丁，惟威州等十一州县分征，至是画一。·雍正七年覆准：丁条粮银合并积算，按亩征银（砾批谕旨第34册，雍正七年闰七月十三日鄂德等奏折。又见乾隆《雅州府志》《盐亭县志》）。摊则中之"1.96石"，光绪《会典事例》作"1.906石"。	·《清世宗实录》卷51，雍正四年十二月壬戌·《清朝文献通考》卷19《户口考一》
江西	雍正五年	迈柱	每田赋银一两均摊丁银0.1056两屯地摊0.0291两	通省按田赋银两计摊民、屯分别摊征	·匠班银子康熙中摊入地亩。《赵氏世德录》第13册，赵凤诏《龙冈纪笔·再遵宪条陈地方利弊详文》："伏查江西省匠班银两但于地丁钱粮内均派带征。"按赵氏此说在康熙三十五、三十六年间。	·《清世宗实录》卷54，雍正五年三月甲寅·雍正《江西通志》卷23《田赋》·《清朝文献通考》卷19《户口考一》
广西	雍正五年覆准，六年实行	韩良辅	每田赋银一两均摊丁银0.136两不等	各州县按粮石计摊	·广西本年摊丁仅全州、罗城、阳朔三县（其他州县早已摊丁），故这里所列摊则仅为这三县摊则，他州县各不相同。	·《清世宗实录》卷59，雍正五年七月已未·雍正《大清会典》卷30《户口·编审直省人丁》·《清朝文献通考》卷19《户口考一》

续表

省别	时间	主持人	摊则	特点	说明	资料来源
江苏	雍正五年覆准，六年实行	范时绎	每田赋银一两均摊丁银0.0234—0.2986两 每粮一石摊丁银0.004—0.0264两 每亩摊丁银0.00094—0.0236两 屯田以田赋银两计者摊0.0013—0.0681两，以亩计者摊0.00019—0.001两	各州县分别按两、石、亩分别摊征	·《清朝文献通考》记江苏摊则为每亩摊征丁银0.0011—0.0629两不等。这个记载不能反映江苏各州县计摊标准。本表所列摊则据《通志》所载整理列入。又淮安府属山阴县每田赋银一两摊1.6758两，宁国县每两摊1.13008两，较为特殊，未列入 ·江、镇、淮、扬、海、通六州府计摊，松、苏州府按粮石计摊，常、徐、太四府按亩计摊	·《清世宗实录》卷64，雍正五年十二月辛丑 ·乾隆《江南通志》卷68—71 ·《清朝文献通考》卷19《户口考一》
	雍正七年，匠银摊入地亩	范时绎等				
安徽	雍正五年覆准，六年实行	范时绎	民地每亩摊丁银0.0011—0.052两 屯地每亩摊0.00049—0.0179两	各州县按亩计摊民、亩也分别摊征	·本省摊则据《通志》	·《清世宗实录》卷64，雍正五年十二月辛丑 ·乾隆《江南通志》卷72—73 ·《清朝文献通考》卷19《户口考一》
	雍正七年匠银摊入地亩	范时绎等				
湖南	雍正六年	迈柱	每粮一石摊丁银0.00014—0.861两	各州县按粮石计摊民、亩也分别摊征	·湖南摊丁时间，《清史稿》迈柱传作雍正七年	·《清朝文献通考》卷19《户口考一》 ·《清史稿》卷289《迈柱传》 ·雍正《湖广通志》卷17，卷19

续表

省别	时间	主持人	摊则	特点	说明	资料来源
湖北	雍正七年	迈柱	每田赋银一两均摊丁银0.1296两，江夏等十九州县田每两摊0.047—0.1298两，更名田每两摊0.0003—0.1012两	通省民、屯。更名等丁银按田赋银两一例计摊	雍正七年湖北全省摊丁后，江夏等十九州县所摊丁银超过原征额数。乾隆元年谕将增加之数，除已于升科朴者外，一律豁免。乾隆四年又定：十九州县"应征原额丁银各就本州县情形各归各项额征"	·《清世宗实录》卷79，雍正七年三月庚戌；·《清朝文献通考》卷19《户口考一》；·雍正九年十二月王士俊奏折；·嘉庆《湖北通志》卷18《政典一》；·乾隆《襄阳府志》卷12《赋役》；·光绪《大清会典事例》卷157；·雍正《湖广通志》卷93《艺文》；《湖北匝丁银请非地丁带征疏》
湖北	康熙三十九年匠班银归入地丁	年遐龄				
山西	乾隆元年准部分州县实行，光绪五年全省民丁银摊举		（太原等十八州县）每粮一石摊丁银0.018—0.222两；每田赋银一两摊丁银0.1479—0.338两	各州县按田赋银两计摊（少数按粮石计摊），民、屯丁银分别摊征	山西摊丁，雍正二年已经奏准（《清世宗实录》卷24，雍正二年九月甲寅。乾隆元年《石渠余纪》云太原等十八州县正式实施（王庆云《石渠余纪》十六州县，误）。九年，太原等十八州县试行。光绪五年光绪十二年民丁银开始摊举。各州县屯丁银先后或同时并地亩摊征，实行时间不是都一致。《清朝通典》记山西摊则："大概每地一两摊丁不过二钱"系当时已摊丁州县摊则的约略平均数，非全省摊则	乾隆元年五月十七日山西巡抚觉罗石麟奏折，中国第一历史档案馆藏内阁户科题本；王庆云《石渠余纪》卷3《纪丁随地起》；乾隆、道光朝《清实录》；光绪《大清会典事例》卷157；光绪《陕西通志》卷58—64及各府州志县志

续表

省别	时间	主持人	摊则	特点	说明	资料来源
贵州	乾隆四十二年		每亩摊征丁银0.005443两	通省按亩计摊	·是年贵州摊丁只贵阳等二十九府厅州县，左所列厅州县府均仅就本年摊丁而言，其余平越等三十六府厅州县原系随粮派丁。·据咸丰《贵阳府志》记：贵州除久已随粮派丁银的丁银派丁州县外，丁、地分征"雍正、乾隆间已有旨毋庸编纳"，至本年复征，摊人地亩	·王庆云：《石渠余纪》卷3《纪丁随地起》·光绪《大清会典事例》卷157·咸丰《贵阳府志》卷44—45·爱必达：《黔南识略》
附东北地区：吉林	光绪九年	铭安	每地银一两，吉林府：0.10963两，伯都纳厅：0.09585—0.36853两，宁古塔：0.338两有奇	各地按田赋银两分别计摊	·阿勒楚喀有丁无粮，三姓地粮不及丁粮十分之一，均不摊	·光绪《吉林通志》卷28—29
奉天	光绪三十三年	赵尔巽			·《通志》："光绪三十三年盛京将军赵尔巽奏准免征奉天丁赋。"	·民国《奉天通志》卷145《财政态·租赋·清》

附表3　　　　　　　　山西省州县摊丁入地系年表

时间	州县	说明
乾隆元年	临汾 霍州 介休 高平 荣河 虞乡 定襄 安邑 垣曲 太平 凤台 永济 猗氏 忻州 解州 芮城 平遥 马邑	·八州县中，除荣河、虞乡、永济情况不明外，其余州县俱于雍正九、十两年试行摊丁，至本年正式奏准实行（见乾隆元年五月十七日山西巡抚觉罗石麟题本）。山西摊丁从此开始。 ·《石渠余纪》记本年十六州县摊丁，漏记马邑，记平遥原额丁银8155两有奇，本年归入地粮2661两有奇，"余仍随丁征纳"。按：马邑于嘉庆元年并入朔州为乡，应为漏记原因；平遥本年未摊丁银，据光绪《山西通志》，乃"向系按粮均派"。又乾隆三十年戈涛《请丁银仍归地粮疏》亦云："乾隆元年抚臣觉罗石麟奏请改归者十八州县"，可为旁证。 ·临汾尚有太原左卫及平阳卫归并屯丁银377.376两未归地，于光绪五年豁免（《通志》）。 ·凤台县尚有太原卫归并屯丁银57.292两未归地，光绪五年豁免45.555两，余归地（《通志》）。
乾隆十年	太原 洪洞 赵城 清源 汾西 汾阳 万泉 平陆 徐沟 襄陵 浮山 岳阳 孝义 临晋 闻喜 乡宁 左云 灵石	·《石渠余纪》本年条下漏记清源，多出曲沃，今据《清高宗实录》卷249改正。按：据《实录》，曲沃本年半摊，又《石渠余纪》在乾隆五十六年条下复记曲沃，故本年显系误记。清源县于乾隆二十八年并入徐沟。 ·据《清高宗实录》卷249，太原、清源、徐沟三县屯丁银亦于本年全部摊入各自屯地。 ·汾阳尚有汾州卫归并屯丁银209.064两未归地，光绪五年豁免142.692两，其余摊入地亩（《通志》）。 ·孝义尚有太原左卫归并屯丁银180.329两，光绪五年归地（《通志》）。 ·左云尚有团操丁银，乾隆五十六年在丰镇同知地亩均摊。 ·襄陵尚有平阳卫归并屯丁银36.972两，光绪十二年并入屯地（光绪《会典事例》）。
乾隆二十三年	太古 临县 石楼 五台 崞县	
乾隆三十一年	文水 交城 河津	·交城屯丁银亦于是年摊入屯租。 ·河津尚有平阳卫归并屯丁银116.249两未归地，光绪五年全数豁免（《通志》）。

续表

时间	州县	说明
乾隆三十八年	浑源州 榆次	·《石渠余纪》记榆次为乾隆三十九年。据《清高宗实录》卷948，榆次于本年十二月与浑源州一案奏准。
乾隆五十六年	曲沃 天镇 朔州	·朔州：州卫民、屯一体摊征。
乾隆五十八年	大同 怀仁	·《通志》记为乾隆五十九年。
嘉庆元年	襄垣 陵川 静乐 阳城 沁水 山阴	
嘉庆十八年	蒲县	
道光二年	孟县 平定州	
道光三年	稷山 岚县 绛县 灵丘 绛州 黎城 广灵	·稷山于雍正六年一度摊丁，至十年恢复分征（乾隆《稷山县志》卷3《宦绩志·蔡理勤》）。 ·灵丘：《石渠余纪》误作霍邱。
道光四年	祁县 长治 潞城 沁源 繁峙 长子 武乡 代州 阳曲 阳高	·代州：光绪《代州直隶州志》作五年。屯丁银于五年、七年分两次摊完。
道光五年	应州 和顺 翼城 隰州 大宁	
道光六年	沁州	·归并沁州所屯丁银221两于乾隆二十三年及本年分两次全数摊完（《通志》）。
道光八年	宁乡	·《石渠余纪》作四年。本条从《通志》。
道光十二年	寿阳	·光绪《平定州志》记：道光二年，平定直隶州"一州三县丁徭统归地粮。"但查《清宣宗实录》卷28，道光二年上谕中只令孟县、平定州丁归地粮，无寿阳。《石渠余纪》、《通志》均记寿阳摊丁在道光十二年，从之。
道光二十年	平鲁	·平鲁丁银已先于道光五年豁免419两，十七年归地226两，余银自本年起在通省正印养廉内按年摊捐。

续表

时间	州县	说明
光绪五年	辽州 岢岚 右玉 宁武 偏关 神池 五寨 永和 保德 吉州 永宁 兴县 屯留 壶关 榆社 河曲 夏县	·本年为山西摊丁完成之年（《通志》、《清德宗实录》卷108）。 ·永宁：《石渠余纪》作道光八年，误。据《通志》，永宁民丁银于乾隆二十三年归地2879.875两，至本年以前仍由丁纳2407.2两。道光八年事系将永宁屯丁银14.907两归入折色牛犋银征收。 ·兴县：《石渠余纪》作道光五年，误。据《通志》，道光五年兴县丁银半摊地亩。 ·榆社：《石渠余纪》漏记。据《通志》，榆社丁银于乾隆二十三年归地三分之一，至本年摊完。

附注：

1. 本表根据王庆云《石渠余纪》卷3《纪丁随地起》、光绪《山西通志》卷58—64田赋各略及乾隆元年五月十七日山西巡抚觉罗石麟题本（中国第一历史档案馆藏内阁户科题本）为基本史料制成，并用乾隆及以后各朝《实录》《清朝文献通考》、光绪《大清会典事例》、山西各府志县志的相关记载互相比勘核对。凡从《石渠余纪》之处，除个别需加说明的情形之外，一般不再注明。《石渠余纪》有误，采纳了其他记载的，在说明栏内注明，并简述理由。

2. 各州县的摊丁时间，以民丁银最终摊（减）完毕的年份为准，此前之部分摊（减）的情况，一般不做说明。屯丁银如在民丁银摊（减）完毕后仍分征，或尚有未摊余额，在说明栏内注明；但若此前已经摊（减）完毕，则不再说明。

（本文为笔者在北京大学历史系读研究生时的毕业硕士学位论文，1980年夏确定题目，定稿于1982年4月。本次全文发表仅做了少量文字修改，内容仍旧，以示尊重历史）

中国传统社会的经济结构与农业发展*

在提交大会的题为《清代前期农业的发展和不发展（1644—1840）》这篇论文中①，笔者提出当时的农业生产存在两种相反趋向，即一方面，无论耕地面积还是粮食产量（单产和总产），都有显著增长，使这一时期迅速增加的人口得以生存，并为18世纪中国封建经济的空前繁荣提供了条件；另一方面，由于人口过度增长，按人平均的耕地面积和粮食产量，以及农业劳动生产率，从18世纪中后期开始，都出现下降趋势，最后甚至跌到明代后期的水平之下，成为阻碍中国经济和社会近代化进程的一个重要原因。笔者认为，这两个方面，构成了清前期中国农业的基本特征。

这种状况当然不仅仅是清代农业发展的结果，它也是全部中国历史的结果。准确地说，是过去数千年里中国农业发展的特殊条件所造成的一个不可避免的结果。为明了这一点，这里有必要对中国传统农业的特点以及决定这些特点的中国传统社会特殊的经济结构，作一简要介绍。

一 中国传统农业特点

中国的传统农业至少在两个方面与西欧农业很不相同。其一，

---

* 本文是笔者1990年8月在比利时鲁汶召开的第十届国际经济史大会"东亚稻作社会经济和人口的发展"专题组会议上的发言。文中所用"传统社会"一语，系指中国封建历史时期而言。使用这个词是为了避免因中西学者对"封建"一词的不同理解而导致的交流上的困难。

① 参见第十届国际经济大会B—3组会议录：*Economic and Demographic Development in Rice Producing Societies*（《稻作社会经济和人口的发展》），鲁汶大学出版社1990年版，第69—88页。

与袭承古代农业牧草和作物轮作制度、重视畜牧业的西欧中世纪农业不同——西欧直到近代，畜牧业在整个农业经济中仍占重要地位，中国传统农业基本上是以粮食和纤维生产为主体的种植业，畜牧业所占比重很小。中国农民家庭通常也圈养少量的家畜家禽（如牛、马、猪、鸡、鸭等），但仅以之为一种副业，并且很少用耕地生产牧草饲料。在中国，畜牧业主要是在北部和西北部少数民族居住的牧区发展；而在汉族聚居的广大内地农区（如黄河和长江流域），"农业"这个概念一般就是指粮食和纤维作物的种植。中国农业的这一历史特点，大致在公元前的春秋时期就已逐渐形成，此后一直是中国农业的一个重要传统。

其二，与经营粗放、长期实行二圃、三圃轮耕制的西欧农业不同，中国农业很早就形成了依靠精耕细作和轮作复种等方法，力争在较少的土地上生产较多产品的集约经营传统。西欧农业长期实行作物与牧草轮作，7—8世纪起实行二圃制，土地利用率仅为50%；11世纪以后普行三圃制，一块土地分为春播地、秋播地和休耕地，三年一轮，土地利用率也只不过提高到67%。直到18世纪出现改良的三圃制，土地利用率才达到100%。而在中国，还在公元前（战国至西汉），一块土地上的连作和轮作复种的一熟乃至多熟（二熟）的耕作制就已在黄河中下游的中原地区出现，并逐渐取代古代农业几块土地轮流种植和休闲的耕作制。7世纪（唐代）以后，复种方法进一步在南方稻作区推广。到明清时期，无论南北，复种都已成为普遍的耕作制度。大体说，黄河流域的华北和陕西关中平原主要流行二年三熟，南方长江流域实行一年二熟，岭南珠江流域实行一年三熟。

要实行一年一熟乃至多熟，在一块土地上获取尽可能高的产量，必须精耕细作，把合理、充分地利用土地与积极培养、恢复地力结合起来。这不仅需要大量的劳动投入，而且需要发展诸如土壤耕作、施肥、灌水排水、田间管理以至适宜作物品种的培育一系列农作技术和农艺知识。在这些方面，中国传统农业远远超过中世纪的欧洲。

举例来说，西欧农业很长时间没有施肥的习惯，不得不依靠休耕来恢复地力。而在中国，早在公元前的战国时代就已知道给土地施肥，提出了"多粪肥田"[①]的思想。到11世纪西欧某些先进庄园开始采用肥料时，注重施用农家肥的中国有机农业早已高度发达，在肥源、制肥、用肥的知识和技术上形成了完整的体系。12世纪，南宋农学家陈旉提出了与西方人"地力减退"观念截然不同的"地力常新壮"思想[②]，反映出中国古代农业实践和农学思想的先进性。

二 中国传统社会的经济结构

上述中国传统农业不同于西欧农业的特点是由多种原因（社会的、古代农业传统的、地理的、气候的等）决定的，但笔者认为，主要原因在于中国传统社会特殊的经济结构，尤其形成这种经济结构基础的土地制度的特点，是最重要的原因。

中西传统社会，按其性质来说，虽然都是封建经济制度占统治地位的社会，但中西封建经济在表现形式上有很大差异。类似于西欧中世纪那样的封建领主经济制度，在中国即使存在过[③]，也只是相对短暂的一段历史时期，而自战国（公元前475—公元前221年）以后，历经秦、汉，直到明、清，两千多年中占统治地位的是地主制经济。这两种类型的封建经济，首先在土地制度上很不相同；由各自土地制度的特点所决定，在剥削方式、封建人身依附关系、地租形式等方面，也都有重大差异。这些不同，对中西农业的不同发展道路，有深刻的影响。

首先是土地制度的差异。西欧在领土制经济下，土地通过层层分封，为各级封建领主有条件占有，不能自由买卖。而在中国，自

---

① 参见《荀子·富国篇》。
② 参见《陈旉农书》。
③ 在中国史学界，有一种意见认为，西周至春秋时期（公元前11世纪至公元前476年），中国曾存在过类似于西欧中世纪那样的封建领主经济制，这种制度到春秋末逐渐解体，为地主经济所代替。

从春秋末至战国时期古代井田制度崩溃，私田得到发展，土地买卖作为一个原则就确立下来。那以后，历代除国有土地一般不得买卖外，大量的民间私人土地可以自由买卖，土地私有权的发展远比西欧更为充分。此外，在土地财产的继承上，西欧通行长子继承制，地产不因继承而分割；中国则习惯上由诸子平均继承，每分家一次，地产的所有权就由一个分割为若干个。土地买卖和诸子继承制造成中国传统社会的地权十分分散，且变动不定，从而很难有统一的土地利用方式。地产的平均规模也比较小——在中国，即使是地主的大地产，也多采取租佃给农民分散经营的方式。两千多年来，农业生产大体是以五口之家的农民家庭为单位，每家耕种十几亩、数十亩，多至百余亩土地。在这种情况下，中国农业很难走农业（种植业）和畜牧业相结合的道路。为了在有限的土地上养活较多的人口，满足他们的吃饭穿衣需要，注意以粮食和纤维为主体的种植业，注重集约经营，是必然的。

与土地买卖相联系，中国传统经济的另一重要特征是大量自耕农的存在。在中世纪的西欧（从完成封建化到农奴制解体以前），即使存在着某些不依附于领主、耕种自己小块土地的自由农民，其数量也是很少的，不能形成一种基本的地权形态。而在中国，尽管在不同历史时期以及每一朝代的前期和中后期，随着地主土地所有制的扩张和收缩，自耕农的数量有所不同，但它始终作为一个重要的农民阶层存在着，则毫无疑义。与没有自己土地、耕种领主份地的农奴（在西欧）或租种地主土地的佃农（在中国）相比较，自耕农作为土地的所有者，免去了地租重负，其所承担的国家赋役较之地租一般说要轻得多，因而生产积极性较高。同时，作为土地所有者，他们生产经营的自由度和灵活性也较大，生产什么，怎样生产，基本上由自己决定，而不受非经济因素的制约。这些，无疑有利于农业生产技术的不断改进和提高。从另一方面考察，自耕农多数生产条件较好，资金充足，家庭劳动人手较多，这为集约经营的发展，提供了可能。总之，自耕农的广泛存在，对于中国农业不同于西欧的发展道路，有深刻的影响。

中国传统经济下的剥削方式，也对农业的发展有重要影响。由土地制度的特点所决定，中国传统经济的基本剥削方式是租佃制，而不是中世纪西欧那样的农奴制①。与后者比较，租佃制具有一系列有利于农业生产发展的优点。

首先，租种地主土地的佃农享有比耕种领主份地的农奴大得多的人身自由。由于地权的不稳定，中国封建时代的土地权力不像欧洲那样与行政、司法权力直接地、密不可分地结合在一起，掌握土地权力的地主并不直接掌握对耕种其土地的佃农的行政司法权。这些在中世纪西欧作为地权固有属性的权力在中国是同直接的土地权力相分离的，由以皇帝为首的封建国家的官僚机构来执掌。尽管这个官僚机构归根到底是维护地主利益的，但至少在形式上，它同时凌驾于地主和农民两者之上，同欧洲那种土地权力与行政司法权力直接合二为一的情况很不相同。这种情况使中国地主同佃农的关系较之西欧领主同农奴的关系要相对松弛得多。如果说，在中国地主制经济发展的早期阶段，地主同佃农的关系还较为紧密，颇多"主奴"关系彩色②，那么，随着地主制经济在宋（960—1279 年）以后的逐步发展成熟，主佃关系也就渐趋松懈，日益向着一般租佃制下单纯的纳租关系演进。到清代前期（1644—1840 年），一般租佃制已在全国大部分地区占统治地位，主佃关系全面松懈，佃农不仅在实际上有了离开地主和土地的人身自由，而且在法律上也取得了与普通地主相同的庶民地位。较为松弛的主佃关系下佃农较大的人身自由，使佃农比农奴有更高的生产积极性、更大的生产经营的灵活性。同时，与西欧那种严格、僵死的农奴制度比较，以较松弛的主佃关系为特征的中国租佃制度在实现农民和土地的结合上，也更为

---

① 关于中国封建土地制度对其剥削方式的影响，可参见胡如雷《中国封建社会形态研究》，生活·读书·新知三联书店 1979 年版，第 98—103 页。

② 中国租佃制发展初期较为严格的主佃关系，主要来源于封建宗法关系，而不完全源于地主的土地权力。这个问题，这里不拟细说。

灵活，更具竞争性，主佃都有选择对方的一定自由。对地主来说，这意味着可以从众多的求佃者中选择那些更有经验、更愿意辛勤劳动、具有较充分生产资料和资金的人来承佃土地；对佃农来说，则意味着可以选择那些能向他提供更有利租佃条件的地主。这当然比实行严格的农奴制更有利于农业的发展和进步。

其次，租佃制下的地租形式也是一个重要因素。西欧农奴制下占统治地位的地租形式是劳役地租，而中国的租佃制则主要实行实物地租：在早期，以实物分成租为主；明清时期，实物定额租得到发展，渐占主导地位（在清前期），并出现了货币地租和货币地租。实行实物地租，不仅能避免直接生产者劳动时间上的分割给生产带来的损失（如耽误农时），而且克服了直接生产者为自己劳动和为地主劳动努力程度不一致的弊端。此外，在实物租制下，由于佃农的所得随着土地产量的提高而提高，他的生产积极性较高，更愿意改进技术，以增加产量。

最后，与上述两点相联系，中国租佃制下的佃农享有远比西欧农奴更大的生产经营的自主权，更少受到来自地主方面对生产过程的指挥和干涉。领主对农奴的半人身占有和直接统治，以劳役地租为主的地租形式，都使西欧领主对农奴的生产有很大的干预权。在这种情况下，农奴生产经营的自由度是不大的，生产技术、劳动方式的固定不变因而成为中世纪西欧农业的一个显著特征。中国的情况则很不相同。特别是到了清前期，随着主佃关系的全面松懈、定额租制的普遍化，以及永佃制的发展、庶民地主和城居地主的增多等一系列变化，地主直接干预农民生产越来越既无必要，也无可能。当时许多城居地主甚至从未见过自己佃户的面，也不清楚自己产业的所在。他们与佃户的关系，已变为单纯的纳租关系。地主所关心的，只是收到自己的地租，对佃户的生产，已甚少过问。这种情况，对于佃农发挥自己生产的积极性、主动性，改进技术，当然是有好处的。

当然，影响中国古代农业发展道路的，不只上面分析的这些经济结构方面的原因。但正如已经说过的，经济结构方面的原因，笔者认为，是不可忽视的最重要的原因。

三 中国传统农业的特点对社会、经济发展的影响

如已经指出的，由于经济结构方面的优点，中国古代农业达到了远较中世纪西欧农业更高的发展水平，并形成了它独特的历史传统，即更重视种植业和集约经营。中国古代的农业经济是世界历史上最成功的农业经济之一，它不仅为一个拥有最多人口而人均耕地面积却远低于世界平均水平的国家提供了食物和纤维，而且经受住了工业革命以前人类历史上最大的一次人口增长挑战。从14世纪末到19世纪上半叶（明至清前期），中国人口从6000万人左右增加到4亿多人，大约增长了6倍。能承受住如此史无前例的人口增长，充分显示出中国传统农业经济的先进性和适应性。

高度发达的农业是中国古代伟大文明（世界历史上最伟大的文明之一）的基础。当西欧及世界上的其他大部分地区仍然以农业（或畜牧业）为其经济的几乎全部、绝大部分人口还生活在闭塞的农村时，中国已经发展起繁荣的手工业、商业和交通运输业，发达的城市文明，以及高度集中的国家官僚机构和兴盛的文学、艺术。如果没有一个发达的农业经济的支撑，没有农业部门在满足不断增加的人口的需要的同时，为其他经济部门和非农业人口提供的必要剩余，这一切当然都无从谈起。换句话说，之所以能产生伟大的中国古代文明，正是因为整个经济和社会有一个发达的、有效率的农业为其坚实的基础。

但这只是问题的一个方面。另一方面，中国的农业传统对经济和社会的发展也有某些不利的影响。

第一，重视以粮食和纤维为主体的种植业的传统使中国农业的生产结构比较单一。尤其在清前期，由于人口过多过快地增长，为了首先满足吃饭穿衣的需要，这种情况更加明显。当时在许多地区，

所谓农业,已变成单打一地生产粮食。一些山区的过度垦殖和某些湖区的围湖造田,造成了自然生态环境的严重破坏。单打一地生产粮食妨碍了中国农业按不同地区的不同条件因地制宜和多种经营的发展,不利于农业基础的扩大和经济效率的提高,不利于农业商品化的发展。

第二,集约经营的传统固然大大发展了农业生产力,为兴盛的中国古代文明奠定了基础,但也造成了人口过早的大量增加。这一方面是因为发达的农业提供的衣食来源使人口大量增加成为可能,另一方面也因为集约经营本身要求较多的劳动力投入,从而刺激人口的不断增长。中国自宋代以后就出现了人口长期增长的趋势。据一些学者估计,宋代人口最多时已达 8000 万人,超过汉、唐。其后虽因蒙古族南下,长期战火导致人口下降,但到明代,人口又迅速增长。明末清初的战乱一度使人口下降,但 17 世纪末 18 世纪初(康熙朝中后期)起,人口迅速增长的势头即恢复。据清代官方统计,1741 年全国人口为 1.43 亿人,以后一个世纪的时间翻了近两番,达到 4 亿人以上。在工业革命以前的人类历史上,如此长时间的人口持续增长是没有先例的。西欧人口的增长从 18 世纪才开始,大体与工业革命同步。由于中国出现人口长期持续增长的时候,国民经济的主要部门仍然还是农业,众多的新增人口自然只能由农业部门吸纳。这一方面固然有利于推动以大量劳动投入为特征的传统集约型农业的发展;另一方面当人口增长超过了农业部门对劳动力增加的实际需要时,必然降低农业生产的效率,并不可避免地使中国农业更加向着偏重于粮食和纤维生产的单一结构方向发展。

上述后果,正如笔者在论文中指出的,在 18 世纪中叶以后人口成倍增长的一个世纪里,已经逐渐显现出来。这一百年时间,尽管全国耕地总面积因山区、边区的大规模开垦而大量增加,粮食平均亩产因土地复种指数的提高、域外高产作物(番薯和玉米)的引种推广以及精耕细作的集约经营传统的进一步发扬也有较大提高,从而粮食总产量达到了历史上从未有过的水平(比明后期增长一倍多),但是,生产的发展仍然赶不上人口的增长,导致全国人均耕地面积、人均粮食占有量以及农业劳动生产率,都比历史上曾经达到的水平大幅度下降了。在18世纪末至19世纪中叶的几十年里,当在传统技术和生产工具的条件下扩大面积和提高粮食亩产量的余地已越来越小时,人口仍迅速增长,使局势更加严峻。实际上,这一时期,单位土地面积上的过量劳动投入已在不少地区引起边际效益的降低。从而表明,在传统生产技术条件下,农业产量的提高已不可能赶上人口增长的速度,更不用说超过人口的增长了。当时整个社会都感到了空前沉重的人口压力。米价一再上涨,民食日趋紧张,众多人口的生存需要使农业生产更加向着单一搞粮食的方向倾斜。农业危机还导致了整个社会经济发展速度减缓,并成为18世纪末以后各种社会矛盾激化、严重的社会危机日益发展的一个根本促成因素。

如果考虑到这一时期正是中国传统社会历史发展孕育着新的变化的重要时期,即其内部商品经济的发展已经产生资本主义生产关系的萌芽,这种新经济关系进一步成长的许多社会前提条件也已经逐渐出现,当时农业的危机对经济、社会的发展的不利影响就更不容低估。正如一个发达的传统农业为伟大的中国古代文明提供了根本前提一样,18世纪中叶以后,中国农业发展减慢,效率降低(这种情况说到底是由中国传统农业自身发展的条件造成的),构成了阻碍中国传统社会的近代化转变的最主要障碍。原因很简单:农业发展减慢、效率降低不仅影响到农业部门自身,而且意味着它能为整个经济和社会发展所提供的剩余减少,从而必然制约整个经济和社会的发展。这一点,我认为,是近代中国所以落后的一个根本原因。

(原载《古今农业》1992年第3期)

20世纪三四十年代华北平原农村的土地分配及其变化

——以河北省清苑县4村为例

一 引言

  土地是农业生产的最重要资源。土地问题是农村问题的核心。谁掌握了土地，谁就成为统治农村、支配农村经济的主人。旧中国农村的土地分配是不平均的，占人口少数的地主和富农占有远大于他们人口比例的土地，而广大农民阶层占有的土地份额远小于他们的人口比例。综合有关旧中国农村土地分配的多种调查材料估计，就当时全国总的情况而言，地主和富农掌握着农村全部耕地的60%—70%，其中地主土地占40%—50%；而这两部分人的家庭人口合计占农村人口的比例仅为10%左右。这就是说，约占旧中国农村人口90%的直接生产者即农民各阶层，只占有全国耕地的30%—40%。中国人口众多，人均耕地只有几亩，土地属于极度稀缺资源，当时农村土地分配的这种格局，无疑已属相当集中。由于土地集中，旧中国的农民除一部分占有土地的数量可以满足自耕生活外，还有相当大一部分只有很少的土地甚至根本没有土地。少地或无地的农民必须依赖或部分依赖掌握在地主、富农手中的土地资源，成为向其提供地租的佃户或出卖劳动力的雇工，才能进行生产，维持生存。地主和富农由于掌握了土地资源，自己不必参加生产劳动（地主）或只参加部分生产劳动（富农），依靠或大部分依靠剥削直接生产者——农民，就可以生活。

以上旧中国农村土地分配的基本状况和由之决定的农村剥削关系，是几千年传统封建生产关系的延续，是阻碍近代中国社会进步和生产力发展的经济基础。中国共产党在领导中国革命的过程中视土地问题为革命的核心问题，以消灭农村的封建土地所有制，实行耕者有其田为民主革命的主要目标，是完全有道理的。

不过，旧中国农村的土地集中程度，在不同地区之间，还是有所区别的。大致而言，南方的土地集中程度要比北方高一些。在土地肥沃、商品经济比较发达的东南沿海和华中、华南的一些地方，仅地主土地就占全部耕地的60%—70%甚至更高。而在干旱贫瘠、土地生产力不高的西北农村，土地集中程度一般情况下要比全国平均水平低很多。那里的地主、富农土地较少，广泛地存在着自耕农和其他农民的小土地所有制，有些地方甚至以自耕农为主体。20世纪三四十年代的满铁调查资料[1]显示，出在华北地区，土地分配总的来说也比较分散，许多农村都有较高比例的自耕农存在。在本文中，我们将利用保存在中国社会科学院经济研究所的另一批珍贵资料——河北省清苑县农村调查资料，对华北平原农村这一时期的土地分配状况及其变化做一考察。

本文使用的河北省清苑县农村调查资料是1958年由中国社会科学院经济研究所和国家统计局共同组织实施的第二次"无锡、保定农村经济调查"所形成的资料的一部分。此次调查由于是接续1929—1930年第一次无锡、保定调查进行的一次追踪调查，目的是反映自第一次调查以来农村经济状况的变化，故十分重视历史数据的收集，共设置了1930年、1936年、1946年和1957年4个观测年份。其中

---

[1] 满铁的华北农村调查从1935年一直延续到1942年（首次正式调查始于1936年4月），主要调查地点集中在河北省东北部（冀东），少部分分布在河北中部和山东西北部，总共有33村。调查内容涉及村落组织和集体活动、土地所有权和土地买卖、雇佣关系和租佃关系、农作物种类和产量、农田水利、肥料施用、劳动时间、农户收支、借贷、税收及贸易、宗族等农村经济和社会生活的各个方面，几乎无所不包。这批资料数量庞大，但均为日文，没有翻译，至今尚未得到国内学者的充分开发利用。

起始年份的 1930 年为第一次无、保调查时清苑县调查实施的年份，1936 年为抗日战争全面爆发的前一年，1946 年为清苑县实行土地改革的前一年，1957 年则代表清苑县完成农业社会主义改造以后的情况。本文所利用的，是这几个年份中前 3 个年份的资料。

当时调查的村庄共有 11 个，事后都由具体组织实施调查的河北省统计局保定农村经济调查办公室汇总编辑了完整的统计资料。11 村资料总名为《1930—1957 年保定农村经济调查资料》，油印，每村一本，按照"地主、富农、中农、贫农、雇农、其他"的人户成分，将分户调查的内容分类汇总统计。本文只从这套资料中抽出东顾庄、固上、何桥和李罗侯 4 村进行考察和分析，是因为当年调查的原始分户资料卡片目前只有这 4 村还基本保存完好。利用这些分户卡片，我们可以对农户的情况进行直接的个案观察和分析，同时可以对河北省统计局的汇总资料进行校正和补充。不过，由于这批分户卡片毕竟仍有缺失，有的村户数不全，有的村年份不全，在使用上只能处于从属地位。

在本文写作中，还有两份重要文献我们曾用作参考。一份是 1936—1937 年出版的中研院社会科学研究所研究人员张培刚的《清苑的农家经济》一书[①]。这部著作是作者利用 1930 年第一次调查的部分农户资料（3 村 500 户），并亲自做了补充调查以后撰写的，是到目前为止公开出版的唯一一部系统利用第一次无、保调查资料完成的学术专著，我们在文中多处参考了这部著作。另一份文献是 1958 年调查后，由负责组织保定调查的河北省统计局编写的《廿八年来保定农村经济调查报告：1930—1957 年》[②]。这个报告首次公开了一些第二次调查的汇总数据，并作了初步分析，我们在写作时也用作参考；对该报告的某些值得商榷的论断，则提出讨论，均在文中相

---

① 张书分上、中、下三部分，分别在中研院社会科学研究所出版的《社会科学杂志》第七卷第一期（1936 年 3 月）、第二期（1936 年 6 月）和第八卷第一期（1937 年 3 月）上连载发表。

② 这个报告当时因种种原因没有发表。首次公开是在 1988 年 9 月，发表在《中国农业合作史资料》增刊二（解放前后无锡保定农村经济专辑）上。

应处注明。

二 土地分配的总体状况

如前所述,关于 20 世纪三四十年代的清苑县 4 村,我们的调查资料有 3 个观测年份,即 1930 年、1936 年和 1946 年。这 3 个年份的资料所反映的调查村庄的土地分配状况,在基本格局上是大体一致的,即一方面当地土地分配并不平均,在被调查农户中存在着不容抹杀的地主、富农、中农、贫农和雇农的阶级区分;另一方面与全国平均情况特别是南方一些地区相比,当地的土地集中并不十分严重,地主、富农占地规模一般较小,其土地在总耕地中所占比重不大,相应地一般农民都或多或少有些土地,特别是自耕过活的中农在人口中占相当大的比重。下面以本文研究的 4 个村庄 1930 年的数据作具体说明①。

表 1　　　　　　　1930 年东顾庄村土地分配情况

人户类别	户数(户)	占比(%)	人口数(人)	占比(%)	耕地数量(亩)	占比(%)
合计	160	100	922	100	4577.95	100
地主	2	1.25	23	2.49	359	7.84
富农	12	7.50	120	13.02	1306.98	28.55
中农	58	36.25	360	39.05	1986.78	43.40
贫农	80	50.00	398	43.17	915.69	20.00
雇农	5	3.13	16	1.74	9.5	0.21
其他	3	1.88	5	0.54	—	—

注:表中数据经过四舍五入处理,下同。

---

① 各村数据均依据河北省统计局汇总编制的《1930—1957 年保定农村经济调查资料》(1958 年 7 月油印本)。以后分村汇总数据均据此,不再注。各表内户数统计包括无地户在内,人口数为年末常住人口。

表2　　　　　　　　1930年何桥村土地分配情况

人户类别	户数（户）	占比（%）	人口数（人）	占比（%）	耕地数量（亩）	占比（%）
合计	224	100	1234	100	4251.71	100
地主	3	1.34	32	2.59	491.04	11.55
富农	13	5.80	129	10.45	1059.55	24.92
中农	60	26.79	354	28.69	1447.71	34.05
贫农	126	56.25	637	51.62	1196.01	28.13
雇农	16	7.14	71	5.75	46.40	1.07
其他	6	2.68	11	0.89	11.00	0.26

表3　　　　　　　　1930年固上村土地分配情况

人户类别	户数（户）	占比（%）	人口数（人）	占比（%）	耕地数量（亩）	占比（%）
合计	305	100	1618	100	7265.49	100
地主	14	4.59	99	6.12	1822.30	25.08
富农	24	7.87	250	15.45	2054.10	28.27
中农	77	25.25	454	28.06	2000.67	27.54
贫农	130	42.62	594	36.71	1212.17	16.68
雇农	51	16.72	195	12.05	153.85	2.12
其他	9	2.95	26	1.61	22.40	0.31

表4　　　　　　　　1930年李罗侯村土地分配情况

人户类别	户数（户）	占比（%）	人口数（人）	占比（%）	耕地数量（亩）	占比（%）
合计	178	100	966	100	3478.46	100
富农	8	4.49	84	8.70	718.25	20.65
中农	102	57.30	597	61.80	2262.51	65.04
贫农	64	35.96	278	28.78	485	13.94
雇农	4	2.25	7	0.72	12.7	0.37

表5　　　　1930年4村各类人户平均占地情况　　　单位：亩/户；亩/人

人户类别	东顾庄村		何桥村		固上村		李罗侯村	
	户均	人均	户均	人均	户均	人均	户均	人均
平均数	28.61	4.97	18.98	3.45	23.82	4.49	19.54	3.60
地主	179.50	15.61	163.68	15.35	130.16	18.41	—	—
富农	108.92	10.89	81.50	8.21	85.59	8.22	89.78	8.55
中农	34.25	5.52	24.13	4.09	25.98	4.41	22.18	3.79
贫农	11.45	2.30	9.49	1.88	9.32	2.04	7.58	1.74
雇农	1.90	0.59	2.90	0.65	3.02	0.79	3.18	1.81
其他	—	—	4.60	3.45	2.49	0.86	—	—

以上各表反映得很清楚：首先，4村的土地分配是不平均的。各村地主、富农土地占总耕地的比重，都远大于其在当地总人口中的比重。其中固上村地富户合计，户数比例为12.46%，人口比例为21.57%（地富户一般家庭规模较大），所占土地比例则高达总耕地数的53.35%；东顾庄村和何桥村地富户合计户数比例均不足总户数的10%，土地比例都超过总耕地数的36%；李罗侯村没有地主，富农户数占全村总户数的4.49%，人口占总人口的8.7%，土地比例为总耕地数的20.65%。各村的贫农人口在总人口中均占有相当大的比例，东顾庄村和何桥村的贫农户数都达到或超过总户数的50%，固上村为42.62%，李罗侯村也有35.96%；而其土地比例，何桥村为28.13%，东顾庄村为20%，固上村为16.68%，李罗侯村更仅为13.94%。各村各类人户的平均占地规模，地富户要超过各村总平均数的数倍，而贫农户占地一般都不到村总平均数的一半。以地富与贫农比较，各村地主户的平均占地规模都在贫农户的10倍以上，富农户也有贫农户的好几倍。

其次，统计数字也显示出清苑的土地分配不均较之人们通常印象中的近代农村"土地集中"状况有相当大的距离。4村中，农民各阶层占地的总和除固上村外，都接近或超过全部耕地数的60%，李罗侯村的这一比例更高达近80%；固上村农民的土地比例也接近占全部耕地的50%。这就是说,在大部分村庄,多数土地是由农民各阶层分散占有的,而不是为地主和富农所垄断。农民中的中农人口,在东顾庄村超过总人口数的1/3,李罗侯村超过1/2,何桥和固上两村也都达到了1/4以上。中农的平均占地数量,各村都略高于当地人口的平均占地水平。显然,这些统计数字不能说明清苑县农村的土地分配是很集中的,相反,它们反映了当地的土地分配呈相对分散的格局。

清苑县土地分配的分散化还表现为在地主、富农内部,地权也不是十分集中,地富户的占地规模一般都不大。如表5所示,在我们研究的这几个村庄,1930年时地主户均占地仅100多亩,富农则除东顾庄村外,户均占地还不足100亩。考虑到当时低下的农业生产力水平(亩产粮食仅几十公斤),这样的占地规模差不多就是能够成为地主或富农的最低土地数量了。在这4个村(其他调查村情况也差不多),最大的几户地主不过就是有地二三百亩。如何桥村的卢希联,1930年有耕地350亩,东顾庄村的杨继平有耕地225亩,都是当地的大地主。个别富农也有占地达到二三百亩的,如东顾庄村的刘老言,1930年有地220亩,1936年达到245亩;同村的钟振声1930年有250亩,1936年达到310亩。但这种情况多系大家庭,人口众多,劳力也多,除雇用长工(一般1—2个)外,自己也参加劳动,故土地改革时只定为富农。多数富农的土地都只有几十亩。地主、富农的占地规模不大,说明在地主、富农内部地权的分配也是比较分散的,并没有集中到少数人手里。

在分析土地分配的时候,除数量外,当然还应顾及质量。相等数量但不同质量的土地,其产出水平是有很大差异的。从天然土质来说,清苑县最好的土壤是红土、黑土,其次是黄土、二性土,最差的是沙土和碱土。这些不同种类的土壤在县内不同地区间分布不同,在一村内也往往同时存在几种,因而一村内的耕地质量也是不一样的。按照产出能力,当地一般将耕地分为上等地、中等地、下等地(或称好地、中地、次地)三种。显然,两个人占有耕地即使数量相同，但因好地、次地构成不同，其在土地占有上的地位也是不一样的。又清苑县属半干旱地区，庄稼能否良好生长，灌溉条件极为重要，故水浇地情况也是考察耕地质量时应当加以考虑的。对上述涉及耕地质量的两个方面，河北省统计局的《廿八年来保定农村经济调查报告（1930—1957年）》均作了考察，认为优势明显是在地主、富农方面。关于不同人户占有耕地质量的情况，其所公布的调查结果如表6所示。

表6　11个调查村新中国成立前各类人户占有耕地质量的构成　单位：%

人户类别	合计	上等地	中等地	下等地
地主	100	70	20	10
富农	100	60	25	15
中农	100	30	30	40
贫农	100	10	20	70
雇农	100	5	15	80

这个调查结果我们不了解是如何做出的，该报告未作详细说明。当时的村户调查表并未设计耕地质量这一项内容。如果仅仅是在村概括调查中了解到的，那么我们认为这一结果不一定具有普遍性和权威性，因为各个村、各个调查对象的情况肯定都不一样，如果不做挨户了解，是无法做出精确的关于各阶级占有耕地质量好坏的百分比统计的。实际上，据我们了解，比如地、富，既有好地多的，也有次地多的。如上文提到的东顾庄村地主杨继平，据1987年村概况调查，他在新中国成立前拥有的200多亩耕地，好地占80%，次地占20%。而同村的富农刘老言，虽也有200多亩耕地，但好地只占30%，其余70%均为次地。村里另一户占地200多亩的钟姓富农，也是次地多，好地少。虽然按照常理，地主、富农财力大、肥料多，更有能力改良土壤（耕地肥瘠除与天然土质有关外，还取决于如何使用），其所拥有的耕地质量一般来说可能比农民的土地要好一些。这在逻辑上是说得通的，但实际是否如此，我们认为需要有

进一步的统计数据加以证实。

再看水浇地的情况。历次调查的村户调查表均在农户耕地总数之外,另设有水浇地数量一项内容,因此这个问题是可以做数量统计和分析的。但河北省统计局的报告采用的方法,是计算各类人户的户均水浇地拥有量,然后在不同类别人户间进行比较。我们认为这种方法是有问题的。由于地主以下各类人户户均拥有的耕地数量不同,作为其中一部分的水浇地只要在各自耕地中所占比例相差不是太大,其户均拥有量也必然是一级比一级少。显然更有意义的比较不是这种户均绝对量的比较,而是水浇地在各类人户耕地中的相对比重的比较。这更能说明问题。以全部 11 村数据和所研究的 4 村数据分别进行计算的结果如表 7、表 8 所示。

表 7　　新中国成立前 11 村各类人户拥有水浇地的情况　　单位:亩;%

人户类别	1930 年			1936 年			1946 年		
	耕地	水浇地	水浇地占比	耕地	水浇地	水浇地占比	耕地	水浇地	水浇地占比
合计	41514.36	6969.72	16.79	40969.64	7910.85	19.31	41526	9390	22.61
地主	6901.87	990.40	14.35	6121.00	816.30	13.34	4378	778	17.77
富农	10147.55	1531.96	15.10	9207.72	2029.13	22.04	6464	1817	28.11
中农	16283.34	2974.45	18.27	18218.21	3498.80	19.20	22889	5195	22.70
贫农	7491.25	1338.26	17.86	6873.41	1466.42	21.33	7634	1569	20.55
雇农	499.25	106.25	21.28	446.95	92.85	20.77	97	20	20.62
其他	191.10	28.40	14.86	102.35	7.35	7.18	64	11	17.19

表 8　　新中国成立前 4 村各类人户拥有水浇地的情况　　单位:亩;%

人户类别	1930 年			1936 年			1946 年		
	耕地	水浇地	水浇地占比	耕地	水浇地	水浇地占比	耕地	水浇地	水浇地占比
合计	19573.6	3866.3	19.75	20458.7	4438.8	21.70	21460.7	5125.5	23.88
地主	2672.34	363.70	13.61	2781.10	494.10	17.77	2282.38	431.10	18.89
富农	5138.88	784.73	15.27	4924.18	974.68	19.79	3727.31	1014.72	27.22

续表

人户类别	1930年			1936年			1946年		
	耕地	水浇地	水浇地占比	耕地	水浇地	水浇地占比	耕地	水浇地	水浇地占比
中农	7697.67	1906.35	24.77	9326.90	2175.78	23.33	11973.38	2977.85	24.87
贫农	3808.87	746.03	19.59	3229.45	753.88	23.34	3435.38	695.28	20.24
雇农	222.45	60.45	27.17	176.80	38.85	21.97	42.25	6.50	15.38
其他	33.40	5.00	14.97	20.25	1.55	7.65	—	—	—

显然，各类人户耕地中的水浇地比重并不依地主、富农、中农、贫农、雇农的顺序而高低不同，因而也得不出地富户拥有的水浇地比重高的结论。由各年份数据综合来看，应当是富农水浇地的比重相对大一些，中农、贫农和雇农也不低，反倒是地主的水浇地比重在3个年份中每次都排在较后。不过，如果分村统计，富农的水浇地比重并不总是较高，而地主的水浇地比重也不总是最低。所以，至少从现有的调查材料看，各类人户水浇地比重的高低，并没有什么规律，因而不能得出地富户拥有水浇地比重较高的结论。这当然多少令人感到有些困惑，因为按一般逻辑推理，地主财力大，打得起水井（当地灌溉主要靠井水），置办得起辘轳、水车等灌溉工具，似乎应当水浇地较多才是。但是调查材料的统计结果不支持这个推论，我们只能尊重事实。

三 土地分配的变动趋势

从静态的角度了解了调查地域土地分配的总体状况以后，下面我们再从动态的角度看看20世纪三四十年代这一地区土地分配的变化趋势。首先看11个调查村汇总数据反映的情况，如表9、表10所示。

表9　1930年、1936年、1946年11个调查村土地分配的变化

单位：亩；%

人户类别	1930年		1936年		1946年	
	耕地数量	占比	耕地数量	占比	耕地数量	占比
合计	41514.36	100	40969.64	100	41526	100
地主	6901.87	16.63	6121.00	14.94	4378	10.54
富农	10147.55	24.44	9207.72	22.47	6464	15.57
中农	16283.34	39.22	18218.21	44.47	22889	55.12
贫农	7491.25	18.04	6873.41	16.78	7634	18.38
雇农	499.25	1.20	446.95	1.09	97	0.23
其他	191.10	0.46	102.35	0.25	64	0.15

表10　1930年、1936年、1946年11个调查村户数和人口数的变化

单位：户；人；%

人户类别	1930年				1936年				1946年			
	户数	占比	人口数	占比	户数	占比	人口数	占比	户数	占比	人口数	占比
合计	2119	100	11199	100	2272	100	11258	100	2596	100	12485	100
地主	70	3.30	498	4.45	72	3.17	447	3.97	71	2.73	390	3.12
富农	169	7.98	1365	12.19	173	7.61	1184	10.52	147	5.66	913	7.31
中农	742	35.02	4199	37.49	906	39.88	4875	43.30	1285	49.50	6651	53.27
贫农	915	43.18	4315	38.53	917	40.36	4069	36.14	996	38.37	4251	34.05
雇农	161	7.60	623	5.56	132	5.81	487	4.33	46	1.77	130	1.04
其他	62	2.93	199	1.78	72	3.17	196	1.74	51	1.96	150	1.20

表9是按人户类别分别统计的1930年、1936年、1946年3个年份的耕地数据。从中看出：地主、富农土地占总耕地的比重呈明显下降趋势，二者合计1930年占总耕地数的41.07%，1936年占37.41%，1946年占26.11%，十数年间共计下降了近15个百分点；尤其1936年到1946年，下降幅度达到11.3%，可以说相当明显。地、富土地比重下降，自然意味着农民方面土地比重的上升。但不同的农民阶层，其变化的情况并不一样。从表9看出，中农土地占总耕地数的比

重呈很大幅度的上升，1930年为39.22%，1936年为44.47%，1946年为55.12%，共计上升了15.9%。贫农土地占总耕地数的比重1930年为18.04%，1936年下降为16.78%，1946年又上升到18.38%，大体与1930年持平。雇农土地的比重是下降的，1946年比1930年下降了0.97%。"其他"一项人户的土地比重也是下降的，但他们的土地的比重本来就不大，其变化可以不论。总起来看，是"两头下降，中间上升"的趋势，尤其以地、富及中农土地比重变化最为明显，地、富土地比重下降的幅度，大体相当于中农土地比重上升的幅度。

这种"两头下降，中间上升"的趋势，在各阶层户口的相对比重的变化上反映得更为明显。从表10可以清楚地看出：处在人户等级阶梯两头的地主、富农和贫农、雇农占比均呈下降趋势，而中间的中农阶层则呈上升趋势。以1946年数据与1930年数据相比，地主户数的占比下降了0.57%，人口数的占比下降了1.33%；富农户数的占比下降了2.32%，人口数的占比下降了4.88%；贫农户数占比下降了4.81%，人口数的占比下降了4.48%；雇农户数的占比下降了5.83%，人口数的占比下降了4.52%。而与此同时，中农户数的占比从35.02%上升到49.50%，人口数的占比从37.49%上升到53.27%，分别上升了14.48%和15.78%。

表9和表10所反映"两头下降，中间上升"的变化，无疑是指向着在所考察的时间区段内土地分配分散化或者说是"平均化"的发展趋势。正是在这一变化趋势下，中农人口数上升到了大约占全部11村人口数一半甚至还稍多一些的比重，而地主、富农和处在另一极的贫农、雇农的相对比重都下降了。

这种变化趋势，在我们重点研究的4个村庄中是否也有相同的表现呢？我们来看统计结果[①]：

[①] 表12、表14、表16、表18的人口数均为包括在外人口在内的各村总人口数。

表11　1930年、1936年、1946年东顾庄村土地分配变化情况

单位：亩；%

人户类别	1930年		1936年		1946年	
	耕地数量	占比	耕地数量	占比	耕地数量	占比
合计	4577.95	100	5085.52	100	5508.46	100
地主	359.00	7.84	444.00	8.73	506.78	9.20
富农	1306.98	28.55	1733.48	34.09	1896.46	34.43
中农	1986.78	43.40	1953.89	38.42	2203.06	39.99
贫农	915.69	20.00	944.15	18.57	902.16	16.38
雇农	9.50	0.21	10	0.20	—	—

表12　1930年、1936年、1946年东顾庄村户数和人口数的变化

单位：户；人；%

人户类别	1930年				1936年				1946年			
	户数	占比	人口数	占比	户数	占比	人口数	占比	户数	占比	人口数	占比
合计	160	100	966	100	180	100	1011	100	218	100	1137	100
地主	2	1.25	25	2.59	3	1.67	31	3.07	4	1.83	39	3.43
富农	12	7.50	124	12.84	19	10.56	174	17.21	28	12.84	217	19.09
中农	58	36.25	379	39.23	64	35.56	374	36.99	97	44.50	489	43.01
贫农	80	50.00	416	43.06	88	48.89	413	40.85	89	40.83	392	34.48
雇农	5	3.13	16	1.66	5	2.78	16	1.58	—	—	—	—
其他	3	1.88	6	0.62	1	0.56	3	0.3	—	—	—	—

表13　1930年、1936年、1946年何桥村土地分配变化情况

单位：亩；%

人户类别	1930年		1936年		1946年	
	耕地数量	占比	耕地数量	占比	耕地数量	占比
合计	4251.71	100	4561.46	100	5017.10	100
地主	491.04	11.55	585.10	12.83	502.10	10.01
富农	1059.55	24.92	809.20	17.74	899.00	17.92
中农	1447.71	34.05	2230.81	48.91	2693.00	53.68
贫农	1196.01	28.13	891.15	19.54	893.00	17.80
雇农	46.40	1.07	39.20	0.86	30.00	0.60
其他	11.00	0.26	6.00	0.13	—	—

表14　1930年、1936年、1946年何桥村户数和人口数的变化

单位：户；人；%

人户类别	1930年				1936年				1946年			
	户数	占比	人口数	占比	户数	占比	人口数	占比	户数	占比	人口数	占比
合计	224	100	1280	100	251	100	1268	100	266	100	1381	100
地主	3	1.34	34	2.66	5	1.99	43	3.39	10	3.76	56	4.06
富农	13	5.80	131	10.23	21	8.37	91	7.18	21	7.89	114	8.25
中农	60	26.79	367	28.67	96	38.25	564	44.48	115	43.23	687	49.75
贫农	126	56.25	656	51.25	114	45.42	517	40.77	109	40.98	485	35.12
雇农	16	7.14	74	5.78	11	4.38	48	3.79	9	3.38	37	2.68
其他	6	2.68	18	1.41	4	1.59	5	0.39	2	0.75	2	0.14

表15　1930年、1936年、1946年固上村土地分配变化情况

单位：亩；%

人户类别	1930年		1936年		1946年	
	耕地数量	占比	耕地数量	占比	耕地数量	占比
合计	7265.49	100	7306.10	100	7594.24	100
地主	1822.30	25.08	1752.00	23.98	1273.50	16.77
富农	2054.10	28.27	1755.60	24.03	641.85	8.45
中农	2000.67	27.54	2704.20	37.01	4425.92	58.28
贫农	1212.17	16.68	965.15	13.21	1242.22	16.36
雇农	153.85	2.12	114.90	1.57	10.75	0.14
其他	22.40	0.31	14.25	0.20	—	—

表16　1930年、1936年、1946年固上村户数和人口数的变化

单位：户；人；%

人户类别	1930年				1936年				1946年			
	户数	占比	人口数	占比	户数	占比	人口数	占比	户数	占比	人口数	占比
合计	305	100	1709	100	319	100	1714	100	383	100	2030	100
地主	14	4.59	107	6.26	10	3.13	77	4.49	12	3.13	76	3.74
富农	24	7.87	269	15.74	19	5.96	206	12.02	13	3.39	91	4.48
中农	77	25.25	467	27.33	122	38.24	719	41.95	208	54.31	1203	59.26

续表

人户类别	1930年				1936年				1946年			
	户数	占比	人口数	占比	户数	占比	人口数	占比	户数	占比	人口数	占比
贫农	130	42.62	624	36.51	122	38.24	545	31.80	140	36.55	640	31.53
雇农	51	16.72	210	12.29	35	10.97	131	7.64	7	1.83	13	0.64
其他	9	2.95	32	1.87	11	3.45	36	2.10	3	0.78	7	0.34

表17　1930年、1936年、1946年李罗侯村土地分配变化情况

单位：亩；%

人户类别	1930年		1936年		1946年	
	耕地数量	占比	耕地数量	占比	耕地数量	占比
合计	3478.46	100	3505.60	100	3340.90	100
富农	718.25	20.65	625.90	17.85	290.00	8.68
中农	2262.51	65.04	2438.00	69.55	2651.40	79.36
贫农	485.00	13.94	429.00	12.24	398.00	11.91
雇农	12.70	0.37	12.70	0.36	1.50	0.04

表18　1930年、1936年、1946年李罗侯村户数和人口数的变化

单位：户；人；%

人户类别	1930年				1936年				1946年			
	户数	占比	人口数	占比	户数	占比	人口数	占比	户数	占比	人口数	占比
合计	178	100	992	100	181	100	1030	100	220	100	1162	100
富农	8	4.49	85	8.57	8	4.42	77	7.48	6	2.73	50	4.30
中农	102	57.30	609	61.39	110	60.77	662	64.27	152	69.09	861	74.10
贫农	64	35.96	289	29.13	59	32.60	282	27.38	60	27.27	249	21.43
雇农	4	2.25	9	0.91	4	2.21	9	0.87	2	0.91	2	0.17

上面的分村统计结果显示，除东顾庄村外，何桥、固上和李罗侯3村在变化的总趋势上与11村的汇总数据显示的趋势是基本一致的，尤其地主、富农人口及其所占耕地比重明显下降、中农人口及其所占耕地比重明显上升的趋势，表现得十分突出。贫农、雇农人口的比重，以1946年与1930年相比也都是下降的；同期他们占有

的耕地的比重受人口比重下降影响，也呈下降趋势，但下降的幅度小于人口比重的下降，说明这部分农民平均占有耕地的数量与当地的人均耕地水平的距离呈缩小趋势。这也是土地分配趋于平均化的一个表现。

东顾庄村的情况有所不同。从表11可以观察到，这个村在1930—1946年，地主和富农占有耕地的比重均呈上升趋势，尤以1930—1936年上升幅度最大，以后则比较缓和。二者耕地比重合计，1936年比1930年上升了6.43%；到1946年，又上升了0.81%，总计16年间上升了7.24%。而在农民方面，中农所占耕地比重1936年比1930年下降了4.98%；1946年比1936年虽略升高1.57%，但仍比1930年低3.41%。贫农耕地比重1936年比1930年降低1.43%，1946年又比1936年降低2.19%，总计降低了3.62%。雇农耕地比重1936年比1930年降低0.01%。上面数字合起来看，东顾庄村的土地分配是趋向于集中的，尤其在1930—1936年表现得比较明显。不过若从人口相对比重变化的角度看，中农的人口比重只是在1930—1936年略有下降，而在1936—1946年则有较大幅度上升，1946年的中农人口比重比1930年还要高出3.78%；而同一期间，贫农人口的比重反而从占总人口的43.06%降到了只占34.48%，下降了8.58%之多。从这一角度看，在农民中间，土地的分配似乎还是趋向于某种程度的平均化。事实是：在16年里，中农人口比重上升了3.78%，所占耕地比重却下降了3.41%，平均占地规模有所缩小；而贫农人口比重下降8.58%，耕地比重却只下降了3.62%，平均占地规模是增大的。在地、富方面，若只看1936—1946年这个时间段，二者合计的人口比重上升了2.24%，而耕地比重只上升了0.81%，因此实际上其平均占地规模也是缩小的。当然，从16年的时间段看，东顾庄村的土地分配形势趋向于集中，这没有问题。

东顾庄村的情况比较特殊。从4村总体看，1930—1946年土地分配变化的趋势是指向进一步分散化的。但这在任何意义上都不是说前面指出的当地土地分配不均的格局就根本改变了，不是说地主、富农、中农、贫农和雇农的阶级分野就不存在了。事实上差距仍然是巨大的。以没有地主、中农人口占绝大多数的李罗侯村来说，1946年，该村6户富农户均占有耕地48.33亩、人均数为5.8亩，而60户贫农户均占地仅6.63亩、人均占地仅1.6亩，2户雇农户更仅平均有地0.75亩（户均和人均数同），两相比较，富农户均占地数是贫农户的7.3倍、雇农户的64倍余，人均占地数是贫农户的3.6倍、雇农户的7.7倍。其他有地主的几个村，地主的户均和人均占地数与贫、雇农户均和人均数的差距更大。所以，土地分配分散化的变化，并不意味着整体格局仍然十分不均这一事实的改变。

四 地权变动的方式

旧中国农村地权变动主要是通过土地的买卖、典当和分家析产来实现的。其中土地的典当本来是以土地为抵押品的一种农业融资方式，本身并不造成地权的转移，但在实际生活中往往是土地买卖的先声，即由典当开始，最终形成买卖关系而完成地权的转移，故我们把它也看作地权变动的形式之一。

（一）土地买卖

清苑的土地买卖程序与其他地方大致相同，即一般都要通过中间人的说合，议定条件，订立契约，方能成交。中间人可以是专以说中为业的"经纪人"或"牙纪人"，也可以是买卖双方都信任的普通"经中人"。卖田契约俗称"死契"，意思是不能反悔。契约上要清楚载明买卖双方姓名、田地亩数、位置、价格及年月日，最后由买卖双方和中间人画押。买卖交易费用，除由买主承担酒席费外，还有一定佣钱（叫中佣费或牙钱），由买卖双方分摊。分摊佣钱的方法有二：一种为"成三破二"，即买方出地价的3%，卖方出2%；另一种为买卖双方等摊：或各出地价3%（共出六分），或各出地价2.5%（共出五分）。此种佣钱，据张培刚调查，并不完全由经中人独得，而是要分一部分给村中小学充教育经费：学校和经中人或各得一半，或学校得三分，经中人得二分①。此外，契约要经政府认证并缴纳6%的验契税，一般由买卖双方各出3%。

关于新中国成立前清苑地区的土地买卖情况，本文研究的4个村庄只有固上村做过此项调查，兹将结果列于表19。

表19　　　　　1930—1946年固上村耕地买卖情况

年份	土地变动户数（户）	买进			卖出		
		数量（亩）	价格（元）	平均价格（元/亩）	数量（亩）	价格（元）	平均价格（元/亩）
1930	7	29.3	755.20	25.77	118.8	2110.04	17.76
1931	12	21.4	1435.53	67.08	198.4	14278.54	71.97
1932	23	67.7	2972.07	43.90	60.0	1993.45	33.22
1933	14	45.04	1475.11	32.75	21.6	1715.00	79.40
1934	34	306.45	12859.81	41.96	89.75	5018.91	55.92
1935	44	375.03	18158.05	48.42	272.2	9149.09	33.61
1936	8	27.5	2049.43	74.52	92.1	1638.96	17.80
1937	18	121.37	2071.06	17.06	169.95	9361.74	55.08
1938	33	110.30	2927.02	26.54	102.7	2431.21	23.67
1939	41	136.63	4118.78	30.15	167.45	5431.79	32.44
1940	35	132.71	2899.52	21.85	156.4	3399.74	21.74
1941	13	48.40	1581.19	32.67	20.3	755.71	37.23
1942	23	102.90	2462.01	23.93	37.0	984.84	26.62
1943	33	97.70	2152.09	22.03	82.8	2265.51	27.36
1944	45	216.15	3907.32	18.08	59.8	1406.80	23.53
1945	55	220.35	4306.52	19.54	44.5	1249.19	28.07
1946	22	83.69	1709.57	20.43	42.1	790.82	18.78
平均数	27	126.04	3990.59	31.66	102.11	3763.61	36.86

从表19看出，固上村的耕地买卖还是相当频繁的。1930—1946年，村内耕地变动户数最少的年份是1930年和1936年，只分别有7户和8户；最多的是1945年，计有55户；其余年份在十几户到四

---

① 《清苑的农家经济（上）》，国立中央研究院社会科学研究所，1936年，第13页。

十几户之间；17 年平均为 27 户。其间，固上村总户数 1930 年为 305 户，1936 年为 319 户，1946 年为 383 户。据此计算，1930 年耕地变动的户数占总户数的比例为 2.3%，1936 年为 2.5%，1945 年最高，达到 14.5%（按总户数 380 户约略计算），其余年份则在上述区间波动。耕地买卖的数量，17 年间买进总数为 2142.62 亩，卖出总数为 1735.85 亩，年平均买进数为 126.04 亩，卖出数为 102.11 亩。新中国成立前三个调查年份固上村人户占有耕地的总数平均为 7388.61 亩。据此计算，年平均买进耕地数占耕地总数的比例为 1.7%，卖出数的比例为 1.4%。以上的计算当然都是约略的，土地的买进、卖出不会都在本村的耕地间进行（这也是各年买进、卖出数并不相等的一个原因），但可以大致看出当时固上村土地买卖的规模。

表 19 还提供了关于土地价格的有价值信息。清苑县的土地价格同任何其他地方一样，因土地等次、灌溉条件（是否水浇地）、地块位置等因素而不同；在县内不同地方、不同时期，也很不相同。即使在同一地方、同一时间，相同质量和位置的地块，发生在不同买主和卖主之间，也往往有价格上的差异，不过这种情况下的价格差别比较小。一般说来，在某一地方的一定时间里，相同质量和位置的地块，大致有一个公认的价格。根据河北省统计局《廿八年来保定农村经济调查报告（1930—1957 年）》公布的 1958 年对新中国成立前清苑县地价调查的数据，就一般情况而言，1930—1946 年调查地域内不同等次耕地的价格约略如表 20 所示。

表 20　　　　1930 年、1936 年、1946 年清苑县地价变动情况　　单位：元/亩

耕地等次	1930 年	1936 年	1946 年
上等地	80	60	45
中等地	45	35	20
下等地	35	25	8

实际情况当然要复杂得多。比如同是上等地，因位置不同（离村远近），价格不会相同；有无灌溉条件价格也不同。不过，在固定

的地域、固定的时间内,对地价影响最大的因素还是土地的等次。相同等次的土地,价格差异通常都维持在一定幅度之内;而不同等次的土地,其价格差别是很大的。由表20看出,一亩上等地的价格,1930年约为中等地的1.78倍、下等地的2.29倍;1936年约为中等地的1.71倍、下等地的2.4倍;1946年约为中等地的2.25倍、下等地的5.63倍。从动态来说,则无论何种等次的耕地,其价格变动趋势都是下降的:以1930年的价格指数为100,则1936年上、中、下三种地的指数分别为75、78、71,1946年分别为56、44、23。

现在来看固上村的土地价格及其变化趋势。由于调查时并未区分土地等次,表19根据历年买卖数量和总价格计算出来的平均地价是各等次耕地交易的平均价格。但是这种计算的结果是否符合或接近各年实际的各等次耕地的平均价格,取决于该年买卖的耕地中是否包括有各等次的耕地及其所占比例。一般来说,土地交易量大、买卖户数多的年份,计算结果的可靠性比较大。例如1936年,当年只有8户买卖耕地,买进量为27.5亩,总价格2049.43元,平均每亩74.52元;卖出量92.1亩,总价格1638.96元,平均每亩17.8元。买卖价格相差如此之大,显然是由于买、卖的耕地质量不同:买进的大部分或全部是上等地,而卖出的则大部分或全部是下等地。为尽可能消除上述因素的影响,从而以比较接近实际的"各等次耕地的平均价格"在不同年份间进行比较,观察其变化趋势,我们将表19的耕地买卖数量及价格数据以三年为一组计算其平均值,最后一组为1945年和1946年的两年平均,结果如表21所示。

表21　　　　　1930—1946年固上村耕地买卖平均价格

时间	买进			卖出		
	数量（亩）	价格（元）	平均价格（元/亩）	数量（亩）	价格（元）	平均价格（元/亩）
1930—1932年	118.4	5162.80	43.60	377.2	18382.03	48.73
1933—1935年	726.52	32492.97	44.72	383.55	15883.00	41.41

续表

时间	买进			卖出		
	数量（亩）	价格（元）	平均价格（元/亩）	数量（亩）	价格（元）	平均价格（元/亩）
1936—1938年	259.17	7047.51	27.19	364.75	13431.91	36.82
1939—1941年	317.74	8599.49	27.06	344.15	9587.24	27.86
1942—1944年	416.75	8521.42	20.45	179.6	4657.15	25.93
1945—1946年	304.04	6015.89	19.79	86.6	2040.01	23.56

从表21看出，在这十几年间，固上村的平均地价是不断降低的。以1945—1946年与1930—1932年相比，买进价格大约降低了54.6%，卖出价格大约降低了51.7%。这种变化趋势，如图1所示。

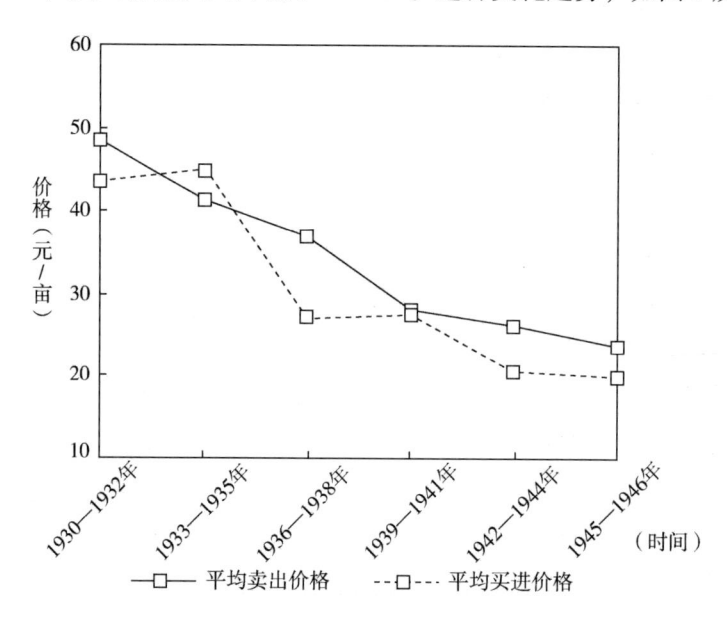

图1 1930—1936年固上村地价变化趋势

新中国成立前的十几年间，清苑县耕地价格总体趋势走低，主要是因为这一时期社会动荡不安，农村经济衰落。20世纪30年代初，从1929年开始的世界性经济大萧条波及中国，各地农村均受打击，清苑亦不例外，农业经营亏本，卖地的人增多，买地的人减少，遂导致地价降低。正如当时到清苑做过补充调查的张培刚分析："近几年来，清苑农村和其他农村遭遇着同样的命运，内受天灾的打击与威胁，外受国际商品的竞争与压迫，农业经营既多损失，销售又遭亏本，遂致欲放弃土地的农人增多。同时富裕农家多迁居都市，留居农村者亦不愿投资于无利可图的土地上。这样，卖土地的人增多，买土地的人减少，自使地价剧降。"① 1937年，世界经济危机的影响刚刚过去，中国尚未完全恢复元气，又爆发了持续八年之久的全面抗日战争。全面抗日战争期间，清苑县一直处在战争状态，加之天灾频仍，农业生产总体上是停滞甚至萎缩、下降的。这种状况，当然会造成有地的人纷纷抛售土地，从而地不值钱，地价下降。赋税繁重也是一个重要原因。在敌占区村庄，日伪政权横征暴敛，捐税苛重，其中许多是按土地多少负担的，土地越多，负担越重。在建立了抗日政权的根据地村庄，实行"合理负担""减租减息"和"统一累进税"政策，亦对占地多的地主、富农不利，不仅抑制了他们积聚土地的愿望，而且促使他们千方百计分散土地，甚至廉价出卖。在日伪和抗日政权互相争夺的游击区村庄，形势不定，两面负担，土地也不可能值钱。抗日战争胜利后，清苑广大农村基本上都成为共产党领导下的解放区（只有靠近保定市的少数几个村庄处在国民党统治下），地、富失势，土地改革只是迟早之事，在这种形势下，谁又愿意多多置买土地，将来成为穷人的斗争对象呢？

在中国传统农村的封建生产关系下，土地买卖一般会导致地权集中的发展，地价也会随着这一过程的加速而不断升高。然而在新中国成立前这十几年的特殊时期，由于社会动荡不安，农村经济衰落，以及共产党领导的农村革命等政治因素的影响，我们看到了一个相反的发展趋势，这就是土地越来越不值钱，以及与之相关的地权的分散化过程。

（二）典当

土地典当是出典人以土地为抵押品而获得所需资金的一种农业

---

① 参见张培刚《清苑的农家经济（上）》，《社会科学杂志》第七卷第一期，第21页。

融资方式。到一定期限，出典人只要还上这笔资金（典价），就可以将土地从典入人那里收回，因此典当本身并不是土地所有权的转移。然而实际上，出典人在很多情况下往往还不上典价，在经过典入人的"找价"之后，最终将土地"典绝"即出卖，所以土地的出典经常是出卖的先声。清苑典地的程序与卖地基本相同，也是凭中间人说合，写立契约，最后由典出典入双方及中间人画押。典契俗称"活契"，盖因典出之地可以赎回之故。典契的内容、格式大致同卖契，但多出典期一项，为卖契所无。典期即土地赎还期限，双方事先约定，于契上载明。典期长短不一，最少为1年，最长有10年的，一般以典3年者较为通行。典价低于地价，据调查，低的有仅占地价30%—40%的，高的有达90%的，视各村习惯、土地等次、位置及典出典入双方的谈判情形而定。多数情况下，典价为地价的50%—60%。典当成立，经中人也要提取佣金，习惯上比买卖稍少，一般为"成二破一"，即典入方出典价的2%，典出方出1%。

  典出之地只有到事先议定的典期才能赎回，不到期不能赎。赎回手续十分简单，出典人凭契约照原典价即可赎回，别无费用。要赎回时，需于当年清明节前通知对方。到期不赎，典入者并不能立即将土地作为"死当"处理，而是可以延期，称为"转当"，转当由典出者负担转当期间典价的利息。如到期不赎又不转当，或转当到期仍不能赎取，典出之地即成死当，典出者丧失赎回的权利。死当有一个"典绝"的手续，此时在经中人的作证下，原典契作废，双方另立卖契并由典入者找还典价与卖价之间的差额。

  清苑地区20世纪三四十年代的土地典当关系并不太多。我们研究的东顾庄、何桥、固上、李罗侯4个村庄新中国成立前各调查年份均只有为数不多的典当户，典当的耕地数额亦不大，具体见表22。据调查，在1937年以前的典当关系中，70%—80%的典出情况最终都导致典绝；抗日战争结束以后，由于通货膨胀，赎回者较多[①]。

---

① 参见河北省统计局《廿八年来保定农村经济调查报告（1930—1957年）》，《中国农业合作史资料》增刊二《解放前后无锡保定农村经济专辑》，第87页。

表 22　　　　　1930—1946 年清苑县 4 村土地典当情况

单位：户；亩；%

年份	典入				典出				备注
	户数	占比	耕地	占比	户数	占比	耕地	占比	
1930 年	13	1.50	49.6	0.25	24	2.77	114.3	0.58	典入：富农 2 户，中农 17 户，贫农 35 户，雇农 2 户；典出：富农 5 户，中农 24 户，贫农 14 户，雇农 7 户，其他 1 户
1936 年	15	1.61	65.5	0.32	20	2.15	113.1	0.55	
1946 年	28	2.58	196.8	0.92	7	0.64	93.8	0.44	

注：4 村 1930 年共有 867 户、19573.61 亩耕地；1936 年有 931 户、20458.68 亩耕地；1946 年有 1086 户、21460.70 亩耕地。

（三）分家析产

分家析产也是传统农村地权变化的主要形式之一。中国家庭的传统不同于中古时期的欧洲，家庭财产包括土地的继承不是实行长子继承，而是户主的所有儿子都有继承权，即家庭财产最终是要在家庭的男性后裔之间因分家另过而瓜分掉的。这种分家不一定发生在原来的户主即当家人死亡之后，就是在他生前也是经常发生的。虽然在传统上，中国人的理想家庭是数世同堂的大家庭，但在实际上，当一户人家几个儿子都已成家，由于各自都有了自己的小家庭经济，随着大家庭人口逐渐增多，各个小家庭之间的矛盾必然发展，其结果往往就要导致分家的发生，而与之相伴的，自然是家庭财产包括地产的分割。

在历史上，分家析产一直是农村土地集中发展的主要缓冲因素之一。清代人李调元曾作《卖田说》，借四川一个佃农之口描述了因分家析产而导致原来的大地产逐渐演变成小地产的现象："予家曾祖父以来，置田不下千亩，而蜀俗好分，生子五人，而田各二百亩矣；子又生孙五人，而田各五十亩矣；孙又生孙五人，而田各十亩矣……而十亩五分，各耕不过二亩……"① 这种现象，在传统的中国农村，

---

① 参见《童山文集补遗（一）》，丛书集成初编本。

时时处处都在发生。

在我们研究的清苑农村，分家现象也是很普遍的。只要稍微仔细观察一下各调查村的历年户口变化数据就会发现：虽然各村的户数和人口数在新中国成立前的十几年间都是呈不断增长态势，但户数的增长要比人口数的增长快得多，户均人口规模不断缩小。例如11村的汇总数据，1930年有2119户、11199人；1936年有2272户、11258人；1946年有2596户、12485人。以1936年与1930年相比，户数增长7.2%，人口数只增长0.5%，户均人口数从大约每户5.3人下降到不足5人。以1946年与1936年相比，户数增长14.3%，人口数只增长10.9%，户均人口数进一步下降到4.8人。若以期终的1946年与期初的1930年相比，户数增长22.5%，人口数只增长11.5%，增长率相差近一倍。户数增长快过人口数增长、平均家庭规模缩小，说明存在着比较多的分家现象①。

但是更使我们感兴趣和注意的是进一步观察又发现，虽然从地主到雇农的农村各阶级都普遍存在户均人口规模缩小的现象，但比较起来，这一现象以地主和富农表现得最为突出，见表23。

表23　1930年、1936年、1946年11村各阶级户均人口变化情况

单位：户；人；%

人户类别	1930年			1936年			1946年		
	户数	人口数	户均人口	户数	人口数	户均人口	户数	人口数	户均人口
合计	2119	11199	5.3	2272	11258	5.0	2596	12485	4.8
地主	70	498	7.1	72	447	6.2	71	390	5.5
富农	169	1365	8.1	173	1184	6.8	147	913	6.2

---

① 一个地域的户、口及户均人口变化受人户的迁入、迁出、灭绝、分家和人口的出生、死亡等多种因素影响。新中国成立前清苑各地农村人口流动并不频繁，人户迁入造成的户数增加很少，户数大量增加只能是不断的分家所致。户均人口减少的现象在出生率大于死亡率因而总人口不断增加的情况下，由于人户的迁入、迁出、灭绝这些扰动因素的影响很小并且互相抵销，主要的原因也只能是分家所致。

续表

人户类别	1930年			1936年			1946年		
	户数	人口数	户均人口	户数	人口数	户均人口	户数	人口数	户均人口
中农	742	4199	5.7	906	4875	5.4	1285	6651	5.2
贫农	915	4315	4.7	917	4069	4.4	996	4251	4.3
雇农	161	623	3.9	132	487	3.7	46	130	2.8
其他	62	199	3.2	72	196	2.7	51	150	2.9

地主和富农的户均人口数变化大过普通农民家庭，表明在这两个阶级中存在着更多的分家现象。这一判断对不对呢？在这方面，1958年对所有被调查农户都做了家庭谱系调查，并在户编号上予以体现，使我们可以直接观察不同阶级的分家情况。河北省统计局公布的11村汇总结果如表24所示。由于这个汇总资料将地主和富农合并统计，对贫农、雇农等阶层也未作区分，为更细致地观察各阶级的分家情况，我们将东顾庄和何桥两村人户分家情况的统计也一并列出[①]，见表25。

表24　　　　　1930—1946年11村人户分家情况　　　单位：户；户；%

人户类别	1930—1936年			1937—1946年		
	期初户数	分家户数	百分比	期初户数	分家户数	百分比
合计	2119	246	11.6	2272	370	16.3
地主、富农	239	9	3.8	245	110	44.9
中农	742	185	24.9	906	164	18.1
贫农、雇农及其他	1138	52	4.6	1121	96	8.6

表24显示：1930—1936年，地主和富农的分家情况还少于普通农民及其他人户，但到1937—1946年，他们的分家户数明显增多，期终的分家户数占期初总户数的近一半，分家比例高出各种人户的

---

① 现存的固上和李罗侯两村的户资料卡片有的年份不全，故未能将这两村也列入统计。

平均分家比例近 2 倍。中农的分家比例 1930—1936 年高出各种人户的平均分家比例大约 1 倍，1937—1946 年较前一时期有所下降，仅比平均比例稍高；贫农、雇农及其他人户的分家情况不多，但后一时期较前一时期分家比例有所升高。

表 25　　　　1930—1946 年东顾庄、何桥 2 村人户分家情况

单位：户；户；%

人户类别	1930—1936 年			1937—1946 年		
	期初户数	分家户数	百分比	期初户数	分家户数	百分比
合计	384	33	8.6	431	35	8.1
地主	5	1	20.0	8	3	37.5
富农	25	8	32.0	40	5	12.5
中农	118	13	11.0	160	11	6.9
贫农	206	10	4.9	201	16	8.0
雇农	21	—	—	16	—	—
其他	9	1	11.1	6	—	—

东顾庄和何桥 2 村人户的平均分家比例低于 11 村汇总统计，但表 25 显示，该二村同样是地主和富农的分家情况大大多于其他人户。有差异的地方是：东顾庄和何桥的地主、富农户在 1930—1936 年时期分家的也不少，分家比例高于其他人户；此外，表 25 中 1937—1946 年间中农的分家比例低于贫农的分家比例，也是表 24 的一个不同点。但表 25 的中农分家比例后一时期较前一时期下降，而贫农的分家比例则在后一时期较前一时期有所上升，这点与表 24 显示的趋势还是一致的。

在传统农村，地主和富农户的家庭规模一般较大，人口较多。这不仅仅是出于数世同堂的理想，而且有着现实的经济原因：尽可能不分家，有助于维持家庭的既有经济地位，特别是在地产规模不是很大的情况下更是如此。但是在我们调查的这个时期，尤其是 1937 年以后，社会动荡不安，捐税苛重，土匪横行，使许多地主、

富农觉得家大业大不仅好处不多,反而受其连累,因而分家的情况增多。调查表明,不少这一时期分家的地主、富农户,是想通过分家来疏散家财,以避免土匪的绑票勒索,或为了逃避苛捐杂税。在抗日战争时期共产党根据地、游击区以及新中国成立前解放区的村庄,一些地主、富农分家除了经济上的考虑(逃避人民政府的统一累进税和合理负担)外,更有规避将来不可避免的政治清算的企图。

  农民的分家比例低于地主、富农户,主要是因为他们分不起家。中农家底不大,数十亩薄地几个兄弟一分,家庭人口多的就很难维持原来的经济地位,因此不肯轻易分家。少数人户分家的原因,多是兄弟们相继结婚以后,几个小家庭之间发生矛盾难以解决;也有的是因为灾年歉收或遇到婚丧大事,经济条件恶化,兄弟们不得不分家各奔前程;还有的是因为家里青壮年男丁较多,在兵荒马乱的情况下为逃避抓壮丁而分家。但正如表24和表25显示的,在社会最动荡不安的时期,中农的分家情况反而有所减少,说明传统的小农即使在极端艰难困苦的条件下仍然顽强地维护自己的经济地位。至于贫农和雇农,虽然有的家庭也人口较多因而有分居的需要,但他们根本分不起家,比如缺地少房,有的甚至一旦分家连做饭的炊具也无法解决。正因为如此,贫农、雇农分家的很少。1937年以后贫农、雇农分家的情况稍见增多,是因为这一时期生活变得极端艰难,一些家庭在天灾人祸的打击下,再也无法维持,不得不分开各谋生计。如李罗侯村的贫农刘峰、刘栋、刘焕兄弟三人,新中国成立前只有3亩地,因无法生活,被迫分开,刘焕留在家乡,刘峰和刘栋则去"闯关东",在东北给人做饭、种地。

  不断地分家析产尤其是地主、富农户分家情况的增多是导致新中国成立前清苑农村土地分配呈分散化发展趋势的重要原因之一。差不多在每个调查村都可以找到地主、富农因分家家庭经济地位发生变化的例证。如何桥村1930年时的地主田慎修,当时有地124亩,全家12口人,雇长工2人。到1936年,原来的一户分成了7户,田本人及几个儿子各分到耕地20亩左右(1936年田家共有地

136.5 亩，比 1930 年稍多，应是陆续买入的），于是原来的大地产就变成了与普通中农户相当的小地产①。同村的富农张云路，1930 年时有地 147 亩余，全家 15 口人，雇长工 2 人，到 1936 年时分成 6 户，各分耕地 11—29.5 亩不等，原来的大地产也变成了小地产。东顾庄村的富农刘老言，1936 年以前有耕地 200 余亩，到土地改革前已分成 4 户，其中 3 户虽土地改革定案时仍划为富农，但也不过有地 50—60 亩，还有一户仅有地 19.8 亩，被定为中农。根据东顾庄、何桥、固上和李罗侯 4 村的汇总统计，在 1930—1936 年，共计有 69 户经济地位下降，约占期初 867 户的 8%。其中，地主、富农 25 户，占 36.2%；中农 33 户，占 47.8%；贫农、雇农 11 户，占 15.9%。下降的原因，25 户地主富农中有 14 户是因为分家，占 56%；11 户因为其他原因，占 44%。33 户中农中，有 23 户因为分家，占 69.7%；10 户因为其他原因，占 30.3%。11 户经济地位下降的贫农、雇农均因为"被剥削或投机失败"，无一户因为分家。1936—1946 年，共计 77 户经济地位下降，占期初 931 户的 8.3%。其中，地主、富农 41 户，占 53.2%；中农 36 户，占 46.8%。下降的原因，41 户地主、富农中有 32 户因为分家，占 78%；9 户因为其他原因，占 22%。36 户中农中有 30 户因为分家，占 83.3%；6 户因为其他原因，占 16.7%。十分明显，分家是导致原来较富有的一部分人户经济地位下降的主要原因，而他们经济地位的下降，当然就意味着地权的分散化。

（原载《中国经济史研究》2002 年第 3 期）

---

① 后来土地改革时，田义方、田玉峰、田林、田子丰几户都被划作富农，田玉江、田玉图兄弟则被划为中农。实则按田义方、田玉峰、田林、田子丰几户当时的经济条件（田子丰 1946 年有土地 40.9 亩，其余几户都不到 20 亩，但家庭人口较少），至多能算中农。田慎修本人在土地改革前已去世。

20世纪三四十年代华北平原农村的租佃关系和雇佣关系

——以河北省清苑县4村为例

本文是《20世纪三四十年代华北平原农村的土地分配及其变化》一文的姊妹篇。文内使用的数据，仍主要是1958年第二次无锡、保定调查后由负责保定调查的河北省统计局保定农村经济调查办公室汇总编辑的《1930—1957年保定农村经济调查资料》的东顾庄、何桥、固上和李罗侯4村部分（1958年7月油印本），以及保存下来的当年调查的4村分户卡片。同时，写作中还参考了历次调查的村概况报告及张培刚的《清苑的农家经济》、河北省统计局的《廿八年来保定农村经济调查报告：1930年—1957年》等公开、未公开发表的文献。

一 租佃关系

（一）土地租佃的一般情况

租佃关系是中国传统封建土地制度下一种基本的剥削关系。不过在清苑农村，如同在华北其他地方一样，租佃制度不如南方那样发达和普遍。根据调查汇总数据，1930年东顾庄、何桥、固上、李罗侯4村共有47户租入455.2亩耕地，另有20户租出740.5亩耕地。该年4村总户数为867户，占有耕地总面积为19573.61亩，使用耕地总面积为19223.66亩①，租地户和出租地户合计仅占总户数

---

① 使用耕地面积＝占有耕地面积＋典入耕地面积－典出耕地面积＋租入耕地面积－租出耕地面积。

的7.7%，租入耕地面积仅占使用耕地总面积的2.4%，租出耕地面积仅占占有耕地总面积的3.8%。1936年4村总户数为931户，占有耕地总面积为20458.68亩，使用耕地总面积为20160.98亩，共有29户租入341.9亩耕地、16户租出651.65亩耕地，租地户和出租地户合计占总户数的4.8%，租入耕地面积占使用耕地总面积的1.7%，租出耕地面积占占有耕地总面积的3.2%。1946年4村总户数为1087户，占有耕地总面积为21460.7亩，使用耕地总面积为21430.3亩，共有33户租入207.3亩耕地、16户租出340.75亩耕地，租地户和出租地户合计占总户数的4.5%，租入耕地面积占使用耕地总面积的1%，租出耕地面积占占有耕地总面积的1.6%。上述数据表明，租佃关系在这个地区是不普遍的。

在清苑县，多数地主都不专门出租土地，依靠地租剥削过活。出租土地的多是家不在农村的城居地主或者是在农村有地的城市工商业者，他们因不在农村居住，无法直接经营，故将土地出租。有些富农除自己经营大部分土地外，也出租一小部分土地。此外，个别中农和贫农也有出租土地的，这种情况多是由于自家缺乏劳动力并无力雇工经营，以鳏寡孤独户居多。租入土地的绝大部分是中农和贫农。中农租地的都是家里劳动力多、土地不足，因而租入一部分以资弥补。也有个别的地主、富农除自家土地外，还租入一部分从事经营。如1930年固上村的富农王老增，自有土地150亩，因开粉房发财，又租入土地四五十亩，雇用6个长工，农闲时从事粉房工作，农忙时耕地。新中国成立前3个年份4村各类人户租入、租出土地的情况分别见表1、表2和表3。

表1　　　　1930年清苑县4村各类人户租入、租出耕地情况

人户类别	租入				租出			
	户数（户）	占比（%）	数量（亩）	占比（%）	户数（户）	占比（%）	数量（亩）	占比（%）
合计	47	100	455.2	100	20	100	740.5	100

续表

人户类别	租入				租出			
	户数(户)	占比(%)	数量(亩)	占比(%)	户数(户)	占比(%)	数量(亩)	占比(%)
地主	2	4.26	31.0	6.81	7	35.00	570.3	77.02
富农	3	6.38	79.5	17.46	1	5.00	30.0	4.05
中农	8	17.02	110.0	24.17	4	20.00	76.1	10.28
贫农	27	57.45	171.6	37.70	3	15.00	18.0	2.43
雇农	7	14.89	63.1	13.86	4	20.00	28.7	3.88
其他	—	—	—	—	1	5.00	17.4	2.35

表2　1936年清苑县4村各类人户租入、租出耕地情况

人户类别	租入				租出			
	户数(户)	占比(%)	数量(亩)	占比(%)	户数(户)	占比(%)	数量(亩)	占比(%)
合计	29	100	341.9	100	16	100	651.65	100
地主	1	3.45	11.0	3.22	1	6.25	379.5	58.24
富农	1	3.45	53.0	15.50	2	12.50	33.75	5.18
中农	10	34.48	113.3	33.14	8	50.00	203.3	31.20
贫农	17	58.62	164.6	48.14	3	18.75	23.8	3.65
雇农	—	—	—	—	2	12.50	11.3	1.73

表3　1946年清苑县4村各类人户租入、租出耕地情况

人户类别	租入				租出			
	户数(户)	占比(%)	数量(亩)	占比(%)	户数(户)	占比(%)	数量(亩)	占比(%)
合计	33	100	207.3	100	16	100	340.75	100
地主	—	—	—	—	1	6.25	103.5	30.37
富农	—	—	—	—	8	50.00	57.0	16.73
中农	10	30.30	88.3	42.60	7	43.75	180.25	52.90
贫农	22	66.67	117.0	56.44	—	—	—	—
雇农	1	3.03	2.0	0.96	—	—	—	—

清苑县多数地主不将土地出租，而是雇工经营，除了这里素来缺乏租佃传统外，主要经济原因是农业生产力水平比较低，天灾频繁，出租土地对地主来说地租难有保证，对一般贫穷农户来说也租种不起；而雇工经营，由于这里人工费用较低，比出租更为有利。清苑县地势低平，又处在半干旱季风气候区，降雨集中且雨量不稳，故水旱灾害较多。在这种条件下出租土地，地主为避免遇灾收不到地租的风险，多采用"上打租"即预先收租的办法，这对于一般贫穷农户难于承受，因此租地种的不多①。贫农租地种的少，自然也就限制了租佃制的发展。

出租土地和雇工经营的比较，可以这样举例说明：假设一户地主有耕地 100 亩，平均亩产粮食 100 斤，那么，如果他将土地出租，地租率为 50%，一年的地租收入约为 5000 斤。而若雇工经营，这样的土地规模在当地最多用 2 个长工就足够了。一个长工每年的工资和伙食折算成粮食大约 700 斤，用 2 个长工一年的成本约为 1400 斤；再加上农忙雇请短工的费用，总人工成本可以估算为 2000 斤。100 亩耕地一年的其他生产成本如种子、肥料、农具损耗等都加上 1000 斤也已足够。这样，雇工经营在支出人工和各种其他生产成本之后，地主可以获得净收入 7000 斤，即得到 100 亩耕地总产量的 70%，比出租收入多得 20%。除了这样的好处，由于当地的长工还保留了较多的对雇主的封建人身依附残余，雇主还可以得到雇工额外服务的好处。按照当地习惯，长工平时在种地之外，雇主家的各种杂务劳动如盖房、赶车、挑水、碾米、做饭、喂牲口、养鸡甚至洗衣服、抱孩子等，也都要承担。这些额外好处，使地主更愿意雇工经营。

清苑的土地租佃手续比较简单，一般由租地人与承租人订立契

---

① 在我们调查的村庄里，何桥村，当地就有新中国成立前"贫农不租地，中农才租地"的说法。其原因，据解释是"地主怕贫农租地种不起，把地糟蹋了；中农家里有车，能租地"（《清苑县何家桥经济概况调查实录》，1987 年访谈记录稿）。这说明经济条件对于租佃能否成立是十分重要的。

约，规定租种亩数、租额、期限及交租办法，就可以领地耕种了。对经济条件较好、出租人比较熟悉的佃户，有时只口头约定条件，并不订立契约。订约一般在每年秋季收获之后、冬闲之前，租期多为一年，到期再续，长租的不多。

（二）地租形式及地租率

1. 分成租

清苑的地租形式以定额租居多，分成租很少。分成租在当地也叫"客租"，多发生于亲邻之间，较少明订契约，一般只是口头议定条件，租期亦不限定。分成租下的不少出租人并非经济条件优裕的大地产所有者，而只是由于自家缺乏劳动力，才将土地出租。有时承租人的经济条件反比出租人要好。分成的比例，如果地主只出土地，其他什么都不供给，收获后一般得土地正产品的一半，这种情况最多；如果地主还提供农具、牲畜、种子、肥料等项生产资料，则有主6佃4、主7佃3及主8佃2几种分成比例，视地主提供的生产资料多少而定。交租办法，最普通的是收获时地主亲到打谷场与承租人当面分割；也有不当面分割而由承租人自己或委托他人送到地主家的。①

2. 定额租的两种形式及地租率

定额租有实物租和货币租两种，也称"粮租""钱租"。清末及民国初年，华北农村仍十分流行粮租②，但20世纪30年代初调查时，钱租比例已经超过粮租。1937年以后，因通货膨胀，币值暴跌，实物租出现回潮，在一些村庄超过钱租重新成为主要的地租形式。本文研究的4个村庄的粮租和钱租相互比重消长的情况，参

---

① 上述清苑分成租佃方式的特点，参见张培刚《清苑的农家经济（上）》，载《社会科学杂志》第七卷第一期，国立中央研究院社会科学研究所1936年版，第27—28页。

② 参见魏泽瀛《五十年前华北农业情状的一个观察》，天津《盖世报·农村周刊》第99期，转自张培刚《清苑的农家经济（上）》，《社会科学杂志》第七卷第一期，第25页。

见表 4 和表 5①。这两个表，表 4 只是 3 个村庄租入耕地的统计，表 5 虽是全部租入、租出耕地的统计，但只限于一个村，因此结果不一定十分准确，但粮租比重在 3 个调查年份逐次上升的大趋势还是显示得很清楚的。

表 4　　　　1930—1946 年东顾庄、何桥、李罗侯 3 村人户
租入耕地的粮租和钱租比重

年份	粮租		钱租		钱租：粮租（粮租＝1）	
	户数（户）	面积（亩）	户数（户）	面积（亩）	户数（户）	面积
1930（1）	10	51.5	12	72.5	1.2	1.4
1936（2）	5	31	3	23	0.6	0.7
1946（3）	7	29.8	2	9	0.3	0.3

注：（1）本年总计有 25 户租入耕地，其中 3 户无法确定粮租、钱租面积，未计入。
（2）本年总计有 13 户租入耕地，其中 5 户无法确定粮租、钱租面积，未计入。又本年李罗侯村调查户卡片大部分已经缺失，故未对该村进行统计。
（3）本年总计有 21 户租入耕地，其中 12 户无法确定粮租、钱租面积，未计入。

表 5　　1930—1946 年固上村人户租入、租出耕地的粮租和钱租比重

年份	租入耕地面积（亩）			租出耕地面积（亩）		
	粮租	钱租	钱租：粮租（粮租＝1）	粮租	钱租	钱租：粮租（粮租＝1）
1930	35	272	7.8	38.3	595.4	15.5
1936	37.5	220.5	5.9	54	458	8.5

---

① 我们把东顾庄、何桥、李罗侯 3 村与固上村分开统计，是因为前面 3 村的调查表设计与固上村不同。前面 3 村的调查表在"租入耕地""租出耕地"两项内容之下，均各只有面积、粮租额、钱租额 3 项指标，这样当某户的租入、租出耕地中既有粮租又有钱租时，就无法确定其中有多大面积是收粮租的，又有多大面积是收钱租的，因此只能从总数中剔除；又有的调查表在租入租出面积之下未写明租额，无法确定其为粮租或钱租，也只能剔除。固上村调查表的租入、租出面积是按粮租面积、钱租面积分别开列的，每项下再写明租额，因此每户都可以将粮租和钱租分开统计。但当某户既有粮租又有钱租时，户数不好计算，为使两种租地面积的统计尽量完整，在表 5 中我们未对户数指标进行统计。还需说明的是：表 4 之所以只统计租入耕地，未统计租出耕地，是因为调查表中"租出耕地"项下多数只有面积，没有租额，只统计少数有租额的意义不大，也难保证结果真实。

续表

年份	租入耕地面积（亩）			租出耕地面积（亩）		
	粮租	钱租	钱租：粮租（粮租＝1）	粮租	钱租	钱租：粮租（粮租＝1）
1946	41	42.8	1.04	34.55	177.2	5.1

下面来看定额租的地租量和地租率。现存4个村的分户卡片的个别样本的地租量是有很大差异的。例如同是粮租地，每亩租额有的只有10余斤，有的则高达100斤以上；同是钱租地，每亩租额低的仅有1元多，高的可达10余元，甚至20元以上。由于耕地的等次不同，收益差别很大，租额自然不会相同。同样收益的耕地，在不同村庄之间，以及不同的出租人和承租人之间，租额也会有一定差异。为了得到4个村定额租的地租量的一般概念，我们根据它们的租入、租出耕地面积及粮租、钱租总租额，分别计算出粮租和钱租的每亩平均租额，如表6所示。

表6　　　　　　　　1930—1946年清苑县4村的平均租额

年份	粮租			钱租		
	总面积（亩）	总租额（市斤）	亩均（斤/亩）	总面积（亩）	总租额（元）	亩均（元/亩）
1930	185.00	9844	53.2	939.90	6130.80	6.52
1936	132.50	6310	47.6	701.50	4350.53	6.20
1946	105.35	6170	58.6	269.00	1883.76	7.00

从表6看出，这4个村的定额地租的一般水平，在20世纪30年代中以前粮租大约为每亩50斤，钱租为每亩6元多；1946年，粮租涨到接近每亩60斤，钱租涨到每亩7元左右。这个结果，粮租水平与4个村多数样本的情况是符合的，钱租水平由于除固上村以外的几村可供计算的样本数太少且基本都是高租额的，要稍微偏高一些。如果只计算固上村的平均每亩钱租额，1930年为5.99元，1936年为5.82元，1946年为6.63元。

在上述地租水平下，地租率是多少呢？首先看粮租。清苑县耕地绝大部分都是种植粮食的，因此实物租以交粮为主，故称粮租。粮租的平均每亩租额我们已经知道，只要再知道当地粮食作物的平均每亩产量就可以计算出粮租的地租率了：

粮租地租率 =（亩均粮租额÷粮食作物平均亩产量）×100%

在现有的调查指标中，有包括粮食作物在内的各种作物的播种面积及其总产量，因此比较简单的做法是按播种面积计算每亩产量。但是由于播种面积包含复种因素在内，这种计算的结果只能是近似的。更准确的计算应该用耕地面积而不是用播种面积。从现有的调查指标中虽然不能直接得到种植粮食作物的耕地面积，但可以通过耕地总使用面积和总播种面积求得总复种指数，然后在假定粮食作物的复种指数与总复种指数相同的前提下，通过粮食播种面积计算出其耕地面积。清苑县的耕地绝大部分都种粮食，其他作物占的比重很小，这样计算得到的结果应该是基本符合实际的。用上述方法，我们计算得到4个调查村新中国成立前各年份的粮租平均地租率，如表7所示。

表7 1930年、1936年、1946年清苑县4村的粮租平均地租率

年份	粮食作物播种面积（亩）	复种指数（%）	粮食作物耕地面积（亩）	粮食总产量（市斤）	平均粮食亩产（斤/亩）	粮租平均租额（斤亩）	粮租地租率（%）
1930	21251.71	110.5	19232.32	2295389.4	119.4	53.2	44.56
1936	22317.25	110.7	20160.12	2481571.3	123.1	47.6	38.67
1946	23093.93	107.8	21422.94	2782315.0	129.9	58.6	45.11

注：复种指数 =（总播种面积÷耕地总使用面积）×100%，根据4村汇总数据计算。
粮食作物耕地面积 = 粮食作物播种面积÷复种指数。

钱租的平均地租率可用亩均钱租额除以耕地的每亩平均产值得到，耕地的每亩平均产值则可通过植物栽培总收入和耕地总使用面积两项调查指标求得。计算结果如表8所示。

表7和表8显示，粮租的平均地租率为40%上下；钱租略高，

在 45.55%—53.71%。不过，上文说过，由于样本关系，这里用于计算的 4 村平均钱租额要比实际数字高一些。如果用固上村的平均租额计算，则钱租的平均地租率 1930 年为 49.34%，1936 年为 42.76%，1946 年为 46.69%。无论粮租还是钱租，地租率都比分成租通常情况下的 50% 要低一些。这是符合逻辑的：分成租 50% 的普通地租率一般仅指土地的正产品而言，而实际上，除正产品（通常为大秋作物）之外，农户从土地上还有其他收入，这些额外收入按习惯是不交租的。所以，考虑到农户的额外收入，分成租的实际地租率要低于 50%。此外，在分成租下，地租量随年成好坏而高低不同，遇到歉收，地主的收入是要减少的。而在定额租下，清苑的传统习惯是即使歉收租额也不减，这也会使定额租在租额的确定上较通常年景的分成租租额要稍低一些。

表 8　1930 年、1936 年、1946 年清苑县 4 村的钱租平均地租率

年份	植物栽培总收入（元）	耕地总使用面积（亩）	亩均产值（元/亩）	亩均钱租额（元/亩）	钱租租地租率（%）
1930	233458.59	19223.66	12.14	6.52	53.71
1936	274393.25	20160.98	13.61	6.20	45.55
1946	304218.65	21430.30	14.20	7.00	49.30

以上讨论的都是正租。实际上，在正租之外，有的佃户还要受到额外剥削，特别是发生在大户地主与贫穷农民之间的租佃关系更是如此。额外剥削包括劳役性质的，如白给地主家干些杂活；也有实物性质的，如给地主送些时鲜水果、蔬菜等。这些额外剥削，可以视为附加地租。附加地租一般不出现在租约上。

3. 押租及"上打租"

清苑地区的租佃有些在订约时要收取押租，数额一般相当于一年的地租。收押租的都是较长期的租佃，如 3 年、5 年或更长期的，一年租期的不收押租。押租在承租人退耕时返还，如有欠租则作抵。

交租时间除分成租外普遍实行"上打租"，尤其钱租差不多都是上

打租。所谓"上打租",就是先交地租,承租人于订约时就预先把一年地租交清(有的分两次),然后才领地耕种。上打租使地主既避免了佃户欠租的风险,还可以额外占有一年租金的利息。但这种制度加重了佃户的负担,不但要借债先付地租,而且还要承受遭灾歉收的全部后果。清苑地区许多缺地贫农并不租地耕种,而宁愿为人雇工或寻求其他谋生之路,上打租制度使其"租种不起"是一个重要原因。抗日战争时期,一些根据地村庄在共产党领导下经过斗争,废除了这一制度。

地租并不是佃户的全部负担。按照清苑租地的习惯,出租的土地虽田赋仍归地主负担,但杂捐杂税要由租种者缴纳。抗日战争以后,税捐日多,土地负担加重,因此有的地主减少地租甚至不收租,但一切税捐都由租种者代为缴纳。调查资料中1946年的数据很多只有租地面积但没有租额,多数都是这种情况。

二 雇佣关系

(一) 一般情况

雇佣关系是清苑农村最基本的剥削关系,比租佃关系普遍得多。在各调查村,地主可以不出租土地,但很少有不雇工的,富农当然更是依靠雇工剥削。农民各阶层中,一部分中农和贫农在农忙时也雇用人工。出雇者绝大部分是贫农、雇农,少数中农也要出卖一部分劳动力。

清苑的雇工按照工作时间区分主要有长工和短零工两种,其中长工又分"整年工"和"十月一工"两种。"整年工"是除过年回家几天,全年都吃住在雇主家的长工。"十月一工"每年阴历正月初六上工,秋后"十月一"下工回家,一年约在雇主家工作9个月。这两种长工,各村都以后者居多,因为秋后农闲活少,地主是不愿意白白养活雇工的。故当地长工有言:"场光地净回家转,挨饿受冻一冬天。"无论"整年工"还是"十月一工",都按年计算工资。短零工为农忙时的临时工,一般按所做工作种类及工作天数计算工资,也有按工作量计算工资的,即所谓计件工资。其中又分"散短"和

"长短"两种：前者为事先没有约定雇主，临时到"人市"上去找工作者；后者是平时借了人家的钱或得到某种好处，因而约定农忙时为其做工，属于以人工还债的性质。这种雇工的工作时间不像长工那样长，也不像一般短工那样雇主和工作时间都不固定，故称"长短"。长工及短零工之外，还有"季节工"，为农忙时工作几个月的雇工，按月计算工资。这种雇工在清苑不多。

长工通常只在地主、富农家的雇佣中才有（极少数中农也有雇长工的），短零工则既存在于地主、富农的雇佣中，也有一般农民之间的雇佣。长工在雇主家的工作除承担各种农活外，往往还要为雇主做各种家务杂活，提供零星使役，吃住也在雇主家里，与雇主的关系较为紧密。长工不完全是本村人，其中一部分是外村甚至外乡人，经人介绍而与雇主认识并为其雇用，但外县的基本没有。短零工也绝大部分是本地人（本村人或邻近村人），因系临时雇用，一般只做约定的某种农活，工作完毕即与雇主解除雇佣关系。就人数而言，由于地主、富农有限，各村的长工不是很多，但每年农忙临时给人打短工以补贴家用的相当普遍。各调查村的绝大部分贫农（雇农不用说），以及一部分中农，新中国成立前都有过给人打短工出卖劳动力的经历。正因为雇用短零工如此普遍，各地农忙季节都有"人市"，即雇用短零工的劳动力市场。如位于东顾庄村中心的现村委会前面的一片地方，以前就是一个人市，凡欲给人打短工的都集中在那里，谁家要雇人就去人市上找。短零工的工价一般由主雇双方当面议定，但也有的村庄由地主操纵，天天挂牌定价，曾引起过雇工的反抗（见河北省统计局调查报告）。

下面看调查数据所反映的雇佣关系情况。根据汇总资料，3个年份4村各类人户中有雇工（雇入或雇出）的户数及其在总户数中所占的百分比分别如表9、表10和表11所示。

从这3个表可以看出：

第一，在我们研究的这4个村庄，雇佣关系比租佃关系要普遍得多。根据表1、表2和表3，1930年、1936年、1946年4村分别有67

户、45 户、49 户租入或租出土地，分别占各该年总户数的 7.7%、4.8%、4.5%。而这 3 个年份 4 村有雇工（雇入或雇出）的户数分别为 552 户、516 户、403 户①，分别占 3 个年份总户数的 63.7%、55.4%、37.1%，远远超出租入租出土户在总户数中的比例。

表9　1930 年 4 村各阶级有雇工（雇入或雇出）的户数及其所占比重

人户类别	总户数（户）	雇入				雇出			
		长工		短零工		长工		短零工	
		户数（户）	占总户数（%）	户数（户）	占总户数（%）	户数（户）	占总户数（%）	户数（户）	占总户数（%）
合计	867	78	9.0	88	10.1	126	14.5	260	30.0
地主	19	12	63.2	9	47.4	—	—	—	—
富农	57	47	82.5	31	54.4	—	—	—	—
中农	297	19	6.4	42	14.1	14	4.7	64	21.5
贫农	400	—	—	6	1.5	67	16.8	149	37.25
雇农	76	—	—	—	—	45	59.2	43	56.6
其他	18	—	—	—	—	—	—	4	22.2

表10　1936 年 4 村各阶级有雇工（雇入或雇出）的户数及其所占比重

人户类别	总户数（户）	雇入				雇出			
		长工		短零工		长工		短零工	
		户数（户）	占总户数（%）	户数（户）	占总户数（%）	户数（户）	占总户数（%）	户数（户）	占总户数（%）
合计	931	87	9.3	91	9.8	109	11.7	229	24.6
地主	18	16	88.9	15	83.3	—	—	—	—
富农	67	44	65.7	33	49.3	—	—	—	—
中农	392	27	6.9	41	10.5	11	2.8	74	18.9
贫农	383	—	—	2	0.5	66	17.2	137	35.8
雇农	55	—	—	—	—	32	58.2	16	29.1
其他	16	—	—	—	—	—	—	2	12.5

---

① 以上均为长工、短工合计。这里有部分重复计算，因为雇工户中有的户既雇长工，也雇短工；出雇户中有的户既出雇长工，也出雇短工，不过这两种情况都不是很多。

表 11　1946 年 4 村各阶级有雇工（雇入或雇出）的户数及其所占比重

人户类别	总户数（户）	雇入				雇出			
		长工		短零工		长工		短零工	
		户数（户）	占总户数（%）	户数（户）	占总户数（%）	户数（户）	占总户数（%）	户数（户）	占总户数（%）
合计	1087	70	6.4	68	6.3	67	6.2	198	18.2
地主	26	18	69.2	12	46.2	—	—	—	—
富农	68	37	54.4	26	38.2	—	—	—	—
中农	572	15	2.6	28	4.9	20	3.5	69	12.1
贫农	398	—	—	2	0.5	33	8.3	125	31.4
雇农	18	—	—	—	—	14	77.8	4	22.2
其他	5								

第二，雇工户有地主、富农、中农和贫农，但主要是地主和富农，不仅占总户数的比例大，而且雇工的绝对数量也多①；中农和贫农雇工的比例很小。地主、富农雇工以长工为主，中农和贫农雇工以短零工为主，尤其贫农，所雇皆为短零工。

第三，出雇户全部为农民。其中除雇农外，以贫农所占比例最大，各年均有 1/3 左右贫农出雇短零工；出雇长工的贫农 1930 年占

---

① 从逻辑上说，除出租土地的地主外，其他地主和富农均应雇工，否则不成其为地主、富农。但在我们研究的这 4 个村庄，有的富农户没有雇工数据，反映在汇总统计中就是有的村富农的雇工户数少于富农总户数。例如河北省统计局汇总的 1946 年固上村调查资料，总计有富农 13 户，其中雇长工户 3 户，雇短零工户 3 户，即使不考虑雇长工的户有的同时还雇短零工的情况，二者加起来也只有 6 户，说明至少有 7 户富农没有雇工数据。该年何桥村的资料也有 7 户富农没有雇工数据。固上村的情况因现存分户卡片已经不全，无法分析其中原因。何桥村 7 户富农没有雇工，从分户卡片看，他们的土地都比较少：7 户中 1 户有地 64.45 亩，全家 6 口人、4 个劳动力（男 3 女 1）；4 户土地不足 30 亩，2 户不足 20 亩，各户均至少有 1 个男劳力。这种情况，在当地完全可以自耕而不需要雇工，按其实际经济地位应属中农；之所以被定为富农（土地改革定案成分），可能是在土地改革前 3 年中曾经雇工，当然也可能是户资料卡片漏载雇工数据。为尊重资料的原始性，我们在统计中未对这些没有雇工的富农户的成分加以改变。表 11 中农总户数 68 户，但雇入长工和短零工的户数合计只有 63 户，就是这个原因（因这两项合计有重复计算，故只比总户数少 5 户）。另外，这 4 个村资料中有的雇农户没有出雇数据，为尊重资料的原始性，我们也未对他们的成分作出改变，因此有的年份雇农出雇户的数字可能小于雇农总户数。

贫农总户数的 16.8%，1936 年占 17.2%，1946 年占 8.3%。中农出雇长工的比例不超过总户数的 5%，属个别情况；出雇短零工的比例 1930 年为 21.5%，1936 年为 18.9%，1946 年为 12.1%。

第四，从各表"合计"一栏看，无论雇入还是雇出，长工和短零工占总户数的比例均呈下降趋势；尤其以 1946 年与 1936 年比较，这两种雇工不仅占总户数的相对比例下降，而且绝对数量也下降了（雇入的长工和短零工绝对数 1936 年比 1930 年增加，雇出的长工和短零工绝对数 1936 年比 1930 年减少）。这种情况，应该与这一时期土地分配趋于分散化、地主、富农和贫雇农在总户数中的比重下降、中农比重上升有关。就是说，从 1930 年到 1946 年的变化总趋势看，随着土地分配的分散化、平均化发展，雇佣关系如同租佃关系一样，也呈缩小趋势。

（二）长工的雇佣及长工工资

根据调查数据，各村地主户雇用的长工人数一般为 2—3 人，富农户为 1—2 人，少数中农雇用长工的多只 1 人，个别的还不到 1 人（与人合雇）。每名长工的耕作面积，地主、富农户为 60—70 亩或更多，中农户只有 30—50 亩。具体统计结果按年份分别列于表 12、表 13 和表 14。这 3 个表之所以只选东顾庄和何桥两村来做统计，是因为做事项统计要分别计算各雇工户的耕地面积，需使用分户卡片（河北省统计局的各村汇总资料没有雇工户耕地面积的单独汇总），而现存的 4 村分户卡片只有这两村的比较完整（固上村的 1930 年和 1946 年卡片、李罗侯村的 1936 年卡片都缺失甚多）。由各表看出：富农户雇工的平均耕作面积要比地主户雇工的平均耕作面积多一些，这是因为富农本身也参加劳动，雇工数量一般较地主户为少，而在计算时又不能扣除富农自己耕作的土地面积的缘故。考虑到富农自己也参加劳动这个因素，地主和富农户雇工的平均耕作面积应该相差不多。中农户雇用长工属个别情况，多是耕地较多而家里缺乏劳动力，其雇工的耕作面积比地主、富农户的雇工要少得多。

表12　　　1930年东顾庄、何桥2村雇工户平均雇用
长工人数及每名长工的平均耕作面积

人户类别	雇主户数（户）	使用耕地面积（亩）	雇工人数（人）	户均雇用人数（人）	雇工平均耕地（亩）
合计	33	3302.40	46	1.4	71.79
地主	5	941.79	14	2.8	67.27
富农	23	2206.61	27	1.2	81.73
中农	5	154.00	5	1.0	30.80

表13　　　1936年东顾庄、何桥2村雇工户平均雇用
长工人数及每名长工的平均耕作面积

人户类别	雇主户数（户）	使用耕地面积（亩）	雇工人数（人）	户均雇用人数（人）	雇工平均耕地（亩）
合计	45	3527.75	58.88	1.3	59.91
地主	8	1089.50	18	2.3	60.53
富农	32	2187.45	35.88*	1.1	60.97
中农	5	250.80	5	1.0	50.16

注：*有一户雇用0.5人、一户雇用0.3人。这种情况，一般是两户或三户合雇1人，但在分户卡片上只有一户有雇工数据。

表14　　　1946年东顾庄、何桥2村雇工户平均雇用
长工人数及每名长工的平均耕作面积

人户类别	雇主户数（户）	使用耕地面积（亩）	雇工人数（人）	户均雇用人数（人）	雇工平均耕地（亩）
合计	40	3025.40	46.5	1.2	65.06
地主	10	1103.38	20	2.0	55.17
富农	28	1853.02	25	0.9	74.12
中农	2	69.00	1.5*	0.8	46.00

注：*有一户雇用0.5人。

长工的工资水平可以利用村汇总资料进行统计，下面是统计结果（表15、表16、表17）：

表 15　　　　　　　1930 年 4 村雇入、雇出长工的平均工资

人户类别	雇入			雇出		
	长工人数（人）	工资总额（元）	平均工资（元/每人·每年）	长工人数（人）	工资总额（元）	平均工资（元/每人·每年）
合计	105	6570.67	62.58	154	9172.65	59.56
地主	28	1842.42	65.80	—	—	—
富农	58.5	3770.17	64.45	—	—	—
中农	18.5	958.08	51.79	15	880.83	58.72
贫农	—	—	—	83	4815.45	58.02
雇农	—	—	—	56	3476.37	62.08

表 16　　　　　　　1936 年 4 村雇入、雇出长工的平均工资

人户类别	雇入			雇出		
	长工人数（人）	工资总额（元）	平均工资（元/每人·每年）	长工人数（人）	工资总额（元）	平均工资（元/每人·每年）
合计	110.83	6795.27	61.31	131.5	8306.26	63.17
地主	35	2097.22	59.92	—	—	—
富农	50.83	3466.86	68.20	—	—	—
中农	25	1231.19	49.25	15	814.08	54.27
贫农	—	—	—	77.5	4695.11	60.58
雇农	—	—	—	39	22797.07	71.72

就表 15、表 16、表 17 的统计数字来看，地主、富农户长工的工资差别不大（各表中的差异是因为样本数量小，平均计算的结果易受个别样本的影响），但中农户雇用的长工的工资普遍要比地主、富农户的低一些（约低 10 元或稍多）。从雇出方面计算的长工工资，总平均的结果与从雇入方面计算的结果大体一致（1946 年雇出数据与雇入数据有较大差距）。纵向来看，工资的总水平是趋向于逐渐提高的：雇入雇出合计计算，长工工资 1930 年为 60.79

元,1936 年为 62.32 元,1946 年为 71.78 元。以 1946 年与 1930 年相比,约提高 18.1%。这种变化,应主要与通货膨胀有关,不一定是实际工资水平的提高。

表 17　　　　　1946 年 4 村雇入、雇出长工的平均工资

人户类别	雇入			雇出		
	长工人数（人）	工资总额（元）	平均工资（元/每人每年）	长工人数（人）	工资总额（元）	平均工资（元/每人每年）
合计	77.5	5939.74	76.64	70.5	4683.17	66.43
地主	31	2446.01	78.90	—	—	—
富农	34	2693.15	79.21	—	—	—
中农	12.5	800.58	64.05	20	1560.64	78.03
贫农	—	—	—	34.5	2114.21	61.28
雇农	—	—	—	16	1008.32	63.02

需要说明的是,上述长工的工资,不是其为雇主工作所得的全部,而只是其中的货币部分。长工是吃住都在雇主家的,因此这部分吃住费用也是其工作所得。不过这些很难计量:长工一般是与雇主家人一同吃饭,伙食好坏因雇主家生活条件而不同;雇主为长工提供的生活设施及用品（如被褥等）也各不相同。此外,雇主为刺激长工的工作积极性,有时会向长工提供一些额外的待遇,如送些小物品（一条毛巾、一双袜子、一双鞋等）、节年放假并供给较好的伙食、向长工提供烟草（多为种烟的雇主）、在工资外给些类似奖金的钱,等等。这些,有的属于惯例,有的则因雇主而不同,没有一定标准。

（三）短零工的雇佣及短零工工资

按人户类别统计的 4 村各阶级平均雇用短零工天数或出雇天数及短零工日工资平均水平等项指标如表 18、表 19 和表 20 所示。

表 18　　1930 年 4 村各类人户雇入、雇出短零工天数及短零工的平均工资情况

人户类别	雇入					雇出				
	户数（户）	天数（天）	工资总额（元）	户均雇用天数	日工资（元）	户数（户）	天数（天）	工资总额（元）	户均雇用天数（天）	日工资（元）
合计	88	5222	2638.25	59.3	0.51	260	20176	8729.37	77.6	0.43
地主	9	1370	802.62	152.2	0.59	—	—	—	—	—
富农	31	2102	1049.70	67.8	0.49	—	—	—	—	—
中农	42	1600	721.35	38.1	0.50	64	4101	1346.19	64.1	0.33
贫农	6	150	64.58	25.0	0.43	149	12687	5534.93	85.1	0.44
雇农	—	—	—	—	—	43	3222	1784.66	74.9	0.55
其他	—	—	—	—	—	4	166	63.59	41.5	0.38

从雇入方面看，各年各类雇主雇用短零工合计的总户均天数为59—68天，即相当于两个月或稍多一些。但不同类别雇主的户均雇用天数相差甚大：地主雇用短零工天数最多，1930年为总户均天数的2.6倍，1936年为2.5倍，1946年更达到3.2倍；地主以下，富农、中农、贫农的雇工天数除1930年富农的雇工天数略多于总户均天数外，其余均少于总户均天数并依等递减（1936年贫农的雇工天数多于中农）。3个年份平均而计（算术平均数），地主每年每户雇用短零工173天，富农雇用52.6天，中农雇用36天，贫农雇用34天。这种情况，显然与各阶级的经济地位有关：地主土地多，又不参加劳动，全靠剥削生活，因此除雇用长工外，农忙时还必须雇用较多的短零工；富农参加部分劳动，土地又一般较地主为少，雇工天数自然要少于地主；中农和贫农都是依靠自家劳动力从事生产的农民，农忙时雇用短零工是不得已的事，雇工天数当然更少。

表19　　　1936年4村各类人户雇入、雇出短零工
天数及短零工的平均工资情况

人户类别	雇入					雇出				
	户数（户）	天数（天）	工资总额（元）	户均雇工天数（天）	日工资（元）	户数（户）	天数（天）	工资总额（元）	户均雇工天数（天）	日工资（元）
合计	91	5434	2757.85	59.7	0.51	229	18489	8012.23	80.7	0.43
地主	15	2222	1114.20	148.1	0.50	—	—	—	—	—
富农	33	1717	925.73	52.0	0.54	—	—	—	—	—
中农	41	1357	649.44	33.1	0.48	74	4413	1960.58	59.6	0.44
贫农	2	138	68.48	69.0	0.50	137	12156	5144.21	88.7	0.42
雇农	—	—	—	—	—	16	1885	893.51	117.8	0.47
其他	—	—	—	—	—	2	35	13.93	17.5	50.40

表20　　　1946年4村各类人户雇入、雇出短零工
天数及短零工的平均工资情况

人户类别	雇入					雇出				
	户数（户）	天数（天）	工资总额（元）	户均雇工天数（天）	日工资（元）	户数（户）	天数（天）	工资总额（元）	户均雇工天数（天）	日工资（元）
合计	68	4661	2046.68	68.5	0.44	198	14362	6594.43	72.5	0.46
地主	12	2625	1116.44	218.8	0.43	—	—	—	—	—
富农	26	990	521.38	38.1	0.53	—	—	—	—	—
中农	28	1030	401.81	36.8	0.39	69	3998	1878.68	57.9	0.47
贫农	2	16	7.05	8.0	0.44	125	9824	4431.81	78.6	0.45
雇农	—	—	—	—	—	4	540	283.94	135.0	0.53

　　从雇出方面看，地主、富农户是不雇出劳动力的，出雇者都属农民各阶层，且越是贫穷的阶层，户均出雇短零工的天数越多，与雇入方面的户均天数高低排列顺序正好相反。其中，中农和贫农都属既有雇入也有雇出的阶层，但雇出的天数都远多于雇入。中农雇入、雇出的不平衡，说明调查村的中农大都不是自耕有余的上中农（富裕中农），而是经济地位达不到完全自耕的下中农。不过，从变

化的趋势看，中农和贫农的户均雇出天数总体是减少的。这与前面观察到的这一时期农业雇工趋于减少的变化合拍，其根源，就在于土地分配的分散化、平均化发展。

从各年的总雇入、雇出天数看，雇出都多于雇入，1930年多2.9倍，1936年多2.4倍，1946年多2.1倍，反映出我们研究的这4个村庄，属于短零工劳动力输出类型，即出雇的劳动力除少部分系为本村人打短工外，大部分都是为外村人打短工。

短零工的日工资水平，按雇入数据计算的总平均数，1930年和1936年均为0.51元，1946年为0.44元；按雇出数据计算的总平均数，1930年和1936年为0.43元，1946年为0.46元。这里，按雇入数据计算的结果只是反映4村的情况，而按雇出数据计算的结果除4村外，还包括了4村以外地区的情况，故有所差别。不过，这种差别不是很大：1930年和1936年，雇出的短零工日工资总平均数比按雇入数据计算的结果低15.7%，1946年则高4.5%。

以上数字只是反映了短零工工资的平均情况。实际上短零工的工资依工作内容不同，差别很大。张培刚根据第一次调查资料计算，1930年清苑县短工的日工资，按工作种类平均而计，灌溉为"国币"0.21元，播种为0.22元，中耕和间苗为0.25元，秋收为0.29元，割麦为0.51元，拔麦为0.53元[1]。换算成人民币[2]，大约为灌溉0.38元，播种0.40元，中耕和间苗0.45元，秋收0.53元，割麦0.93元，拔麦0.96元。可见，不同的工作工资高低差别还是很大的。短工工资不一定按货币计算，有的地方也流行实物工资。工资计算标准，既有按工作天数计的，也有按工作量计的。如在东顾庄村，据

---

[1] 参见张培刚《清苑的农家经济（上）》，载《社会科学杂志》第七卷第一期，第40页。

[2] 20世纪30年代初清苑地区通行的货币有银圆、铜元和纸币（即"国币"），1935年11月货币改革后通行法币。其时"国币"（法币）与银圆每元大体等值。按照当时保定地区几种主要农产品（小麦、玉米、高粱、谷子、小米等）的零售价格与1957年相同农产品的零售价格比，30年代初银圆或"国币"（法币）与50年代人民币的比值约为0.55∶1。这只是为方便说明问题所做的粗略估计，并非两种货币间的精确比值。

1987年调查时访谈,当地新中国成立前给人打短工,挣的多是小麦、玉米:"打一落坯得1斗玉米","拔1天小麦,挣1斗小麦"。

雇人打短工一般也要管饭,如不管饭则所给工资要较管饭的同等工资高一些。饭食标准,割麦、拔麦较好,其他则普通。张培刚根据调查资料计算,1930年短工工资如果连饭食折价合计,不同种类工作的平均标准如表21[①]:

表21 清苑短零工连饭食合计的平均日工资

工作种类	日工资(国币元)	合人民币(元)
灌溉	0.43	0.78
播种	0.49	0.89
中耕、间苗	0.50	0.91
秋收	0.54	0.98
割麦	0.80	1.45
拔麦	0.83	1.51

1930—1946年短零工工资的变化情况,根据表18、表19、表20,将雇入、雇出合计计算,短零工日工资平均水平1930年约为0.448元,1936年约为0.450元,1946年约为0.454元。前后相比,略呈升势,与前述同期长工工资的变化趋势相同,但变化的幅度要小一些。

(原载《中国经济史研究》2003年第1期)

---

① 参见张培刚《清苑的农家经济(上)》,《社会科学杂志》第七卷第一期,第41页。

20世纪三四十年代华北平原农村土地以外主要生产资料的占有状况

——以河北省清苑县4村为例

中国农村直到土地改革以前，仍然是前资本主义的封建半封建生产关系占据统治地位，即地主、富农占有大部分生产资料并凭借其垄断生产资源的优势地位，实现对缺乏生产资料因而无法独立生产的劳动农民的经济剥削，占有他们的剩余劳动产品。农业生产资料中最重要的是土地，农村经济关系的性质主要是由土地的所有制决定的。但是土地以外的生产资料如牲畜、农具等也在决定农村经济关系方面起着重要作用。一个没有土地的农民如果拥有其他必要的生产资料，他就有条件去租种地主的土地，以缴纳地租的方式从事生产；但如果连其他必要的生产资料也不具备，他就不可能成为租地生产的佃农，而只能成为向地主或富农出卖劳动力的农业雇工。在《20世纪三四十年代华北平原农村的土地分配及其变化》[①]一文中，笔者根据1958年河北省统计局对清苑县4个村1930年、1936年和1946年3个年份农户家庭经济状况的追溯调查资料，考察了当时的土地分配问题。本文将依据同一批资料，讨论这一时期土地以外的主要生产资料在不同农村居民间的分配状况。上述资料的形成背景及其简要评价，请参看笔者前文的"引言"部分。

---

① 参见《中国经济史研究》2002年第3期。

一 大牲畜

这里的大牲畜指役畜。清苑地区农业役用大牲畜有牛（黄牛）、马、驴、骡4种。根据分村汇总的资料，3个调查年份4村各类人户拥有大牲畜的情况分别如表1、表2和表3所示。从3表不难看出，各类人户平均拥有大牲畜的多少是按其经济地位的高低排列的，即地主比富农多，富农比中农多，中农又比贫农多，雇农则基本上没有大牲畜。大牲畜是当时农业生产所必需，也是衡量一户贫富的重要家庭财产之一。在大牲畜的拥有上，各类人户的区别是鲜明的。

表1　　　　1930年4村各类人户拥有大牲畜情况　　　单位：户；头

人户类别	户数	大牲畜总数	牛		马		驴		骡		户均
			数量	%	数量	%	数量	%	数量	%	
合计	849	401.86	66.36	16.5	55.5	13.8	179	44.5	101	25.1	0.47
地主	19	33	1	3.0	10	30.3	2	6.1	20	60.6	1.74
富农	57	100	5	5.0	21	21.0	22	22.0	52	52.0	1.75
中农	297	208.83	46.33	22.2	20	9.6	121.5	58.2	21	10.1	0.70
贫农	400	59.53	14.03	23.6	4.5	7.6	33	55.4	8	13.4	0.15
雇农	76	0.5	—	—	—	—	0.5	100	—	—	0.01

表2　　　　1936年4村各类人户拥有大牲畜情况　　　单位：户；头

人户类别	户数	大牲畜总数	牛		马		驴		骡		户均
			数量	%	数量	%	数量	%	数量	%	
合计	915	444.9	89.4	20.1	47	10.6	214.5	48.2	94.0	21.1	0.49
地主	18	33	3	9.1	6	18.2	4	12.1	20	60.6	1.83
富农	67	84.5	6	7.1	20	23.7	16	18.9	42.5	50.3	1.26
中农	392	257.07	64.07	24.9	16.5	6.4	149	58.0	27.5	10.7	0.66
贫农	383	68.33	15.33	22.4	4.5	6.6	44.5	65.1	4	5.9	0.18
雇农	55	2	1	50.0			1	50.0			0.04

表3　　　　　　　1946年4村各类人户拥有大牲畜情况　　　　单位：户；头

人户类别	户数	大牲畜总数	牛		马		驴		骡		户均
			数量	%	数量	%	数量	%	数量	%	
合计	1082	528	114.5	21.7	33	6.3	299	56.6	81.5	15.4	0.49
地主	26	37	4	10.8	6	16.2	9	24.3	18	48.6	1.42
富农	68	64	7	10.9	1	1.6	26	40.6	30	46.9	0.94
中农	572	337.7	82.5	24.4	22	6.5	206.7	61.2	26.5	7.8	0.59
贫农	398	88.8	20.5	23.1	4	4.5	57.3	64.5	7	7.9	0.22
雇农	18	0.5	0.5	100	—	—	—	—	—	—	0.03

从大牲畜的种类方面分析更能看出这种区别。作为役畜，这4种牲畜的工作能力是不一样的，其中骡、马用于耕地和拉车力气最大，价值也高；牛其次；驴最小，也最便宜。从各年的合计总数看，4村大牲畜中数量最多的是驴，其次为骡、牛，马的数量最少。然而不同经济地位的人户拥有这几种大牲畜的情况不同：地主、富农拥有数量最多的是骡，其次为马和驴，牛排末位，而且总的来说地主的马比驴多，富农的驴比马多；中农和贫农则驴的拥有量最多，其次为牛、骡、马排在后面。为更精确地比较不同人户拥有大牲畜的情况，我们将上面3表各类人户拥有的不同种类大牲畜按工作能力折算成统一的"畜力单位"，并计算户均拥有量，然后以各年的地主户均数为基准，分别计算各类人户户均拥有大牲畜的数量和畜力单位的指数，以进行比较。畜力单位的折算标准：骡、马为1，牛为0.8，驴为0.6[①]。折算结果如表4所示。户均拥有大牲畜的数量指数和畜力单位指数见表5，从表5看出：各类人户的户均畜力指数均低于数量指数，反映出按照畜力单位标准，这些人户在大牲畜的拥有上与地主的差距更大。在各类人户彼此之间比较，则以中农为分界线，地主与富农之间、富农与中农之间的畜力单位指数差距比数量指数差距更大，而中农与

---

① 折算标准参见张培刚《清苑的农家经济（上）》，《社会科学杂志》第7卷第1期，第47—48页。张将每头驴的畜力单位标准定为0.7，似嫌稍高，尤其当用于耕地时，驴的工作能力要比骡、马和牛差得多。出于这个考虑，我们这里将驴的畜力单位标准稍微调低。

贫农之间及贫农与雇农之间后者差距比前者要小。

表4　按畜力单位折算的1930年、1936年、1946年4村各类人户拥有大牲畜情况　　单位：户

人户类别	1930年			1936年			1946年		
	户数	畜力单位	户均	户数	畜力单位	户均	户数	畜力单位	户均
合计	849	317.0	0.37	915	341.3	0.37	1082	385.5	0.36
地主	19	32	1.68	18	30.8	1.71	26	32.6	1.25
富农	57	90.2	1.58	67	76.9	1.15	68	52.2	0.77
中农	297	151.0	0.51	392	184.7	0.47	572	238.5	0.42
贫农	400	43.5	0.11	383	47.5	0.12	398	61.8	0.16
雇农	76	0.3	0.004	55	1.4	0.03	18	0.4	0.02

表5　1930年、1936年、1946年4村各类人户拥有大牲畜数量和畜力单位的户均指数　　单位：户

人户类别	1930年		1936年		1946年	
	数量	畜力单位	数量	畜力单位	数量	畜力单位
地主	100	100	100	100	100	100
富农	100.6	94.0	68.8	67.3	66.2	61.6
中农	40.2	30.4	36.1	27.5	41.5	33.6
贫农	8.6	6.5	9.8	7.0	15.5	12.8
雇农	0.6	0.2	2.2	1.8	2.1	1.6

大牲畜作为役畜的主要作用是用来耕地。下面再看看按各类人户平均每百亩使用耕地面积计算的畜力单位拥有量，如表6所示。

表6　1930年、1936年、1946年4村各类人户平均每百亩使用耕地面积计算的畜力单位拥有量

人户类别	1930年			1936年			1946年		
	使用耕地面积（百亩）	畜力单位总数	百亩平均畜力单位	使用耕地面积（百亩）	畜力单位总数	百亩平均畜力单位	使用耕地面积（百亩）	畜力单位总数	百亩平均畜力单位
合计	191.3	317.0	1.66	202.5	341.3	1.69	215.2	385.5	1.79

续表

人户类别	1930年			1936年			1946年		
	使用耕地面积（百亩）	畜力单位总数	百亩平均畜力单位	使用耕地面积（百亩）	畜力单位总数	百亩平均畜力单位	使用耕地面积（百亩）	畜力单位总数	百亩平均畜力单位
地主	22.1	32	1.45	24.8	30.8	1.24	22.7	32.6	1.44
富农	51.6	90.2	1.75	51.1	76.9	1.50	34.9	52.2	1.50
中农	77.3	151.0	1.95	92.1	184.7	2.01	121.0	238.5	1.97
贫农	38.0	43.5	1.14	32.7	47.5	1.45	35.8	61.8	1.73
雇农	2.3	0.3	0.13	1.8	1.4	1.78	0.8	0.4	0.50

从表6看出：与按户均数比较的结果不同，按耕地面积平均的每百亩畜力单位拥有量，地主、富农并不是最多的。在3个调查年份中，中农的此项指标都超出其他人户而居第一位。上述结果，当然并不能证明农民各阶层拥有比地主、富农更充分的畜力。比如贫农，拥有大牲畜的只是少数户，只是因为耕地少，按耕地面积平均下来的畜力单位拥有量才不算低。雇农也是这种情况。但是，上述统计至少说明，在这4个村，从单位耕地面积拥有畜力多少的角度看，地主、富农并不是比其他阶层更优越。中农的百亩耕地畜力单位拥有量在3个年份中都居第一位，这个结果我们认为是能说明问题的。此外，按耕地面积平均，富农比地主拥有更多的畜力，表6显示的这一结果也是可信的。

以上分析都是从各类人户整体做出的。而实际上，除地主、富农基本上户户有大牲畜外，农民中即使是中农也有相当一部分是没有大牲畜的，更不必说贫农和雇农了。因此，为了更清楚地反映各类人户拥有大牲畜的情况，还应该统计其中有多少户没有大牲畜及这些户在各阶层总体中所占比例。表7是根据现存东顾庄村和何桥村分户卡片所做的统计，从中可以看出：尽管大牲畜为当时农业生产所必需，但多数人户还是不具备这个条件的。然而分阶层来看，地主、富农没有大牲畜的只是极个别户，基本上户户都有；而农民各阶层，中农户没有大牲畜的占总数的二三成，贫农户这一比例更高达七八成，雇农则仅极个别户有大牲畜（3个年份均各只1户），其经济地位的差异是十分明显的。

表7　　东顾庄村和何桥村各阶层没有大牲畜的户数及其所占比例　　单位：户；%

人户类别	1930年			1936年			1946年		
	总户数	无大牲畜户数	占比	总户数	无大牲畜户数	占比	总户数	无大牲畜户数	占比
合计	373	224	60.1	425	228	53.6	448	213	47.5
地主	5	0	0	8	1	12.5	9	1	11.1
富农	25	1	4.0	40	1	2.5	43	4	9.3
中农	118	35	29.7	160	54	33.8	184	50	27.2
贫农	205	169	82.4	201	157	78.1	197	144	73.1
雇农	20	19	95.0	16	15	93.8	15	14	93.3

更进一步观察，当时清苑农村即使是有大牲畜的农户，有一些其实也不是完全拥有，而是与别人共同拥有，即几户合养一头大牲畜。仍以东顾庄村和何桥村为例，合养大牲畜的户数及其在有大牲畜户中所占比例如表8所示。从中可以看出：除地主户没有合养的以外，其他人户都有合养的情况。不过，合养情况以农民各阶层较为突出，农民中贫农户的合养比例又高于中农，反映了其经济地位的差别。合养的牲畜，以牛、驴居多，骡、马较少。正因为有合养的情况，所以前面4村汇总统计的大牲畜数量不总是整数。

许多农户由于自家没有牲畜，急需时只好求助于有牲畜的人家，向其临时借用或者租用。借用多在亲朋好友之间，属人情关系，没有专门的报偿。租用则需付出一定的租赁费。大牲畜的出租者主要是地主和富农。租赁者则主要是中农和贫农，以贫农居多。根据1930年分户调查资料统计，该年东顾庄、何桥、固上、李罗侯4村计有中农4户租赁大牲畜，租赁费总计15.5元，户均3.88元；贫农16户租赁大牲畜，租赁费总计 28.19 元，户均 1.76 元①。

表 8　东顾庄村和何桥村合养大牲畜的户数及其在有大牲畜户中所占比例　　单位：户；%

人户类别	1930 年			1936 年			1946 年		
	有大牲畜户数	合养户数	占比	有大牲畜户数	合养户数	占比	有大牲畜户数	合养户数	占比
合计	149	24	16.1	197	46	23.4	235	71	30.2
地主	5	—	—	7	—	—	8	—	—
富农	24	—	—	39	4	10.3	39	14	35.9
中农	83	16	19.3	106	24	22.6	134	34	25.4
贫农	36	7	19.4	44	18	40.9	53	22	41.5
雇农	1	1	100	1			1	1	100

表 9　　1930 年清苑大牲畜价格　　单位：国币元

种类	最高价	最低价	普通价
骡	151	50	98
马	96	35	61
牛	75	31	51
驴	50	19	38

最后再从大牲畜的价格方面作些分析。根据 1930 年分村调查资料，4 种牲畜在当时的普通价格及最高、最低价如表 9 所示②。表中的"普通价"，指该种牲畜壮年（一般为"6 岁口"）中等者

---

① 固上村租赁大牲畜的人户有 7 户不明成分，未加统计。李罗侯村有 2 户租赁大牲畜的贫农，1 户付出租赁费 30 元，1 户付出 144 元，数字过高，疑有误，亦未加统计。统计所用货币单位为当时的"国币"元，而非人民币元。

② 此表系根据张培刚发表的数据作出，见《清苑的农家经济（上）》，《社会科学杂志》第 7 卷第 1 期，第 49 页。又据张培刚说，该年分户调查的大牲畜价格与分村调查数据稍有不同。分户调查的平均价格为：骡 71.3 元，马 46.3 元，牛 42.5 元，驴 31.4 元，均比分村调查资料相应耕畜的普通价格要低一些。张解释说这是因为农家饲养的耕畜以中等及中等以下者为多，故其平均价较分村调查资料的中等耕畜普通价低一些。按照分户调查数据，4 种耕畜的价格比值为 1∶0.65∶0.6∶0.44。

的平均价格。换算成人民币（按0.55元国币等于1元人民币比例换算），骡的价格约为178元，马为111元，牛为93元，驴为69元。可见，不同种类牲畜的价格相差很远。按此普通价计算，以骡的价格为1，则4种牲畜的价格比值为1∶0.62∶0.52∶0.39，比前面我们按工作能力折算畜力单位时所用比例（1∶1∶0.8∶0.6）要高得多。显然，如果按价格标准来统计各类人户的畜力拥有情况，各阶层之间的差距又要比按照畜力单位标准统计的结果大。试看表10：

表10　　　　1930年4村各类人户拥有的大牲畜的资本额

人户类别	户数（户）	大牲畜资本总额（国币元）	户均资本额（国币元/户）	户均资本额指数
合计	849	42753.98	50.36	
地主	19	5275.00	277.63	100
富农	57	13289.00	233.14	84
中农	297	18672.88	62.87	22.6
贫农	400	5461.60	13.65	4.9
雇农	76	55.50	0.73	0.3

与表5户均大牲畜的数量指数及畜力单位指数相比，显然户均大牲畜资本额指数反映的不同阶层之间的差距更大。与地主相比，中农的户均大牲畜资本额仅为其1/5稍多；贫农不及其5%；雇农更与其相差380倍，可以说少得微不足道。

二　农具

4村各类人户新中国成立前3个年份拥有大农具的情况分别如表11、表12和表13所示。

表 11　　　　　　1930 年 4 村各类人户拥有大农具情况　　　单位：户；台；只

人户类别	户数	水车		铁轮大车		犁、耙		种什		耙、盖	
		数量	百户平均	数量	百户平均	数量	百户平均	数量	百户平均	数量	百户平均
合计	849	34.5	4.1	203.7	24.0	359.5	42.3	251	29.6	192	22.6
地主	19	1.5	7.9	14.5	76.3	23	121.1	20	105.3	15	78.9
富农	57	13.75	24.1	54	94.7	76	133.3	57	100.0	45	78.9
中农	297	17.25	5.8	109.1	36.7	181.5	61.1	136.5	46.0	99	33.3
贫农	400	2	0.5	26.1	6.5	75.5	18.9	37.5	9.4	32	8.0
雇农	76	—	—	—	—	3.5	4.6	—	—	1	1.3

表 12　　　　　　1936 年 4 村各类人户拥有大农具情况　　　单位：户；台；只

人户类别	户数	水车		铁轮大车		犁、耙		种什		耙、盖	
		数量	百户平均	数量	百户平均	数量	百户平均	数量	百户平均	数量	百户平均
合计	915	61	6.7	255.2	27.9	462.8	50.6	229.4	25.1	197	21.5
地主	18	3.5	19.4	19	105.6	22	122.2	17	94.4	13	72.2
富农	67	19.7	29.4	50.5	75.4	72.5	108.2	52.5	78.4	43	64.2
中农	392	33.35	8.5	160.5	40.9	292	74.5	133.6	34.1	118	30.1
贫农	383	4.45	1.2	23.2	6.1	71.8	18.7	26.3	6.9	20	5.2
雇农	55	—	—	2	3.6	4.5	8.2	—	—	3	5.5

注：本年"其他"类人户拥有 1 辆铁轮大车、1 个犁耙、1 架种什、1 个耙盖，均未计入总数内。

表 13　　　　　　1946 年 4 村各类人户拥有大农具情况　　　单位：户；台；只

人户类别	户数	水车		铁轮大车		犁、耙		种什		耙、盖	
		数量	百户平均	数量	百户平均	数量	百户平均	数量	百户平均	数量	百户平均
合计	1082	113	10.4	292.3	27.0	547	50.6	266.5	24.6	195	18.0
地主	26	5.5	21.2	16	61.5	28	107.7	22	84.6	14	53.8
富农	68	27.13	39.9	41.32	60.8	70	102.9	44	64.7	14	20.6
中农	572	74.22	13.0	214.38	37.5	362	63.3	176.5	30.9	148	25.9

续表

人户类别	户数	水车		铁轮大车		犁、耧		种什		耙、盖	
		数量	百户平均	数量	百户平均	数量	百户平均	数量	百户平均	数量	百户平均
贫农	398	6.15	1.5	20.6	5.2	87	21.9	24	6.0	19	4.8
雇农	18	—	—	—	—	—	—	—	—	—	—

表11—表13显示，就所列几种大农具来说，4村新中国成立前每百户平均拥有量最多的是犁、耧，其次为铁轮大车和种什，再次为耙、盖，拥有量最少的是水车。犁、耧、种什和耙、盖是耕地、播种等田间工作常用的大农具，铁轮大车则为运输拉脚所必需。水车为灌溉工具，虽然必要，但价格不菲，只有极少数富户才置备得起，故平均拥有量很少。当时更常用的汲水灌溉工具是价格远较水车为低的辘轳，拥有者比较多。据张培刚对清苑500农家所做的统计，拥有辘轳农户的比例地主为53%，富农为82%，中农为63%，贫农为44%，雇农为27%，总平均数为50%[①]。

按人户类别比较，表列中无论哪种农具，均为地、富的平均拥有量最多，农民中即使中农也与其相差很远，更不必说贫农了。事实上，在当时的清苑农村，大农具主要由比较富裕的农户拥有；一般农户即使有大农具，也多是数家合买，共同拥有，少有单独置办的（富裕农户的大农具也有几家共有的情况）。1987年村概况调查的东顾庄村访谈记录记载了当地人对新中国成立前普通中农户拥有的生产工具情况的描述：

> 那时中农户一般没有什么大件生产工具，所有的生产工具大概是择筐2个，背筐1个，小车、大车个别户有，耢子1个，盖磨1个，耧不是都有。牲口大多是有个小驴。其他的，就是还有个木杈、几把锄、2把镰刀、2把手锄、2把铁锨、1把大

[①] 参见张培刚《清苑的农家经济（上）》，《社会科学杂志》第7卷第1期，第55页表23。

镐。没有犁。

又根据张培刚对500农家的统计，1930年拥有比例超过全体农户50%的农具有：大镐、小镐、大铁锹、辘轳、柳罐、大锄、小锄、镰刀、木杈、筛子，种类不超过10种，均为价值不高的小农具。这其中，以大锄和镰刀的拥有率最高，均超过全体户数的90%，几近户户都有。

各类人户的小农具数量也是不平均的。根据我们对现存4村农户1930年调查数据的过录卡片的统计，该年小农具的户均拥有量地主为25.3件，富农为21.1件，中农为11.8件，贫农为7.3件，雇农为2.8件，各类人户总平均数为9.2件。

下面再看各类人户拥有农具的资本值情况。张培刚统计的20世纪30年代500农户常用大农具和拥有率超过50%的小农具的平均拥有数量如表14所示，这些农具在当时的价格如表15所示①。按照表15的价格，将表14的农具数量单位折算成货币单位，就可得到1930年500农户按人户类别平均的拥有农具资本值统计，如表16所示。从这个统计看出：在500农户中，地主和富农的农具资本值相差不多，平均约为每户120元；各类农民户则与其相差很大：中农的农具资本值仅约为地、富的一半，贫农的农具资本值仅约为地、富的1/6，雇农因只有一些价值不高的小农具，其农具资本值更仅约为地、富的1/10。对照表15的农具价格可以知道，贫农和雇农的农具资本值，是连最常用的小农具也不可能备齐的。

由于一家一户拥有的农具种类不全，新中国成立前清苑农村互相借用农具的现象很普遍。据张培刚调查，借用农具的各种人户都

---

① 分据上引张培刚书第57页表24；第59页表26。张书表26所列农具价格为30年代初的市场平均价格。又张书第60页表27开列的1935年冬入户调查所得部分农具的价格与此有所不同，差距较大的几种：老式水车（车斗）1930年价140元，1935年价115元；小水车1930年及1935年价均为35元；大车1930年价80元，1935年价55元（均包括皮套5元在内）；小车（拖车）1930年价2元，1935年价1.5元；犁1930年及1935年价均为5元（犁尖3元，犁身2元）；大锄1930年及1935年价均为1元。

有，但以各类农民为主，农民中又以中农，特别是贫农较为普遍；雇农因主要是为地主、富农工作，必要的生产工具由雇主提供，故借用农具者反不及贫农户多，但仍多于地主和富农。被借用的农具，各种都有，但以需用最多而一般农家置备较难者如种什、礅、耠、耙、盖、大车、锄刀、辘轳等最为普遍。其实这些农具的价格，除大车较高外，其他在当时不过几元一件，置备齐全按当时国币价格不过10余元，折算成人民币合20余元。这些常用而价格又不算太高的农具仍为许多农户所不齐备，需互相借用，足以反映出当时清苑农户的普遍贫困。农户借用农具，多为互通有无性质，一般是无偿的。①

表14　　　　1930年清苑农村大农具及拥有率超过50%的
　　　　　　　　小农具的拥有情况　　　　　　单位：台；只

农具种类	按拥有该种农具户平均						按全体户数平均					
	地主	富农	中农	贫农	雇农	总计	地主	富农	中农	贫农	雇农	总计
水车	1.00	0.61	1.00	—		0.83	0.18	0.05	0.01	—		0.01
大车	1.00	0.97	0.81	4.22	—	0.98	0.59	0.84	0.46	0.07	—	0.24
小车	0.50	1.00	1.00	0.72	1.00	0.81	0.06	0.03	0.03	0.02	0.02	0.02
犁	1.29	1.02	0.90	1.00		1.05	0.53	0.47	0.05	0.01	—	0.07
耠	1.00	0.98	0.84	0.93	1.00	0.89	0.41	0.63	0.56	0.17	0.02	0.30
种什	1.09	0.98	0.89	0.87		0.93	0.71	0.83	0.39	0.08	—	0.23
耙	1.00	0.77	0.91	0.93		0.88	0.59	0.53	0.32	0.03		0.16
盖	1.00	0.96	0.93			0.96	0.59	0.82	0.47	0.10		0.26
大镐	1.20	1.44	1.10	1.08	1.00	1.13	0.71	1.33	0.87	0.60	0.47	0.72
小镐	1.73	1.65	1.22	1.15	1.13	1.23	1.12	1.44	0.96	0.80	0.68	0.80
大铁锨	1.60	1.70	1.12	1.07	1.03	1.16	0.94	1.62	0.99	0.74	0.52	0.85
辘轳	1.33	1.60	1.16	1.03	1.01	1.16	0.71	1.54	0.73	0.45	0.28	0.58
柳罐	1.33	1.71	1.19	1.07	0.96	1.18	0.71	1.54	0.90	0.64	0.33	0.74

---

① 关于当时清苑农村借用农具的情况，参见张培刚《清苑的农家经济（上）》，《社会科学杂志》第7卷第1期，第56页及第58页表25。

续表

农具种类	按拥有该种农具户平均						按全体户数平均					
	地主	富农	中农	贫农	雇农	总计	地主	富农	中农	贫农	雇农	总计
大锄	2.00	2.24	1.55	1.35	1.29	1.49	1.41	2.18	1.51	1.20	1.08	1.35
小锄	1.56	1.70	1.10	1.10	1.17	1.18	0.82	1.31	0.84	0.61	0.42	0.71
镰刀	2.15	2.38	1.70	1.51	1.46	1.65	1.65	2.26	1.60	1.36	1.23	1.49
木杈	6.46	4.42	2.74	1.54	1.04	2.36	4.94	4.31	2.64	1.13	0.39	1.82
筛子	2.00	1.94	1.33	1.06	1.00	1.33	1.41	1.74	1.09	0.37	0.23	0.69

表15   20世纪30年代初清苑县农具价格   单位：元

农具名称	国币	人民币	农具名称	国币	人民币	农具名称	国币	人民币
水车	120.0	218.18	耙	1.9	3.45	柳罐	0.6	1.09
大车	40.3	73.27	盖	1.4	2.55	大锄	2.1	3.82
小车	5.8	10.55	辘轳	2.0	3.64	小锄	0.5	0.91
犁*	2.4	4.36	大镐*	0.8	1.45	镰刀	1.7	3.09
耠*	2.1	3.82	小镐*	0.3	0.55	木杈	0.5	0.91
种什	3.1	5.64	大铁锨	0.9	1.64	筛子	0.5	0.91

注：有*号的农具右列价格为其铁制部分的价格。

表16   1930年清苑500农户平均拥有农具资本值   单位：人民币元/户

人户类别	地主	富农	中农	贫农	雇农	总平均
农具资本值	118.11	121.49	64.97	22.41	12.45	42.43

1930年调查的数据还包括了该年各农户购置和修理农具费用项目。根据4村1930年数据的过录卡片计算，各类人户年内购置和修理农具的费用支出如表17所示①。从中看出：就户均支出而言，这两项费用也是地主最高，以下递减。各类人户合计，户均农具购置费和修理费均在1元（约合人民币1.8元）上下，大致相当于购置一件

① 现存4村过录卡片总计649户，其中"其他"类人户13户，因其无购置及修理农具费用支出，故未计入总户数内。

小农具的费用。

表 17　　1930 年 4 村各类人户购置及修理农具费用　　单位：户；国币元

人户类别	户数	农具购置费		农具修理费	
		总数	户均	总数	户均
合计	636	654.12	1.03	616.33	0.97
地主	7	77.00	11.00	55.00	7.86
富农	40	107.75	2.69	166.15	4.15
中农	184	316.01	1.72	229.43	1.25
贫农	363	153.36	0.42	162.75	0.45
雇农	42	—	—	3.00	0.07

三　水井

新中国成立前清苑农业除依赖天然降水外，人工灌溉主要利用地下水，因此水井也是重要的农业生产设备之一。清苑的水井有砖井和土井两种。根据调查资料，新中国成立前 3 个调查年份 4 村各类人户拥有水井的情况如表 18 所示。水井总数中土井所占比例，因何桥村资料缺土井数据，故只能统计其他 3 村，如表 19 所示。

表 18　　　　新中国成立前 4 村各类人户拥有水井情况

人户类别	1930 年			1936 年			1946 年		
	户数	水井数（眼）	百户平均	户数	水井数（眼）	百户平均	户数	水井数（眼）	百户平均
合计	849	403.45	47.5	915	440.86	48.2	1082	443.7	41.0
地主	19	15.92	83.8	18	19.15	106.4	26	18.2	70.0
富农	57	63.15	110.8	67	75.43	112.6	68	53.29	78.4
中农	297	210.21	70.8	392	248.77	63.5	572	283.78	49.6
贫农	400	103.56	25.9	383	90.26	23.6	398	88.43	22.2
雇农	76	10.61	14.0	55	7.25	13.2	18	—	—

表 19　新中国成立前东顾庄、固上、李罗侯 3 村各类人户水井中的土井比例

人户类别	1930 年			1936 年			1946 年		
	水井总数（眼）	土井数（眼）	土井比例（%）	水井总数（眼）	土井数（眼）	土井比例（%）	水井总数（眼）	土井数（眼）	土井比例（%）
合计	372.34	192.44	51.7	410.04	184.61	45.0	413.5	144.5	34.9
地主	13.25	—	—	16.8	2	11.9	16	0.5	3.1
富农	53.78	7	13.0	70.53	11	15.6	50.29	32.79	65.2
中农	199.35	122	61.2	233.63	122.12	52.3	265.78	71.78	27.0
贫农	95.35	59.99	62.9	82.83	47.49	57.3	81.43	39.43	48.4
雇农	10.61	3.45	32.5	6.25	2	32.0	—	—	—

从表 18 看出，4 村各阶层平均拥有水井的数量，各个年份均为地主、富农多于农民，且差距明显，而农民中又中农多于贫农，贫农多于雇农。以地主与富农比较，则各年均富农多于地主，但除 1930 年外，其他两个年份二者差距不大。从各年份的合计一栏看，水井总数是逐渐增加的，尤以 1936 年比 1930 年增加较多。

从表 19 进一步看出：在水井总数不断增加的同时，土井数及其占水井总数的比例却呈下降趋势，反映出水井的质量逐渐提高（砖井增加）。水井数量增多及质量提高，表明灌溉条件得到改善。

从以上两表还可看出，各年的水井数量均非整数，这是因为同大牲畜的拥有一样，同一眼水井为许多户共同拥有的情况非常普遍，尤以农民户为甚。自中农以下，2 户、3 户、4 户以至更多户拥有一眼水井的很多；地主、富农户也有这种情况，但比较少。

由于各村均只有部分人户拥有水井，对水井的拥有情况除做各阶层的汇总统计外，还应统计其中各有多少户没有水井及其占各阶层人户的比例。表 20 就是根据东顾庄村和何桥村分户卡片做出的统计。从中可以看出：与各阶层经济地位相关，越是贫穷的阶层，没有水井人户的比例越大。从前后变化看，从 1930 年到 1946 年，无水井人户的总比例趋于减少；分阶层则地主富农无水井人户比例上

升，中农和雇农减少，贫农变化不大。

表20 新中国成立前东顾庄村和何桥村无水井户数及其在各类人户中所占比例

单位：户；%

人户类别	1930年			1936年			1946年		
	总户数	无水井户数	占比	总户数	无水井户数	占比	总户数	无水井户数	占比
合计	373	221	59.2	425	232	54.6	448	230	51.3
地主	5	0	0	8	1	12.5	9	2	22.2
富农	25	4	16	40	7	17.5	43	9	20.9
中农	118	51	43.2	160	72	45	184	69	37.5
贫农	205	146	71.2	201	138	68.7	197	139	70.6
雇农	20	20	100	16	14	87.5	15	11	73.3

四 生产用房

生产用房指用于生产目的之房屋、棚舍等建筑物。清苑农户的生产用房有堆房、牲口棚、猪圈、鸡舍、车棚及碾坊、磨坊等种类。新中国成立前3个年份4村各类人户使用的生产用房的情况如表21所示。

表21 新中国成立前4村各类人户生产用房情况

单位：户；间；%

人户类别	1930年					1936年					1946年				
	户数	总间数	砖房间数	户均间数	砖房比例	户数	总间数	砖房间数	户均间数	砖房比例	户数	总间数	砖房间数	户均间数	砖房比例
合计	867	941.5	351.5	1.1	37.3	931	857.5	324.5	0.9	37.8	1087	872	295.5	0.8	33.9
地主	19	123	99	6.5	80.5	18	122	104	6.8	85.2	26	110	102	4.2	92.7
富农	57	250	132.5	4.4	53.0	67	210.5	98.5	3.1	46.8	68	141.5	57.5	2.1	40.6
中农	297	374	92.5	1.3	24.7	392	401	106.5	1.0	26.6	572	510	110.5	0.9	21.7
贫农	400	174.5	21.5	0.4	12.3	383	108	9.5	0.3	8.8	398	110.5	25.5	0.3	23.1

续表

人户类别	1930 年					1936 年					1946 年				
	户数	总间数	砖房间数	户均间数	砖房比例	户数	总间数	砖房间数	户均间数	砖房比例	户数	总间数	砖房间数	户均间数	砖房比例
雇农	76	16	4	0.2	25.0	55	12	4	0.2	33.3	18	—	—	—	—
其他	18	4	2	0.2	50.0	16	4	2	0.3	50.0	5	—	—	—	—

表中的砖房包括全砖房和砖表房两种。全砖房因造价较贵，在清苑的生产用房中所占比例很小，大概不超过总数的1%。据张培刚调查，一般只有堆房才有全部用砖建造的。其他所谓砖造的生产用房多为"砖表房"，即外面用砖，内里用土坯建造。较砖表房更次一等的是土坯房。土坯房造价低廉，占生产用房的多数。一般牲口棚、猪圈、鸡舍等大都是土坯的，车棚、碾坊、磨坊等也有不少是土坯的。不过从表21可以看出，就总体而言，地主、富农的砖房比例较大，中农和贫农的砖房比例都在按全体户数总平均的比例之下。

按户均生产用房数量比较，也是地主、富农占有优势。地主的户均数在3个年份分别为6.5间、6.8间和4.2间，富农分别为4.4间、3.1间和2.1间。而农民各阶层的户均数量，除中农在1间上下外，贫农和雇农均连半间都不到。在不同年份间比较，总体上各类人户的户均数均呈下降趋势（1936年地主户平均拥有生产房间数比1930年略有增加），因此按全体人户平均的生产用房数量也是下降的：1930年为1.1间、1936年为0.9间、1946年为0.8间。

上述生产用房数字均指被调查户使用的房屋，既有自家所有的，也包括租、典、借入的。这其中租、典、借入的究竟有多少？1958年的调查数据4个村中仅固上村资料有此项内容。根据固上村资料，1930年该村的全部347.5间生产房中，只有6间属租、典或借入的，占1.7%。其中，中农户有2间，占中农生产房总数98.5间的2%；其他人户4间，全部为租、典或借入的。1936年该村345间生产房中，仅4间属此种情况，且全部为其他人户的房屋。1946年该村有2间贫农的生产房是租、典或借入的，约占全村生产房总数295间的0.7%，占贫农生产房总数30间的6.7%。由固上村的数据判断，当时农户使用的生产房绝大多数都是自家所有的，租、典或借入的当属个别情况。

1930年调查设计了年内生产用房修理费和建筑费项目。根据该年4村数据的过录卡片，有关情况如表22所示。

表22　　1930年4村各类人户修理、建造生产用房情况　　单位：户

人户类别	总户数	修房				建房			
		户数	占总户数比例（%）	修理费（国币元）	户均修理费（国币元）	户数	占总户数比例（%）	建筑费（国币元）	户均建筑费（国币元）
合计	594	54	9.09	154.01	2.85	5	0.84	198.00	39.60
地主	7	4	57.14	71.00	17.75	1	14.29	50.00	50.00
富农	40	11	27.50	15.45	1.40	1	2.50	70.00	70.00
中农	184	20	10.87	44.23	2.21	1	0.54	60.00	60.00
贫农	363	19	5.23	23.33	1.23	2	0.55	18.00	9.00

注：本年另有雇农42户、其他人户13户，因其没有修、建房情况，均未计入总户数内。

以上就是清苑农户历史调查所反映的新中国成立前农村社会各阶层对土地以外主要生产资料的占有情况。这些数据表明：亦如对土地的占有一样，不同农村社会阶层对土地以外主要生产资料的占有也是不平均的，地主和富农的优势地位明显。地主、富农对基本生产资料的垄断是他们维持其剥削地位的前提条件，而这也正是当时农村生产关系封建、半封建性质的根本特征。

（原载《中国经济史研究》2005年第3期，本次重新发表，对原文个别表格的数据做了订正）

明及清前期保守主义的海外贸易政策

　　15世纪末16世纪初欧洲海洋探险家的地理大发现标志着长达数百年之久的西方资本主义全球扩张和殖民掠夺的世界历史新时代的开始。新航路的发现及随之而来的西方人对亚洲、非洲、美洲的殖民掠夺不仅深刻影响了西欧的社会和经济发展，促进了那里资本主义生产方式的迅速成长，而且极大地改变了世界，重绘了世界政治地图。葡萄牙、西班牙、荷兰、英国这些昔日处在欧洲文明圈边缘地带的国家，随着新航路的发现和海权扩张而登上世界历史舞台，先后成为显赫一时、影响遍及全球的世界强权。1588年击败西班牙无敌舰队、17世纪又逐渐排挤荷兰而取得海上霸主地位的英国，更是通过海洋，依靠全球性的财富掠夺和商品市场，迅速发展了国内的资本主义并首先完成了工业革命，成为世界工厂，建立起称雄地球二百余年之久的"日不落"帝国。

　　新航路发现后，西方资本主义以勃勃生机向全球扩张，按照自己的需求和面貌改造世界，成为世界近代史的主流，其势汹汹，不可阻挡。在这股汹涌大潮的冲击下，许多亚、非、美洲的古文明衰落了，甚至消失了。中国是世界的一部分，当然不可能置身事外。事实是巍然屹立于东亚数千年、世界历史上最悠久、最辉煌的古文明之一的华夏文明，正是从16世纪起，即从明王朝的中后期起，与西欧资本主义的蓬勃兴起形成鲜明对照，走上了下坡路。当然，此后的几百年里，中国仍在发展，经济、政治、文化都有可观的成就，甚至还出现过明中后期国内工商业超过两宋的繁荣和资本主义在某些手工业部门的萌芽，出现过清前期空前统一、强大的"康雍乾盛世",但是,放到世界历史的坐标下观察,中国在这一时期各方面都逐渐落伍是毋庸讳言的。到了18世纪后期工业革命在英国兴起,貌似强大的天朝大国实际已被无可挽回地远远甩在了后面,终于在19世纪40年代被西方资本主义列强用大炮轰破国门,从此开始了长达百年的屈辱历史。

为什么一个直到世界大航海开始仍然丝毫不落后于他人,并且就幅员、人口和综合国力说仍然毫无疑问是世界最强大国家的东方大国会走下坡路并最终被打败?对这个问题,笔者的意见是:尽管导致中国在近代落伍的原因是多方面的,人们可以从经济、政治、军事、思想文化、科学技术、内部矛盾、对外关系等各方面进行分析和阐释,但是,这一时期中国封建统治集团昧于世界大势,从维护自身统治利益出发而对海外贸易及交往采取的限制、某些时期甚至是禁绝的保守主义政策,如果不是最关键的,至少也是十分重要的原因之一。这种短视的、愚蠢的政策,使中国丧失了在世界上继续保持大国领先地位并与西方争雄的历史机遇,而这种机遇,在大航海开始以后的一个很长时间里,一直是存在着的。

本文是阐述笔者上述观点的开篇,主要检视明及清前期海外贸易政策的发展演变,指出其保守主义的实质。关于这一时期海外贸易政策的形成原因及其历史后果,另外撰文分析。

一 明代的海外贸易政策

(一) 明前期的朝贡贸易

明初实行海禁,严禁民间私人贸易。在明朝开国以后一段很长的时期内,中外贸易基本上限定在"朝贡贸易"的框架之内进行。"朝贡贸易"是一种由政府统制的对外商业交往形式,即政府特许前来进贡通好的外国"贡舶"附带一定数量的商货,在政府指定的地点与中国做买卖。明初沿袭宋、元制度,在沿海口岸设立市舶提举司作为主管对外贸易的机构,"置提举官以领之,所以通夷情,抑奸商，俾法禁有所施，因以消其衅隙也"。第一个市舶司设立于朱元璋建元称帝之前的吴元年（1367），地点在长江口的太仓黄渡镇。洪武三年（1370），以黄波市舶司过于接近南京将其停罢，另于浙江宁波、福建泉州及广东广州三处传统口岸设置市舶司机构，宁波通日本，泉州通琉球，广州通占城、暹罗及后来的西洋诸国。其后，因沿海不靖，一度关闭对外口岸并实行海禁，至永乐初复置浙江、福建、广东三市舶司。市舶司负责查验来华贡使身份、安排贡使食宿、管理口岸互市及抽分征税。永乐三年（1405），以诸番来华渐多，在三市舶司分别建造专门接待外国商使的馆驿，福建曰"来远"，浙江曰"安远"，广东曰"怀远"。① 贡使团到达京师后，除朝见皇帝、进行"贡"与"赐"的礼品交换外，还被允许在隶属礼部的会同馆与中国商人进行一定规模的互市，也属朝贡贸易的组成部分。

朝贡贸易是明前期唯一准许进行的合法对外贸易，所以王说："贡舶与市舶一事也。凡外夷贡者皆设市舶司领之，许带他物，官设牙行与民贸易，谓之互市。是有贡舶即有互市，非入贡即不许其互市矣。"②

朝贡贸易作为明初外交活动的一部分，政治色彩远重于经济色彩。其时明王朝初建，北驱蒙元，一统全国，政治、军事强大，经济逐渐恢复并得到初步发展，正处于国势蒸蒸日上的阶段，因此愿意招徕海外各国遣使通好，以壮大国声威。在中国历史上，"天朝"兴旺发达，四海仰慕，遣使来朝，是"盛世"的标志，统治者一向将其视作自己的荣耀。为了吸引外国遣使来华，明初统治者在中外贸易中只重政治效果而不重经济实惠，实行厚待贡舶的"优值"及"免税"政策。明初朝廷不但每年都要花费大量金钱接待外国贡使，而且对其带来的贡品一律本着"薄来厚往"的原则回赠价值更高的中华礼品（锦缎、纱罗、金银、铜币等）。对贡使团附带来华贸易的商货，虽例有抽分，但往往特旨免税，并由政府出高价收买其大部

---

① 《明史》卷81《食货五》。
② 《续文献通考》卷26《市籴考二》。

分。如洪武二年（1369）规定："朝贡附至番货欲与中国贸易者，官抽六分，给价偿之，仍免其税。"① 永乐初年，西洋剌泥国回回哈、只马哈没奇等来朝，附载胡椒与华商互市，有司请征其税，为皇帝所拒绝，并发表议论说："商税者，国家抑逐末之民，岂以为利？今夷人慕义远来，乃侵其利，所得几何，而亏辱大体多矣。"② 就是说，国家对外贸易，不以征税得利为目的，而是要服从朝廷厚待远客政策这个"大体"。显然，当时与朝贡联系在一起的对外贸易是被当作政府外交活动的一部分来看待和进行的，即贸易从属于外交，重政治而轻经济。此为当时朝贡贸易的一大特色。

在明初优惠政策的招徕下，洪武时期有东洋、南洋的十几个国家和地区来华通好并进行贸易。永乐以后，随着郑和下西洋船队的广泛外交活动，海上贸易的范围扩大到西亚及非洲东海岸，前来进贡通好的国家和地区增加到数十个，朝贡贸易达到了空前的规模。

由于只重政治而轻经济，明初政府从朝贡贸易中所得经济好处有限，而财政负担却不小。贡使前来，不仅口岸及进京沿途的地方官府都要负责接待、护送，到京师后的接待及赏赐礼物也花费巨大。尤其郑和下西洋以后，随着各国贡船及附舶商队人数大量增加，明朝廷每年接待贡使的花费也不断增大，且有应接不暇之感。为减轻财政负担，自永乐时起，渐对朝贡的国家和地区实行认定资格，颁给"勘合"的制度，即发给允许来华朝贡的国家或地区特许凭证，没有这种凭证的外国船只不许进入口岸。后来，主要是在明中期以后，更对贡期、贡船数目、随船人数、进境路线及停泊口岸等做出限制性规定。如日本，定例10年一贡，入宁波港，人毋过300人，舟毋过3艘；琉球入泉州港，2年一贡，人毋过100人；占城、真腊、暹罗及西洋诸国入广州港，3年一贡，等等。对朝贡贸易的限制趋严，说明明初那种大力招徕外国来朝的热情已经消退。

---

① 《续文献通考》卷26《市籴考二》。
② 《明史》卷81《食货五》。

(二) 私人海外贸易的发展及明政府的禁海、开海

明中期日益严重起来的东南沿海倭患促使封建王朝的对外政策进一步向着内向和保守的方向发展，最终导致了嘉靖年间的全面海禁。倭寇之患从元末明初就开始了，洪武初年先开市舶接着又实行海禁，即因倭寇不断骚扰沿海而起。成祖即位后重置市舶司，允许日本入贡，限定 10 年一次，且船不得过 2 艘，人数不得过 200 人（后改为船不过 3 艘，人不过 300 人）。通商虽然恢复，倭寇骚扰仍未止息，不过当时明王朝军备整饬，海防严密，又值日本北朝足利氏称霸，愿与明王朝维持较为正常的贸易关系，故在明初倭寇尚未成为大的祸患。15 世纪后期，日本进入战国时代，割据一方的大小封建诸侯争来中国通商，同时还有许多失意浪人纠集海上，这些人多私带武器，既贸易，又充当烧杀劫掠的海盗，沿海倭患从此严重起来。嘉靖二年（1523），宁波发生两拨日本贡使互争勘合表文的"争贡"事件①，由之引发了明王朝内部一场关于是否撤废市舶司并禁止海外通商的争论，最后明世宗采纳夏言一派官员"倭患起于市舶"的意见，停罢市舶司并实行海禁，关闭了海外贸易的大门。

嘉靖时期的海禁并未能有效防止倭患，徒使正常的海外贸易受阻。关闭口岸以后，正常的贸易往来没有了渠道，东南的富商势豪便乘机大搞走私获取厚利，甚至勾结日本浪人、海盗劫掠沿海，骚扰内地。明王朝禁海而不修武备，对倭寇袭扰毫无办法。尤其嘉靖二十九年（1550）主张打击倭寇的朱纨被诬陷自杀后②，十数年间，"中外摇手，不敢复言海禁事"，致东南一带海防废弛，任真、假倭寇横行，烧杀蹂躏，沿海的工商业受害匪浅。

---

① 当时日本将军足利氏的管领细川氏派遣贡使瑞左、宋素卿，西海路诸侯大内氏派遣贡使僧宗社，分道来宁波通商，两拨贡使互争勘合表文的真伪，以夺取对华通商特权。宁波市舶太监赖恩得宋素卿贿，有所偏袒，素卿船后至反先验货，招待宴席上又坐宗社之上，致宗社怒，杀与素卿同来的正使瑞佐并焚其舟，又追素卿至绍兴城下，不得，乃大掠沿海诸邑，返宁波后夺船出海，史称"争贡之役"。

② 朱纨于嘉靖二十六年（1547）受命巡抚浙江兼管福建军务，因严行海禁并搜捕沿海通倭奸商，受到当地势家大豪及朝中闽浙籍官僚的攻击陷害，先被降职，后御史陈九德又劾其擅杀，纨被迫自杀。

海禁不但给东南沿海地区带来了严重的经济及社会问题，也使明政府的财政，尤其是军政及杂项开支的很大部分要依靠外贸收入维持沿海数省的财政大受影响。因此，明朝廷内部关于重开市舶司的呼声不断（主张者多为与海外贸易有利益关系的闽、浙籍官僚），市舶司的罢与复、开与闭的争论时起。随着嘉靖末年沿海倭患基本肃清，明政府在隆庆初年部分开放了海禁，本国商船准赴除日本以外的东西洋国家贩货，日本以外国家的商船也被允许随时进入中国口岸贸易①。万历二十七年（1599），恢复广州、宁波二市舶司，算是正式开放了海禁。但这时距离明朝灭亡已经不远，市舶制度已经演变成市舶太监和地方官吏通过抽分恣意勒索、掠夺的手段，纲纪荡然，漫无法度，中外商人和正常贸易都深受其害。

不过，重开海禁毕竟使海外贸易有了合法开展的空间。尤其是民间私人海上贸易，自从明后期海禁开放以后，早就蓄积的能量得到释放，一时蓬勃发展起来，成为当时对外商业交往中十分突出的景观。私人海上贸易即使在明初森严的禁令下也始终存在。明中期以后，随着国内工商业特别是东南沿海地区工商业的发展，开拓海外市场已日益成为不可遏制的客观经济需求。只是由于当时倭患严重，统治者实行了闭关禁海的政策，这种需求不可能以正当形式得到满足，才演化为大规模的走私贩海活动。嘉靖时期，浙、闽、粤沿海一些府县人民及徽州商帮不顾政府禁令造船出海，走洋成风，"富家以财，贫人以躯，输中华之产，驰异域之邦"②。当时中国海商的足迹遍及日本、吕宋及南洋各地，许多人长期侨居国外，形成中国人的聚落。嘉靖初年，侨居日本的中国人"不下数千，居成里邑，街名大唐"③。福建前往吕宋贸易的华商"至数万人，往往久居不返，至长子孙"④。在今马来半岛有的地方，华人流

---

① 张燮：《东西洋考》卷7。
② 乾隆《海澄县志》卷15《风俗》。
③ 王忬：《倭夷客留叛逆纠结入寇疏》，载《明经世文编》卷283。
④ 《明史》卷323《外国传四·吕宋》。

寓者"踵相接"。更南边的爪哇也有华人客居成聚，称为"新村，约千余家"①。

开放海禁以后，民间私人海上贸易更如开闸之水不可遏止。隆庆初年，仅福建漳州府的月港（嘉靖时著名的海上走私贸易中心）一地，出海者每年所贸金钱即"无虑数十万"②。为了对日益扩大的民间海外贸易活动进行管理，明政府在开海后以月港为治所设立海澄县，建督饷馆专门管理海商并收取税饷。明政府规定，凡出海者都要向政府领取船引（出海执照，每船一引）并缴纳引税。船引有定额，初为88张，以后逐渐增至100张、210张。引税数额，初定赴东西洋之船每引税银3两，赴台湾鸡笼、淡水者每引税银1两，后来前者增至6两，后者增至3两。商船出洋，船主必须严格按照船引开列的贸易目的地前往，所载货物不得违禁及超过规定的数量，要在规定的日期内返回，凭引进港，违者法办。引税之外，又征水饷、陆饷和加增饷。水饷征于进口商船，按船只大小抽收。陆饷为货物进口税，从量或从价计征。加增饷专征于从吕宋回来的商船。当时赴吕宋贸易的中国商船货物大多由西班牙人转贩于墨西哥及南美洲各地（即所谓"大帆船贸易"），以墨西哥银圆为支付手段，是以由吕宋返回的商船无货税可抽，乃改抽加增饷银，每船150两（后减为120两）。③

开放海禁并允许私人商船出洋是明政府海外贸易政策的一个转变，但是来得太晚。其时明王朝早已不是处在蒸蒸日上的历史阶段。相反，由于国内社会矛盾、阶级矛盾的发展和尖锐化，它的统治正在日趋腐朽、没落，已经日薄西山，气息奄奄，因此无法赋予这种转变以本来应该具有的更加积极的意义。明政府这时允许私人出洋，实际是在禁止无效情况下的一种无可奈何之举，其目的仍然是对海外贸易进行控制而不是主动开拓本国的海外市场，因此是保守的而

---

① 张燮：《东西洋考》卷3。
② 张燮：《东西洋考·周起元序》。
③ 参见张燮《东西洋考》卷7《饷税考》。

不是积极进取的。对出洋商船加以种种限制，数量有限制，货品种类有限制，贸易地点有限制（到日本贸易仍为非法），海外逗留时间有限制，等等，就说明当时对私人海外贸易的态度仍然是尽量控制并防范对自己不利的影响，而非如同当时的西方国家那样予以大力支持和鼓励。明后期蓬勃开展的私人海外贸易是在没有国家力量做后盾的情况下由民间独自向前推进的。政府在这里所起的作用，除了力所能及的控制外，就只有出于财政目的的税收而已，而在明后期的腐败吏治下，这种税收只能是对出海贸易商人的掠夺和勒索的同义语，对中国海外贸易的发展有害而无利。

综观有明一代的海外贸易政策，可以说是"禁"多于"放"，限制、防范多于鼓励、支持。早期的朝贡贸易政治、外交色彩重于经济色彩，基本是得不偿失的赔本买卖，于国家经济发展并无多大好处。中期以后，朝贡贸易的政治色彩有所减弱，外番货品免税政策渐改为按例抽分①。这一改革一般被看作明代对外贸易政策的一个进步，问题是实行不久就又迎来了嘉靖时期的海禁，使正常的中外贸易受到极大影响。隆、万开海以后，外国商船来华已不限于有朝贡关系的国家，贡期、船只数量等限制也已放松，基本是来船都可以进口，照例抽分纳税后便可入市交易。但这在任何意义上都不是自由贸易。来华外商必须通过牙行的中介才能进行买卖，而不能与民间商人直接交易。明后期，市舶太监和地方官吏在口岸贸易中恣意抽分和掠夺，极大地损害了中外贸易正常发展的环境。民间私人海外贸易的开放只是在不能有效禁止情况下的无可奈何之举，并且仍有诸多限制，管、卡和防范的色彩浓重，完全谈不上主动推动、大力支持。这与当时西方国家的做法是大有区别的。

---

① 正德三年规定，番舶附载货物除贵重者如象牙、犀角、鹤顶之类仍解京外，其余十分抽二，抽分后即允许入市交易。次年改为十分抽三，但后来又改回十分抽二。明后期，十分抽二为常例。

二 清前期的海外贸易政策

（一）清初的海禁和康熙开海

明后期有限度地开放海禁，官私对外贸易得到一定发展空间的局面并未维持多久。17世纪中期，随着明王朝的灭亡和清王朝的继之而起便戛然而止了。清初统治者出于维护新王朝安全的政治需要，实行了比明代更为严厉的海禁，一度几乎完全断绝中外正常贸易往来。历史又开始了一次新的轮回。

清朝海禁从入关之初就开始了①，但当时东南沿海一直是奉明为正统的抗清势力最活跃的地区之一，很多地方都是双方反复争夺，清朝政令不能有效贯彻，因此海上贸易在一个时期内并没有断绝。真正有效海禁的实施始于顺治十八年（1661）全面铺开的"迁海"。其时清王朝经过十数年的残酷军事征服，基本统一了中国大陆地区。为进一步巩固自己的统治，特别是防范当时仍然占据金、厦，拥有强大海上武装的郑成功与内地残余抗清势力的合流，清政府从是年起到康熙初年，在北起直隶、山东，南到广东的沿海各省实行了坚壁清野、制造无人区的迁海措施，将沿海一带居民一律内迁数十里，"所有沿海船只悉行烧毁，寸板不许下海。凡溪河桩栅，货物不许越界，时刻瞭望，违者死无赦"②。此后二十余年间，清政府一直严禁人民出海，无论捕鱼还是经商都不允许。这一时期，中外商业交往

---

① 如《清世祖实录》卷33，顺治四年七月甲子条所载清廷因广东平定颁发的"恩诏"中说："广东近海，凡系漂洋私船，照旧严禁。"又《明清史料》已编第2本第142页载顺治十年三月户部题本亦云："自我朝鼎革以来，沿海一带，俱有严禁。"可见，自清初起即有海禁。清廷正式全面推行海禁，是在顺治十二年，规定："海船除给有执照，许令出洋外，若官民人等擅造两桅以上大船，将违禁货物出洋贩往番国，并潜通海贼，同谋结聚，及为向导劫掠良民，或造成大船，图利卖与番国，或将大船赁与出洋之人，分取番人货物者，皆交刑部分别治罪。"（《光绪大清会典事例》卷629《兵部》）次年，又令沿海各省督抚镇申饬所辖文武官员"严禁商民船只私自出海"，并"不许片帆入口"（《清世祖实录》卷102，顺治十三年六月癸巳）。

② 江日升：《台湾外纪》卷12。

几乎完全断绝，只在澳门仍有小规模的对外贸易活动，海禁之彻底远远超过明代。

清初的海禁，特别是强迫迁海制造无人区的政策不仅妨碍正常的海外贸易，而且使沿海各省数百万人民流离失所，引发严重的社会问题，同时也极大地影响了政府的税收，当然不可能长久维持。康熙帝亲政以后，沿海地区设置界栅，严禁人民"透越"，违者处死的规定在一些地方实际已有所松动，有的地方逐渐"开边""展界"，允许内徙人民回乡复业。康熙二十二年（1683）清政府出兵平定台湾，东南各省疆吏乘机请开海禁。次年，康熙帝以开海既"于闽粤边海生民有益"，又可"充闽粤兵饷，以免腹地省分转输协济之劳"，下令准许人民出海贸易[①]。康熙二十三年（1684）至二十四年（1685），在福建厦门、广东广州、浙江宁波及江南松江先后设立闽、粤、浙、江4海关，与外国通商[②]。至此，海禁放开，中外正常贸易关系得到恢复。

（二）从禁止南洋贸易到广州一口通商

开海以后，民间私人出洋贸易和口岸中外互市一度有所发展。但从康熙末年起，主要是从政治安全出发，海外政策又日趋保守，限制逐渐增多。乾隆以后，重新进入半闭关状态。清朝海外贸易政策总的精神，仍与明代一样是管和卡，完全不准通商行不通，但需严格管理，防范中外私相交接，危害清王朝的统治。

在民间私船出海方面，开海时规定：除照例纳税外，出海船一律限定载重500担以下，且需预先禀明地方官，登记姓名，取具保结，领取印票，还要在船头烙印号码以备出入海口时官府查验[③]；私带违禁品如硫黄、军器等物出洋的"照例处分"[④]。表现出种种顾虑，不敢完全放开。不过，当时的限制尚不严格苛细，且允许出海

---

① 《清圣祖实录》卷116，康熙二十三年九月甲子。
② 参见彭泽益《清初四榷关地点和贸易量的考察》，《社会科学战线》1984年第3期。
③ 《清圣祖实录》卷115，康熙二十三年四月辛亥。
④ 《清圣祖实录》卷117，康熙二十三年十月丁巳。

的阀门一旦打开，就很难再加以控制。故康熙开海之初，私人海外贸易获得了很大发展，到东洋、南洋贸贩的船只及人数都日益增多。如到东洋的中国商船，据长崎交易所的记录统计，1684 年为 26 艘，此后 5 年间直线上升，1688 年达到 194 艘，增加 6 倍半。1689 年日本颁布"亨贞令"对中国赴日商船加以种种限制以后，赴日船只有所减少，但仍较明末为多。① 到南洋各地的中国商船更多。1716 年康熙回忆，他昔年南巡路过苏州，见到船厂，问及海洋事情，被告知"每年造船出海贸易者多至千余"②，虽然不是确数，但可见其多。出海船中，除去赴东洋者，绝大部分应该是去南洋的。当时中国东南沿海一带与吕宋、噶罗巴（巴达维亚，即雅加达）、大泥、麻六甲、越南、暹罗、柬埔寨等国家和地区都有广泛的贸易关系，中国商民前往和留居者甚多。据说，康熙时期，仅在雅加达一地的华侨，就有 10 万人之多③。

　　日益发展的民间海外贸易引起了以少数民族君临全国、"每以汉人为难治"、对汉人防范心甚重的清朝统治者的不安，结果到康熙末年就发生了禁止人民前往南洋贸易的政策逆转。清朝入关之初遭遇到的汉人抵抗以东南沿海最烈，而这一带的汉人因地理和历史的关系，与海外特别是南洋地区一向联系密切，抗清失利以后有不少南明抵抗人士流亡到南洋。清朝统治者出身于东北内陆，本就对海洋十分陌生，心怀恐惧，现在大量汉人到自己完全不能控制的南洋去，甚至去而不返，在海外长留聚集，这不能不引起清政府的不安和疑虑，害怕海内外残余的抗清势力死灰复燃，联合起来危及刚刚巩固下来的新政权的统治。康熙开海以后，清廷内关于重行海禁、禁止人民私自出洋贸易的议论不曾断绝，其中政治安全考虑始终是一个

---

① 1684—1688 年赴日中国商船数，分见《华夷变态》（东洋文库 1958 年版）上册和中册。"亨贞令"以后的赴日中国商船数，据该书中、下册统计，1689—1711 年，总计 1791 艘，年均约 78 艘。明末赴日中国商船数，据同书上册浦廉一《华夷变态解说》，1634—1644 年，年均 57 艘。
② 《清圣祖实录》卷 270，康熙五十五年十月壬子。
③ 参见李长傅《南洋华侨史》，第 30 页。

重要的因素。康熙帝到晚年更每以此为念，多次亲自询问、了解有关情况，命令加强沿海防范。康熙五十六年（1717），清政府最终决定停止南洋贸易，不许人民继续前往。是年初兵部等衙门遵旨会同东南各省疆吏议准的法令规定："凡商船，照旧东洋贸易外，其南洋吕宋、噶罗巴等处不许商船前往贸易，于南澳等地方截住。令广东、福建沿海一带水师各营巡查，违禁者严拿治罪。……嗣后洋船初造时，报明海关监督，地方官亲验印烙，取船户甘结，并将船只丈尺、客商姓名、货物往某处贸易，填给船单，令沿海口岸文武官照单严查，按月册报督抚存案。（出洋者）每日各人准带食米一升，并余米一升，以防风阻。如有越额之米，查出入官，船户、商人一并治罪。至于小船偷载米粮剥运大船者，严拿治罪。如将船卖与外国者，造船与卖船之人皆立斩。所去之人留在外国，将知情同去之人枷号三月；该督行文外国，将留下之人令其解回立斩。沿海文武官如遇私卖船只、多带米粮、偷越禁地等事隐匿不报，从重治罪。"① 这项措辞严厉的法令不但中止了南洋贸易，而且对允许出海的船只从各个环节上加强了管理，并且明令不许人民在海外居留。对此前已经居留在外之人，清廷限定3年之内回国。一些被迫回来的人，后来都受到了清政府的严密管制，不许在海边居住，一律迁至内地安插。

然而在当时南洋贸易与国内经济，特别是东南沿海地区的经济联系已经十分密切的情况下，要强行斩断这种联系是不明智的。禁海之令一行，东南闽粤地区的经济就立刻遭遇到极大困难。雍正初年有人指出："闽广地狭人稠，田园不足于耕，望海谋生，十居五六"，每年借南洋贸易"银钱货物百十万入我中土"。是以"南洋未禁之先，闽广家给人足，游手无赖亦为富所驱，尽入番岛，鲜有在家饥寒窃劫为非之患。既禁以后，百货不通，民生日蹙"。因此，

---

① 《清圣祖实录》卷271，康熙五十六年正月庚辰。按此法令虽不禁止对东洋贸易，但此前一年（1716年），日本颁布了闭关锁国的"正德新令"，将中国商船额数由原来的每年80艘减为30艘，贸易额由原来的8000贯减为6000贯，1719年再减为4000贯；同时实行信牌制度，外国商船须持有日本政府发给的信牌方准贸易。因此，在禁南洋贸易的同时，东洋贸易也大大萎缩了。

"今禁南洋,有害而无利,但能使沿海居民富者贫,贫者困,驱工商为游手,驱游手为盗贼耳"。于是呼吁:为沿海百姓计,"宜大开网禁,听民贸易,以海外之有余,补内地之不足",并认为"开南洋,有利而无害,外通货财,内消奸宄,百万生灵仰事俯蓄之有资,各处钞关且可多征税课,以足民者裕国,其利甚为不小"。① 一些东南疆吏也反对禁止南洋贸易,不断从税收及民生的角度上疏陈言,请求开禁。迫于朝野许多人的反对,清廷在雍正五年(1727),也就是禁止了10年之后,重新恢复南洋贸易,但关于出海船只丈尺和出口商品的种种限制,以及禁止人民侨居外国的法令,始终不曾放松,而且越来越严格。到乾隆时,又再度禁止人民出洋。

对口岸互市的限制和管理也逐渐加强,表现在两个方面:由沿海多口通商改为限制在广州一口通商;对来华外商的管理更加严格,实行官设行商垄断外贸并通过行商管理外商的公行制度,严禁外商与中国人私相交接。

采取上述政策的原因,主要是出于对西方国家的防范和戒备。明中叶以后相继航海东来与中国接触的西方商人都同时兼为海盗,他们的商船队是武装到牙齿的海盗船队。最早与中国交往通商的葡萄牙人(明武宗正德时来中国)不但在东南海上抢劫杀戮、骚扰闽粤口岸、掠卖人口,而且使用欺骗和行贿的手段在嘉靖三十六年(1557)占据了中国的领土澳门。继葡萄牙人之后来中国的西班牙人、荷兰人、英国人也无一不亦商亦盗。荷兰人在明末来中国通商为葡萄牙人所阻后,就转而侵占台湾南部并多次劫掠澎湖及沿海各地。1642年荷兰击败占领台湾北部的西班牙后又独霸台湾,直到1661年才被郑成功驱逐。荷兰、葡萄牙还都曾卷入中国明清之际的内战。西方早期殖民国家的所作所为无疑给后来的清统治者以极大的警示。康熙帝曾经预言:"海外如西洋等国,千百年后中国必受其累。"② 正是出于这种心理,清朝开放口岸互市以后仅几十年,便在

---

① 蓝鼎元:《鹿洲初集》卷3《论南洋事宜书》。
② 王庆云:《石渠余纪》卷6《纪市舶》。

乾隆时期又开始对口岸互市加以限制。

导致清政府限制口岸互市的直接原因是英国人在中国沿海的频繁活动。从17世纪后半期到18世纪前半期，葡、西、荷这些早期的殖民国家虽已衰落，但后起之秀英国力量更强、野心更大。英国在清代与中国的通商始于康熙二十年，初期并不频繁，雍正以后始到广州互市不绝。这时，正逢清朝自康熙晚期起加强海防和收紧对外贸易，英国船只在中国海面的频繁活动不能不引起清政府的警觉。乾隆八年（1743），英国兵船闯入虎门，虽不久就离去，但清政府由此而加强了对海岸的防卫①。乾隆二十年（1755），英国东印度公司因不满意广州贸易的种种限制及粤海关关吏的需索，转而派船北上到距生丝、茶叶、棉布等中国大宗出口商品产地较近、贸易环境也相对宽松的宁波贸易，此后两年中又多次前往。洋船北上受到了宁波地方官、商的欢迎，但却减少了粤海关的收入。同时，洋商到中国另一地方集聚也引起了清政府出于安全考虑的不安。乾隆帝认为："国家绥远通商，宁波原与澳门无异，但于此复多一市场，积久留内者益众，海滨要地，殊非防微杜渐之道。"②最初清政府企图通过提高浙江关税的办法限制西洋船只前往，但未能奏效，于是在乾隆二十二年（1757）冬宣布实行广州一口通商：自翌年起西洋商船"止许在广东收泊交易，不得再赴宁波"③。由沿海多口通商改变为广州一口通商，标志着清王朝对外贸易政策的全面收缩，康熙时期开放的大门又关闭了一半。广州一口通商的政策，一直实行到鸦片战争前没有改变。

加强对口岸互市和外商的管理也是防范西洋人的重要方面。清朝在通商口岸不设市舶司，而改设较具近代色彩的海关，这本来是一个历史的进步，但对口岸互市的管理却沿袭了明代的官设牙行专营对外贸易的做法。清朝在开海以后，即在通商口岸推行所谓"行商"制

---

① 是年底，清廷根据两广总督策楞加强海防的建议，设立澳门海防军民同知，"专理澳夷事务，兼管督捕海防"，见《澳门纪略》上卷《官守篇》。
② 《清高宗圣训》卷20《饬边检》。
③ 《清高宗实录》卷550，乾隆二十二年十一月戊戌。

度，专门依赖行商经营对外贸易并通过行商来管理、控制外商。行商又称"洋商"，是当时专门从事对外贸易的"洋行"或"洋货行"商人，一般都世代经营，具有同外国人打交道的经验。这些商人向政府领取专营对外贸易的特许执照，被授权承销外商带来的进口货物、代外商收购中国出口土货并代外商向海关报税，同时也充当向外商传达政府政令、管束外商在口岸的活动和行为、办理政府与外商间的各种交涉的角色。康熙五十九年（1720），广东行商成立"公行"，即后来所谓的"十三行"，进一步方便了清政府对外贸和外商的管理。乾隆十年，又在行商中推行保商制度，即在行商中指定数人为"保商"，由其承保政府的税饷。外商船到港，皆需先找保商。保商可以优先购买外商货物，余下的才由其他行商分销，但若外商亏饷，要由保商垫付。行商之间，则实行同商互保，一商亏饷，全行负责。一口通商以后，直到鸦片战争前，对外贸易完全由广州的"公行"所垄断，清政府通过"公行"贯彻政府外贸政令并管理外商，以官制商、以商制夷，官府不直接与外国人打交道。

乾隆以后对外商的管理是十分苛细的，发布了一系列的"规条""章程"来约束外商在华的活动和行为。就在一口通商政策实行不久，乾隆二十四年（1759），因发生"洪任辉事件"，清政府颁布了《防范外夷规条》5 款，重申外商来华贸易必须遵守的各种规定：（1）夷商在广州贸易完毕，应即依限随原船返国（五六月收泊进口，九十月扬帆回国），即有行欠未清，也只许到澳门居住，不许在省城住冬，也不许内地商民与其往来交接；（2）夷人到粤，只能居住于商馆之内，由寓居行商管束稽查，非开洋行之家，概不许寓歇夷商；（3）禁止内地民人借领外商资本，倘若有违，将借领之人从重究拟；（4）禁止夷人雇请内地之人为其传递信息，如有不遵，即将代为雇觅及递送之人一并严拿究治；（5）酌拨营员督同广州协标带兵于洋船收泊进口处加强稽查，俟其出口后方能撤回①。以后，嘉

---

① 以上参见《粤海关志》卷 28《夷商三·部复两广总督李侍尧议》。

庆十四年（1809）和道光十五年（1835），清政府又分别颁布《民夷交易章程》和《防夷八条》[①]，进一步加强对外商的管制。千方百计防止中外私相交接，力求把外商的一切活动都掌握在政府控制之下。虽然在实际中这些规定往往成为具文，却反映了清朝统治者对外部世界的疑虑和防范日益加强的心路历程。

综观清王朝从入关到鸦片战争前约200年间的海外贸易政策，可以说除去康熙中期以后的短短30余年相对开放外，绝大部分时间都处在闭关、半闭关状态。与明代相比，清前期的对外态度显然更加封闭、保守。认为清前期实行的"闭关自守"政策，是基本符合事实的。

（原载《中国经济史研究》2004年第2期）

[①] 分见《粤海关志》卷28《夷商三》和卷29《夷商四》。

明及清前期保守主义的海外贸易政策形成的原因及历史后果

一 保守主义的海外贸易政策的形成原因

从明到清前期,准确说是从明中期欧洲人地理大发现到清代鸦片战争前这段时间,正是西欧资本主义崛起并向全世界扩张,从而引发了世界传统秩序格局大变化的时代。这是一个张扬海权、原来因地理阻隔而总体上处于分散发展状态的世界各地文明日益彼此交会、撞击,从而整个世界日益联系成为一体的时代。在这个时代引领潮流从而获得发展的国家,是那些力争海权、重视商业和海洋贸易的国家。早期的葡萄牙、西班牙、荷兰以及后来的英国无一不是通过争取海权、发展海洋贸易而走向世界的。而反观中国,正如笔者在《明及清前期保守主义的海外贸易政策》一文中所指出的,这个当时并非不具备航海技术条件和发展海洋贸易内部动力的世界文明古国,却在这段时间里与时代潮流相悖,采取了固守海岸、限制某些时期甚至是禁止海外贸易的保守主义政策。这里面的原因何在呢?笔者以为,文化历史传统、两朝的现实政治、经济发展阶段以及大国经济等因素都是应当加以考察和分析的。

(一) 中国的文化历史传统

古代中华文明的主要承载体华夏民族是农耕民族,华夏文明以农业文明为其特色。一方面,重视农业,视其为社会财富之源和"本业",另一方面轻视商业,将其看作"末业",主张"强本抑末"

"重农抑商"，是在先秦战国时期就已提出并形成了体系的中国传统经济思想。秦汉以后，这一思想为历代统治者所信奉和推行，成为中国封建历史时代的一项基本国策。封建社会后期，尽管随着工商业在社会经济生活中的作用日益增大，传统的轻商思想受到了挑战，如宋人叶适就认为"四民交致其用而治化兴，抑末厚本，非正论也"①，明清之际的黄宗羲更明确提出"工商皆本"②，但是以农立国、重农轻商思想的统治地位并没有改变。在传统的轻商思想下，商业至多被看成社会经济生活中起着"通货财"作用的一种补充，虽不可或缺，却也不值得大力提倡，更不能过分发展以致冲击本业。中国传统的轻商思想是将商人和商业与"趋利""鬻奇""奢靡"联系在一起的，认为过度的商业发展将恶化风俗，导致作为立国之本的农业的危机。所谓"工商盛而本业荒""末盛则本亏"③"商贾者，王者之所必抑"④ 的认识和主张，在中国封建时代根深蒂固。清朝的雍正皇帝就曾经明确说过："养民之道惟在劝民务本，若皆舍本逐末，争趋目前之利，不肯尽力畎亩，殊非经常之道。"⑤ 中国传统的重农轻商思想及政策主张，与海通时代重视商业的作用，追逐海外贸易的潮流无疑是南辕北辙的。地理大发现以后风靡西欧的主流经济思想是重商主义，各主要航海国家无不强调商品流通和贵金属的输入对于国家富强的重要意义，无不用国家政权的力量去积极支持海外商业的发展。葡萄牙人和西班牙人的殖民地贸易、荷兰人的"海上马车夫"时代以及英国人"日不落帝国"的建立，都是在重商主义思想和国家政策推动下实现的。中国明清两代封建王朝在这样一个时代却仍在高唱"强本抑末"老调，当然不可能指望它们实行鼓励商人走出国门，到辽阔的海洋上去一闯天下的海外政策。无

---

① 叶适：《习学记言序目》卷19。
② 参见《明夷待访录》财计三。原文为："夫工固圣王之所欲来，商又使其愿出于途者，盖皆本也。"
③ 《盐铁论·本议篇》。
④ 王夫之：《读通鉴论》卷14。
⑤ 雍正《朱批谕旨》，雍正二年九月初八日孔毓珣奏折朱批。

论明后期的开放海禁,还是清康熙朝的重开海禁,都不含有鼓励和积极推行海外贸易的内容。明后期的开海骨子里仍然是"于通之(商)之中,寓禁之之法"①。清康熙朝重开海禁也不过是为"闽粤边海生民"开放一条谋生之路及企望其有益于"闽粤兵饷"而已,并不指望通过海外贸易来富强国家。

传统的"华夷"观念也是导致明清时期实行保守主义的海外政策的一个重要原因。"华夷"观念是以中国为中心看待周围世界和其他民族,认为中华文明优于其他民族的一种政治文化心态。视自己为世界中心,认为本土文明高于世界其他文明的自我中心意识是古代一切较为发达的文明的共同特点,古代的希腊、罗马、中世纪的阿拉伯伊斯兰文明和欧洲基督教文明莫不如此,并不独以中国为然。究其根源,这是古代各地区文明分散发展、人们对"世界"的认识都只能局限于自己所了解的那一部分的缘故。但是,由于中国所处的独特地理位置以及中国的政治、经济、文化长期以来一直是东亚国家和民族中最先进的,文明发展程度在所知世界范围内没有匹敌,古代中国人的自我中心意识特别强烈,形成了完整系统的"华夷"观念及与之相关联的一整套处理自己与外部世界关系的方式和准则。中国地处东北亚洲,东面和东南面是浩瀚无际的太平洋,北面是广袤无垠的茫茫草原和荒漠,西面和西南面是海拔高度位列世界之最、难以逾越的雪域高原或莽莽丛林的热带瘴疠地区。处在这样一个四周都有天然屏障阻隔的地理环境之中,古代中华文明与世界其他地区文明的相互了解和交往自然要受到极大的限制。可以说,越往古代,中国人对"世界"的认识就越局限在上述地理界限以内;对这以外的地区,虽然也逐渐有所了解,但那多是间接的,因而也是模糊的、不清晰的。而在界限以内,从秦长城以南的中原农耕地区发展起来的华夏/汉民族文明很早就辉煌灿烂并确立了对周边民族的优越地位。

---

① 许孚远:《疏通海禁疏》,载《明经世文编》卷400。

在这种情况下,将华夏与周边其他民族相区别,以华夏为尊的"华夷"观念也就自然而然地产生出来。"华夷"观念远在周代就已经形成,秦汉以后,随着封建大一统帝国的建立和儒家正统思想统治地位的确立,就更加定型化并成为指导中国处理与周边国家和民族关系的准则。在传统的"华夷"观念中,"礼义教化之邦"的中国是世界的中心,是"天朝上国",中华皇帝作为"天子"恭承天命统治"天下","溥天之下,莫非王土;率土之滨,莫非王臣"。中华皇帝直接统治的地区以外,则为"蛮夷"之地,其文明开化程度不能与"天朝"相提并论。但是,中华皇帝"德被四海",向往教化的"蛮夷"愿与中国来往的,从来都愿意接纳并与之建立宗藩臣属关系。中华皇帝向它们册封使其获得对它们自己那块土地的合法统治权,它们则要向中华皇帝进贡以示臣服。古代中国皇帝对世界政治秩序的最高理想,就是建立起自己为天下共主、四海外夷宾服、"万方来朝"的天下大一统局面。

"华夷"观念中以中国为尊、天下一统的思想,在封建前期国势强盛的时代,例如汉、唐时期,曾经有力地推动了中国的对外开放。在当时的历史条件下,扩大对外交往能够充分满足统治者"天朝上国"的心理优越感,因之也就有了张骞通西域、唐盛世敞开胸怀欢迎世界各地陆、海来客的开放时期。明初永乐、宣德时派遣大规模的郑和远洋船队七下西洋,主要也是对外宣示大国声威,展现中国天子"统驭万国""四海一家"的盛世图景。

然而,"华夷"观念在本质上并不是外向的、进取的。"华夷"观念固然强调华夏为尊、天下一统,却并不主张对外扩张,而是主张"为国以礼",用榜样的力量"德"被天下,即所谓"君临区宇,深根固本,人逸兵强,四夷自服"[①]。"华夷"观念区分中华与外夷,着重点是维护中国自己内部的统治秩序。正因如此,传统的"华夷"观念在强调华夏为尊、天下一统的同时,还要求"严华夷之防"。在

---

① 《贞观政要》卷9。

中国封建统治者看来，中国作为礼义教化之邦的内部统治秩序，即基于儒家传统的纲常名教及君臣、父子、夫妻、贵贱等一整套宗法封建等级制度和礼仪风俗，是神圣不可侵犯的，而这些是未受教化的外夷所不具有的。因此，在中、外之间划分一条明确的界限，以避免中国内部的统治秩序受到外夷的影响，是绝对必要、万万不可含糊的。外夷只有在"倾心向化"、遵守中国风俗礼仪的情况下才会受到中国的欢迎、礼遇和优待；若不遵教化，无视或挑战中国的风俗礼仪，那就是不开化的野蛮人，理所当然地应该被拒之门外。"严华夷之防"，是中国封建统治者在对外交往中一以贯之遵循的准则，在封建社会后期表现得尤为突出。正是在"严华夷之防"思想的指导下，明代在一个很长的时间内几乎把全部的对外贸易活动都置于政府统制的朝贡贸易体系之下，视一切中外民间交往和私市为非法；后期虽然允许民间海上贸易，也仍然有种种限制。清前期，由于外部形势的变化，对"严华夷之防"更强调到了无以复加的程度。这一时期，西方国家与中国的交往渐多，其所代表的另一种不同质的文化在炮舰武力的护卫下如潮而来，频频叩门，而这种文化，至少在"奇技淫巧"方面不次于中国甚至更有过之。在这种形势下，清朝统治者的华夏文明优越感就又同一种对异质的西方文明的本能恐惧和防范心理交织、糅合在一起，由是较之前代更加强调"严华夷之防"，千方百计限制对外交往。这一时期，清王朝在对外交往中尤其注重对中华体制的维护。无论是康熙皇帝与罗马教廷关于是否允许中国教徒遵循传统的敬天、祀孔、祭祖的礼仪之争，还是乾隆、嘉庆时期顽固地把英国先后派遣的马戛尔尼和阿美士德两个通商使团当作"贡使"，要求他们遵守中国制度向皇帝行跪拜礼，否则不予接待，目的都是要维护天朝的"法度"和"规矩"，是"严华夷之防"政策的具体体现，充分显露出这一时期对外政策的内向和保守主义性质。

(二) 现实政治的原因

现实政治的因素对明清两代海外政策的影响也不可忽视。任何政权制定政策，维护自己统治的安全总是第一位的目标。明太祖初年原不禁海。洪武四年年底"禁濒海民不得私出海"①，直接的原因是倭寇侵扰不止，对日交涉又没有结果，同时也是因为当时亡命海上的方国珍、张士诚余部仍然盘踞岛屿，勾结倭寇，不时劫掠滨海州县，对刚建立的明政权构成了威胁。退出中原的蒙元政权在明初仍时常寇扰边境，伺机恢复失去的统治，使明政权被迫一再对漠北用兵，也对当时在沿海方面采取防御态势的保守政策有间接的影响。明中期，王朝内部各种矛盾尖锐，社会动荡，朝政腐败，宦官专权与内阁党争不止，国家武备废弛，与此同时外部"北虏南倭"问题日趋严重，内忧外患两方面的因素，更使明王朝难以推行积极外向的海外政策。嘉靖时期撤废市舶司及严令禁海，同这种背景特别是同当时的沿海局势密切相关。隆庆以后开放海禁，则是与长期困扰明王朝的"北虏南倭"问题的基本解决相联系的。

　　清初禁海乃至"迁海"，首先是刚刚建立、尚未完全站稳脚跟的清政权为了使自己能够生存下去的政治性决策。康熙晚年禁止南洋贸易、乾隆二十二年实行只准广州一口通商，这些政策的直接出发点也都是政治安全。禁止南洋贸易是为了防范国内汉人与海外反清势力勾连，于清朝统治不利②。一口通商的直接导火索是英国商船不断北上宁波贸易，乾隆帝恐怕洋人在"滨海要地"聚集，"日久弊生"，因而决定以后只开广州一口，洋船都到广东收泊，便于稽查，以肃海防。乾隆中期以后，西欧殖民国家的后起之秀英国国内资本主义的发展从原始积累向工业革命过渡并于19世纪前半期完成了工业革命，经济实力大为增强，以炮舰武力为后盾全力开拓海外市场，对中国的冲击和威胁远远超过早期的葡、西、荷等殖民先驱。而同一时期，清王朝却正处在盛极而衰走下坡路的阶段，统治者的首要

---

　　① 《明太祖实录》卷70，洪武四年十二月丙戌。
　　② 康熙时期，不但国内不断有民间秘密会社和起义打着"朱三太子""反清复明"旗号从事反清活动，海外也时常风闻此类消息，康熙帝对此十分警惕，曾秘密派人到海外打探。康熙五十六年下令禁止南洋贸易，同他当时听说吕宋有"前明苗裔"活动直接有关。

任务是应付国内统治危机，对外部威胁全力防范尚且力有不逮，更不可能企望其推行积极的海外政策。

（三） 经济发展程度的制约及大国经济因素的影响

经济方面的原因，首先是明清时期，尽管中国国内的商品经济较之两宋又有新的发展，达到前所未有的水平，某些经济部门还出现了资本主义的萌芽，但是，就当时经济发展的总体而言，仍然是自给、半自给的小农经济占主导地位的传统经济，脱离农业的独立手工业的发展有限，商业在整体国民经济体系中仍然主要是起着在小生产者之间、各地区之间调剂余缺即所谓"通货财"的作用。无论明代还是清前期，商品性农业、独立手工业和商业只是在部分地区、特别是东南沿海一带才较为发达，资本主义萌芽也只是在这些地方才有稀疏的表现。当时对海外贸易的需求，主要是来自有海外贸易传统、商品经济比较发达的沿海各省，而就全国绝大多数地方经济发展的总体来说，则尚未产生强烈的此种需求。正因如此，明代和清前期，每当朝廷里发生是否实行海禁的政策辩论时，反对的声音大多来自沿海省份的疆吏及籍贯在那里的官员，但并不能取得舆论上的优势。这些人反对禁海的意见，着眼点也主要在沿海居民生计、社会稳定以及朝廷的税饷，而极少能像西方重商主义者那样从更积极的意义上去理解海外贸易对国家的作用。当时经济发展的客观需求尚不足以推动这样的理论的产生。

其次，中国是个大国，经济部门齐全，内部市场广大，自己需要的产品基本能够在国内解决，对外部商品输入的依赖有限。当时对外输出的商品，如生丝、茶叶、瓷器等，同时也拥有广大的国内市场，并非没有海外市场，生产这些产品的行业就不能生存。不管海外贸易对当时部分地区、部分生产部门及与之相联系的部分人口已经有多么重要的影响，就国民经济整体和绝大部分地区、绝大部分人口而言，海外贸易的影响仍然极其微弱，只对国民经济的运转起着补充的作用。乾隆五十八年（1793）清朝皇帝在答复英国使臣马戛尔尼请求扩大通商的谕旨中说："天朝物产丰盈，无所不有，原不借外夷货物以通有无,特因天朝所产茶叶、瓷器、丝巾为西洋各国及尔国必需之物,是以加恩体恤,在澳门开设洋行,俾得日用有资,并沾余润。"① 这段十分有名的话,一方面固然反映出这位"天朝大国"统治者的自满陶醉及对外部世界的无知,但在另一方面,他说的也并非全无现实依据。大国经济对海外贸易依赖有限这个客观状况,使得统治者在决策中面对不同选择权衡利弊时,政治安全往往更能得到优先的考虑。

二 保守主义的海外贸易政策的历史后果

当15世纪末16世纪初西欧早期殖民国家开始海外扩张的时候,中国仍然是一个政治、经济、军事、科技和文化等各方面都毫不落后的世界先进大国。由于国家规模巨大,领土辽阔,人口众多,政权统一,当时中国的整体实力更要远远超过那些刚从欧洲出发扬帆远航的西方国家。但是,如历史所昭示的,中国在近代的落伍也正是从这时开始的。地理大发现开始了一个张扬海权,任何国家都不可能再闭关自守、独立发展的世界历史新时代,而中国这个本来高度发达、完全有条件去参与大航海时代的国际竞争的文明古国,却逆历史潮流而动,日益封闭,实行限制,某些时期甚至禁绝海外贸易的政策,其结果就是一再失去跟上潮流发展自己的机遇,最终导致了在近代的全面落伍。

世界大航海开始的时候,中国并非不具备远洋航海的条件。中国很早就有发达的海上贸易,造船及航海技术长期处于世界领先地位。中国在唐代就已经制造出设置有"水密仓"的大型海船,使海上航行的安全系数大为提高,而世界其他国家要晚到18世纪末才采用这一技术。宋、元时期,不但造船业空前发达,可以建造出多种形式、适应不同航海条件的远洋船只,而且早在宋代中国的海船就

---

① 《清高宗实录》卷1435,乾隆五十八年八月己卯。

已经应用指南针导航了。明初，从永乐三年到宣德八年（1405—1433），宦官郑和率领庞大的官船队七下西洋，28年里"涉沧溟十余万里"，出南海，过马六甲海峡入印度洋，航行孟加拉湾、阿拉伯海和波斯湾，直至阿拉伯半岛南端的红海口阿丹（亚丁）以及东非海岸的多处地方，航迹遍及东南亚、南亚、西亚及非洲东北部的数十个国家和地区，奏响了15世纪人类航海史上第一曲壮丽的凯歌。郑和航海比欧洲人迪亚士、哥伦布等的远航要早半个世纪以上，其船队规模之大与所乘船只之先进①，更远非这些欧洲航海家可比。正如一位欧洲研究者所评论的：郑和航海证明了中国是当时"世界上最大的海上力量，它的造船技术和航海能力为任何其他国家所不及"②。可惜的是，这种由国家组织的大规模航海活动自郑和以后便成为历史绝响。当几十年后欧洲人发现好望角，经由印度洋来到东方，同时向西横渡大西洋发现美洲新大陆并最终完成环球航行，扬帆驰骋于世界各大洋面的时候，本来具有"世界上最大的海上力量""造船技术和航海能力为任何其他国家所不及"的中国却反而只作壁上观，待在家里与航海而来的欧洲人进行了最初的接触。

世界大航海开始的时候，中国也并非不具备发展海外贸易的内在经济动力。明朝自中叶以后，经济日趋繁荣，农业、手工业高度发达，生产水平较之前代进一步提高，社会分工扩大，商品经济的活跃超过两宋达到历史上的新高峰。当时的农业生产除粮食产量提高外，经济作物的种植日趋扩大，商品性农业得到发展，出现了一些有地域特色的经济作物集中产区，如北直隶、山东、河南、两淮及江南松江、江浙沿海、湖广东部平原丘陵地带的棉花种植，太湖流域的湖州、嘉兴、杭州等府的蚕桑生产，闽广的甘蔗和果木种植，安徽、浙江的茶树种植，闽赣山区的蓝靛、杉漆生产，等等，都已

---

① 郑和船队的人员编制包括正（副）使、随员、水手、买办、医生及随船官兵等都在内多达27000余人，所乘船只总数达100—200艘，其中长44丈、宽18丈、容1000余人的大型"宝船"每次都有数十艘，最多时达60余艘。

② Bruce Swanson, *Eighth Voyage of the Dragon*, Annapolis, Md. Naval Institute pr., 1982, p. 28.

经有相当的规模。民间手工业也自明中叶起日益取代官手工业而蓬勃兴起。丝织业、铜铁等矿产的开采和冶炼业、铁器制造业以及陶瓷、漆器、造纸、印刷等行业，依托于日益扩大的市场需求，都已有发达的民营生产并形成了集中的生产中心。一些地区名产如苏杭丝绸、湖州生丝、景德镇瓷器、佛山铁器、江浙闽赣等省的漆器及浙闽赣川等省的多种纸产品，等等，声名远播。棉纺织虽然还主要是小农家庭的副业生产，但在一些地方也已形成了商品化程度颇高的集中产区，如江南松江、嘉定等地就是当时最大的商品棉布产区，所出棉布"衣被天下"。商品性农业和民间手工业的发展促进了商业的繁荣，各种农产品、手工业品不仅在国内市场广泛流通，许多更远走海外，日益扩大自己的国际市场。东南沿海的民间私人海外贸易从15世纪中、后期起就冲破统治者的禁令逐渐兴起，进入16世纪日趋活跃，明后期开海以后更繁盛一时。当时生丝、丝绸、棉布、瓷器、茶叶、农畜产品、水产品、干鲜果品、金属制品、纸张及文化用品、各种工艺品、中草药等，都有出口，尤以生丝、丝绸、瓷器和蔗糖为出口之大宗。这些中国商品东贩日本、朝鲜，南走吕宋及东南亚各地，经转贩更远销中南美洲、南亚、中东、北非以及西欧，可以说遍及全世界。有人记述嘉靖时东南各海口私人出海贸易的盛况：每当夏季到来，宁波一带"大船数百艘，乘风挂帆，蔽大洋而下，而台、温、汀、漳诸处商贾，往往相追逐"；闽、广沿海也是"富商大贾，帆樯如栉，物货浩繁，应无虚日"[①]。嘉靖中，原本是福建漳州海滨荒僻小港的月港因海上走私贸易而兴起为"闽南一大都会"，"方物之珍，家贮户藏，而东连日本，西接暹罗，南通佛郎、彭亨诸国"。隆庆开海以后月港成为新设海澄县的治所，东、西两路贸易更盛，"所贸金钱，岁无虑数十万"[②]。

15世纪中、后期明朝私人海外贸易兴起的时候，欧洲人还没有找到通往东方的航路，其航海先驱葡萄牙人正在沿着非洲西海岸艰

---

① 张邦奇：《西亭饯别诗序》，载《明经世文编》卷147。
② 乾隆《海澄县志》卷15《风俗》。

难地向南探索。其时中国与东南亚及穿过马六甲海峡的印度洋的航路因郑和下西洋而十分畅通，本是大力发展中国海外贸易的有利时机。设若当时明王朝继续实行永乐及宣德前期那样积极经略海外的政策，以当时中国的航海和国家经济实力，中国的海外贸易肯定会得到更加蓬勃的发展，不仅会促进国内经济的进一步繁荣，而且，当15世纪末欧洲人终于绕过非洲来到东方并于16世纪初与中国初次接触的时候，双方相会的地点就很可能在印度洋，而不是在中国自己的家门口。那样，世界的历史也许就会改写。可惜这并没有成为事实。明王朝自宣德八年（1433）郑和最后一次下西洋返航以后就实行"不务远略"的海外政策，不但不再派遣官方船队到海外去招徕入贡通商及进行国门以外的官方贸易活动，同时重申过去不准商民私自出海的禁令，"严私通番国之禁"①。此后，虽然对私人出海的管制时严时松，但海禁法令始终没有取消。明王朝中期收缩、保守的海外贸易政策使中国的海外贸易在欧洲人东来以前的有利外部形势下丧失了发展的先机。

　　从16世纪起，西方国家以葡萄牙为先锋跨越重重大洋终于来到久已神往的东方大地。葡萄牙人于15—16世纪沿其开辟的欧洲—印度洋航线东来后，首先从阿拉伯人和印度人手里夺取了对印度洋贸易的控制权。继之，经由马六甲海峡进入太平洋。葡萄牙人之后，西班牙、荷兰、英国等国也都在一个多世纪的时间里相继来到西太平洋。它们在东南亚及中国大陆东南海域的岛屿地带到处占夺殖民地，建立贸易据点，做生意，当海盗，并彼此之间展开激烈的贸易霸权争夺。西方人的到来打破了东亚及东南亚地区原有的国际秩序及贸易格局，中国沿海的安全也日益受到西方人的威胁。在这种情势下，如何应对，关系到中国的前途。可是，明王朝统治者对海外形势的变化懵懂无知，也根本无意去了解，继续顽固坚守祖宗成法，使中国再次失去发展的机会。

---

　　① 《明宣宗实录》卷103，宣德八年七月己未。

16世纪初，首先东来的西方国家葡萄牙在攻灭满剌加（马六甲），占据了通往太平洋的交通孔道以后不久，于1517年（明武宗正德十二年）派遣使臣来华要求通商。这是中国与西方国家之间的首次交往。由于明王朝不满意葡萄牙此前吞并中国的传统朝贡国满剌加，又对其使团在华期间的种种行径有所误解，此次葡萄牙遣使的目的最终没有达到，所遣使团先遭驱逐，离境前又被扣留，关入牢狱。单纯当作一个外交事件，明王朝对葡萄牙此次遣使要求通商的处理无可厚非。问题是由于对西方国家东来后海外形势的变化完全无知，明王朝没有理解这次中、西交往的真正意义所在并适时做出应对海外新形势的政策调整。事实上，明王朝对此次葡萄牙派遣使臣只是当作普通的海外国家前来朝贡。虽然通过有限的了解和实际交往，明王朝隐隐感觉到了这个以前从未来往过的国家不是那么恭顺，"最好凶诈"，但想出的对付办法只是"却其贡献，明示顺逆"，"悉驱在澳番舶及夷人潜住者，禁私通，严守备"[①]，仍然是传统地将不恭顺的外夷拒之于国门之外的消极防范思维。更有甚者，通过这次事件，明王朝宣布："自今海外诸夷及期如贡者抽分如例；或不赍勘合及非期而以货至者，皆绝之。"[②] 这是从正德初年已经放宽的对海外国家来华贸易的勘合及贡期限制的立场后退，又回到了明初"非入贡不许贸易"的政策。明王朝做出此项宣示是在正德十六年（1521）武宗死、世宗嘉靖皇帝刚即位的时候。两年后，嘉靖二年（1523），明王朝又以倭寇扰边为由，宣布实行海禁并停罢市舶司，对来自海上的威胁采取了全面收缩退守的极端保守主义政策。这与当时国内经济发展对扩大海外贸易的客观要求完全背道而驰，也与当时西方国家积极争取海洋控制权的政策形成反差极大的对照。

在16世纪的最初几十年里，西方殖民扩张势力在东亚和东南亚的大部分地区还没有形成气候。其时在这一地区活跃着的西方国家还只有葡萄牙一国，而当时葡萄牙的殖民和贸易重点是在印度洋及

---

① 《明武宗实录》卷194，正德十五年十二月己丑。
② 《明世宗实录》卷4，正德十六年七月己卯。

靠近马六甲的南洋地区。葡萄牙自明武宗正德时遣使来华要求通商遭拒以后，30多年里与中国没有直接的贸易关系。在西方国家真正深入东亚及东南亚这一传统由中国主导的西太平洋贸易带之前，如果明王朝能够洞悉海外形势的变化，采取积极外向的应对措施，按照当时中国的国力及日趋强劲的民间海外贸易的发展势头，是完全可以大有作为的。不幸的是，由于明王朝的愚蠢政策，中国只能又一次丧失发展的良机。

隆万以后，明王朝在民间海外走私贸易浪潮势不可当的客观情势下，并出于政府财政的考虑，被迫开放了海禁，"准贩东、西洋"（日本除外）。但如前文所说，当时对商民出海仍然设定了许多限制，"于通之之中，寓禁之之法"，因此开海后的海外贸易政策在本质上依然是保守的而不是积极进取的。明后期开放海禁，丝毫不具有国家推动、鼓励海外贸易，与西方国家在海上争强的意义。正因为没有国家的力量作后盾，当时中国的海外贸易并没有得到与国力相称的发展。明后期中国的经济仍然是世界上最强大的经济，中国的丝织品、瓷器等商品行销于世界各地，拥有全球性的市场。但是，连接世界各大贸易区的航线都控制在拥有制海权的西方诸强手中，中国商人的活动范围依然只能局限在"东西洋"传统的贸易地带之内，所得商业利益与充当"二道贩子"的西方国家不可同日而语。不过，尽管如此，开放海禁毕竟扩大了中国的海外贸易，大量的商品输出对国内商品经济的发展和资本主义萌芽的成长都有积极的促进、刺激作用。大量的商品输出还给明王朝带来巨量的白银输入。当时中国的商品输出远远大于外国商品的输入，每年都有大量白银作为世界购买中国货的支付手段流入国内。据估计，从隆庆五年到明末的七八十年间，仅通过中国—吕宋—墨西哥这条太平洋"大帆船贸易"路线流入中国的美洲白银就不下6000万比索，折合成库平银当在4000万两以上。大量的白银输入甚至导致明后期白银对金的比价不断下跌：明嘉靖年间（16世纪上半期）的金、银比价为 $1:6-1:7$，隆庆—万历年间（16世纪下半期）为 $1:8$，万历后期（17世纪初）

为1∶10，崇祯年间更达到了1∶13①。明朝自中期以后商品经济日益活跃，白银渐成为市场上流通的主要货币，政府税收也逐渐以银为主，因而对白银的需求量大增。外部白银的输入适应了这一需求，是当时商品经济繁荣发展的一个必不可少的条件。然而明后期的相对开放只维持了七八十年就被明、清王朝的更替所打断。清朝最初40年间出于政治和军事斗争的需要实行远比明朝更为严厉的海禁，直到康熙二十三年（1684）开海，才又重新恢复明后期允许商民出海并允许外国来华贸易的政策。这次开海的时机，对于中国是很有利的。17世纪后半期，西方早期殖民先锋葡萄牙和西班牙的海上霸权已经衰落，后起的荷兰也已度过了海外扩张的高峰期而正处在衰落的过程中，并且当时荷兰的主要精力都投在印度和东印度群岛的殖民搜刮及与英国进行殖民地和海上霸权的争夺，已不是东亚地区主要的海上力量。英国当时还未走出革命后的内政困扰，其向东亚的大规模扩张是18世纪以后的事情。从17世纪后半期到18世纪前半期，可以说是中国向海外发展的又一个有利时机，也是世界近代历史提供给中国的最后一次机会。当时清王朝的统治已经稳定下来，国内经济正在从明清之际的破坏中恢复过来并逐渐超过前朝，到18世纪初重现"盛世"的繁荣景象。虽然当时中国的政治制度、科学技术以及军事和火器制造的许多方面都已经较之西方落后，但作为一个大国的整体实力仍不容小觑。其时中国的海外贸易，无论对东洋还是南洋，仍是大量出超，每年都有巨量白银流入国内，处在非常有利的地位。据说当时对日本的贸易，"大抵内地价一，至倭可得五；及回货，则又以一得二"②。对南洋贸易的利润更加丰厚，"利可十倍"③；"内地贱菲无足轻重之物，载至番境皆同珍贝，……岁收诸岛银钱货物百十万入我中土"④。在当时有利的国际形势下，如

---

① 彭信威：《中国货币史》，第709—714页。
② 参见《华夷变态》上册《解说》。
③ 乾隆《海澄县志》卷15《风俗》。
④ 蓝鼎元：《鹿洲初集》卷3《论南洋事宜书》。

果清王朝能够积极经略海上，大力推进中国的海外贸易，同时在国内锐意改革，军事及科学技术上向西方的先进水平急起直追，中国未始没有重现昔日辉煌、避免后来被别人打败的悲惨命运的可能。

然而，正如历史的实际发展所显示的，这个机会最终还是被愚蠢的封建统治者放过了。康熙开海以后的大约30年间，是清王朝海外政策最开明的时期，但即便是在这个时期，清王朝也没有丝毫经营海外的念头。康熙皇帝算是清朝统治者中头脑最清醒、对西方的了解和认识最深入的，他甚至已经意识到当时与中国交往渐多的西方国家日后要对中国形成威胁，"恐受其累"，但他没有提出任何消解这种威胁的积极办法，没有采取任何有效的应对措施。他在对付陆地上的敌人如吴三桂、噶尔丹以及北方沙俄的威胁方面武功赫赫，卓有远见，但对东南海上的政策，除去统一台湾这件事外，却甚少积极进取精神和超出前人的眼光。终康熙一生，其对海上的政策，始终是消极防御性的，最多也不过就是沿海岸线修建几座炮台，增添若干兵丁加强防守，而从未动过走出国门，到海上去张扬清王朝大国声威的念头。其对海外防范的重点也不在西方，而是念念不忘防止海内外汉人联合起来造反。他也与以前的统治者一样，当感受到有来自海上的威胁时，首先想到的就是关闭大门，防止内外私通。正是这种消极保守的思维，促使康熙帝在晚年命令中止南洋贸易，使刚刚从清初长时间海禁的萧条中恢复过来，正在日趋繁荣的海外贸易再次失去发展的势头。康熙以后，雍正、乾隆时期的海外政策，一代比一代收紧，限制人民出洋，严禁住洋，禁止火药、兵器、钢铁、马匹、粮食、书籍甚至生丝出口，对外国来华贸易限定于广州一口并不准中外私相交接，加强对来华外国人的监管，等等。海外贸易完全服从于维护清王朝统治的政治考虑，当然就更谈不上什么扩大发展了。

当清王朝的海外政策日趋收缩、一步步走向闭关自守时，代替昔日葡、西、荷老牌殖民国家的英国却正如日中天般在世界上崛起。18世纪中后期，英国最终完成了资本原始积累并随着近代科学技术的迅猛发展，首先开始了从工场手工业向机器大工业过渡的工业革命。资本主义的高速发展使英国拓展海外市场的热情空前高涨,中国这个尚未被攻破的东亚最大堡垒当然就成为其首选目标。据马士《东印度公司对华贸易编年史》的数字,乾隆四十年(1775)以前,英国每年来华的商船通常只有5艘左右,个别年份达到8艘,而这以后便明显增加,1775—1792年来华商船总数多达526艘,平均每年近30艘,较之此前约增加5倍①。1792年英国派遣马戛尔尼使团以给乾隆皇帝祝寿为名来华要求扩大通商,企图通过外交途径打开中国市场,终因其所提要求含有侵犯中国主权的不可接受内容及双方在礼仪问题上的争执无功而返。本来,这又是清王朝了解西方及海外情势的一个机会,但思想早已僵化的"天朝"统治者却根本无此意愿,仍然把前来进行通商谈判的英国使臣当作"贡使",仍在夜郎自大地做着"天朝物产丰盈,无所不有""不借外夷货物以通有无"的迷梦,对英使带来展示其国先进科技实力和军事力量的礼物,更斥之为"奇巧"玩器而不屑一顾。乾隆皇帝不知道,这时的中、西强弱形势正在迅速逆转,天朝大国可以闭关自守的日子已经无多,急起直追尚恐难以回天,更何况继续故步自封、无视世界呢?历史是无情的。在海通时代仍然坚守"天朝体制""天朝法度""华夷之别",把自己孤立于世界之外而不求进取、革新,到头来只能断送国家和民族的前途。1840年的鸦片战争及其以后100年间的民族耻辱,就是历史对海通以来封建王朝无视世界潮流,顽固坚持保守主义的海外政策,一再错失发展良机的回报。

(原载《中国经济史研究》2004年第4期)

---

① 各年来华船数参见该书(区宗华译,中山大学出版社1991年版)第2卷,第472页。

无锡、保定农村调查的历史及现存无、保资料概况*

"无锡、保定农村调查"始自1929—1930年，其后在1958年、1987年、1998年又先后进行过3次，是中国近、现代农村调查史上绝无仅有的对同一地域的农户经济实况长时段的连续追踪调查①。这

---

* 本文写作对历次无、保调查的介绍，除笔者亲身参与的第四次调查外，主要参考了各次调查的亲历者当时或以后回忆写下的文字，如陈翰笙的《中国农村经济研究之发轫》（载《解放前的中国农村》，中国展望出版社1986年版）、《亩的差异》（载《中央研究院社会科学研究所集刊》第1期）、《广东农村生产关系与生产力》（中山文化教育馆1934年版）、《四个时代的我》（中国文史出版社1988年版）、《〈解放前后无锡、保定农村经济(1929年至1957年)〉前言》（载《中国农业合作史资料》增刊二，1988年），秦柳方的《我国早期马克思主义的农村经济学家——陈翰笙》（参见人民网，2005年8月19日），朱文强的《第三次无锡、保定农村经济调查的经过与评价》（未刊稿）等。此外，杜松的《土地革命战争时期中国农村经济调查团活动始末》（载《中共党史资料》第45辑，中共党史出版社1993年版）一文对陈翰笙发起无、保调查的历史背景有清晰的分析和介绍，亦为本文所参考。有时当事人的回忆、介绍文章细节互有出入，则根据现存历次调查的原始资料加以核对、考订，于文内注明。

① "无锡、保定农村调查"是一个习惯称谓。实则近代以来，无锡、保定的名称、建置和行政区划变动频繁。1929年调查时，今无锡市（市区）属无锡县管辖，仅为其中一个区，当时所有调查村均归属无锡县。新中国成立后无锡市、县分治。1958年调查时，11个调查村有9个属无锡县，2个属无锡市。这次调查后不久无锡县划归无锡市管辖。1987年调查时仍有9个村属无锡县，2个属无锡市，但其中原无锡市属的毛村这时改属无锡县，称溪南村（含毛村），而原属无锡县的东吴塘村则改属无锡市，称吴塘村（含东吴塘村）。1995年6月以后，无锡县改称锡山市。1998年调查时，调查村的归属未变，但原无锡县的属村这时已为锡山市属村了。保定的变动更为复杂。清代保定府为直隶省会所在，辖清苑县。民国初年省会迁天津，先留府裁县，不久又废府复县治，隶范阳道。接着改设保定道，仍辖清苑县。1928年撤销保定道，清苑县由省政府直辖。1930年调查时，保定仅为清苑县属的一个区，为县治所在，当时的调查村均归属于清苑县。新中国成立后保定建市，清苑与保定分治，属保定专区管辖。1958年正当调查进行时，保定市划归保定专区，这（转下页）

一系列调查所积累的南、北两地数千农户长达近 70 年的家庭经济数据，是可供观察中国近现代农村和农户经济发展演变历史的极为珍贵的第一手资料。这批资料，尽管保存相对完整、集中，却由于种种原因，除少数学者曾对其部分利用并发表过一些零星的学术成果外，至今未能得到与其价值相当的全面研究和利用，甚至知道其存在、了解其内容和巨大价值的人也并不是很多。有鉴于此，本文拟对无、保调查的历史及其资料的现存状况，就个人所知，做一简要介绍，借以唤起学界特别是从事近现代中国农村和农民问题研究的学者的重视，使这批积累、保存不易的珍贵资料，真正发挥它应有的价值和作用。

一 第一次调查

首次无锡、保定农村调查是由中国早期的马克思主义经济学家陈翰笙（1897—2004 年）发起并组织领导的。这次调查，与 1927 年大革命失败、国民党上台后共产国际及中国国内在中国社会性质问题上的争论密不可分。1928 年在莫斯科召开的中国共产党第六次全国代表大会根据斯大林的意见，重申中国社会为半封建半殖民地性质，指出中国共产党在农村中革命的中心问题是土地问题，并作出了关于农村土地问题和农民问题的两个决议。但是，这个结论无

（接上页）时 11 个调查村有 3 个属保定市管，8 个属保定专区辖下的清苑县管。但不久后（当年 10 月）就撤销清苑县（部分区划并入保定市），至 1960 年 3 月才复置（由保定市清苑、满城、完县三区合并而成），一年后又恢复清苑县原建置（满城、完县析出）并与保定分开，归保定专区管辖。1986 年准备第三次调查时清苑县又划归保定市，调查时 11 个村有 9 个属清苑县，2 个属保定市（薛刘营村和大祝泽村属市，1958 年调查时属市的大阳村这时改属清苑县）。1994 年保定地、市合并，统称保定市。1998 年调查时，11 个调查村的归属与 1987 年调查时相同。从以上简介可知，"无锡、保定农村调查"的称谓，对于第一次调查，严格说应该是"江苏省无锡县和河北省清苑县农村调查"。以后各次调查虽可概称无锡、保定农村调查，但"无锡""保定"的含义在不同历史时期并不一样。"无锡"这个概念，对于第二次调查来说既指无锡市，又指无锡县；对于第三次和第四次调查来说则指无锡市（无锡县及后来的锡山市均为其所辖）。"保定"这个概念，第二次调查指兼辖保定市和清苑县的保定专区，第三、第四次调查则指包括了清苑县在内的保定市，但应注意这期间调查村的归属变化。

论在莫斯科共产国际内部还是在中国国内，当时在理论上都是有争议的。20世纪30年代国内思想理论界关于中国社会性质问题的大论战就是这一争论的继续和发展。中国社会性质问题上的理论论争关涉对中国革命的性质、任务、前途的不同认识和不同的路线选择，因此也是一场重大的政治斗争。陈翰笙早年留学美国和德国，1924年回国后在北京大学任教授。他同情革命，积极参加学生运动，与中国共产党早期领导人李大钊有密切的交往并在李的影响下很快接受了马克思主义[1]。1927年大革命失败，随之李大钊于当年10月在北京被捕后，陈翰笙被迫出走莫斯科，在共产国际刚成立的国际农民运动研究所任研究员，直到1928年5月才回国，亲身经历了当时苏联理论界和共产国际关于中国社会性质及中国革命问题的激烈争论和斗争。他在莫斯科期间，国际农民运动研究所东方部部长、匈牙利人马季亚尔写作了《中国农村经济》一书（1928年在莫斯科出版），提出中国自原始社会解体以后一直是由所谓的"亚细亚生产方式"决定的"水利社会"，至20世纪初西方资本主义传入以后，又演变成为资本主义社会的观点。陈翰笙虽然不同意马季亚尔的观点，但因当时还不甚了解中国农村的具体情况，他感到无法拿出充分有力的证据来驳斥对方，遂产生了对中国社会进行实际调查的愿望[2]。不久以后无锡、清苑农村经济调查的发起，就是为了实践这个愿望。据陈翰笙晚年回忆，他是"企图通过农村经济调查，了解实际情况，而认识中国农村社会性质和农村中的革命任务"[3]。就是说，他发起无锡、清苑调查以及后来的一系列农村调查，目的是研究和揭示中国农村社会的性质，论证当时中共领导的反帝反封建的土地革命的正确性和必要性。

---

[1] 许多文章说陈翰笙于1925年就加入了中国共产党，其实不确。1925年"五卅"惨案以后，他确实向李大钊提出了入党要求，但在李的建议下当时没有加入中国共产党，而是由李大钊、于树德介绍加入了国共合作的国民党。直到1935年，他才经由康生证明，将组织关系从第三国际转入中国共产党（上述原委见秦柳方文）。

[2] 参见陈翰笙《四个时代的我》，第40页。

[3] 陈翰笙：《〈解放前后无锡、保定农村经济（1929年至1957年）前言〉》。

从莫斯科回国后，陈翰笙于1929年2月应国民党元老、国立中央研究院院长蔡元培的邀请，担任了设在上海的社会科学研究所的副所长并以此名义主持该所工作[1]，同时兼任社会学组组长。在陈的主持下，该所在很短时间内就招聘了一批朝气蓬勃、倾向革命的年轻人（有些是中国共产党党员）进入社会学组，为即将开始的社会调查准备人才。在实施大规模农村调查之前，他先领导社会学组进行了对上海日资纱厂工人生活状况的调查和对东北营口、大连、长春、齐齐哈尔等地"闯关东"的关内流亡难民的调查。这些实地调查活动，为紧接着的农村调查积累了经验。

农村调查的选点，陈翰笙的设计是以江南、河北和岭南3地作为重点考察对象。他认为："江南、河北和岭南是中国工商业比较发达而农村经济变化得最快的地方。假使我们能够彻底地了解这3个不同的经济区域的生产关系如何在那里演进，认识这些地方的社会结构的本质，对于全国社会经济发展的程序，就不难窥见其梗概；而于挽救中国今日农村的危机，也就不难得到一个有效的设计。"[2]具体的调查地点，江南地区选定在陈翰笙的家乡江苏省无锡县，河北则选在该省中部以农业经济为主的清苑县。岭南的调查虽在最初的方案之中，但因为无锡、清苑两地调查受到一些人的指责，后来陈翰笙被迫从社会科学研究所辞职离开，当时没有进行。一直到1933年年底至1934年春，在宋庆龄的大力支持下，陈翰笙才借用孙科在上海所办的中山文化教育馆的名义，联合社会科学研究所（其时已由上海迁至南京）和岭南大学，由3个机构分别派人组团实施[3]。岭南的调查，后来没有延续下来。

---

[1] 当时社会科学研究所的所长由蔡元培兼任，但只是名义上的，实际工作完全交由陈翰笙主持。

[2] 陈翰笙：《广东的农村生产关系与生产力》，见《陈翰笙文集》，第73页。

[3] 陈翰笙当时任中山文化教育馆特约研究员，同时仍兼任社会科学研究所"通讯研究员"。岭南调查系统考察了广东中山、梅县、潮安、惠阳、顺德、台山、高要、广宁、英德、翁源、曲江、乐昌、茂名、廉江、合浦、灵山16个县的情况，并对番禺县的10个代表村进行了挨户调查，同时对广东50个县的335个村庄作了通讯调查。以这次调查的材料为基础，陈翰笙写作了《广东的农村生产关系与生产力》一书，于1934年出版。

无锡、清苑农村调查于 1929 年 7—9 月首先在江苏无锡展开。调查团由陈翰笙、王寅生领导，共计 45 人，除以本所社会学组成员做骨干外，还吸收了本县及邻近县籍的大、中学生和小学教员参加。调查团在县城内设立总办事处，下设 4 个调查组，分别由张稼夫、钱俊瑞、秦柳方和刘端生担任组长。调查组人员中，大学生、高中生、小学教员约各占 1/3。一般由中学生担任入户工作，小学教员因熟悉本地情况负责交际，大学生则除做调查员外，兼作调查工作的指导。是次调查，首先对无锡县 22 个自然村的 1204 个户农户做了挨户调查①，然后又调查了 55 个村庄的概况和 8 个市镇的工商业。所用调查表主要是由王寅生设计的，分为两种，一种为"江苏无锡农民地主经济调查表"，用于农户经济调查；另一种为"江苏无锡分村经济调查表"，用于村经济概况调查。

无锡调查完成后，1930 年夏初，陈翰笙又率领社会科学研究所调查团北上，与陶孟和主政的北平社会调查所（1934 年并入社会科学研究所）合作，到河北省清苑县进行调查，直到当年 8 月才告结束。清苑调查团由 68 人组成，办事处设在县城。调查人员分组情况与无锡相仿，但为了提高效率，组长不再兼任调查员。针对清苑县经济以农业为主、农村地权较为分散的特点，调查团按农作水利情况将该县划分为 4 个区，每区各选择若干村庄作为典型，计在 11 个村对总共 1770 个农户做了入户调查②，还对 72 个村庄和 6 个农村市

---

① 一说为 1207 户，如侯建新《二十世纪二三十年代中国农村经济调查与研究评述》（载《史学月刊》2000 年第 4 期）即采此说法。但 1204 户是当事人在事后不久就使用的数字（见陈翰笙《亩的差异》），同时现存无锡分户调查表最后的编号也只有 1203 号，似应以当事人的说法为准。另外侯文说当时在清苑县 11 村共调查了 2119 户，也是不准确的。实际当时只调查了 1770 户，后来 1958 年第二次调查时，发现当年有 349 户没有调查，于是对其做了补充调查，加上原来的 1770 户（对当年调查数据亦重加核实），共 2119 户。该局写作此次调查的报告，对这个情况有清楚的说明；报告中引用的 1930 年 11 村的人口数据，都是来自这次调查所得资料的统计，而非据陈翰笙 1930 年第一次调查的统计。

② 此据河北省统计局《廿八年来保定农村经济调查报告（1930 年—1957 年）》的说法。另据张培刚说，当时共调查了 1775 户，见《清苑的农家经济（上）》，《社会科学杂志》第 7 卷第 1 期，第 2 页。张培刚的说法，经我们将其提供的分村调查户数与现存清苑县 1930 年分户调查表的编号核对，并不完全准确。而 1770 户说法，正与现存原始调查表最后一表的编号相合。

场做了概况考察。清苑调查在总结无锡调查经验的基础上，对指标设计、调查表式和调查方法都做了一些调整和改进。清苑村概况调查包括60多张表，130道各类问答题。分户经济调查表的内容分为耕种、畜养、副业、农产买卖、税捐、田租、借贷、消费8大项，每项内再分若干小项，有的小项下又以"附表"形式细分，总共27页、41个表。

在清苑调查进行过程中，陈翰笙写作了《中国农村经济研究之发轫》一文，对其组织的这次调查所用方法作出说明，指出：当时做的分村经济、村户经济、城镇分业、农户抽样4种调查，"第一种注重分配，第二种注重生产，第三种注重交换，第四种注重消费，第一二两种各自独立，第三四两种则系补充性质"①。这里所说的农户调查与村经济等概况调查相结合的方法，为后来历次无、保调查所沿用。

无锡、清苑的调查材料，由陈翰笙、王寅生、钱俊瑞、廖凯声、薛暮桥、姜君辰等7人负责整理。在整理的过程中，他们又对税捐、田租、币价以及工商业等与农村经济直接相关的情况追溯到近20年来的演变，继续补充材料。经过对调查数据的整理和大量统计分析，最后写成了研究报告。但是由于当时中央研究院的一些人不满意它对农村情况的描述，将之扣压，这个报告未能公开发表，后来连原稿也不知去向，"一直没有找到"②。不过，在20世纪30年代的中国农村社会性质问题论战中，陈翰笙、王寅生、钱俊瑞、薛暮桥等人的论战文章都曾片断地使用过调查报告的一些材料。

1935年，刚从武汉大学经济系毕业（1934年）到社会科学研究

---

① 参见陈翰笙主编《解放前的中国农村》，第6页。
② 参见陈翰笙《〈解放前后无锡、保定农村经济（1929年至1957年）〉前言》。据当事人回忆：当时写成的报告题为《无锡的土地分配与资本主义的发展》；还曾另外编辑了《无锡农村经济调查资料》，也与研究报告一样未能发表。又据张培刚说，清苑调查资料至1934年11月才开始整理和分析［《清苑的农家经济（上）》，《社会科学杂志》第7卷第1期］，如果此说不错，则陈翰笙等当时整理分析的应只是无锡的调查资料，并未涉及清苑资料。

所工作的张培刚在清苑调查户的样本中抽选了 3 村 500 户，由参加过清苑调查的韩德章陪同，重新到原调查点进行了 1 个多月的补充调查。根据调查所得，张培刚写成了《清苑的农家经济》一书，在国立中央研究院社会科学研究所出版的《社会科学杂志》第 7 卷第 1 期（1936 年 3 月）、第 2 期（1936 年 6 月）和第 8 卷第 1 期（1937 年 3 月）上连载发表。这是到目前为止，利用这次调查材料撰写的唯一一部学术专著。

第一次无锡、保定农村调查是 20 世纪二三十年代中国农村调查热潮中一次时间较早、规模较大的调查活动，也是首次由中国学者发起，按照马克思主义理论，以配合中国共产党在农村中土地革命任务为目的的大规模农村调查。

二 第二次调查

第二次调查是在首次调查之后近 30 年的 1957 年年底定议、1958 年实施的。事情的起因是：1957 年，中国科学院经济研究所（今中国社会科学院经济研究所）偶然从所内存放的原"中研院"社会科学研究所的档案中发现了无锡、清苑农村调查的原始资料①，遂有人建议在两地原调查点做一次新的调查，用事实证明新中国成立前、后农村经济的巨大变化和社会主义制度的优越性，驳斥右派"今不如昔"的言论（其时刚刚进行过大规模的"反右"斗争）。当时的经济所所长孙冶方曾参加过 20 世纪 30 年代陈翰笙领导的农村调查活动，完全了解这批资料的重要价值，遂同国家统计局局长（孙当时还兼任国家统计局副局长）、曾亲身参加过这次调查及事后调查资料的整理工作的薛暮桥商议，决定由两个单位共同发起新的调查。随后于是年年底，由孙冶方和薛暮桥主持的两单位联合调查组成立，孙冶方为总负责人，开始进行筹备。江苏和河北两省统计局在各自

---

① 社会科学研究所的这批档案在南京解放后由该市军管会接管，后运北京交经济所保管。

省委的支持下全力配合，总共动员了约 130 人参与调查。实地调查于当年春末展开，夏初结束。

1958 年调查的发起是要把无锡、保定自第一次调查后近 30 年的社会性质变化及经济演变过程反映出来，因此特别强调今昔对比，强调社会经济关系的变化，调查内容的确定和数据指标的选择都围绕着这一原则进行。为了进行对比，这次调查仍在第一次调查的村庄进行，无锡调查从原来的 22 村中选了 11 个，保定则仍为原来的 11 村。从这次调查起，两地调查的村庄就基本固定下来了①。同样为了作对比，对新中国成立前情况的调查占了整个工作的大部分工作量，新中国成立后情况的调查反而处于相对次要的位置。新中国成立前的情况，选择调查起始年（无锡为 1929 年，保定为 1930 年）、1936 年、新中国成立前（无锡为 1948 年，保定为 1946 年）3 个观察年份进行追溯调查；新中国成立后情况以 1957 年为观察年份（无锡另外增加了 1952 年）。调查指标基本上是在第一次调查设定的框架内选择，凡不能进行前后比较的指标，一般不予列入。

1958 年调查的方法仍为村概况调查与农户调查相结合。村概况调查大多是开座谈会，以专题性调查为主，如国家援助、土地改革、农村副业等，主要是了解一些基本情况，不限于追溯调查所确定的几个年点。农户调查为挨户调查。无锡和保定的调查内容稍有差异。保定的分户调查表分为人口及其职业和文化程度、农业雇佣、土地占有及租佃、农作物播种面积及产量、房屋和牲畜、占有农业主要生产工具及生活用具、农副业及其他收入、负债情况、主要生活用

---

① 第一、第二次调查的均为自然村，1987 年、1998 年两次为行政村。因无锡原调查的自然村后来多并入了较大的行政村，故村名多有变化，调查地域亦有所扩大；保定则行政村大多即以前的自然村，变化不大。历次无锡调查的 11 个村：1929 年、1958 年为白水荡村、龚巷村、张塘巷村、前刘巷村、唐家宕村、黄土泾桥村、毛村、东吴塘村、苏巷村、曹庄村、邵巷村，1987 年、1998 年为分别包括了以上各自然村在内的利农村、太湖村、华三房村、刘巷村、玉东村、前进村、溪南村、吴塘村、庄桥村、曹庄村、马鞍村。保定 11 个调查村为：李（家）罗侯村、东顾庄村、南邓村、菜家营村、谢庄村、东孟庄村、何（家）桥村、大阳村（后分为东街、西街两个村，1998 年只调查了西街村）、固上村、薛庄村（1987 年、1998 年调查改为包括了原薛庄村在内的薛刘营村）、大祝泽村。

品、土地改革受益户分得财产情况、在反动统治时期所受损失共 11
项内容。

调查全部结束后，1958 年 8 月，在孙冶方的指导下，调查组由刘怀溥执笔，张之毅、储雪瑾等参加，撰写了《江苏省无锡县近三十年来农村经济调查报告（1929—1957 年）》；负责组织保定调查的河北省统计局则编写了《廿八年来保定农村经济调查报告（1930—1957 年）》。这两个报告，由于种种原因当时没能发表，直到 1988 年 9 月，才在中共中央农村政策研究室的支持下，在《中国农业合作史资料》增刊二（解放前后无锡保定农村经济专辑，陈翰笙、薛暮桥、秦柳方合编）上发表。河北省统计局保定农村经济调查办公室除撰写了保定分报告外，还根据分户调查资料按村汇总编辑了《1930—1957 年保定农村经济调查资料》，但也未公开发表，现仅有当年的油印本。

在分析研究调查资料和两地分报告的基础上，调查组又在孙冶方直接负责下，决定由刘怀溥、张之毅等人执笔撰写总报告，为此还特别将刘怀溥从国家统计局暂时借调到经济所。当时曾拟出了题为《近三十年来无锡保定农村社会经济的演变》的写作提纲，并由张之毅、刘怀溥写成了以《无锡保定两地解放前近二十年中农村社会经济的演变》为题的新中国成立前部分的初稿。这个初稿，由于某些结论与当时流行的观点不符（如认为 20 世纪 30 年代以后一些地方土地占有呈分散化趋势），在 1959 年的"反右倾"运动中受到批判，总报告的写作也因之停顿。1964 年，张之毅曾打算对这部初稿作出修改，但很快又为政治运动所打断。他到死也没有最后完成这部手稿，初稿成了遗稿。

尽管第二次调查的政治目的性很强，但组织者和参加者的具体工作态度仍是十分严肃、认真的。由于是由两地统计局组织人力具体实施，调查人员也都训练有素。他们在调查中重新核实第一次调查的数据时，如果两次调查有所出入，一定要反复核对，并一定要有旁证才加以修改，否则宁可存疑，因此这次调查的起始年份数据

（1929/1930年）可信度较高。1957年的数据虽受到当时"政治正确性"的一定影响，但调查者的科学态度仍然保证了大部分数据的较高质量，特别是有关人口、土地及生产技术、亩产量等方面的数据是可信的。其他年份的数据，因是根据农户一二十年后的追忆所得，质量相对差一些。

第二次调查的最大贡献，是通过对几个有代表性的观察年度的调查，形成了两地农村及农户几十年经济发展演变历史数据的链条，这在中国农村调查史上是绝无仅有的，为以后的接续追踪调查开了头，打下了基础。

三 第三次调查

第三次调查距第二次调查的时间也是将近30年。其时中国农村又刚刚发生翻天覆地的变化："家庭联产承包责任制"自20世纪80年代初以后逐渐取代人民公社的集体生产，农户家庭经营再次成为农业生产的主角。在这一背景下，1986年，当时担任中共中央书记处农村政策研究室主任兼国务院农村发展研究中心主任的杜润生听说中国社会科学院经济研究所保存有无锡、保定农村调查的历史资料而长期未能开发利用，非常感兴趣，即向经济所查询，表示希望由国务院农村发展研究中心所属的农村发展研究所与经济所合作，再搞一次追踪调查，同时全面整理历史资料，经费由他负责解决。经济所当时的所长董辅礽赞同这个建议，并很快与农村发展研究所就合作一事达成了协议，第三次无、保调查于是提上日程，并被分别列入中国社会科学院的院重点项目和农村发展研究所的1987年第14号课题。当年9月，农村发展研究所承接此项任务的社会发展研究室主任白南生及室内研究人员，与经济所现代经济史组负责人李炳俊及组内部分研究人员组成联合课题组。以后，随着工作的开展，又有中国人民大学、北京大学、河北大学、清苑县委农工部等单位的人员或学生程度不等地参与了课题，先后为课题服务的有 100 多人。

这次调查主要由农村发展所的白南生负责组织、协调和设计，主要骨干也都是该所研究人员，经济所指派两名研究人员专职参与了调查；李炳俊主要负责历史资料的整理和研究工作。按照原定计划，课题的最终成果有两项：首先是完成第三次无、保农村调查；其次，写作一部关于无锡、保定近 60 年的社会经济变迁的研究专著。

调查地点仍为第二次调查时选定的 22 个村，但将原来的自然村调查改变为行政村调查，在地域上扩大了许多（无锡一个行政村往往包含几个甚至十几个自然村，保定则自然村多与行政村合一）。这样做主要是考虑协调工作及收集资料的方便，因为村级政权机构都是按行政村设立的，基层的各种统计报表，特别是村办企业的统计，也都以行政村为单位来做，若只按原来的自然村调查，很难收集到详细准确的数据。调查内容和方法也有一些改变。概况调查除原来每次都做的村概况之外，增加了县概况及政府机构和职能、社区组织、乡镇企业、文化教育、民间风俗等项内容。农户调查则不再进行挨户调查，而改为每村抽样调查。这样做，一是因为调查村改为行政村后，农户数量增加，如挨户调查工作量太大；二是为了节省经费。农户调查内容的设计，在家庭经济指标之外增加了不少社会学内容，并专门设计了农户行为意识调查问卷。为了能够核实户调查的准确程度，另外特别增设了农户收支台账，即在每个调查村都选定一些农户（10 户），要求他们在一年时间内逐日记录收支账目，以便与调查结果相比对。

调查的准备工作从 1986 年冬开始，到 1987 年春以后进入高潮，课题组成员多次到调查点进行试调查并据以反复修改调查问卷，调整指标。该年夏天的 7—8 月进行了两地各 10 个村的大规模入户调查（此前已各有一个村作为试点调查过，这次不再调查）。其中无锡 10 村（分属无锡市和无锡县）的调查主要是由北京大学社会学系的研究生和无锡税务学校的学生做的，前者负责村概况调查并指导入户调查，后者负责入户，村经济调查表则由各村会计填写；保定10村（分属保定市和清苑县）调查主要由河北大学经济系统计专业的师生进行。两地抽样调查的农户数量，包括试调查村户数在内，无锡有1200余户，保定近2000户。

大规模调查结束后，课题组又进行了县概况及各种专题的调查，同时在北京展开了本次户调查的资料和经济所保存的以往两次调查的农户经济历史资料的上机工作。整个工作到1988年年底至1989年年初才大体告一段落。

正当课题组准备从实地调查转入分析研究调查数据并撰写研究报告的时候，1989年春夏之交的政治风波打断了工作进程。国务院农村发展研究中心及其所属的农村发展研究所在风波后解散，课题工作遂全面停顿。白南生原所在的研究室后来并入农业部农研中心，其所保存的无、保文件也随之转移过去。这些资料有些是原属经济所的，因上机需要而被借去（上机工作在国务院农研中心机房进行），后来经过经济所朱文强等人的努力，虽索要回来大部分，但仍有不少因保存在个人手里或其他原因而损失了。1990年年底，白南生从农业部申请到一笔经费，重招旧部，打算继续课题工作，完成总报告，但结果是大部分经费都被用于调整原来的上机数据，到钱花光，课题也就不了了之了。这次课题的总报告，只留下了一个题为《中国农村六十年：无锡、保定农村社会经济变迁》的写作提纲和部分章节的初稿。

第三次调查由于组织者和主要参加者的知识背景与前两次不同，主要是由学习社会学的人而不是经济学家组成，调查内容的设计明显偏重于社会学调查。这一特点尤以各种概况和专题调查为突出，农户调查则表现在增设行为意识问卷上。又由于主要参加者几乎每人都想把自己感兴趣的问题列入调查，结果使得调查内容过于庞大，也多少显得有些杂乱，主题不够突出。增加社会学调查的内容固然扩大了调查视野，使以后的研究工作可以从更多的角度来分析调查村的发展变化，却多少偏离了原来调查侧重经济学指标的轨道。从与以往调查做对比研究的角度看，一方面由于调查视角的偏移，另一方面也由于将调查自然村改为调查行政村，扩大了调查地域，以及与此相关联的不得不将挨户调查改为抽样调查（保定的抽样比例大体为30%，无锡约为25%），这次调查指标与前两次调查资料的可比性无疑降低了。

第三次调查在户调查与村概况及专题调查的先后顺序方面没有接受以往调查的教训。第二次调查时就发现，先进行户调查，由于对当地具体情况不熟悉，很容易遗漏许多本应该列入调查的内容，等到后来做村概况和专题调查时发现问题，为时已晚，难以再作弥补；也有些带普遍性的内容，原本可以在村概况或专题调查中了解，却由于事先情况不明而列入了户调查表，结果费时费力，事倍而功半。而若将顺序反过来，先作村概况及专题调查，则这两方面的问题便都可事先发现，有利于完善户调查内容的设计。

第三次调查在时间的安排上也有些问题，不够合理。为了赶进度，又为了能够利用学生作调查员，这次调查将户调查安排在1987年的7—8月暑假期间，但调查的内容是上年的，事隔大半年，回忆不易准确。也是由于赶进度的原因，在1987年便安排了调查，而主要是为校正户调查的准确性而设立的农户收支台账却拖到当年的4月才安排，记账日期为1987年6月至1988年5月，比调查的内容晚了一年半，影响了其参照作用①。

第三次调查也有它的优点。除增加了社会学的内容，从而扩大了调查视野以外，这次调查在户调查方面注意了前两次的不足，一方面调查表的设计更为规范，另一方面根据社会情况的变化调整了部分旧指标，增加了一些新指标。这次调查的《农户经济调查表》分为住户基本情况、住户生产经营及家庭收支情况、农户借贷及现金收支、住户雇工情况、家庭主要财产拥有情况（房屋除外）五大项内容，其中住户基本情况包括家庭常住人口、房屋情况、经营土

---

① 农户收支台账工作系委托给两地的县农调队去做，账册回收后亦由他们汇总，然后交课题组。

地面积等项内容；住户生产经营及家庭收支情况包括家庭农牧业经营支出、家庭经营支出、家庭消费及其他支出、家庭种植业生产经营情况、家庭畜牧业生产经营情况、家庭其他生产经营收入情况、家庭其他收入情况等内容；农户借贷及现金收支包括农户借贷情况和家庭现金收支平衡表两项内容；家庭主要财产拥有情况包括生产性固定资产情况、家庭拥有小农具情况、耐用消费品拥有情况等内容，总共18个表、303个调查指标。《农户行为、意识调查问卷》共14页，包括63道问答题。

第三次调查使用计算机处理调查数据，并且把保存的以前户调查的部分资料录入了计算机，初步建立起历次调查的户经济资料电脑数据库，为以后的研究工作提供了方便条件。这也是它的一个功绩。

四 第四次调查

第四次调查的起因与第三次几乎一模一样，即都是有感于以前的调查没有善终，致使大批辛苦得来的宝贵资料长期闲置，不得开发利用，而决心接续完成前人未竟的事业。这次调查是在荷兰教育与科学部的资助下，由中国社会科学院经济研究所组织人力进行的，荷兰莱顿大学汉学研究院的中国问题专家费梅尔博士（Dr. Eduard B. Vermeer）参与了课题的设计并亲自考察了无锡的调查。江苏无锡和锡山两市市委农工部、河北保定市农调队及清苑县农调队对调查活动给予了大力协助。

以中荷合作方式进行的这次调查于1996年夏由中国社会科学院与荷兰教育与科学部签署协议。当年年底，负责承接此项课题的经济研究所成立以本所研究人员为主体的课题组。课题组的领导小组成员为吴太昌、董志凯、江太新、武力、史志宏、朱文强及荷兰方面的费梅尔。

课题组对调查工作做了精心准备。首先是认真回顾、总结了以往无、保调查的历史并清理了现存历次调查的原始资料，以对新一次调查的内容和需要注意的问题做到心中有数。在此基础上，江太新写作了《关于无锡、保定1929—1930年调查情况以及此次调查中应注意事项》一文，曾全程参加过1987年调查的朱文强则写作了《第三次无锡、保定农村经济调查的经过与评价》一文，对课题组成员了解无、保调查历史及经验教训，起到了很大作用。

新一次调查的问卷设计初稿由史志宏、武力在荷兰与费梅尔共同完成。两人回国后，又就调查内容及问卷指标等问题反复征求课题组其他成员意见，特别是征求了曾参加过第三次调查的朱文强的意见。然后，课题组拿着初步定稿的问卷到保定清苑县的调查点进行了试调查，回来后又进行修改，直至1998年春节前后才最终定稿。

新设计的《农户经济调查表》共有14个表、349项指标，分别调查以下内容：（一）住户基本情况；（二）房屋情况，包括住房和生产用房两项；（三）经营土地情况；（四）生产性固定资产和金融资产拥有情况；（五）耐用消费品拥有情况；（六）农业生产情况；（七）动物饲养情况；（八）家庭能源和水资源消耗支出情况；（九）家庭雇工和家庭常住人口在外工作情况；（十）家庭生产经营费用支出；（十一）家庭消费支出；（十二）家庭经营及其他收入；（十三）农户粮食收支平衡表；（十四）家庭借贷情况。新的设计吸收第三次调查的优点，在户调查表的后面也附设了一个农户行为意识问卷，但内容比第三次调查的问卷有所精简，总共25道问答题，内容大部分是有关经济方面的。

户调查之外，这次调查的内容也包括村概况及一些专题调查，为此设计了村概况调查提纲、专业户调查访谈提纲及种田大户调查表、企业调查表等文件。为了解农村干部对当前政策和农村情况、干群关系等问题的想法和认识，还专门设计了干部问卷。

同第三次调查一样，这次也设立了农户台账，并在收支账外，另外增加了劳动时间日记账。无锡市2村和锡山市9村的记账工作分别委托两市市委农工部组织安排。保定市2村和清苑县9村的台账则分别委托保定市农调队和清苑县农调队代为建立。其中清苑县的农户记账工作自1987年以后没有间断（保定市的大祝泽村也一直坚持），这项工作对于他们来说自是轻车熟路。

大规模的实地调查于1998年3月初至4月初，由武力带队首先在无锡展开。接着，从4月下旬到5月上旬，由史志宏带队在保定进行。这次调查的村庄，由于仍然沿袭上次调查的22个行政村，总户数超过1万，人口4万多人，课题组没有能力进行挨户调查，经反复权衡利弊，决定沿用抽样调查的方法。在无锡共调查了1100余户、4000多人[①]，抽样率约为20%；在保定共调查了2000余户、8000多人[②]，抽样率为33%。两地的调查都由经济所的研究人员任调查员（每村1人），同时聘请当地人做辅助调查员（根据调查户数多少，每村3—4人）。调查员负责指导工作、解释指标并亲自做村概况和专题调查（通过开座谈会、找人谈话等不同方式），各村辅助调查员主要做入户调查。是年3月初调查队从北京出发之前，专门开办了参加调查人员的学习班，由调查设计者讲解调查意义、设计思路、调查内容和方法、调查注意事项并解答问题。下到调查点后，又开办了各村辅助调查员学习班，对之进行培训。调查进行过程中，领队除平时到各村巡回了解情况、解决问题并协调工作外，每个周末都召集各村调查员开会，互相交流情况，解决一些带普遍性的问题。无锡和锡山两市市委农工部、保定市和清苑县农调队及其下属各乡的统计站，还有当地政府其他有关部门，为调查工作提供了协助和方便。课题的荷方参加者费梅尔博士观察了无锡调查的全过程，并与两市政府有关部门及几个调查点的村干部、部分被调查农户进行了座谈，还参观了当地一些乡镇企业。

大规模调查结束后，主要由董志凯负责，组织了调查资料的上机工作。1999年年初，这项工作基本完成，建立了第四次调查资料

[①] 实际上机1127户、4330人。
[②] 实际上机2010户、8066人。

的电脑数据库。

　　在调查资料上机的同时，课题组组织了村概况及无锡、保定两市概况的写作。村概况由经济所参加各村调查的人员负责撰写，无锡、保定两市的概况则分别请无锡市委政策研究室的汤可可和清苑县望亭乡副乡长王玉宝写作。这些分村写作的调查报告，经课题组审定，于1999年12月由中国财政经济出版社以《中国村庄经济：无锡、保定22村调查报告（1987—1998）》书名汇集出版。这部50余万字的集体著作，比较全面地介绍了无锡、保定两个调查地区及22个调查村的历史及现实概貌，特别是自第三次调查以后10余年间它们各自的经济发展变化及存在的问题得到了重点反映。由于时间仓促和编辑时各种顾虑过多，这部书事后也发现存在着一些缺点，如写作时要求作者统一体例，致使各篇报告的内容比较单调，没有充分体现出各村的不同特点；对村经济及其演变过程的叙述多数报告不够充分，分析上尚觉肤浅；特别是在编辑时，课题组出于种种考虑，对原稿删节过多，磨去了一些稿件原来的棱角，进一步使其趋向平庸。然而，瑕不掩瑜，比起以往历次调查几乎没有正式的研究成果出来，本次调查完成不久就组织、编辑了这样一部书作为初步成果，对课题组来说无疑是值得欣慰和自豪的。

　　进一步研究、分析本次调查获得的数据并写作调查总报告的工作后来由于经费及数据库的运行等问题而耽搁下来，但课题组始终未放弃努力。目前，由经济所课题组组织撰写的《无锡、保定农村调查统计分析报告（1997）》已由中国财政经济出版社正式出版（2006年4月）。这部书的完成和出版，意味着与前三次调查一样充满了坎坷和不顺的本次调查，最终总算有了一个相对比较完满的结局。当然，申请项目之始就确立的将几次调查的资料连贯起来，写作一部全面反映和分析两地农村和农户数十年中经济发展演变历史的学术专著的愿望，还是没有能实现。

五 现存"无、保资料"概况

历次无、保调查的原始资料,除 1987 年第三次调查的各种资料原件现保存在农业部农研中心外(经济所有部分资料的电子文本、复印件及全部户资料的电子数据库),其余几次的资料均在经济研究所,分别由中国经济史研究室和现代经济史研究室保管。这些资料中,第一、第二次调查的资料虽然历经数十年的历史风雨变迁而有不少散失或损坏,但其核心部分仍然基本完好。

(一) 第一次调查的资料

现保存的第一次调查资料主要为原始的分户经济调查表。其中无锡部分不计内容有残缺的,尚有 885 册堪称完好,分属 17 个村。无锡原调查 22 村、1204 户,现存表册(每户一册)占原调查总户数的 73.5%;但因为有 5 村的表为整村遗失,现存表仅为 17 个村的,故若仅就这 17 村而言,现存户资料占原件的比例还要大一些。根据现存表编号,遗失的 5 村户表最多可能达到 197 册,即现存 17 村的户资料总体完整率最高可达 87.9%。其中有的村几乎是完整保存,如历次都调查的毛村,原调查 68 户,现存表 67 册,仅缺 1 户资料。17 个村中,有 9 个为后来延续调查的村庄(缺龚巷村和曹庄村),所存户表总数为 448 册。

清苑资料的情况:11 个调查村都有分户表保存。原调查表共 1770 册,现存 1391 册,完整比例为 78.6%;其中薛庄、大阳庄和大祝泽 3 村的分户表均完整或几乎完整地保存着:薛庄原 111 册中仅缺 4 册,大阳庄原 189 册中仅缺 6 册,大祝泽村 189 册不缺。

现存第一次调查的资料中,还有一种"过录卡片",来源于 1958 年第二次调查时,对第一次调查的分户表进行整理,将原表册上的数据分类过录到专门制作的卡片上(每户一大张,两面都印有表格)。此种卡片,无锡的未见,不知是否做过;保定的为河北省统计局所制,名为"河北保定村户经济调查整理过录卡片"。1998 年第四次调查以后，课题组整理旧资料，将保定 11 村的全部过录卡片上的数据都录入了电脑，形成第一次调查的保定户资料电子数据库。这个数据库的资料相当完整，总共录入了 1703 户，占原调查 1770 户的 96.2%。其中，薛庄、大阳庄、大祝泽、东顾庄、孟庄、李（家）罗侯、谢庄、南邓、蔡家营 9 村资料完整无缺；固上、何桥 2 村资料各缺 30 余户。不过，经与现存原始分户表核对，所缺的 60 余户有 30 多户可利用原始分户表补上。

（二）第二次调查的资料

第二次调查保存下来的资料亦以户调查资料主。又分两种：一种为入户调查时使用的分户经济调查表，另一种为根据分户调查表制作的分户卡片。

现存分户调查表，无锡部分只有黄土泾桥及白水荡 2 个村的，其中前者存 138 册，后者存 69 册，共 207 册。这些无锡的分户调查表，均每个调查户一册，册内包括该户各个调查年份的数据。保定的表保存形式与无锡的不同，不是一户一册，而是将若干户（大体 20 户）的调查表装订成一册，外包封以河北省统计局的档案袋纸皮，册面注明某某村共若干册及本册之序号。现存保定之册，11 个调查村的均有，其中大祝泽、蔡家营、大阳庄、南邓、李（家）罗侯、孟庄、薛庄 7 村之册完整无缺，其余 4 村之册则有不同程度的缺失。11 村总计：原册数共 164 册，现存 147 册；户数按各册内分户表 1957 年调查户编号计算，原共 3188 户，现存 2825 户，占 88.6%。

分户卡片是调查以后依据原始调查表制作的，数据均为原样过录，没有任何修改，因此在资料价值上与原表相同。这部分资料，无锡的题为"江苏省无锡（市）县农村经济典型调查分户卡片"，每个年份一张，每户全套 5 张（1929 年、1936 年、1948 年、1952 年、1957 年）；保定的题为"××××年河北省保定农村经济调查分户卡片"，每户全套 4 张（1930 年、1936 年、1946 年、1957 年）。此部分卡片也已经不全，缺失的主要原因是 1987 年第三次调查时，被白南生借去制作无、保调查历史资料数据库,后来虽大部分归还,但仍有不少没还,其中一些还可能流失到个人手里了。当时做成的数据库,各个年份均只选择了部分调查村的分户卡片录入,很不完整。直到第四次调查以后,才由经济所课题组将现存全部分户卡片数据录入电脑。此次所录,无锡部分包括了白水荡、曹庄、马鞍村和吴塘村4村农户各个调查年份的数据(吴塘、白水荡2村年份不全);保定则除孟庄、谢庄卡片缺失外,共录入了9村农户各个年份的数据。这个数据库,如再用现存原始分户调查表补充,无锡可以增至5村,保定则11村均可做全,户数的损失也可减到最少。

尽管1958年调查的分户资料已经不全,但河北省统计局对当年保定11村全部调查户的数据均做了分村汇总统计,以《1930—1957年保定农村经济调查资料》之名油印出来,每村一本。这套资料是完全按照当时划定的调查户阶级成分分类汇总的,缺少其他角度的汇总,在研究、利用上有一定局限性,但这个缺憾可用现存原始分户资料加以弥补。

1958年调查完成后,河北省统计局还根据分户调查编过一种调查户的家谱资料,每村一本,详细记录了各村每个调查户在1930—1957年家庭人口变动及分家、迁入、迁出等项情况。这种家谱资料原来共11本,但现保存在中国经济史研究室的只有两本了,其余不知所踪,十分可惜。不过,由于保定各村的绝大部分户资料仍然保存完好,只要下功夫,这种家谱是完全可以补做的。

(三) 第三次调查的资料

由于第三次调查不是由经济所主导,是次调查的原始资料不在经济所保管。这批资料原在国务院农村发展研究中心农村发展研究所的社会发展研究室,后来被白南生带到了农业部的农研中心,现应仍在那里保存,其完整程度则不得而知。经济所现存该次调查的资料,主要是分户调查的电子数据库和当年课题组写作的若干村概况及专题报告(均有电子文本),此外就是本所人员在参与调查中间亲自搜集或从课题组获得的一些零星资料和相关文献了。

(四) 第四次调查的资料

本次调查的资料现均在经济所现代经济史研究室保管,绝大部分已经录入电脑。主要有:两地各 11 村的《农户经济调查表》及据之建立的 3000 多农户 1997 年家庭经济情况电子数据库;种田大户调查表及据之建立的电子数据库;企业调查表及据之建立的电子数据库;干部问卷及据之建立的电子数据库;由各村调查员撰写的村概况及由汤可可、王玉宝撰写的两篇综合概况(已出版);两地各 11 村 110 户 1998 年台账数据库;保定、清苑 10 个调查村 100 户 1986—1997 年台账数据库。

(原载《中国经济史研究》2007 年第 3 期)

清朝前期财政概述

一 财政管理

(一) 财务行政机构

1. 主管全国财务的户部

1644年入关后建立起全国统治的清王朝基本上照搬了明朝的国家机构设置,仍以户部为全国财务最高主管机关,总掌国家疆土、户口、田亩及财赋收支之政令。清设户部始于太宗天聪五年(1631),以贝勒1人总理部务,设满、蒙、汉承政及参政、启心郎等官具体办事。崇德时分参政为左、右,并增设理事官、副理事官。入关后,沿汉制改户部长官为尚书,以左、右侍郎佐之,下设郎中、员外郎、堂主事、司主事、司库、司务等官,俱满、汉缺并置,又或另设蒙古、宗室缺。入关前贝勒总理部务之制,于顺治元年(1644)停止[①]。雍正以后,又时以亲王、大学士兼理部务,然皆特简,不常置。

户部内部,按省设置江南、浙江、江西、福建、湖广、山东、山西、河南、陕西、四川、广东、广西、云南、贵州十四个清吏司(较明代增加江南一司),以及井田科、八旗俸饷处、现审处、饭银处、捐纳房、内仓等机构,分办本部政务;又设南北档房、司务厅、督催所、当月处、监印处,管理文移档案及部内行政。根据《大清会典》及有关档案,户部各机构的职掌如下:

---

① 顺治八年曾一度恢复诸王贝勒兼理部务之制,但时间很短,次年即停。

・江南清吏司。掌核江宁、苏州、安徽三布政司钱粮收支奏册及江宁、苏州二织造支销奏册，兼管各省平余银动支及地丁逾限事。

・浙江清吏司。掌核浙江布政司钱粮收支奏册及杭州织造支销奏册，兼管各省民数、谷数。

・江西清吏司。掌核江西布政司钱粮收支奏册，兼管各省协饷。

・福建清吏司。掌核直隶、福建二布政司钱粮收支奏册及内务府庄田、游牧察哈尔地亩事务，兼管各省赈济及官房之事。

・湖广清吏司。掌核湖北、湖南二布政司钱粮收支奏册，兼管各省耗羡。

・山东清吏司。掌核山东布政司及盛京钱粮收支奏册，兼管盐课、参课及八旗官员养廉事务。

・山西清吏司。掌核山西布政司钱粮收支奏册。

・河南清吏司。掌核河南布政司钱粮收支奏册，兼管察哈尔及围场捕盗官兵俸饷。

・陕西清吏司。掌核陕西、甘肃二布政司钱粮收支奏册，兼管茶法及在京各衙门经费。

・四川清吏司。掌核四川布政司钱粮收支奏册，兼管本省关税及在京入官户口等事。

・广东清吏司。掌核广东布政司钱粮收支奏册，兼管八旗继嗣之政令。

・广西清吏司。掌核广西布政司钱粮收支奏册，兼管矿政、钱法及内仓出纳。

・云南清吏司。掌核云南布政司钱粮收支奏册，兼管漕政及水次仓收支考核。

・贵州清吏司。掌核贵州布政司钱粮收支奏册，兼管全国关税事务。

・井田科。雍正十二年（1734）设，掌管入官八旗土田、内府庄户及官房地租之事。

・八旗俸饷处。乾隆十三年（1748）设，掌八旗官兵俸饷及赏恤事务，并管八旗户籍档册。

・现审处。乾隆十三年设，掌八旗田房、户口诉讼之事；需刑讯者，会同刑部办理。

・饭银处。掌核各省岁解户部饭食银收支。

・捐纳房：掌办捐纳。

・内仓。沿自明代"内官监仓"，顺治十年（1653）改称内仓后隶户部。所储用于供支内务府、太常寺、光禄寺、理藩院、会同四译馆等处所需白粮及钦天监、太医院、宗学、旗学、内监等处粳米；内务府油房芝麻及宾馆牧马黑豆，亦由内仓供用。

・管理档案及行政事务的各机构：南档房，掌管本部档案，兼司八旗丁口编审造册及本部满官升补；北档房，掌缮写满、汉文题本及奏折，并管分拨各省报解饷银及统计各省岁出入；司务厅，掌收外省衙门来文，呈堂记档，发司办理，并管理本部吏员及工役；督催所，掌督催各司办理所管事件，每月于户科江南道注销；当月处，掌收在京各衙门来文，呈堂发司办理；监印处，掌监本部堂印并盐、茶引印。

户部直辖的机构有：钱法堂及宝泉局①，掌钱币铸造；银库、锻匹库及颜料库，即所谓"户部三库"，掌管银钱、锻匹、颜料等之出纳；仓场衙门，掌漕粮积储及北运河运粮事务；各地户部所属榷关，掌征收货物通过税。

京师户部之外，清入关后，盛京作为"留都"仍设有户部，为"盛京五部"之一，主掌盛京财赋收支。

2. 各省地方的财务机构

在各省地方，主管财务的机构分为两类，一为布政司及道、府、厅、州、县等普通行政系统各级机构，二为漕运、盐务、榷关等特别财务系统的机构。

---

① 工部亦辖一钱法堂及一铸钱局名宝源局，所铸钱供工部各项工程经费使用。

清代地方行政系统，除于京师、盛京及其附近地方分设顺天、奉天二府作为特别行政区直隶中央外，各省以总督、巡抚为最高地方长官。其下，沿明制设"布政司"（亦称"藩司"）和"按察使司"（亦称"臬司"），分管民政、司法。布政司为一省最高民事行政机关，亦为最高财务主管机关。布政司长官布政使"掌一省之政，司钱谷之出纳"①。凡一省户口、田亩、仓储、库藏之统计与上报，各州县岁征田赋及杂税之报拨及运解京、协各饷，地方存留经费之支出，每年照例的钱粮奏销等，均由布政使主持。布政使每省1人；江苏自乾隆二十五年（1760）以后分设苏州、江宁两布政司，有布政使2人。

布、按二司之下设有"道员"。道员本非实职，而仅为布、按二使佐官的临时兼差，以布政使左右参政、参议衔驻守一定地方者称"守道"，以按察使副使、佥事衔分巡一定地方者称"巡道"；又有因事而设的道员，则各以所办之事名之，如督粮道（粮储道）、盐法道、管河道等。乾隆十八年（1753），裁各道参政、参议、副使、佥事等系衔，定为正四品官，道员始成为实职。大致而言，守道辅佐布政使，有管钱谷事务之责任，巡道则主掌刑名；其另兼某衔者，兼管其衔所应办之事，如江西例由巡道兼办粮道事。守道并非每省都设。有守道之省，多者3人，少者仅1人。

司、道与基层州县之间，设"府"以为中间层级；直隶州与府同。一些特殊地方，主要在民族地区，或设直隶厅。厅本为府的分防机构，直隶厅则直辖于布政使，地位略如府及直隶州。府、直隶州、直隶厅的正印官（知府、知州、同知或通判）总掌各该府、州、厅之政令，负责稽核所属州县的赋役及诉讼，而汇总于藩、臬二司。

县或州（散州）为地方基层行政单位，辖于府或直隶州。另有散厅，或辖于将军，或辖于道、府，亦属基层行政单位。州或县（以及散厅）均直接面对百姓，管理本州县的户口人丁及土田地亩，

---

① 《清朝文献通考》卷85《职官考九》。

为朝廷征课赋役。县衙内部，一般设有吏、户、礼、兵、刑、工六房，仿中央六部设置具体而微，以典吏（县各数人或十数人）分房办事。

上述行政系统之外，漕运、盐务、关税等特别财务，另设专门机构管理。

漕运机构。漕运为清代要政之一，沿明制特设漕运总督1人总掌漕政，每年于山东、河南、江苏、安徽、江西、浙江、湖北、湖南八省额征漕粮400万石，河运输往京师，以供皇室、百官及八旗官兵食用。漕运总督亦称"漕督"，俗称"漕台"，驻江苏淮安。每年漕船过淮，漕督亲自稽查，并督押尾帮船北上，视察运道，随时调度；过天津后，入京觐见述职。漕督之下，有漕八省各设督粮道1人，亦称粮储道，负责监收漕粮及督押粮船①。每年年底，粮道各将本省岁征漕粮、白粮（征于江南五府一州）及随粮经费造具四柱清册送漕督奏闻。漕粮的征收及兑运由各地州县主之，各府管粮同知、通判有监督之责。又清初沿明制设巡漕御史，至顺治七年（1650）停派。雍正七年（1729），复遣御史4人分赴淮安、通州稽查。乾隆二年（1737），定巡漕御史4人，分驻淮安、济宁、天津、通州，逐段巡查。

盐务机构。各省盐务，设盐政（一般以总督或巡抚兼任）总掌之。又设都转盐运使司、盐法道、盐务分司、盐课司、批验所及巡检司等机构，分司盐务各事。都转盐运使司及盐法道均为盐政之下具体管理盐务的机构。奉天、直隶、山东、两淮、两浙、广东各设都转盐运使司运使1人。无运使省份各设盐法道1人（甘肃2人，以巡道兼），其中山西、福建、云南的盐道均兼盐运使衔。河南盐道兼管粮务，称粮盐道。四川盐道兼管茶务，称盐茶道。产盐省份的盐运使、盐法道掌治所属盐场（井、池）食盐的生产，督察场民生计、商人行息而平其盐价。行盐各省，盐道掌督察食盐的水陆挽运、

---

① 每年漕运，各省粮道督押本省粮船至山东临清，会同山东粮道盘验完毕后回任，山东粮道则随尾帮粮船抵通后回任。

行销诸事。盐务分司设于直隶、山东、两淮、两浙及广东等盐区，辅佐运使纠察所属各场盐务，以运同、运副或运判掌治其事，司各1人。此外，淮南、淮北及山西河东地方各设监掣同知1人，掌查验行盐；云南设盐课提举司3个，各以提举1人管理盐井事务，职掌与分司同。盐课司、批验所及巡检司为基层盐务机构。盐课司设于直隶、山东、山西、两淮、福建、两浙、四川、广东、云南各地，共114个，各设大使1人，掌征场课，并管理场盐交易。批验所设于直隶、山东、两淮、福建、两浙、广东及四川，共16个，亦各设大使1人，掌批验盐引。巡检司，直隶1个，山西、江苏各2个，各设巡检1人，掌巡查盐场。不设巡检之处，由盐课司大使兼司其事。

権关。権关是征收关税的机构，有"户关"和"工关"之分，分隶户、工二部。工关为数不多，以征收竹木、船税为主，供工部营缮之需。户关在京师及外省各水陆要津、商旅辐辏之处皆有设置，共计数十处，征收商货通过税及船钞。户关管理，京师之崇文门正、副监督及左、右翼监督由内务府大臣及各部尚书、侍郎兼充；京外，通州关由坐粮厅兼管，张家口、杀虎口监督由户部在各衙门保送司员内派充，淮安关、粤海关监督由户部奏请简放，北海关由粤海关监督兼管，闽海关由福州将军兼管，浒墅关、西新关、北新关分别由苏州、江宁、杭州三织造兼管，津海关由专任之"海关道"管理，其余各关监督由督抚以所属道府官派充。各关监督京差专任者皆一年更代。各地户、工关设置，详见下文"権关和关税"部分。

清代皇室财务由内务府管理，与户部掌管的国家财政分别收支。内务府设广储司掌府藏及出纳，犹如政府之户部；会计司掌内府庄园户口、地亩及赋税；掌仪司除职掌宫廷祭祀、礼仪事务外，同时负责管理皇室果园。此外，内务府所属的三织造处、三旗庄头处、官三仓、恩丰仓等机构，所司也都与皇室财务有关。清朝前期，虽然宫廷的若干用费由户部支出，但总的说内府与外廷的界限是清楚的。内务府的收入主要来自皇庄地租、各地岁贡及内外官员报效，而不依赖于国库。

(二) 财政管理体制及主要制度

清前期，全国统一，中央政权强大，国家管理高度中央集权。尤自雍正时期设立军机处并扩大内外官员专折奏事权限以后，重大政务的决策悉出内廷，皇帝直接掌控六部，内阁更是远离决策中心，形同虚设，办理例行事务而已，中央集权的程度远超过明代。在这种政治体制之下，清前期的财政管理实行以户部为总中枢，统收统支、全国一盘棋的制度。具体说，就是不分中央财政与地方财政，赋税由各省按照户部的统一政令征收，又在户部的统一运筹安排下开支中央及地方的各项经费，各省地方没有财务自主权，无论收、支均听命于户部，并接受户部的监督。而户部，也只是依照定例管理国家财政，且需依例向皇帝奏报。有关财政兴革的事宜、重要的财政政策和措施，户部均无权自行决定，只能提供建议，由皇帝裁决，而这种建议权又并非户部所独有，其他部院乃至翰詹科道以及各省督抚大员也都有权提出意见。清前期实行的，是由皇帝亲自裁决大政方针，通过户部及各省地方行政机构加以贯彻实施的高度集权的财政体制。

清前期全国一盘棋，统收统支的财政管理，通过对各省所征赋税及其动支实行存留、起运、冬估和春秋拨、京饷、协饷以及奏销和考成等一系列制度来加以实现。

1. 存留和起运

清制，各省州县所征赋税（地丁、漕粮及杂赋）除本州县例应坐支的小部分外，其余都尽数报解布政司，粮米则解交漕运机构或粮道。布政司汇总全省钱粮，除去本省照例留支部分，其余一律听候户部调拨，或运解邻省，或上解中央。上述程序，各处预留钱粮称"存留"，解出钱粮称"起运"。

各省存留钱粮，无论州县之坐支还是起解至藩库后本省之留支，均系照例存留，有款目，有数额，悉载《赋役全书》，不能任意增加。存留的钱粮一部分用于供支本省官俸、养廉、役食、衙署公费以及祭祀、廪膳、科场、孤贫、驿站等经常费用，一部分用于支放驻军官兵俸饷。按照定例，府以上官员的养廉及兵饷由藩库支给或由藩司移解相关衙门支给（兵饷移解兵备道支给）。官役俸工及衙署公费等项支出，大致而言，道府以下由所在州县供用，以上则在藩库支领。州县正印官养廉，道光初年以前，时请领于藩库，时于本衙坐支，屡有更易；州县官俸及佐杂俸廉、役食等均于本属坐支。

起运分为两种，一为州县将所征赋税起运到省，交藩库收纳；二为各省按照户部指拨，将钱粮由省解运至京师或者邻省。清前期，起运比存留受到更大的重视，统治者在处理二者的关系上，明定起运优先于存留。如顺治十年（1653）规定：各省钱粮，"布政司先提催解京款项，次及兵饷、协饷；其余存留，季冬催征拨给"。康熙元年（1662）又定：州县所征钱粮，"先尽起运全完，方准支给存留款项"。①

无论州县起运钱粮至省还是钱粮由省解出，均有一套十分严格烦琐的制度。定例州县起运钱粮，自开征日起，随收随解，不许借称候齐汇解，并按照州县距省远近，分别规定有钱粮解运到省的期限，逾期不到及解不及数者，州县官及负有催攒责任的道、府官员各予处分。由省解出钱粮的规定更为苛细。如解京之款，即所谓京饷，康熙初定：10万两以上委府佐贰官解运，5万两以上委州县佐贰官，5万两以下委杂职官，皆择其俸深年壮者差委。京饷到部期限，雍正四年（1726）定例：自户部拨解文书到省日起，直隶、山东、山西、河南限60日，江南、江西、浙江、湖广限80日，福建、广东、广西限100日。乾隆五十五年改定："凡应行解部各项银两，自奉到部文之日起，勒限六个月。"各省起解京饷，皆预将解员姓名、报解银数及起程日期知会三库大使厅，并出具印批、咨文交付解官。到京，解批交银库，咨文投部挂号。户部承办司付库后，限日由解官、监收官、管理三库大臣、库官等眼同劈鞘，拆封兑收。

---

① 以上二条均见康熙《大清会典》卷24《户部八·赋役一·起运》。

验收无误，以司印实收及原批发解官赍赴户科查验，回省后缴布政司以为凭信（道光二十五年停给司印实收之例，改由户部承办司凭银库印付具稿呈堂，行知该省）。凡解京饷，按程支给解费。所经地方，大道给军马，僻径给担夫，并令督抚沿途拨弁兵防护。如有疏失，佥差之员、解官及负有防护之责的地方官员分别责任罚赔。①

2. 冬估、春秋拨及京饷、协饷

各省开支本省经费及向中央或他省解款，需履行例定的户部审核拨款程序，即所谓"冬估"和"春、秋拨"。清初，各省征存藩库银两，除紧急用款准其一面动用，一面报部外，不急之款一律咨部请拨，经核准后方准动支。康熙三十七年（1698）以后，停止各省驿站、工料、车价、官役俸工等经常费开支逐案咨部拨银制度，准其一面动用，一面报部，兵饷则仍需咨部请拨。至雍正三年（1725），规定："直省于春秋二季，将实在存库帑银造具清册，春季限于二月，秋季限于八月到部，由部据各省所报现存实数，酌定数目，奏明拨解。……每年冬，各省督抚将本省次年一岁应需官兵俸饷豫为会计，造册咨部，由部将各省额征起运等项银内，按款照数拨给。"②此后，就正式形成了冬估和春、秋拨制度。冬估也称"冬拨"，例限每年十月造册到部，共4本：督抚提镇标协官弁兵马应支俸饷册一本，各项实在存库银数册一本，额征地丁民赋册一本，额征杂税册一本。春、秋二季拨册各三本：奉文酌留封储备用银数册一本，征收各项钱粮旧管、新收、开除、实在四柱册一本，应留应拨细数册一本。凡造册，各省必须将已征解到藩库的现存帑银及实物如实造报，听候拨解，造报不实者查出参处。

冬估和春秋拨制度使户部得以掌握各省每年征收的赋税总数及其中需要在本省开支的数额。在此基础上，户部于每年春季和秋季，分两次从各省所报可供解出的库存银中，分别指拨应解京师及邻省

---

① 以上均据光绪《大清会典事例》卷169《户部·田赋·部拨京饷、布政使司运解京饷》及同治《户部则例》卷12《库藏二·解饷、护饷、批回》。

② 光绪《大清会典事例》卷169《户部·田赋·部拨京饷》。

的数额，前者为"京饷"或称"解饷"，后者为"协饷"。这种拨款制度，充分体现了户部作为最高财务主管机关，调配全国财政资源，以满足中央及各省开支需要的财政中枢作用。

协饷是省际酌盈剂虚，以有余补不足的拨款。清前期各省的钱粮收支状况分为三类：收支有余者，收支仅敷者，收不抵支者。户部在春、秋二季拨款时，对收支仅敷省份，令其即以本省钱粮留充本省经费；收不抵支之省，于邻近收支有余省份库存银内拨款协济。协款用于兵饷者，通称"协饷"；用于行政经费者，奏销时多称"协济钱粮"。协饷有定项与临时之分。如陕西、甘肃、四川、云南、贵州等省的兵饷不敷，每年照例于某省拨协若干，是为定项协饷。此项拨款，例限四月内解运过半，九月内全解。临时协饷多为用兵军需拨款，无固定省份、定额及解期，由户部视各省库存状况、所需数额及协款地点，临期酌定，奏请拨协。

京饷从各省所报库存实银中，除去各该省留支及协拨邻省部分外，以其余数拨解。清制，各省所征税课、盐课、关税"尽收尽解"，地丁正杂钱粮则除例应本省留支及部拨协款之外，其余悉令解运户部银库供用。京饷用于支放京师王公百官俸银、八旗及绿营兵饷以及中央各机关每年例行的经费开支。乾隆以后，各省每年解运京饷的数额，银1000余万两，大体占全国岁入总数的1/4。

3. 奏销和考成

奏销和考成是清前期中央对各省财务收支实行监督的主要制度。清制，京内外一切财赋收支，均报户部审核，合例后奏闻，准予销案，是谓"奏销"。奏销有常例、专案之别。常例为每年循例进行的经常项目奏销，如地丁、漕粮、盐课、关税等之奏销，均每年进行，有固定的期限、款目和报册格式。专案奏销为用兵之军需、专兴之工程、灾荒之赈济等特别动支款项的奏销，多于全案完成后专案造报，迁延连年者则按年份、款目分次造报。奏销的款项有有定额者，有无定额者。凡经制项目，入有额征，动有额支，解有额拨，存有额储，皆依定例而审核之；其无定额之项目，征无额者尽收尽解，支无额者实用实销，拨无额、储无额者随时报拨、报储，奏销时皆循据旧案入销。

清前期奏销首重地丁，通称"钱粮奏销"。地丁奏销例于次年进行。各省奏销册报部，按距京远近，分别定以限期。乾隆中以后定制：直隶、山东、山西、河南、陕西、甘肃限于次年四月，奉天、安徽、浙江、江西、湖北、湖南、江南之苏州藩司限于次年五月，福建、四川、广东、广西、云南、贵州、江南之江宁藩司限于次年六月；山西之大同、朔平二府属，次年底另册奏销①。凡奏销，直省自州县以上，层层预造草册，布政司核造总册。奏销册皆按旧管、新收、开除、实在四柱开列，详载地丁原额、实征并起、存、完、欠各数，所开务与由单相符，司总务与州县细数一致。各省奏销册经督抚核定后，于限期内报部，同时题奏。户部将各省册交各该管司依定例审核磨算，合例后奏闻准销，不合则指驳，令其改正。各省对户部指驳之登答（回复），雍正十年（1732）定例："务于次年十月内按限清理。如果头绪繁多，实不能依限者，督抚题明，量予展限；倘有任意迟延，希图牵混者，参劾议处。"②

考成与奏销相伴。清代，凡岁课，经征之官及督征之上司官皆按所属钱粮完欠之多寡定其殿最，分别奖惩，各有定例。地丁钱粮的考成，康熙以后定制：现年赋税，州县卫所官按经征之数计，督催之道、府、直隶州按所属之总数计，督抚及布政使按通省之总数计，各总作十分考成，分别议叙或议处。凡现年赋税全完者，除二三官征完并署任不久者不予议叙外，经征之州县按5万两以下③、5万两以上、10万两以上为等差，督征之知府、直隶知州及经管钱粮

---

① 以上各省奏销册报部限期，基本上是康熙十年就定下来的，雍正七年又加以重申。以后的变化，主要是安徽及江苏之江宁布政司的奏销时间。安徽原依江南例在次年五月，雍正十一年以抚、司不同城（巡抚驻安庆，布政使驻江宁），改限次年六月（自十二年始）；乾隆二十五年安徽布政使回驻安庆后，又改回五月。江宁布政于乾隆二十五年与苏州布政司分设，自二十七年起，同样以抚、司不同城原因，改限次年六月。山西大同、朔平二府的奏销时间，为雍正八年定例。
② 光绪《大清会典事例》卷177《户部·田赋·奏销》。
③ 雍正时规定州县经征钱粮不足300两者不予议叙。

之道员按10万两以下、10万两以上、20万两以上为等差，各予记录自一次递至三次；巡抚、布政使50万两以下记录一次，50万两以上记录二次，100万两以上加职一级。卫所钱粮，经征之守备、千总按1000两以下、1000两以上、3000两以上为等差，督征之都司按5000两以下、5000两以上、1万两以上为等差，各予纪录自一次递至三次。如各官止完地丁钱粮，而本色颜料及起运杂项未完，不准议叙。有将未完捏报全完，或一年内二三官征完捏报一官征完者，州县卫所官革职，司道府都司各降二级调用，巡抚降一级调用；如下级官申报未完而上级官捏报全完，上级官革职，下级官免议。

现年应征赋税未能全完的惩罚条例规定：经征州县未完不及一分，停升并罚俸一年；一分，降职一级；二分至四分，递降至四级，皆令戴罪催征；五分以上，革职。督催之布政司、道、府、直隶州，未完不及一分，停升并罚俸半年；一分，罚俸一年；二分，降职一级；三分至五分，递降至四级，皆令戴罪督催；六分以上，革职。巡抚未完不及一分，停升并罚俸三个月；一分，罚俸一年；二分，降俸一级；三分，降职一级；四分至六分，递降至四级，皆令戴罪督催；七分以上，革职。屯卫钱粮，经征官照州县例，督催官照知府例议处。

各官戴罪督催逋赋，州县官限一年全完，司、道、府、直隶知州限一年半，巡抚限二年。限内仍不能全完者，州县官原参未完不及一分，降职一级留任，再限一年；仍不全完，照原降之级调用。原参未完一分以上，能催完至八九厘者，降职三级留任，再限一年；仍不全完，照原降之级调用。原参未完二分者降四级、三分者降五级，皆调用；四分以上革职。巡抚、司、道、府、直隶州参后戴罪督催钱粮，原参不及一分者，初限不完降职一级，二限不完降职二级，均仍戴罪督催，至三限不完，降三级调用；原参一分以上者，照州县例议处。督催之都司限一年半，卫所官限一年。原参不及一分者，初限不完停升并罚俸一年，二限不完降职一级，均戴罪督催，至三限不完各降一级调用。

原官离任，继任官接征、接催，计苤任月日扣算考成，亦同初参限期。署印官除不及一月者免其查议外，余俱照本任官之例。

各官现年钱粮完欠分数核算，雍正以前限至当年年底，雍正七年（1729）改为次年奏销前。又初按上、下忙分别核计分数，嘉庆二十一年（1816）改定：上忙钱粮，将征解实数造册报部，毋庸予以处分，统俟下忙征完后综计分数考成。

随地丁正银征收的耗羡初不入考成。乾隆四十八年（1783）定：各州县耗羡随同正项报解，若有未完，经征各员照正项钱粮未完之例议处。次年又覆准：各省额征各款耗银，分别经征、接征及院、司、道、府、州督催各职名，核计已未完分数考成，随同地丁奏销。五十三年奏准：各省耗羡已未完解数目，即随同正项钱粮，统计分数，合疏具题，以定考成。正、耗全完，方准议叙；倘耗羡有短缺，即统计正耗分数议处。其参后仍未完解者，归于正项年限案内报参。正耗完欠报解不符者参办。①

（三）仓、库制度

"仓"和"库"是各级政府保管所征钱粮的场所，仓储粮、库储银钱及各种物品。仓、库是财政由收入进入支出的必不可少的中间环节。清前期，为了有效保管各项钱粮，建立了完整的仓、库体系，规定有严格的保管和出纳制度。仓、库制度，也是当时财政管理的重要内容。

1. 仓储

清代，自京师以至各省皆设仓以储粮，用备支放官俸、兵食并灾赈、借贷、平粜等项之需。仓之在京师者有京仓、通仓；在京外者，运河沿岸设水次七仓，各省会及府、州、县治设常平仓，或兼设裕备仓，乡村市镇设社仓、义仓，滨海近灶之地设盐义仓，东三省设旗仓，直省驻军地方设营仓，沿边卫堡设边仓，各有规制。

---

① 以上据康熙《大清会典》卷25《户部九·赋役二·考成》；光绪《大清会典事例》卷173《户部·田赋·催科考成》；同治《户部则例》卷9《钱粮考成》《耗羡考成》《杂赋考成》。

京师之仓包括内务府恩丰仓、户部内仓及仓场衙门所辖之京、通诸仓。恩丰仓为供应内廷太监食用粮米的粮仓，由仓场衙门每年拨储供支，归内务府管理。内仓直隶户部，所储用途已如前述。内仓粮储来源，一为仓场每年从到通漕白二粮内拨储，二为直隶岁解户部的芝麻屯豆。

仓场衙门所辖京、通各仓为存储各省每年运京漕白二粮的主要场所，用于宗室王公并京师文武百官俸米、八旗兵米（亦称甲米）以及工匠匠米、"世袭罔替"九王子孙"恩米"等项的支放；遇饥馑米贵之年，亦以仓米出粜，以平抑京师粮价，或于冬月煮赈贫民。京、通仓数，清初有禄米、南新、旧太、富新、兴平、海运、北新、太平八京仓及西、中、南三通仓，合称"京通十一仓"。康熙、雍正间，续建本裕、万安、裕丰、储济、丰益五京仓。乾隆十八年（1753），裁通州南仓。至清后期同治时，又裁万安、裕丰二京仓，此前之"京通十五仓"遂变为"京通十三仓"。清前期，王公百官俸米并八旗兵丁甲米，每年额支不超过 300 万石，仅占全漕十之六七，匠米、恩米等项支出更属无多，以故，太仓之储常有余。雍正至乾隆中以前，各仓历年结存漕粮总数，常在 1000 万石以上。乾隆中叶以后，仓耗渐多，积储渐减。迄至嘉道时，社会动乱，天灾频仍，漕运渐颓，而支出不减反增，积储愈减，时常掣肘。道光三十年，京、通仓结存漕粮仅 260 万余石。①

京外直省之仓，首为常平仓。依照定制，各省省会及各府、州、县城，均设常平仓，或兼设裕备仓，由所在正印官经管，设仓书司其出纳。仓粮来源，或动官帑买储于民间，或动员官、民捐输，间以截拨漕粮以及邻封协济。常平仓粮用备官府灾赈、借贷、平粜等项之需。灾赈行于凶荒之年，平年则仅行借贷及平粜。借、粜均在冬后春初青黄不接之时，秋后征还或照市价买补还仓；如遇荒歉，准其顺延。仓粮出粜，定例存七粜三，如地宜不适粮之久储，或逢

---

① 各仓历年结存漕粮数，参见李文治、江太新《清代漕运》，中华书局 1995 年版，第 54—58 页。

灾荒之年，准其不拘定例，斟酌办理。出粜之价，例照市价酌减，丰年少减，歉年多减。清前期，自康熙中以后，各地常平仓储定有额数，每年出陈纳新，不准缺额亏空。乾隆初，全国常平仓储总数逾4800万石，嗣以官买过多，致民间米贵，谕令减储。中期以后，大致以3000万石为仓储常额。

社仓、义仓，包括雍正以后为沿海灶户所设之盐义仓，均为民仓，乡村立社仓，市镇立义仓，功用同于常平。清代倡办社、义仓始自康熙朝，推广于雍正、乾隆时期，意在以民仓补官仓之不足。社、义仓虽为民仓，但自乾隆以后，地方官府介入其管理，不但官为选择仓正、仓副，制定章程，规定奖惩，而且其积谷数纳入地方官交代盘查，实际上已经具有了半官仓的地位。嘉道时期，鉴于社、义仓储积弊日深，名实不符，屡议整顿，强调民间自为经理，不许官吏插手，然而鲜有实效。乾隆中，全国社仓共存储米、谷、麦、豆、杂粮825万余石，义仓积储约100万石（盐义仓储在内），合共925万余石，大致相当于其时全国常平仓储的三分之一。①

旗仓、营仓、边仓皆为军仓。旗仓设于东北盛京、吉林、黑龙江各将军所辖八旗驻防地方，营仓设于各直省提镇所在及沿边沿海或距省会较远的偏僻驻军地方，边仓于沿边卫、堡、所等处。各仓之设，用备兵丁平粜及借贷之需，与州县所管之常平仓名称不同，功用则一。

2. 库藏

仓之外有库。京师有内务府广储司六库及户部三库，京外有盛京户部银库，各将军、都统、副都统、城守尉库，各省布政司库、按察司库，督粮道、河道、兵备道库，盐运使司、盐法道库，监督库，分巡道、府、直隶州及民族地区分防厅库，以及州、县、卫、所库等。

内务府广储司六库分别为银库，储金、银、制钱及珠宝、玉石、

---

① 根据《清朝文献通考》卷37《市籴考》所录分省报数计算。各省分数，绝大部分为乾隆三十一年或三十年的，个别省为二十八或二十九年的。

珊瑚、玛瑙等物；皮库，储皮张、呢绒及象牙、犀角等物；瓷库，储瓷器及铜、锡器皿；缎库，储绸、缎、绫、纱、绢、布、棉花等；衣库，储朝服、便衣及八旗兵丁棉甲等；茶库，储茶叶、人参及香、纸、颜料、绒线诸物。广储司各库所储，主要供备宫廷内用及皇家赏赐。其来源，有内务府及其附属机构自产自收的，有由内务府派员在各地制造、采办的，还有各省岁贡的；此外，蒙古王公、西藏喇嘛朝觐所贡方物以及外国朝贡的礼品、土产等，也分别由理藩院、礼部移送内务府入库存贮。

户部三库为银库、缎匹库、颜料库的合称，分别存储银钱、绸缎布匹及铜、铁、铅、锡、颜料、药材等项物品。三库初归户部直辖管理，雍正以后特简王公大臣总理三库事务，铸给印信，遂成为相对独立的机构，称"管理户部三库衙门"。三库之中，最重要的是银库，犹如今之国库。凡各省岁解京师的田赋、盐课、关税、杂赋等各项税银、直省赃罚银（部分解刑部公用）、京师常捐银两、五城平粜米价以及户部宝泉局所铸制钱等项，均入银库存贮；京师各项岁出，如官俸、八旗兵饷等，亦均经银库支放。康、雍、乾三朝，银库存银常多达数千万两。嘉庆、道光时期，银库日虚，至道光末仅存银 187 万余两①。

京外诸库中最重要的是直省各级行政机构所设之库。其中，布政司库（又称"藩库"）为一省财赋总汇，凡各州县岁征田赋、杂赋银，除留支外，余悉解该库存储。按察司库收储各州县赃罚银钱，同时兼管驿站钱粮。赃罚银每年以一部分报解刑部公用，其余批解户部银库。各道库，督粮道库存本省漕项（在地丁项下征收者，由布政司移解），每年漕运时解纳通州坐粮厅；河道库及兵备道库分存河银和兵饷，其银或由布政司移解，或由部拨邻省协解。盐运使司及盐法道库存储正杂盐课银，按年解送户部银库。各关监督库存储所征关税，每年分四季解部（榷关由道府厅州县等官经管者，则存

---

① 道光三十年十一月十七日管理户部卓秉恬密折，参见《中国近代货币史资料》第一辑上册，第 171—172 页。

于该经理之员库内,年终报解户部银库)。分巡道、府、直隶州及民族地区分防厅库,各按地方大小及距省远近,酌拨司库银分储,以备急需。州、县、卫、所库,存储所征正杂赋银,其中除例应坐支存留之数外,余悉批解布政司库。

直省库藏,自雍正以后,定有准备金制度,以应付不时之需。雍正五年(1727),首定司库封储之制,命各省按距京远近及钱粮存剩多寡,于布政司库各酌留银数十万两,由布政使与该省督抚公同封存,需用之时,题明动用,事后请部照数拨补。司库封储银非经题请,不准私自动用,但后来以贵州路远偏僻,准其遇有急需,一面动支,另一面题请拨补。雍正八年,又定府、州库分储之制,令各省核定应存银两数目,分存府及直隶州库,所属州县遇有急切公务,可具文请领,办理之后,据实开报,府州转申布政使、督抚核实,岁终造册,咨部查核。雍正十年,又令各省将军、提、镇有急需公用之处,可一例于附近府州库备用银内支领。

直省各库,除布政司库及督粮道库、盐运使司库、盐法道库各设有库大使1人外(河南粮道库不设),均无专门库官,而由各该衙门的书吏司其出纳,掌印堂官随时稽核之。各库库藏,定例于每年奏销时,督抚、司、道并府、州各官,以及盐政、河督等官,逐级盘查所属各库。年终,督抚将本省各属有无亏空之处汇奏一次(乾隆三十二年例)。官员离任,与接任官会同盘库,上司官委员监盘,接任官出具接收册结,连同监盘官印结申详上司加结送司,咨部查核。如有侵挪亏欠,本员参革治罪,按数追赔;扶同徇隐蒙混者,一经发觉,接任官并上司官均予参处。布政司库除布政使新旧交代时盘库外,督抚到任及每年钱粮奏销、封印之后,也要亲往盘查。

二 财政收入

清前期的财政收入主要来自田赋、盐课、关税、杂赋几项税收。

其中，田赋称"正赋"，是国家最重要的税收，其他在广义上均称"杂赋"，与正赋相对。不过，因盐课和关税数量较大，另设专官征管，一般不将其包括在狭义的"杂赋"概念之内。税收之外，"捐输"即卖官鬻爵也是国家重要收入来源之一。

（一）田赋

田赋的主要内容是"地丁"，或称"地丁钱粮"。此外，部分省另征"漕粮"，每年经由运河解送京通各仓，是一项特殊的田赋。

1. "地丁"及清前期的摊丁入地

"地丁"在清初原是分别征于土地和人丁的两项税收。"地"指"地粮银"，即田赋或曰土地税。"丁"指丁银。所谓"人丁、地土乃财富根本"①，"有田则有赋，有丁则有役"②，丁银"亦国家惟正之供，与田赋并列"③，即是此意。这种地、丁分征的制度沿自明代。明朝开国，赋役分征，按田亩征收"两税"（田赋），按户、丁派征"里甲""均徭"及"杂泛"徭役，其中里甲按户派征，均徭和杂泛按丁派征。嘉、隆、万以后各地陆续推行一条鞭法，一方面将各种徭役项目合并折银，官府征银雇役，另一方面实行赋、役合并，以减轻户丁负担。但是，一条鞭法改革的赋、役合并并不彻底，多数地方在分配条鞭银时，或丁二粮八，或丁三粮七，或丁四粮六，或丁粮各半，或丁六粮四，等等，总之仅把部分役银并入田赋，其余则仍征诸人丁④。这部分仍然征于人丁的税收，沿袭下来就成为兼具人头税和代役银双重性质的丁银。因为丁银源自一条鞭法徭役折银，故又称"丁徭银"或"徭里银"。

---

① 《清世祖实录》卷87，顺治十一年十一月丙辰。
② 《清朝文献通考》卷21《职役考一》。
③ 《清朝文献通考》卷19《户口考一》。
④ 《明史》卷78《食货二》概括一条鞭法说："一条鞭法者，总括一州县之赋役，量地计丁，丁粮毕输于官，一岁之役，官为佥募，……凡额办、派办、京库岁需与存留、供亿诸费，以及土贡方物，悉并为一条，皆计亩征银，折办于官，故谓之一条鞭。"这个说法并不准确，因为事实上各地对赋、役项目的整理编银以及赋役合并的情况很不一样，特别是赋役合并，多数地方都不彻底，并未放弃征丁，不能说"悉并为一条，皆计亩征银"。

丁银之征以年16岁至60岁的成年男子为对象①。按人丁所属户籍的种类，丁银又分为民丁银、屯丁银、灶丁银、匠班银等不同名目②，征银科则各不相同；同类人丁科银轻重，也因省份、地区不同而各异，差别很大。"其科则最轻者，每丁科一分五厘，重者至一两三四钱不等，而山西有至四两余者，巩昌有至八九两者"③。丁银的征收方法也各地不同，有将人丁分为三等九则征收的，也有不分等则一例派征的。一般说，北方因历史原因，"一切公差杂派皆出于丁"④，丁银较重，故多分等则征收；而南方特别是东南各省早在一条鞭法改革时就已将大部分役银并入了地亩田赋，"一切公差杂派皆出于粮"，征诸人丁的不多，故多不分等则一例派征。此种丁银，更具单纯人头税的性质。

为征收丁银，清初定有严格的户籍管理和人丁编审制度。如户籍管理，顺治三年（1646）"定人户以籍为定及脱漏户口律：凡军、民、驿、灶、医、卜、工、乐诸色人户，并以原报册籍为定。若诈冒、脱免、避重就轻者，杖八十，仍改正"⑤。这是沿用明代旧例，目的在用法律的形式把人户职业强行固定下来，世代承袭，不许改业，以便于政府控制和征税课役。人丁编审初定三年一次，亦有五年、十年的，顺治十三年（1656）统一改定为五年。届时，责成该管有司"核实天下丁口，具载版籍"，"平赋役，清隐匿，

---

① 丁银一般按男丁派征，但在江西、福建、广东等省有一种"盐钞银"，沿自明代人民领取政府配给的户口盐所纳钞米折银，系按"口"派征（其他省份已将其归入地亩征收），属于一种特殊的人口税。因有盐钞银，这些省在编审时除编男丁外，还另编女口。
② 民丁指普通民户人丁。有更名田省份耕种更名田的人丁称"更名丁"，亦属民丁。南方有些地方将民丁又再分为"乡丁""市丁"。屯丁是清初裁撤明代卫所后，改入民籍，归州县管理的原卫所屯军人丁。这部分人户虽实际上与普通民户已无区别，但因征银科则彼此不同，故仍单独编审。灶丁是盐场灶户人丁，归盐场编审征银。匠班银是原明代手工匠户的代役银。清初顺治二年（1645）除豁直省匠籍，匠班银一度免征，后又复征。但清代实际已无匠籍可稽，故各地匠班银或派与民户代完，或有司自行赔补。康熙中以后，各省陆续将匠班银并入地亩田赋征收。
③ 《清朝文献通考》卷21《职役考一》。
④ 黄六鸿：《福惠全书》卷9《编审部·编审余论》。
⑤ 《清朝文献通考》卷19《户口考一》。

别老幼，均差徭"①。具体办法为：凡州县民户，百有十户编为里（南方多称图），城中曰坊，近城曰厢，各推丁多者十人为长；余百户为十甲，各立甲长或甲首一人，十户轮充。编审时，甲各造册，依原额、新收、开除、实在四柱之式登录人户丁口，年满十六者添注，六十以上者开除，注以应纳税额；鳏寡畸零并流寓寄居之户附于册尾。册成，坊、厢、里长汇各甲册送州县，州县印官察照旧例纂造总册上之府，府别造总册上之布政司，布政司汇本省各属册经督抚达于户部，户部汇疏以闻，由是而知著籍纳税丁口之数。② 因关系到丁银征收，清初统治者对编审十分重视，规定了许多法令、条例，隐匿、捏报人丁的要治罪。而州县若能增丁至二千名以上，不但州县官，而且督抚、布政使及道、府各官俱予记录，"以户口消长课州县吏殿最"③。

但实际上，清初的丁银征收十分混乱。主要问题一是编审扰民，官府借机苛派；二是吏胥与地方豪绅勾结，操纵编审，转嫁负担，致使丁银征派贫富倒置，"素封之家多绝户，穷檐之内有赔丁"④。穷苦之丁不堪编审派费和富者的负担转嫁，大量逃亡漏籍，而政府为保证征收额数，便以现丁包赔逃亡，从而引起了更大混乱："始以数丁之徭坐之一丁，久之一丁之供同于数丁，赔纳不堪，逋欠益夥"⑤。为缓和因征丁引发的社会矛盾，同时也为了稳定政府的财政收入，清政府于康熙五十一年（1712）决定以五十年丁册的人丁数为额，"滋生人丁永不加赋"⑥。

固定丁额使丁银征数也大体稳定下来，为进一步摊丁入地，从而彻底解决丁银问题创造了条件。康熙五十五年，广东经批准，首

---

① 《清朝文献通考》卷21《职役考一》。
② 以上据康熙《大清会典》卷23、《清朝文献通考》卷19《户口考一》，并参照现存清代编审册册式。
③ 《清朝文献通考》卷19《户口考一》。
④ 曾王孙：《清风堂文集》卷13《汉中录·勘明沔县丁银宜随粮行状》。
⑤ 康熙《麟游县志》，袁楷序。
⑥ 《清朝文献通考》卷19《户口考一》。按此项规定于康熙五十一年定议，次年以"万寿恩诏"的形式向全国颁布。

先在全省范围内实行摊丁,将省内各州县丁银,分别就各州县地亩分摊征收①。雍正前期,改革在全国展开,从元年到七年(1723—1729),大多数省份相继改行新制。剩下来的个别省份和地区,除山西外,于乾隆时期相继实施。山西摊丁于乾隆时起步,到光绪五年(1879)全省完成②。

摊丁入地以后,五年一次的人丁编审失去意义,于乾隆三十七年(1772)谕令废止。此后,只对有漕运任务的卫所军丁四年编审一次。

摊丁入地废除了对人丁的征派,从此田赋即土地税成为清政府唯一的"正赋"收入,只是因有并入的人丁银在内,在习惯上仍合称"地丁"或"地丁钱粮"。摊丁入地是中国历史上一次重大的赋役制度变革,其意义在于"数千年来力役之征一旦改除"③,丁、地并征的二元化税制转变为单一的土地税制。这一变革,是唐"两税法"和明"一条鞭法"改革的继续和发展,反映了封建后期赋役制度的演变趋势。

摊丁入地总计向地亩田赋摊派了300余万两丁银,约占当时田赋征数(2600万两上下)的12%。摊派的办法,有以省为单位统一摊派的(即总计一省丁银,平均摊入一省地亩田赋之内),也有省内州县各自分别摊派的。计摊标准有按田赋银一两、粮米一石、田地一亩计摊若干丁银的,也有按田赋银若干两、粮米若干石、田地若干亩计摊一丁的。不同种类的丁银(民、屯、灶等)有合并摊征的,

---

① 参见乾隆《江南通志》卷68《食货志·田赋二》。事实上,早在明代一条鞭法改革时,就已有一些地方将人丁征派完全并入了地亩田赋,实行"粮、差合而为一,皆出于地"。这样的地方,南北皆有,见于各地方志。入清以后,因丁银征收不易,又有不少州县实行了摊丁改革,称为"丁随地起""丁随粮行""以粮载丁",等等。不过,当时各省地方的自行摊丁是在国家仍实行征丁的大环境下进行的,丁额及丁银征数不能固定,故仍每五年编审,还不是稳定、彻底的摊丁入地。康熙五十五年的广东摊丁,是丁额固定以后,经户部奏请、皇帝钦准的第一个全省实行摊丁的事例(是年,广东约有一半的州县实行了摊丁。至雍正四年,经巡抚杨文乾奏请,以五年为始,仍分征州县丁银也都归入地粮)。

② 山西摊丁入地的过程,参见史志宏《山西省地丁合一完成的年代》,载《清史论丛》第3辑,中华书局1982年版;《山西摊丁入地若干问题辨析》,《历史档案》1984年第3期。

③ 光绪《湖南通志》卷49《赋役二·户口二》。

也有分别摊入各该类地亩的。种种不同办法，均由各地的丁、粮情况及历史传统等因素决定。要之，摊丁入地的实施只要求内容上的统一，至于具体办法，则因地制宜，不强求一律。

清初除征收丁银外，还存在差徭，有的为力役，如治河、修城、修仓等。对于各种名目的差徭征调，清初各朝也进行了整理和改革，总的精神是裁革冗差、改力役为雇役、改差役折银向户丁派征为向地亩田赋派征，即实行赋役合并。摊丁入地并废除编审后，徭役制度从法令上被废止。此后，各地仍存在一些地方性、临时性的差役征发，属于徭役制度的残余形态。

2. 田赋征收

田赋是征于土地的税收，但并非所有土地都征收田赋。田赋征于民田，即属民间所有，可以自由买卖、继承和转让的土地。除民田外，清代另有"旗地""屯田""官田"等在法律上属于"官有"的土地，这些土地一般不负担国家的赋税和差徭。

民田有许多种，如民赋田、更名田①、归并卫所地②、退圈地③、农桑地、河淤地、山荡地、草地、田塘、灶地、官折田地④，等等，均属国家征派赋税的田土。各州县民田，有丈量册（鱼鳞册）登录其情况，其内详绘州县都图（里甲）各户田地的方圆形状，写明丈尺亩数、四至疆界及高低、旱涝、肥瘠，次以字号，系以主名，作为征收赋税的地籍依据。对于政府册籍所载土地情况不清、不实以及随时变动诸情形，规定有司应清丈勘实。清丈须在农隙时进行，禁止滋扰及徇私。民间开垦荒田，随时报官领照，按照规定年限升科纳粮。升科年限，清初通例为六年⑤。雍正元年（1723）规定：

---

① 更名田原为明朝藩产，清康熙初将其给予耕种民人，由所在州县征收赋税，遂转为民田。

② 原为明朝卫所军田，清初因之，后卫所陆续裁撤（漕运卫所仍保留），其土地归并州县征赋，转为民田。

③ 此为清初先已圈给旗丁，后又退还民间之土地。

④ 指官田折价，转为民田者。

⑤ 顺治初定开垦荒地三年升科，六年颁布垦荒令改定为六年，九年复改为三年。康熙以后，十一年定六年升科，十二年再放宽为十年，十八年恢复为六年。实际执行，以六年为多，但也有十年、三年升科的。

水田六年、旱田十年起科。乾隆五年（1740），为鼓励开荒，规定垦种山头地角零星地土永免升科。后来，一些较多数量的开垦，也有以土地贫瘠为由而特免升科的。

田赋有正税，有加征。正税为地丁，加征为随地丁征收的耗羡。加收耗羡的理由是民间以散碎银两纳税，需官将其熔铸成统一规格的元宝才能解运交库，不无损耗（"火耗"），而且解运亦需费用，故而加征。加征耗羡在清初原不合法，但朝廷予以默认，各地官府往往在实际耗费之外多取盈余，以之充地方办公经费及饱官吏私囊。雍正时实行"耗羡归公"，各省规定加征分数，所征银两提解司库，用于各官养廉及充地方公费，于是耗羡便成了地丁正税之外的法定加征。耗羡的征率，各地多规定为正税征额的十分之一左右，但实际所征一般都远超过规定。

田赋征额以《赋役全书》为依据。清初入关，以明万历旧额为准，豁除明季三饷等项加派，于顺治年间编成《赋役全书》。其内，总载州县地亩、人丁、赋税定额及荒亡、开垦、招徕之数，颁示全国，以为征敛之大纲。其后，康熙二十四年（1685）[①]、雍正十二年（1734）两次修订，并自雍正重修后定制十年一修。乾隆三十年（1765），以全书内容过于繁杂，而奏销册前列山地田荡、板荒新垦，次列三门九则、额征、本折、地丁、起解、存留，极为明晰，令嗣后全书依照奏销条款，只将十年中新坍、旧垦者添注，其不经名目一概删除，于是《赋役全书》与奏销册合而为一。

与《赋役全书》相辅而行的，有黄册和丈量册。黄册为户口册，登载户口人丁之数，以田亩系于户下，据之以定丁税。黄册最初每年一造，康熙七年（1668）命停造，以五年编审册代之。摊丁入地以后，黄册失去作用。丈量册如上文所说，是登载土地情况，据以征收田赋的地籍册。此外，州县征收赋税，还有上计册籍供有司查

[①] 康熙二十四年谕令重加修订的《赋役全书》于二十七年修成，但经过各省讨论，最终以"旧《赋役全书》遵行年久，每年增减地丁银米数目，皆有各年奏销册籍可稽"为由，而"停其颁发"，见光绪《大清会典事例》卷177《户部·田赋》。

核。清初，上计册籍有赤历册（登载钱粮收数，由纳户自填）、会计册（登载解部之款）和奏销册等。康熙初，令停造赤历册和会计册，专以奏销册上计。

征收田赋按一条鞭之法，将一州县全年的夏税秋粮并起运、存留各数，以及均徭、里甲、土贡、雇募加银等项，通并为一条，总征而均支之，运输给募，官为支拨，人民不与。征收分上、下两期，上期自二月至五月，称为"上忙"；下期自八月至十一月，称为"下忙"，每期各完全年应征额的一半。嘉庆时，将上忙延至七月底，下忙延至年底。个别省依气候条件及农时，另有征收期限。每年开征之前，出榜晓谕，使纳户周知其数。收税按滚单法催交：一里之中每五户或十户发给一张"滚单"，其上登载各户姓名及应纳税数额，分为十限，按限挨户滚动完纳。完税之后，有串票（亦称"截票""联票"等）给纳户作为收据。串票初为二联，康熙中增为三联，雍正时一度改为四联，不久又复改三联。三联之中，除一联付纳户外，另两联一留县，一附簿为存根。缴税则用亲输之法：于官衙前置放木柜，令粮户将税银自封投柜，规定以部定权衡称其轻重，畸零细数许以钱纳。以上分期（上下忙）收税、滚单轮催、完税给票及自封投柜的征税办法是在清初几朝为革除田赋征收中的种种弊端而先后推广使用并不断加以改进的，到雍正时趋于完善，成为清代征收田赋的基本方法，即所谓"田赋催科四法"[①]。

田赋按亩计征，根据土地类别（民赋田、更名田、归并卫所田及田、地、山、荡等）和肥瘠等次高下分别规定不同科则；科则各地不同，无统一之标准。在全国范围内，最低科则每亩征银仅以丝、忽计，征粮以抄、撮计；高的科则每亩征银达数钱，征粮达数斗。

[①] 这四种办法，串票法和沿自前明的自封投柜法在顺治时先后实行，但三联串票到康熙二十八年才出现，雍正时确定下来；滚单法始自康熙三十六年；上下忙征收期限在雍正十三年议定。又四法之外，清初曾沿明制实行过易知由单（征收钱粮通知单），后来因繁费累民，同时自串票实行后由单失去作用，于康熙二十六年停用。

清前期，田赋以征银为主，也征收一定的米、麦、豆、草等实物。田赋收数，顺治十八年（1661）为银2157万余两、粮648万石；康熙二十四年（1685）为银2445万两、粮433万石；雍正二年（1724）为银2636万余两、粮473万石；乾隆、嘉庆、道光时期，因丁银并入田赋，地丁征额合计增至3000万两上下，粮数连漕粮在内共800余万石[①]。作为田赋附加随地丁征收的耗羡，乾隆时为300余万两，嘉庆时达到400余万两。

民田赋之外，还有由州县征收，隶于各省布政司下的屯田赋。此项征数，据《清朝文献通考》记载，雍正二年为银43万余两、粮106万余石；乾隆十八年为银50万余两、粮373万石；乾隆三十一年为银78万余两、粮109万余石。

以上，都是官书记载的奏销数字。各地官府及经征人员以种种名义额外加派浮收的部分，不在其内。

3. 漕粮及漕运

漕粮征于江苏、安徽、江西、浙江、湖北、湖南、山东、河南八省，岁额400万石。其中，330万石输京仓，称"正兑"；70万石输通仓，称"改兑"。漕粮虽原额以粮米计，但实际有部分系折银征收，称"折征"；又有将原定本色改收其他实物的，称"改征"。折征有临时和常例之分：临时折征是因一时特殊情况如遇灾或运道梗阻而改折，其后仍复旧制，不为定例；常例折征为固定改折，主要有"永折米"和"灰石米折"两种名目。永折米除江西、浙江外，其余六省各有定额，总共36万余石，按每石折银5—8钱不等征收，价银归于地丁报解户部。灰石米折原为江苏、浙江两省漕粮中给军办运灰石之米，顺治时改为征银解部，由工部按年支取，备办灰石米。此项无多，每年仅数万石，折银平年5.7万余两，闰年6.2万余两。另外，还有"减征"和"民折官办"名目，也是折征，但均

---

① 各朝田赋征数参见梁方仲《中国历代户口、田地、田赋统计》，上海人民出版社1980年版，乙表70—75、77、79。按：该书表据《清朝文献通考》、嘉庆《重修一统志》及王庆云《石渠余纪》各书。

仍解本色①。由于折、改等原因，清前期每年实征漕粮米仅在300万石上下，如乾隆十八年（1753）实征正兑米275万余石、改兑米50万石有奇；嘉庆十七年（1812），实征正兑米256万余石、改兑米42万石。

普通漕粮之外，在江苏苏州、松江、常州、太仓四府州及浙江嘉兴、湖州二府另征"白粮"（糯米），随漕解运，供内府奉祭、藩属廪饩及王公百官食用。白粮原额21.7万余石，乾隆后实征10万石左右，其余征收折色、民折官办或改征漕米。

漕粮也有随征耗费，谓之"漕项"，用补漕运、仓储折耗并充各项经费之用。漕项的名目很多，如"随正耗米""轻赉银""易米折银""席木竹板""运军行月钱粮""赠贴"等，均属漕项。正式的漕粮附加税之外，随漕加征的费用还有给运军作漕运帮船开销的各种"帮费"和经征"漕总""漕书"及地方刁徒等勒索的各种"漕规"，名目繁多，征数往往过于漕项。例征的漕项以及不断加增的种种额外漕费和陋规使国家每征正漕一石，税户往往要出数石才能完纳，成为农民的一种苛重负担。

白粮的加征，其正耗，江苏每正米一石征3斗，浙江征4.5斗，均以5升或3升随正米起交，余随船作耗。正耗之外，江苏每船给束包和人夫工食银14两，每运米百石给漕截银34两、食米7石、盘耗米20石；浙江每运米百石给漕截银34两、食米34石。运军的行、月粮和运弁行粮，白粮与漕粮同。乾隆时，实征白粮约10万石，征耗米3万余石、经费银23万余两、食米5.7万余石。

漕粮的征收，清初仍沿明制，由粮户直接向运军交兑。运军依恃官府，每额外勒索。顺治九年（1652）后改行"官收官兑"，即由州县置仓收粮，然后官府向运军交兑（不在水次州县运至水次交兑）。兑运则初行轮兑制，各帮船在若干派运水次间轮流兑运。顺治

---

① 减征虽在甲地减收漕粮若干，但指定由乙地代办，乙地因代甲地办粮，在原征地丁银内要做相应扣除，而甲地减征所折价银即用以解司抵补。民折官办为民间交纳折色银，由官府购办本色解运。

十二年后改为固定水次兑运，各帮船派定水次，以就近兑运为原则。但此法易生运丁与州县漕书因熟悉而互相勾串为奸之弊，故至雍正时又改为轮兑。定制，各帮船在兑运水次间三年轮换一次，唯仍以就近兑运本府州县之粮为原则，远不过百里，近三十里。其他如兑运日期、州县与运军之间的兑收手续、漕船运行、各省粮道等官员押运（尾帮船由漕运总督亲自督押）以及沿途州县"趱运"，等等，都有一套制度和规定，以保证漕粮能够按期、如数运到京师。

漕运以通州为终点，正兑粮在石坝卸载，改兑粮在土坝卸载。此后水陆输运京、通各仓事项，由政府雇募的经纪和车户承担（改兑粮水陆皆由车户承运），但运丁需向经纪和车户津贴"个儿钱"，又需向坐粮厅诸仓交纳"茶果银"，作为交粮手续费。

清代漕运有所谓"截漕"和"拨运"制度。"截漕"即截留漕粮，或在本省，或在漕运中途，都是临时性的，奉旨进行。所截之粮或充实仓储，或作兵饷，或赈灾平粜。"拨运"指河南、山东两省部分漕粮不运至京、通，而拨运存贮于直隶蓟州、易州等地，以充陵寝与近畿驻防官兵俸饷。还有所谓"抵兑"制度，如因运输关系，将南方一些地方所需南米于当地漕粮内就近拨给，而将别处所征南米抵充漕粮北运（"漕南抵兑"），以及江南某些地方官员及工匠的俸米口粮与漕粮抵兑等。此外，湖北每年征收的粮米有一部分运至荆州做官俸，名曰"南漕"，乾隆四年（1739）命与运通的北漕合收，分别解运。

漕运是一项耗费巨大的工程，不但要长年维持一支庞大的专业运输队伍即卫所运军、供养一大批经理漕运的漕务官员和整治疏浚河道的河务官员，而且要经常修造及保养相应的工具、设备，特别是多达数千余只的漕船[①]。这些花费作为清政府的沉重财政负担，最终都转嫁到人民身上，其数额远远超过每年征数仅几百万石的漕粮的价值。嘉、道以后，漕务日坏，每年漕粮的征收和运输对民间的

---

① 清代漕船原额 14505 只，后因漕粮改折、分载带运以及坍缺蠲免等故，实运漕船在雍正以后减至 6000 余只。

滋扰更甚。同时这一时期黄河淤积日渐严重，导致运道梗阻，漕运不畅，遂使漕运改革趋于迫切。不过，直到太平天国起义以前，除曾在道光六年和二十八年海运过部分江南漕粮外，整个漕运制度变化不大。

（二）盐法和盐课

1. 盐法

清前期的盐法仍沿袭明代，以纲法为主，即政府颁发盐引（行盐凭照）给特许专商，商人纳课承引后在指定的盐场按规定数量购盐，然后运至指定的地区销售。纲法的最重要制度是引岸制和特许专商制。引岸制指政府划定行盐地界（引岸），商人各按地界销盐，互相不得侵越。清前期，内地共计有10个产盐区，所产之盐各按一定地域分配销售。十个产盐区及其销岸分别为：长芦盐区，所产盐销于直隶全省及河南的部分地区；山东盐区，所产盐销于山东全省及河南、江苏、安徽三省的部分地区；两淮盐区，所产盐销于江苏、安徽、河南、江西、湖北、湖南六省的部分地区；两浙盐区，所产盐销于浙江全省及江苏、安徽、江西三省的部分地区；福建盐区，所产盐销于本省；广东盐区，所产盐销于两广及江西、福建、湖南、贵州等省的部分地区；四川盐区，所产盐销于本省及湖北、云南的部分地区；云南盐区，所产盐销于本省，不颁引，按井给票；河东盐区，所产盐销于山西全省及河南、陕西的部分地区；陕甘盐区，所产盐销于陕西的部分地区及甘肃①。

内地各盐区之外，奉天、蒙古及新疆亦产盐。奉天盐销于东北地区，清初一度行引，但至康熙中即停止。此后直到同治六年（1867）以前，百余年间不征课。蒙古盐由藩部经理，也有行销到内地的，或听民运销，或于入口处征税。新疆盐在清末以前一直听民掣销。

特许专商制是政府授予若干资本雄厚的大盐商以贩盐专利，由

---

① 以上据《乾隆大清会典》卷15《户部·盐法》。

其总领盐引，董率一般运盐商人行盐并向政府纳课。这些大盐商因其为众商之首，故称"总商"，都在政府行盐纲册上登名注册，世代承袭。普通运盐商人称"散商"，不直接享有贩盐专利，而是先要向有"根窝"的总商购买窝单，经由总商具保，才能承引纳课并购盐贩运，其所纳课由总商代缴，一切费用亦由总商摊派。运商之外，另有在盐场收盐的商人，称"场商"，亦为盐商之一种，其所收盐转卖给运商。

盐引由户部统一印制颁发，各地盐务官员受领并转颁于商人，作为其纳课、支盐及行盐的凭照。盐引的种类很多，有正引、余引、纲引、食引、大引、小引、水引、陆引、肩引、住引等。"正引"为按岁销定额颁给之引。正引畅销另颁之引称"余引"①。"纲引""食引"按引地距产区距离及引课轻重区分：前者距离较远，引课较重，后者反之，但均为正引。"大引""小引"按配盐数量区分：大引每引配盐400斤以上，多的达2000余斤；小引为其一半至十分之一。"水引"和"陆引"仅行销于四川，区别为行销途径一水一陆，又前者每引配盐5000斤，后者400斤。"肩引""住引"行于两浙，前者引地距场灶较近，由小贩肩挑售卖，每引800斤；后者距离较远，给小贩住卖，每引400斤。凡商人贩盐，限售出后10日内将残引（已行之引官为截角，称"残引"）缴官，各省汇缴户部，户部查验与原发之数相符后予以销毁。

官督商销的引商专卖制之外，清前期还实行过官运商销、官运官销、官督民销、民运民销等行盐办法，但都仅实行于个别地区，或只实行于某一地区的某一时期，均非当时的基本行盐制度。

自道光中起，清政府在部分地区又推行票盐法。票盐法也是一种由商人运销食盐的制度，与纲法不同的是它取消了行盐商人的世袭专卖特权，任何人只要纳税，就可以领盐贩运，认票不认人。此外，引盐有固定的行销口岸，而票盐则可在指定的地段自由贩售。

---

① 也有的地方不颁余引，如两淮规定本年额引销完，可预销下年正引，不另颁余引。又福建正引之外另销者称"入额盈余引"，与正引同。

票盐法初行于云南。道光十一年（1831），经两江总督陶澍奏准，淮北盐的部分销岸改引行票，至十三年一律实行。以后，又推行到淮南以及其他一些地区。

2. 盐课

盐课就是对食盐的课税，主要有场课和引课两种，另有税课、包课等名目。场课亦称灶课，征于盐场及制盐之灶户，课目很多，各地不尽相同。东部海盐产区灶课之征，在长芦有白盐折价、盐砖折价、边布公费、滩税、草荡税、锅税等；山东有灶丁、灶地、滩地、草荡、锅面、白盐折色、民佃盐课等；两淮有草荡折价、沙荡折价、仓基、砖池等；两浙有灶丁、灶田、盐田、荡坦、仓基、团墩、灰场、涂淤课税余粮、水乡库价等；福建有依山附海丁地、丘折公费等；广东有灶丁、灶地、盐漏、盐灶等。在四川、云南等井盐产区，灶课主要为井课和锅课。灶课所征无多，最多者两浙年征额11.4万余两，两淮年征额9.5万余两，其余均各只有万余两[①]。

引课征于运贩食盐的商人，按所颁盐引数计征，有正课（正税）、杂课（附加税）之分。正课的征收单位为"引"，但每引的行盐斤数和课额在不同时期、不同地区并不相同；在同一时期、同一地区，不同引种间亦有差别。表1是顺治和道光两个时期全国主要盐产区每引（票）的行盐斤数及所征正课的情况。

表1　顺治及道光时期全国各主要产盐区盐引（票）的配盐及课银数

	顺治		道光	
	每引配盐数（斤/引）	每引课银数（两/引）	每引配盐数（斤/引）	每引课银数（两/引）
长芦	300	0.2657	300	0.4660—0.5140
山东*	320	0.2050	225	0.1670—0.2450
两淮*	200	淮北：0.5500 淮南：0.6754	400	0.8340—1.1720

① 据王庆云《石渠余纪》卷5《直省盐课表》。

续表

	顺治		道光	
	每引配盐数（斤/引）	每引课银数（两/引）	每引配盐数（斤/引）	每引课银数（两/引）
两浙*	335	0.4560	335、400、800	0.1900—0.4020
福建	东南路100；西路675	1.1354—2.5810	100、675	0.0750—2.8300
广东	235、322	1.1030	235、264、323	0.1530—1.3340
四川	每包100	0.0681	水引：5000 陆引：400	水引：3.4050 陆引：0.2720
云南	—	—	每票300	2.1150
河东	240	0.3200	240	0.4160（另征公务官钱银0.2920两）
甘肃	—	—	178、200、300	0.2150—1.1730

注：*在道光时均引、票兼行。

资料来源：顺治时期资料据吴兆莘《中国税制史》下册（台湾商务印书馆1976年版）第54页表；道光时期资料据王庆云《石渠余纪》卷5《直省盐课表》。

杂课指正课以外的一切附加征收，如户部刷办盐引之"纸朱银"、商人领引及告运之"领告费银"、各地以种种名义加征的盐务行政费（官钱银、公务银、公费银等）、缉私费及各种浮收杂征、官帑发交盐商生息收取的帑利银，等等，均属盐杂课范畴。此外，各级盐务官员向盐商收取的规费、运盐途中各关津桥所掣验时的种种勒索以及盐商的各种经常和临时性的捐输等，也都是额征正课以外的负担。杂课有的报部候拨，也有的并不报告户部，而由地方作为外销款项，或者干脆就进了各级官吏和经征人员的私囊。

签商行盐、按引征课是清前期盐法的基本制度。但此法往往导致盐价高昂，商人裹足，私盐盛行，政府课入亦因之而受到影响，故在一些地方曾经试行过将额征课银摊入地丁征收，改行民运。最早是在雍正元年（1723），甘肃将盐课摊入地丁，但至九年又恢复招商。后来，乾隆五十七年（1792），再将河东盐课摊入山西、陕西、河南三省引地地丁项下征收（陕西汉中、延安等食甘肃花马池盐者也一并摊入）。盐课归入地丁后，许商民自由贩运。此次改革持续到嘉庆十一年（1806），河东盐又复招商行引。

税课和包课都只在少数地区实行，所征无多。税课指两广及贵州等地向贩盐商人征收的盐包税，嘉庆时每年额征银 6 万余两。包课是在一些不行官盐的偏远地区，许民自制自销土盐，按一定数额包纳的税银。嘉庆时，每年额征包课银约 5.6 万两。

清前期盐课收数，顺治初征 56 万余两。以后全国统一，增引加课，到嘉道时，连正、杂都在内额征银 750 万余两。不过实征不到此数。乾隆以后各朝每年实征盐课银只有 500 多万两。其时国家有事，如遇庆典及用兵等，每每要盐商出银"报效"，多或数百万两，少亦有数十万两，而政府就常以减免盐课作为回报。

为保证官盐行销和政府课入，清代严禁私盐。私盐有场私、商私、船私、车私、漕私、邻私、枭私、官私、军私等多种，皆在禁止之列。稽查私盐由各省地方官员及驻扎军队负责，有的地方还有盐商自己的缉私武装。缉私例给缉私经费，规定若因缉私不力致使官盐销数短绌，核其短销之数，在缉私经费内扣成补还。又实行盐徒私贩十家连坐之法及缉获私盐恩赏条例。若巡查兵役纵私包庇，经人告发，该管官吏及兵役与枭贩一体治罪。尽管有种种禁令，清前期各地仍多有私盐运贩。乾嘉时期，随着盐务败坏，官盐价格增昂，私盐更盛。道光时淮盐改引行票，目的之一，就是降低官盐成本，抵制私盐。

（三）榷关和关税

1. 榷关

清初税关仍沿明代钞关设立，以后数目增多，不仅水路要津，而且陆路通商要地亦设置之。各地税关数目，依《大清会典》记载，户关 24 个、工关 5 个。实际不只此数。乾隆以后，户关较稳定设立者有 30 余个，分布如下（前有"*"号者为贵州司所管之 24 关）：

京师：*崇文门、*左翼、*右翼、*通州（坐粮厅）；

直隶：*天津关、*山海关、*张家口；

盛京：奉天关、中江关；
山东：＊临清关；
山西：＊杀虎口关、＊归化城；
江苏：＊江海关、＊浒墅关、＊淮安关、＊扬州关、＊西新关；
安徽：＊凤阳关、＊芜湖关；
江西：＊九江关、＊赣关；
福建：＊闽海关、闽安关；
浙江：＊浙海关、＊北新关；
湖北：武昌关；
四川：夔关、打箭炉；
广东：＊粤海关、＊太平关；
广西：梧州厂、浔州厂。

工关有直隶之通永道、潘桃口、古北口，山西之杀虎口、武元城，山东之临清砖版闸，江苏之龙江关、宿迁关，安徽之芜湖关，浙江之南新关，湖北之荆关，湖南之辰关，四川之渝关，以及东北地区的宁古塔、辉发、穆钦、伯都纳等，共计10余处。这些工关，除一部分由工部派司员征税及交地方官兼管外，多由所在地方户关兼管：杀虎口由户部杀虎口关兼管，临清砖版闸由户部临清关兼管，龙江关由西新关兼管，宿迁关由淮安关兼管，芜湖关由芜湖户关兼管，南新关由北新关兼管，渝关由夔关兼管。

2. 关税

清前期户关征税以货物通过税为主，通行舟船处兼征船钞；工关专税竹木，但在商旅辐辏之地也税船、货。税则由户部颁定，刊木榜于关口孔道。货税税率自雍乾以后大体为值百抽五，但实际上各关往往有自定税率，且有同为一关而各征税口岸税率不同者。正税之外，另有种种附加征收，如盖印费、单费、验货费、补水费、办公费等，名目及征率多由税吏擅自规定，各关不完全相同，有时附加征收远超过正税。船钞通称"船料"或"梁头税银"，一般按船只的梁头大小征收，也有按舱或桅封计征的。商船过关、出洋，或船、货并征,或只税其一,情形不同。商人贩运米谷到受灾地方赈粜,某些官运物品如各省鼓铸所用之铜铅、官仓营汛所籴之米谷,以及商民随身携带或船载常用零碎物品等,例得免税。

清前期对于来华贸易的外国商船、货物,在指定的贸易口岸征税。初设有粤海、闽海、浙海、江海四关,开于康熙二十四年(1685),并颁布有海关征税则例。乾隆二十二年(1757)以后,对外贸易限定于广州一地,遂只剩粤海关仍征洋货关税。

关税在清初不十分受重视,康熙时年征额不过100多万两。雍乾以后,考核渐严,各关不但报解"正额",而且报解"盈余",亦定以额数。又定收入比较之法,初为与上年比较,乾隆四十二年(1777)改为"三年比较",即以当年收数与前三年收数最多的年份比较,若有短绌,由关员赔补(此例于嘉庆初停止)。乾隆以后,每年解部关税户关为400余万两,多时达到500余万两,工关为40万两上下,各关巧立名目溢额私征不报部者不在其内。

(四)杂赋

清前期征收的杂赋主要有官房地租、芦课、渔课、茶课、矿课、契税、落地税、牙税、当税等项,大都所征无多。乾隆以后,各省每年向户部报解杂赋银总共100余万两。

1. 官房地租

即出租官房、官地所征之租。前者如京师正阳门外官房及入官铺面房、天津沿濠之官有铺面房等,均出赁民间,按年收取租银。后者如入官旗地、各省官田、学田、公田等,都招佃收租。官房地产所征租银一般充地方公项,有的则用作特殊经费,如学田租即专供学校经费及养赡贫寒生员等项之需。另外,各省的淤地租、滩地租等,亦属这一类收入。

2. 芦课

江苏、安徽、江西、湖北、湖南等省滨江沿湖之地有大片官有芦洲,招佃纳课,是为芦课。芦洲有坍涨,除随时报官勘丈外,另定制五年一丈,称"大丈"。规定以涨补坍,补时先尽有课坍户,有余再补无课之田,再有余则招民认垦,按则升科。若涨不抵坍,可按数免除课银。芦课初由户部专差司员主之,后改归地方官征解。凡芦洲之清丈、升科、招租各事,谓之"芦政"。

3. 渔课

渔课是对渔业的课税。明代设河泊所税船舶,兼征渔课。清初除广东等省的个别地方外,裁革绝大多数河泊所,渔课改由州县征收,渔户按定额摊缴。摊丁入地以后,部分省渔课归入地丁。渔课一部分留为地方公用,一部分报解户部。乾隆时,江苏、安徽、江西、福建、浙江、湖南、广东等省共岁解渔课银约2.4万两。又沿海地方除征额课外,对出洋渔船由钞关征收船料。

4. 茶课

清前期,陕、甘等边地仍行茶马法,储官茶交易番马;内地行商茶,官给引征课。凡产茶省份,如江苏、安徽、浙江、江西、湖北、湖南、陕西、甘肃、四川、云南、贵州等省,各有额引,有的在额引外另销余引或备销引。引票由户部颁给,各省年办年销。茶商买茶运销须赴官领引,销有定域,略如盐法。茶引有行销引,有坐销引;四川另有腹引(行于该省腹地)、边引(行于边地)和土引(行于土司地区)之分。每引一道配茶百斤,另有附茶,以补耗折;不足百斤谓之"畸零",别给由帖。凡贩私茶、假茶、伪造茶引及私与外国人交易者,皆按律科罪。茶课按引征收,包括课银、税银、纸价银等。各省茶课,陕甘及四川专案奏销;江苏、安徽、浙江由所过关津验引征收,归入关税造报;江西、湖北、湖南、贵州归入杂税;云南归入田赋。其余不颁茶引省份,听民运销,唯过关征税,或征落地税,所征不列于茶课。

5. 矿课

清初对民间采矿颇多限制,乾隆以后渐趋放松,云南、贵州、广东、广西、四川、湖南、山西等省份的金、银、铜、铁、锡、铅等矿均有开采。矿课一般按产量的一定比例抽取,折价收银。如云南的铜、铅等矿产,多按官二民八比例抽收。抽课后的产品,或由官府作价收买，或听民自卖。乾隆时，矿课有定额者，每年总计近10万两。

6. 契税

又称"田房契税"，为对民间典押、买卖田产房屋课征之税。清制，民间典、买田房，须执契赴官完税，谓之"税契"。投税之契因钤有官印，称"红契"（未投税者为"白契"），具有法律效力。税契之法，清初几经改变，乾隆以后定制行"契尾法"，即由布政司印制带有连续编号的契尾颁发州县，每纸分前、后两半，前半登录买卖双方姓名、买卖数量、价格及税银数，后半以大写数字填写买卖价格及税银数于钤有布政司印信之处。百姓投税后，以前半发给，令粘于契纸之尾以做纳税凭据，后半俟汇集成册后送布政司。契税税率，顺治四年（1647）规定按买卖价格每银一两征税三分，雍正七年（1729），令于额税外加征一分以充科场年费，后又改定为买契每两税银九分，典契半之。

7. 落地税

此为向入市商货所征之税，沿自明代，税款充地方公费。最初征无专法，附于关税则例，由各地方随时随地酌收，往往征及箕帚薪炭鱼虾菜蔬之微，且东市已征，至西市又征，极为苛扰。雍正十三年（1735），谕令落地税只准在府州县城人烟辏集、贸易众多、官府易于稽查之地征收，乡镇村落之征一律禁革。

8. 牙税

征于牙行的税收。清制，经营牙行者，由政府颁给"牙帖"作为营业凭照，是为"官牙"；否则为"私牙"，私牙有禁。牙帖有额数，初由地方给发，州县往往私增帖数，致市井奸牙借帖把持贸易，商民苦之。雍正十一年（1733），令各省核定牙帖额数，报部存案，不许随意增添。后又改为由户部颁给，收入亦命解部。牙帖定制五年一换，政府除收取帖费外，另按牙行资本及营业情况分等按年征税，通常分为上、中、下三等，但税则各省不同。如江西，上则每年征税三两，中则二两，下则一两。而在湖北，汉口等镇上则征二两,中则征一两,下则征五钱;僻邑村镇则上则征一两,中则征五钱,下则征三钱。

9. 当税

又称"典税",为当铺所纳营业税。清制,各省民间开设典当,呈地方官转详布政司给帖以为营业凭照,按年纳税。当税税则各省不同,又依当铺等第而区分,最低者年纳银二两五钱,高者年纳五两。

(五) 捐输

捐输或称捐纳,也是清代财政收入的重要来源之一。清代税收,无论田赋地丁还是盐课、关税,大都有固定岁额,很少变动。然而国家岁出除经常开支外,还常有临时支出,如遇用兵、赈荒或兴办较大工程时,都要额外支出经费。逢此种情况,"岁入有常"的清政府通常采取两种办法应付,一是动用以往的财政节余,再就是依靠捐输。

所谓"捐输"就是让有钱人出钱买官,国家卖官鬻爵。捐输有暂行事例和常例报捐两种。"暂行事例"系因军需、赈荒或兴办工程等特开之捐例,因事而开,期满或事竣即停。"常例"为按定制随时进行的捐纳。清代自乾隆以后,凡俊秀或文武生员捐贡、监,官员捐升衔、加级、纪录或捐请封典,以及平民捐职衔或捐请封典等无关铨政者,各有定例,可随时报捐。凡捐输,均有按报捐者的身份及所捐职衔等级高下明定的捐额,或以银捐,或以谷纳。例如康熙七年(1668)以"赈灾"为名所定捐例:"满洲、蒙古、汉军并现任汉文武官弁捐银千两或米二千石者加一级,银五百两或米千石纪录二次,银二百五十两或米五百石纪录一次。进士、举人、贡生捐银及额出仕时,照现任官例议叙。生员捐银二百两或米四百石,准入监读书。俊秀捐银三百两或米六百石,亦准入监读书。富民捐银三百两或米六百石,准给九品顶戴;捐银四百两或米八百石,准给八品顶戴。"① 报捐可在各省,亦可直接纳银于户部(户部捐纳房主

---

① 光绪《大清会典事例》卷288。

持其事)。捐银及额,吏部发给执照,捐贡、监者并发给国子监监照。捐官有一定限制:文职捐途自小京官至郎中,未入流至道员;武职自千、把总至参将。捐纳官不得分用于吏、礼二部,道府不得授实缺正印官。

清代自康熙初为平定三藩筹饷而大开捐例(此前也有,但范围不广),历朝沿行。乾隆时期,每年常例捐银约为 300 万两。据记载,自嘉庆五年至道光四年,江苏藩库共收捐监银 376 万两,安徽收 174 万两,合计各省总数,当在 5000 万两以上①。因事特开之捐收银更多,如乾隆时的豫工、川运两次捐例每次收银都在 1000 万两以上;嘉庆时的川楚事例收银 3000 余万两,衡工例收银 1120 万两;其他如工赈、土方、续增土方、豫东诸例,收银也都有数百万两②。

捐纳之外,清代还常有盐商、洋商(广东十三行商人)等富商巨贾的遇事"报效",以乾隆时为最多,军需、河工、庆典皆有之,多的达银数百万两。这也是当时政府为应付额外开支而采取的一种筹款方式。

三 财政支出

清前期的财政支出主要有军费、官员俸廉、行政经费、驿站经费、廪膳膏火及科场经费、工程费、采办与织造费、保息与救荒费等项目,分别简介如下。

(一) 军费

军费是清前期国家岁出的最大项,分为经常性军费和战争经费两类。经常性军费有一定数额,主要用于八旗和绿营兵饷支出。清入关以后,八旗兵额包括京师禁旅和外地驻防,总共 20 万人左右。绿营兵连京师巡捕营合计,康熙时近 60 万人,乾隆以后超过 60 万人,嘉庆时最高额达 66 万余人。八旗、绿营每年的兵饷开支,乾隆

---

① 萧一山:《清代通史》卷中,中华书局影印本,第二册,第 358 页。
② 魏源:《圣武记附录》卷 11。

中期为银 1700 余万两。乾隆四十六年（1781），各省武职照文职例一律支给养廉，其原来所扣兵饷空额令挑补足数，又令将赏恤兵丁红白银两以正项开支，共岁增正饷支出 200 余万两①。这次增加的军费，连同原来的额兵饷及早已成为定例的每年加赏旗兵一月钱粮、八旗养育兵饷银等项合计，乾隆后期每年的经常军费支出达到 2000 万两以上。嘉庆、道光时期清政府财政困难，屡有裁兵节饷之议，但效果有限。

战争经费是临时性支出，称为"军需"。与"经制支出"的兵饷不同，军需费用没有定额，支出多少全视战争需要而定，事后专案奏销。乾隆以后，清政府屡次进行内外战争，耗费巨大。仅据《清史稿》记载的乾隆十二年至道光十年间十余次大的军事战役报销军需款统计，总额已达 38272 万两以上②，平均每年 455 万余两，相当于其时岁入的十分之一左右。这巨大的战争经费开支，在乾隆时期凭借着雄厚的国库财力，以及开例捐输、商人报效等临时筹款手段，尚足以应付，但到嘉庆、道光时，随着国势日渐衰微，收入减少，各方面支出增多，就成为一项沉重的负担了，直接导致了清王朝财政状况的恶化。尤其是嘉庆初年镇压川陕楚白莲教起义耗银逾亿两，"举户部旧帑七千余万而空之，饷不足于是开事例，兵不足于是广召募，逮事已而兵存，兵存而费存，所以耗国家之元气者，至于今五十年未复也"③。清朝财政自嘉庆起趋于恶化，原因自是多方面的，但白莲教一役巨大耗费的直接、间接影响不容忽视。

（二）官俸及养廉

官俸即官员俸食，养廉是官俸之外按官员品级另行支给的津贴。清代官俸有八类，分别为宗室俸、公主格格俸、世爵俸、文职官员俸、八旗武职俸、绿营武职俸、外藩蒙古俸及回疆俸，各分别等级规定俸额。俸有支银，曰"俸银"；有支米，曰"禄米"（通常指宗

---

① 王庆云：《石渠余纪》卷 2《纪列朝各省兵数》。
② 参见《清史稿》卷 125《食货六》，第 13 册，第 3709 页。
③ 王庆云：《石渠余纪》卷 2《纪列朝各省兵数》。

室世爵所支者）或"俸米"（官员所支）。作为正薪，清代官俸不高。如文职官俸，正、从一品官岁支俸银仅 180 两，京官另支俸米 90 石（在外文职无俸米），即一品大员也不过每月俸银 15 两、俸米 7.5 石；品级最低的从九品官及未入流者，更仅岁支银 31.5 两，京官另支米 15.75 石，平均每月银 2.6 两余、米 1.3 石余。武职官俸，在京者同文职，外官低于同品文职。不过，八旗驻防官员在正俸外另有按规定的家口数（如将军、都统 40 口，副都统 35 口，协领 30 口等）支给的口粮，每口每月给米 2.5 斗；绿营官在俸银外另支"薪银""蔬菜烛炭银""心红纸张银"等，其数额高于俸银。乾隆以后，在京文职于应得正俸外，另加增一倍赏给"恩俸"。

官俸之外另给养廉银是雍正以后实行的制度。清初因官俸低，地方官普遍在田赋正额外加征耗羡，以其盈余各级朋分，大部分入于私囊，虽不合法，但政府予以默认。雍正二年（1724）以后各省实行"耗羡归公"，各级官员在原支正俸外按官位高低加给数额不等的津贴，谓之"养廉银"。养廉银的数额各省不同，大体上，总督、巡抚岁给 1 万—2 万两，以下布政使、按察使、道员、知府、知州、知县等按级递减，知县少的给 500—600 两，多的达 2000 两。养廉制度最初仅实行于各省文职，后来八旗及绿营军官也先后得到养廉银。

乾隆时期，全国文、武职养廉银支出每年 400 余万两，俸、廉总数则要超过 500 万两。

（三）行政经费

行政经费包括各级衙署按例支取的"公费""役食"及各种名目的公务开支。公费是官员的办公费用，按品级支给，每月给银 1—5 两不等，实际是官员的一种俸外津贴。乾隆时，京官公费计岁支银 10 余万两，各省公费约支 20 万两。役食是衙署官役的工价饭食，按月或按季、按年给发。乾隆时，京师衙署的役食支出约为每年 8 万两，各省支数不详。公务开支包括衙署的办公费如心红纸张银、经费银等，还包括一些特别的支出，如内务府、工部、太常寺、光禄寺、理藩院有祭祀、宾客备用银，兵部有馆所钱粮，刑部有朝审银，钦天监有时宪书银，各官牧机构有马牛羊象刍秣银，等等；各省支出中的祭祀、仪宪及一些赏恤、杂支等款，亦属此类。清前期，行政费开支数额不大，不计各省外销，总数每年百余万两。

（四）驿站经费

清代为传递文书，由京师至各省乃至边地交通要道设置驿、站、台、塘、铺等机构①，以供应过往官员、传递文书的兵役中途食宿及夫马车船之需。驿站经费有夫役工食、牛马价银、车船费、驿舍租银及过往官员兵役人等的廪给口粮等项，均于田赋内编征，每年约计200万两，由兵部、户部会核具题奏销。

（五）廪膳膏火及科场经费

清代各省府、州、县、卫学及八旗官学均设有一定名额的廪膳生，官给银米作为生活费用，是为"廪膳"，或称"廪银""廪粮"。廪生名额各省不同，廪粮银米的给发标准亦各省不一。全国总计，此项支出每年计银10余万两。"膏火"也是官给的学生生活津贴，国子监、八旗官学及各省学校、书院的学生均可按例领取，如国子监六堂内班肄业生每人每月领膏火银1两，外班肄业生每人每月领2钱，八旗官学生之满洲、蒙古籍者每人每月领1.5两，汉军籍者每人每月领1两，等等。科场经费是用于科举考试的支出，包括科场供应费、主考官川资、花红筵宴银、旗匾银、坊价银、公车费等，每年不下20万两。

（六）工程费

工程费包括用于坛庙、城垣、府第、公廨、仓廒、营房等的营造和修缮支出，但最多者为河工支出。河工主要是黄河及运河的修

---

① 直省腹地及盛京所设为"驿"；西北、东北吉黑地区及直隶、山西口外为传递军报而设者称"站"；新疆、蒙古地区所设专递西北两路军报文书者称"台"；甘肃安西州及新疆哈密厅、镇西厅所设者称"塘"，亦主军报传递。"铺"即邮亭，各省腹地厅州县均有设置，一般为间隔十里至数十里设一处。驿递机构的管理，驿由所属州县官管理或专设驿丞掌之；站设于西北者由千总、把总或外委管理，东北及直隶、山西口外所设者设站官一人或由理藩院章京管理；台、塘由军队管理；铺各设铺司一人掌之。

治，也包括南北其他河流的疏浚治理。清代，于各河事务设河道总督总理①，下设管河道及管河同知、通判、州同、州判等官分理。河工费有经常费和临时费两种。经常费用于"岁修"和"抢修"②，各有规定数额，一般不允许超支。乾嘉时岁修工程大体每段用银数千两至一二万两，抢修每段五百两至千余两。岁修、抢修用银总数，乾隆时规定每年不得超过 50 万两，嘉庆时命加二倍，达到每年 140 万两。临时费用于"大工"及"另案"。大工指堵筑漫口、启闭闸坝等非常有的工程；另案为新增工段，不在岁修、抢修之内的工程。大工和另案工程无经费定额，临时根据情况具奏兴工，工竣题销。嘉庆时，每年开支的河工另案经费约计为银 200 万两，是河员虚报浮销的一大利薮。

河工之外，江浙海塘工程也每年需费不少。海塘岁修于每年大汛后进行，经费由江浙二省拨解，工竣由该管地方官申报督抚，咨部题销。雍正、乾隆时大力整治江浙海塘，经常一处工程之费即达千数百万两。

凡兴建工程由工部管理。在京工程由各衙门报工部勘估兴办，工价银超过 50 两、料价超过 200 两者奏请皇帝批准，工、料超过 1000 两者奏委大臣督修。各省工程在 1000 两以上的，有例案可循者随时咨报工部，年终汇奏；无例案可循者须先经奏准，再造册报部审核估销。工程经费有定款、筹款、借款、摊款四种情况：定款为指定动用的款项；筹款指定款不足或向无定款时于别项钱粮内动拨款项，交商生息及酌留地租、房租备用也属此类；借款为临时酌借某种款项，事竣分期归还；"摊款"为民修工程，先由官府垫款兴办，工竣后摊征归款。各项工程均规定有保固期限，未到期限损坏的由负责官员赔修。

---

① 河道总督设于清初，雍正时有南河、东河、北河各一人，乾隆初分别改称江南河道总督、河东河道总督、直隶河道总督。乾隆十四年裁直隶河道总督，由直隶总督兼管北河事务。其他两个河道总督分别于咸丰、光绪时裁撤。

② 岁修在每年冬季进行，次年桃汛后完工。抢修无定时，为堤坝等有险情时随时抢护之工。

(七) 采办和织造费

采办和织造费也是清政府的经制岁出项目。采办的物品主要有颜料、牛筋、黄蜡、白蜡、桐油、纸张及茶、木、铜、铁、铅、布、丝、麻等,各依土宜在各省采买,于正项钱粮内支销。乾隆时此项开支,每年为银 12 万两余。织造经费用于江宁、苏州、杭州三织造处供办御用和官用的绸缎、绫罗、布匹及祭帛、诰轴等物。乾隆初,三织造处共有织机 1800 余张,机匠 5500 余名,其他匠役 1500 名,每年支销工价、水脚、机匠口粮等项银 10 万两余。

采办和织造经费不完全是国用开支,其中相当一部分为皇室内用开支。前述行政、工程等费中,也有些属皇室用费。不过,在清前期,内廷用费从国库开支的尚属有限,大部分还是在内务府收入中解决,与同光时期的情形不同。当时的内务府用费也较节俭,乾隆时的岁支仅约为银 60 万两。

(八) 保息及救荒支出

此为社会救济支出,时称"赏恤"。当时的社会救济分为两类,一类为"保息之政",另一类为"救荒之政"。两类救济的施予对象和制度规定不同,经费支出的特点也不同。

1. 保息之政

保息之政是对鳏寡孤独、残疾无告、弃养婴儿、节孝妇女等社会特殊群体的救助和抚恤,主要包括如下内容:

恤孤贫。清前期,自京师至各省,凡通都大邑,普遍设立养济院,以收养鳏寡孤独、残疾无告之人,有额设的口粮银米及冬衣等项生活供给。各省收养孤贫人数,乾隆以后皆有定额,多者数千名,少者四五百名,浮于限额收养者为"额外孤贫"。孤贫供养有规定的动支款项,每年将支用情况造册送上司查核。官设养济院之外,官绅士民捐建的民间同类机构由其自行经理,有的官为补助。

养幼孤。对于被遗弃的婴儿,官设育婴堂以养育之,长大后准士民收养;本家有访求者,核实后准许归宗。育婴堂之设,在京师者建于康熙六年（1667），以后各省也大都设立①。育婴堂经费，或给官帑置产，岁取租息，或在指定款项内动支，主要用于乳妇工食及医药等项费用。

收羁穷。顺治十年（1653），京师五城设栖流所，以司坊官管理，收留贫病无依之流民，日给钱米，冬给棉被，病者扶持之，死者棺瘗之，费用从户部关支。又五城自每年十月至次年三月设粥厂煮赈贫民，用米由通仓关支。京师之外，各省地方亦有栖流所及粥（饭）厂之设，于隆冬季节收留、赈济贫病流民，春暖则资遣之。各地的普济堂亦多收留此等穷民。

安节孝。节孝妇女无遗孤或贫无以自存者，令地方官给口粮以养之，每年将动用款项及数目造册报户部。

恤薄宦。乾隆元年（1736）定例：各省县丞、主簿、典史、巡检等微员离任而无力回籍者酌给路费，身故者给归丧之费，每年造册报销。十年又定：各省教官原籍相隔本地五百里以外，实系艰窘者，一例赏给路费。州县以上官之贫乏者也有给路费的，但属例外施恩，费用不在存公银内动支，而于同府或通省养廉内捐给②。

矜罪囚。京师及各省监狱囚犯，例给口粮及灯油、柴薪、盐菜、冬衣、药饵等项费用，死者另给棺木。雍正以后，各省相继奏定囚粮及各项费用给发标准。乾隆时，定发遣军流及递解人犯口粮定额。囚粮经费多在赃赎及存公银内动支，年底造册咨送刑部，转咨户部核销。

抚难夷。凡遇风漂流至内洋海岸的外国人，由该地督抚督率有司给以救助，动用存公银给发衣粮，助其修理舟楫，护送回国。

保息经费是各地方的经常性支出，大都有一定的数额或规定标准。动用款项一般也是固定的，或在正项钱粮内动支，或于生息款（发官款交商生息）内解决，也有的来自民间捐助。

---

① 李元度：《国朝先正事略·冯溥传》。
② 参见《治浙成规》卷1。

2. 救荒之政

指发生自然灾害情况下的社会救济。清制，凡地方遇灾，地方官必须迅文申报，督抚一面奏闻，一面委员会同地方官踏勘灾情，确查被灾分数，在规定期限内题报，以作为国家推行荒政的依据。荒政措施主要有：

救灾。凡遇川泽水溢、山洪暴发及地震、飓风等突然性灾害，以至淹没田禾、损坏庐舍、死伤人畜的时候，政府采取紧急措施救助，谓之"救灾"。救灾自乾隆以后有一定成规。如直隶的水灾救济定例规定：水冲民房，全冲者，瓦房每间给银一两六钱，土、草房每间给银八钱；尚有木料者，瓦房每间给银一两，土、草房每间给银五钱；稍有坍塌者，瓦房每间给银六钱，土、草房每间给银三钱；瓦、草房全应移建者，每间加给地基银五钱，每户不得过三间。淹毙人口，每大口给银二两，小口给银一两。① 地震、飓风等灾一般比照水灾例办。实际执行中，常有奉特旨不拘成例的情形。

蠲免。荒歉之岁，按照灾情轻重，免征部分额赋，叫作"蠲免"，亦称"灾蠲"，以别于因国家庆典、皇帝巡幸、用兵等而实行的"恩蠲"。蠲免之实行与否及蠲免多少，根据被灾分数确定。顺治时规定：被灾八分至十分，免十分之三；五分至七分，免十分之二；四分，免十分之一。康熙十七年（1678）改定：五分以下为不成灾，六分免十分之一，七分以上免十分之二，九分以上免十分之三。雍正六年（1728）命增加蠲免分数，遂再改为：被灾十分免十分之七，九分免十分之六，八分免十分之四，七分免十分之二，六分免十分之一。乾隆元年（1736），命被灾五分亦免十分之一。此后遂成定制。常例之外，因灾情较重，也有特旨全蠲或增加蠲免分数的情形。凡蠲正赋，随征耗羡相应蠲除。如题准蠲免时额赋已征，应免之数在下年征收时扣除，名曰"流抵"。漕粮非奉特旨，例不因灾蠲免。此外，因蠲免只及田主，不及佃户，康熙时特别规定：田主遇灾蠲

---

① 光绪《大清会典事例》卷270。

免,"照蠲免分数,亦免佃户之租";后改定为:"业户蠲免七分,佃户蠲免三分"①。

缓征。即将应征钱粮暂缓征收,于以后年份带征完纳。缓征的适用比蠲免要广,勘不成灾(被灾分数不足五分)例不予蠲,但一般缓征;乾隆四十六年(1781),更规定成灾五分以上州县之成熟乡庄一体缓征。漕粮漕项等例不蠲免的项目、民间借贷的官仓口粮籽种及各项民欠等,也都有缓征之例。成灾者,蠲免所余及未完旧欠概予缓征。缓征钱粮,乾隆以前在下年麦后起征,下年又无麦则缓至秋后。乾隆初改定:被灾不及五分缓征者,仍缓至次年;被灾八、九、十分者,分三年带征;五、六、七分者,分两年带征。而实际上,因连年歉收,或因积欠过多,无法征收,往往不得不一缓再缓,至有积至十数年不能完者。积年旧欠实在征收无着的,也有时特旨豁除。

赈饥。灾年发仓储向饥民施米施粥叫"赈饥"。与蠲、缓不同,赈饥的对象不是"有田之业户",而是"务农力田之佃户、无业孤寡之穷民"②。"凡有地可种者,不在应赈之列。但有地亩之家,现在无收,实与无地者同受饥馁,应查验酌赈"③。清制,地方官于勘灾同时,即应清查户口,将应赈人口造具册籍,分别极贫、次贫④,给发印票,以为领赈凭据。开赈时,地方官及监赈各员分赴灾所,发放米谷;米谷不足,折银钱给之,叫"折赈"。雍正时,令煮赈与散赈兼行,近城之地设置粥厂,四乡二十里之内各设米厂,米厂照煮赈米数按口月给。乾隆初,定日赈米数,大口五合,小口半之。又定:地方遇水旱,即行抚恤,先赈一月(叫"正赈",也叫"普赈""急赈")。查明被灾分数、户口后,被灾六分,极贫加赈一月;七、八分,极贫加赈两月,次贫一月;九分,极贫加赈三月,次贫

---

① 《清圣祖实录》卷34,康熙九年九月乙卯;卷244,康熙四十九年十一月辛卯。
② 万枫江:《灾赈总论》,见杨西明《灾赈全书》卷3。
③ 《清世宗实录》卷118,雍正十年正月辛未。
④ 有的省不分差等,也有的在极贫、次贫外再分"又次"一等。乾隆七年(1742)命省去又次,概分二等。

两月;十分,极贫加赈四月,次贫三月。倘连年积歉,或灾出非常,督抚妥议题明,将极贫加赈时间增至五六月、七八月,次贫加赈时间增至三四月、五六月。还规定:贫寒生员一体给赈,由学官具籍,牒地方官给发。勘灾用费报销、散赈手续及官员奖惩等,雍乾以后,也都有严密的规定。

借贷。指灾荒后或逢青黄不接时向农户贷放口粮、籽种。各省府州县乡所设之常平仓及社、义等仓,所储米谷即用于赈、贷、粜等。灾荒时三者并行,平年只行借、粜。借贷一般在春耕夏种,民间乏食缺种时进行,秋收后征还。所借除口粮、籽种外,地方官府还往往出借供雇耕牛用的"雇价"、供养牛用的"牧费",等等;口粮、籽种亦有折银钱给贷者。平年所借加息征还,歉岁所借免息。乾隆四年(1739)定:出借米谷除被灾州县毋庸收息外,收成八分以上者,仍照旧例每石收息谷一斗;七分者,免息;六分及不足五分者,除免息外,六分者本年征还其半,来年再征另一半,不足五分者缓至来年秋后再征。十七年又定:灾民所借籽种口粮,夏灾借给者秋后免息还仓,秋灾借给者次年麦熟后免息还仓。此外,如上年被灾较重,本年虽得丰收,所借也可免息。有个别省份如广东、福建等,向不加息。

平粜。常平仓谷主要用来平抑粮价,"米贱则增价以籴,米贵则减价以粜"①。一般在每年春夏间粜出,秋冬时籴还,存七粜三,既接济春荒,又出陈易新。遇岁歉米贵之年,允许多出仓储,减价平粜。歉岁粜卖遇仓储不足时,发库帑籴客米接济,再不足则截留漕粮以济之,同时鼓励富户零星出粜,严禁奸商势豪囤积射利。散粜之法与赈饥同,规定于城中及四乡分设粜厂,委员监粜,预示粜期、粜价,令贫户各持保甲门牌赴厂籴买,限以籴数。严禁牙棍包贩及厂役斛手人等克扣掺和及勒索票钱诸弊,违者严加治罪,该管各官徇纵者参处。其运粮脚价等费,准予报销。

---

① 《清世祖实录》卷88,顺治十二年正月壬子。

通商。荒年乏食，米价腾贵时，禁邻省遏籴，允许并鼓励商贾运贩米谷至灾区，以济官米之不足，谓之"通商"。通商是与平粜相辅而行的一项措施，目的也在平抑粮价。为鼓励商贾往歉收地方运粜，乾隆元年（1736）规定，往被灾地方运粜的米船免征官税①。外洋之米，乾隆时也鼓励商贾贩进，减税以招徕之。此外，有时官府招商，给以护照及正项钱粮，令其往灾区运粜，所得利息，商人自取，官府只于米价平后收回原本。

兴土工。在灾荒年景，由地方官相时地之宜，发官帑兴作工程，召集饥民佣赁糊口，以此作为赈济的一种方式，亦称"以工代赈"。以工代赈工程的工价一般按半价给发，但也有时准给全价。如乾隆十六年（1751）有谕旨说：嗣后一般以工代赈工程，工价仍循往例（指半价），但"若实系紧要工程，亟应修作，自又当照原价给与"②。工程完竣，督抚将所济饥民人数与工筑之费疏报，户部覆核准销。

返流亡。灾年饥民外出逃荒，清政府的基本对策是尽量防止，规定地方官于灾后即应出示晓谕，令其毋远行谋食，轻去乡土。已经外出者，则令所过州县量行抚恤，并劝谕还乡，以就赈贷，称为"返流亡"。雍正时，制定有对外来流民的留养则例，规定各地方于冬寒时动用常平仓谷赈恤外来流民，至春暖再动支存公银两资其返籍。但这个制度实际行不通，且多弊端，故自乾隆以后，除对老弱无力者仍予留养、资遣外，对一般投奔亲故或往丰收地方觅食者，并不强制执行。

劝输。灾荒之年，政府鼓励官绅士民出粟出银助政府救荒，视其所输多寡，官予加级纪录，民予品衔或花红匾额旌奖，名曰"劝输"。捐输条例各朝不尽相同，大体上，捐米谷至数百石，官即可以纪录加级，民即可以顶戴荣身；捐数少者，给予花红匾额。雍乾以后定制：灾后，地方官即应将捐输银米及出资运粜、助官赈饥、施舍医药等的官绅士民名单和所输银米数额核实造册，申报督抚，少

---

① 杨西明：《灾赈全书》卷2《米船免税》。
② 杨西明：《灾赈全书》卷2《以工代赈》。

者旌奖，多者疏闻议叙；地方官不行核查及勒派报捐、侵吞渔利或以少报多、滥邀议叙的，各治以罪。乾隆四十一年（1776）规定：绅衿士民于歉岁出资捐赈者，准亲赴布政司衙门具呈，听其自行经理，事竣，督抚核实题报。常平、社、义等仓，也都分别定有劝捐条例。

上述措施互相补充，遭逢重大灾荒时往往同时实行，因之而支出者即为救荒经费。救荒与保息不同，一是开支浩大，二是没有固定数额，支出多少视灾情而定。救荒经费一般由地方库储支出，事竣奏销，但也常由户部特拨专款，还往往截留漕粮。清前期，救荒是国家一项大的支出，几乎年年都有，往往动辄花费白银数十万两乃至数百万两。

四　收支大势

（一）顺治至康熙前期

从入关到康熙二十年代初平定三藩叛乱并收复台湾之前，清王朝的统治尚未稳固，一方面连年战争，军费开支浩大，另一方面经济凋敝，政府岁入较明代大幅度减少，故财政相当困难，"岁支常浮于入"。这是清初财政总的特点。

顺治时期，清王朝正处在军事统一全国的战争之中，军费是当时国家最主要的岁出。据记载，顺治初年诸路兵饷岁需银1300余万两，顺治十三年（1656）以后增至2000万两，末年达到2400万两。而岁入，由于入关后除豁了明季三饷等项加派，特别是由于历经明季以来多年战乱浩劫之后，人丁死逃，地亩抛荒，工商衰败，从而税收大受影响，顺治八年至九年时，"丁田二项并杂税盐钱"仅实征银2100余万两，十三年为2208余万两，末年（十七年数）也仅为2566万余两①。按上述数字计算，顺治后期，军费开支要占到当时

---

① 张玉书：《张文贞公集》卷7《纪顺治间钱粮数目》。

岁入的90%以上。军费开支如此之大，迫使清政府不得不极力压缩其他开支，主要是通过裁汰冗官以节省政费。"顺治元年，以冗官费多，京堂等缺强半裁省。三年，裁并各府推官、各县主簿等缺。自是而后，裁并各省道府州县缺。十三年，复以钱粮不敷裁汰冗员，为节省之法"①。清初，每年官俸等政费开支仅为200余万两。然而即便如此，还是经常入不敷出。据礼科给事中刘余谟顺治九年奏言，当时每年钱粮入数为1485.9万余两，支出兵饷1300余万两，其他各项经费200余万两，合共岁出1573.4万余两，以入抵出，不敷银87.5万余两②。末年时，虽收入有所增加，但除去各省留支以后仅余1960万两，以之开支军费就已有400万两左右的缺口，加上其他经费，入不敷出的赤字就更大了③。

康熙初年，军事征服基本完成，但是吴、尚、耿三藩拥兵割据云、贵、粤、闽数省，"岁需二千余万，近省挽输不给，一切仰诸江南，绌则连章入告；既赢，不复请稽核。天下财赋，半耗于三藩"④。在这种情况下，中央政府的财政仍然相当支绌。及至三藩叛后，一方面中央收数骤绌，另一方面因平叛而军费浩繁，局面就更加严峻。关于这一时期的收支情况没有确实纪录，但是清朝大开捐例，就是从平三藩筹饷开始的。又这期间改折漕贡、裁节冗费、稽查漏赋、量增盐课杂税、裁俸停工等，种种筹款措施不一而足，从中也足见其时财政形势的艰窘。

（二）康熙中至乾隆时期

以康熙二十年（1681）平定三藩叛乱、二十二年台湾郑氏降清为标志，清王朝终于确立了对全国的统治。此后一直到乾隆时期，为清王朝的全盛时代。这一时期，社会安定，经济逐步恢复并进一步发展，出现了历史上空前繁荣昌盛的局面。与此相联系，清王朝

---

① 吴廷燮：《清财政考略》。
② 刘余谟：《敬陈开垦方略疏》，载《皇清名臣奏议》卷4。
③ 参见上引《张文贞公集》。
④ 魏源：《圣武记》卷2《康熙戡定三藩记上》。

财政的收、支也逐步走上正轨,收入增加,支出有常额,清初收不抵支的局面根本改观。这一时期在经常项目的收支上,大体每年出入平衡且有盈余;遇有临时额外支出如用兵、工程、赈恤等,或动用历年节余,或采取"捐输""报效"等方法筹款,总的来说未出现大的财政困难。

分别来说,在康熙时期,由于社会经济尚处在由严重破坏到逐步恢复的过程中,为休养生息,政尚宽大,故虽岁入较之清初已大为增加,但各项税收多仍不及明代原额。康熙中期以后的岁入,不计实物部分,只有3500余万两①。不过,其时崇尚节俭,岁出也相对较少,故常年收支相抵仍有盈余。康熙时多次大规模蠲免,而户部库存银最多时仍达到5000万两,就是明证。

雍正时期,社会经济已经恢复,国力增强。雍正帝鉴于其父晚年施政疏阔,官吏贪污成风,库帑亏空严重的现实,大力整顿吏治和财政,一方面严查亏空,限期填补,另一方面整顿和改革税收及财务支出制度,如实行摊丁入地、耗羡归公、增加盐课关税、严核奏销等。常捐之设亦自雍正始。经过此一番整顿和改革,清王朝财政的面貌又发生一次变化,为以后乾隆朝府库充盈的局面奠定了基础。雍正时期的国库存银最初仅为800万两,中期增加到6000余万两,后因西北用兵耗去大半,末年时减少到2400万两。

乾隆时期清王朝达到鼎盛。这一时期,随着国力增强,铺张奢侈之风渐起,康熙时的皇帝躬亲节俭、雍正时的严核国家度支情况已不复可见。乾隆一朝皇帝巡幸、寿典、对内对外用兵(所谓"十全武功")、河工、赈恤等,用帑之多远过前代,其中仅历次用兵军需所耗,即达银1.2亿两以上,河工糜帑亦多达数千万两。然而国家的岁入亦较前增加。乾隆时岁入地丁、耗羡、盐课、关税、杂项税课及常例捐输银总共4000多万两(特开之捐例及商人报效等临时性入款不在内),经常项目的岁出为3000余万两,收支相抵后的盈

---

① 其中地丁约计2900万两,盐、关、杂款合计600余万两。此外,每年另征有实物粮400余万石及草束等物。

余常在 1000 万两以上。兹以乾隆三十一年（1766）的出、入数字为例，列表如下，以见其时收支规模的大概。

表 2　乾隆三十一年（1766）的各项收入及其占岁入总数的百分比[1]

项目	银数（万两）	占岁入总数的百分比（%）
地丁	2991 +	61.62
耗羡	300 +	6.18
盐课	574 +	11.83
关税	540 +[2]	11.12
芦课、渔课	14 +[3]	0.29
茶课	7 +	0.14
落地杂税	85 +	1.75
契税	19 +	0.39
牙、当等税	16 +	0.33
矿课（有定额者）	8 +	0.16
常例捐输	300 +[4]	6.18
共计	4854 +[5]	100

注：(1) 此表数字又见魏源《圣武记》卷 11，但魏书未标明数字年份，且地丁银数误作 2941 万两（《清史稿》记载与《清朝文献通考》同）。经与各书核对，是年数字原有万位以下数，《清史稿》皆略作"××万两有奇"。又据《清朝文献通考》卷 4《田赋考四》、卷 10《田赋考十》，是年田赋，民丁于地丁银外另征粮 8317735 石有奇（含漕粮），屯田征屯赋银 784902 两有奇、屯赋粮 1097064 石有奇，此外还各有草束。又《清史稿》于记各项入款后声明："外销之生息、摊捐诸款不与"。
(2) 原文作"五百四十余万两有奇"；《圣武记》作 5415000 两。
(3) 《圣武记》作芦课 122500 两、渔课 24500 两。
(4) 原文作"三百余万"。
(5) 此项总数为以上各数相加之和，原文作"四千数百余万"。
资料来源：《清史稿》卷 125《食货六》，中华书局标点本，第 3703 页。

表 3　乾隆三十一年（1766）的各项支出及其占岁出总数的百分比[1]

项目	银数（万两）	占岁出总数的百分比（%）
满汉兵饷	1700 +[2]	49.26
武职养廉	80 +	2.32
王公百官俸	90 +[3]	2.61

续表

项目	银数（万两）	占岁出总数的百分比（%）
外藩王公俸	12 +	0.35
文职养廉	347 +	10.05
京师各衙门公费饭食	14 +	0.41
京师各衙门胥役工食	8 +	0.23
内务府、工部、太常寺、光禄寺、理藩院等衙门祭祀、宾客备用银	56	1.62
采办颜料、木、铜、布银	12 +	0.35
织造银	14 +	0.41
宝泉、宝源局工料银	10 +	0.29
京师官牧马牛羊象刍秣银	8 +	0.23
各省留支驿站、祭祀、仪宪、官俸、役食、科场、廪膳等银	600 +[4]	17.39
东河、南河岁修银	380 +[5]	11.01
更定漕船岁需银	120	3.48
共计	3451 +[6]	100

注：（1）本表数字亦见魏源《圣武记》卷11，项目详略互有差异。
（2）原文作"一千七百余万两"；《圣武记》作17037100两有奇。
（3）原文作"九十余万两"；《圣武记》作938700两。
（4）原文作"六百余万两"。又原文声明：此600余万两"岁不全支"。
（5）原文作"三百八十余万两"；《圣武记》作东河80余万两、南河300余万两。
（6）此总数为以上各数相加之和，原文作"三千数百余万"。
资料来源：同表2，第3703—3704页。

乾隆时期的国库储备也是康雍乾三朝最充裕的，表4是三朝户部银库历年结存银数的情况。从中可以看出，康熙朝自从平定三藩、收复台湾以后，户部银库存银常在2000万—3000万两或以上，多时曾达到4000余万两。雍正朝多数年份在3000万—4000万两或以上，最多时超过6000万两。乾隆朝更上层楼，不仅一般年份稳定在3000万—4000万两或以上，后期更达到7000万—8000万两的水平，约当其时两年的财政收入。

表4　　　康熙、雍正、乾隆三朝户部银库存银数　　单位：万两

年份	库存	年份	库存	年份	库存
康熙六年	249	雍正三年	4043	乾隆十九年	3761
康熙十一年	1810	雍正四年	4741	乾隆二十年	4300
康熙十二年	2136	雍正五年	5525	乾隆二十一年	4322
康熙十六年	531	雍正六年	5824	乾隆二十二年	4015
康熙十七年	334	雍正七年	6025	乾隆二十三年	3638
康熙二十五年	2605	雍正八年	6218	乾隆二十四年	3673
康熙二十六年	2896	雍正九年	5038	乾隆二十五年	3550
康熙三十年	3185	雍正十年	4439	乾隆二十六年	3664
康熙三十一年	3426	雍正十一年	3793	乾隆二十七年	4193
康熙三十二年	3760	雍正十二年	3250	乾隆二十八年	4706
康熙三十三年	4101	雍正十三年	3453	乾隆二十九年	5427
康熙三十四年	4226	乾隆一年	3396	乾隆三十年	6034
康熙三十五年	4263	乾隆二年	3439	乾隆三十一年	6661
康熙三十六年	4064	乾隆三年	3486	乾隆三十二年	6650
康熙三十七年	4054	乾隆四年	3258	乾隆三十三年	7182
康熙四十二年	3837	乾隆五年	3049	乾隆三十四年	7622
康熙四十三年	3999	乾隆六年	3146	乾隆三十五年	7729
康熙四十七年	4718	乾隆七年	3275	乾隆三十六年	7894
康熙四十八年	4377	乾隆八年	2912	乾隆三十七年	7874
康熙四十九年	4588	乾隆九年	3190	乾隆三十八年	6968
康熙五十年	4309	乾隆十年	3317	乾隆三十九年	7391
康熙五十三年	4073	乾隆十一年	3463	乾隆四十年	6496
康熙五十七年	4432	乾隆十二年	3236	乾隆四十一年	7466
康熙五十八年	4737	乾隆十三年	2746	乾隆四十二年	8182
康熙五十九年	3932	乾隆十四年	2807	乾隆四十四年	7504
康熙六十年	3262	乾隆十五年	3080	乾隆四十五年	7547
康熙六十一年①	2716	乾隆十六年	3249	乾隆四十九年	7147
雍正一年②	2361	乾隆十七年	3863	乾隆六十年	6939

续表

年份	库存	年份	库存	年份	库存
雍正二年	3163	乾隆十八年	3987		

注：①本年数乾隆清单缺，据雍正元年四柱册（"旧管"数）。
②此为雍正元年四柱册数字。乾隆清单本年数为2371万两。
资料来源：中国第一历史档案馆藏军机处上谕档：乾隆四十年正月二十九日军机大臣遵旨查明康雍乾年间户部银库存银数目奏片所附清单（见《历史档案》1984年第4期，第19—21页）；中国社会科学院经济所藏户部银库黄册抄档（雍、乾两朝银库四柱黄册）。按乾隆四十年的清单开列了康熙朝26个年份的银库存银数和从雍正元年至乾隆三十九年间每一年的银库存银数。本表乾隆三十九年以前的数据除另注者外均出自这个清单（少数年份清单与四柱册数字有微小差异，不一一注明）；乾隆四十年以后7个年份的数据系根据四柱册。又清代文献亦有涉及个别年份银库存银数者，有的与档册所载有差异，主要有：康熙四十八年数字，据《清圣祖实录》卷240，康熙四十八年十一月丙子上谕，为5000余万两；康熙六十一年数字，据阿桂《论增兵筹饷疏》（载《皇朝经世文编》卷26），为800万两；乾隆初年数字，据阿桂疏，为2400万两（《清高宗实录》卷920，乾隆三十七年十一月癸丑条记载与档册数一致）；乾隆四十一年数字，据魏源《圣武记（附录）》卷11《武事余记·兵制兵饷》，为6000万两。此外，根据魏源的说法，乾隆四十六年户部库存银7800万两。

在财用充裕的情况下，康雍乾三朝曾一再实行钱粮蠲免。康熙一朝各种名目的大小蠲免总计不下500余次，所免总数超过一亿数千万两①。特别是从二十五年起，几乎每年都对一省或数省"普免"，即免征全部额赋；从三十一年起，逐省蠲免起运漕粮一年；从五十年起，三年之内轮免各省钱粮一周，计共免"天下地丁粮赋新旧三千八百余万"②。乾隆朝的蠲免规模更超过康熙时。乾隆六十年间，计共普免全国钱粮四次（十年、三十五年、四十二年、五十五年）、漕粮三次（三十一年、四十五年、六十年），每次分数年轮完，还普免过官田租和各省积欠。其他个别省份、地区、个别项目的蠲免和豁除旧欠数不胜数。有些蠲免且形成定例，如"每谒两陵及他典礼，跸路所经，减额赋十之三，以为恩例"③。一再大规模实行蠲免，也从一个方面反映了当时国家的财政状况。

---

① 据户部统计，从康熙元年到四十九年，免过钱粮银数"已逾万万"（《清圣祖实录》卷244，康熙四十九年十月甲子）。此后十余年间所免，亦有数千万。
② 王庆云：《石渠余纪》卷1《纪蠲免》。
③ 王庆云：《石渠余纪》卷1《纪蠲免》。

（三）嘉庆至道光时期

嘉庆、道光时期，清王朝步入了多事之秋，各种社会矛盾日益暴露、激化，天灾人祸不断，正常的税收难于保证，意外开支却有增无已，是以国库日渐空虚，财政窘迫。嘉庆初年为镇压白莲教起义，不仅将乾隆末年国库七八千万两存银消耗一空，而且不得不开"川楚事例"，先后收捐银多达3000余万两①。此役耗用军费超过亿两②，给清王朝财政以沉重打击，从此再难恢复元气。因国库空虚，嘉庆朝为应付河工、军需、赈务各项额外支出，只能依靠捐输，故自川楚事例以后，各种捐例从未停开，每年所收捐银少则二三百万两，多时超过千余万两③。

道光时期的财政困难尤甚于嘉庆朝。嘉庆十七年（1812），岁入4113万余两，岁出3510万余两，虽收支相抵后的盈余数已较乾隆时大为减少，但仍有600万两左右。而至道光时期，据户部道光三十年奏报，此前十余年间，"岁额所入，除豁免、缓征、积欠等项，前后牵算，每岁不过实入四千万上下"，较额征少四五百万两，岁出则"约需三千八九百万两"，收支相抵，已经几无盈余。这还仅是就常例支出而言，实则当时"用款多寡难定。以近十余年计之，海疆、回疆及各省军务，东、南两河工用，南北各省灾务，统计例外用款，多至七千余万"。计入这些，那就入不敷出了："人款有减无增，出款有增无减，是以各省封存正杂等项渐至通融抵垫，而解部之款日少一日。……虽经叠次恩发内帑银一千余万两，王大臣议减京外各营马乾、红白赏恤、杂项、减平等款共节省银一千余万两，臣部先后催完积欠银一千七百余万两，又因南粮缺额，京仓支放等款分成改折，而入不敷出，为数尚巨"。④ 户部此折，已将道光朝最后十几年间财政困难的情形说得很清楚了。兹将道光后期的岁入、岁出数

---

① 魏源：《圣武记（附录）》卷11《武事余记·兵制兵饷》。
② 《清史稿》作2亿两，见该书卷125《食货六》。
③ 参见罗玉东《中国厘金史》，文海出版社1986年版，第7页"历朝户部银库收入表"。
④ 参见《中国近代货币史资料》附录军机处档案，第170—171页。

字列为表 5，以见其时收支的大概。

表 5　　　　　　　　　　道光后期岁入、岁出情况

年份	岁入（银两）	岁出（银两）	相抵余额（银两）
道光十八	41272732	36209382	5063350
道光十九	40307372	34787590	5519782
道光二十	39035229	35805162	3230067
道光二十一	38597458	37341583	1255875
道光二十二	38715060	37149811	1565249
道光二十三	42264528	41904903	359625
道光二十四	40163854	38651694	1512160
道光二十五	40612280	38815891	1796389
道光二十六	39222630	36287159	2935471
道光二十七	39387316	35584467	3802849
道光二十八	37940093	35889872	2050221
道光二十九	37000019	36443909	556110

资料来源：道光十八年至二十八年数据北京图书馆藏翁同龢家抄本《岁入、岁出册》，转引自《中国近代货币史资料》附录 172 页。道光二十九年数据王庆云《石渠余纪》卷 3《直省出入岁余表》。按王书卷 3《直省岁入总数表》记有道光二十一、二十二、二十五、二十九各年岁入数，同卷《直省岁出总数表》记有道光二十八、二十九年岁出数并附有道光二十一、二十二、二十五各年岁出总数，《直省出入岁余表》记有道光二十五年至一二十九年岁入、岁出总数，所记各数有的与翁抄本小有差异，有的年份数字各项分数相加之和与所开总数也有差异。

表中数字源出于户部山西司奏销红册，为各省历年奏销总数。由于未扣除省际协拨出入重复数字，岁出数较实际支出要大一些。如据王庆云说，道光二十二年（1842），甘肃、四川、云南、贵州四个收不抵支的省份总共接受了邻省协拨银约 560 万两，这些银两"邻省之协拨者既作出数奏销，而受拨省份将所拨之款又作出数奏销"，在总数内重复计算，应当减除，故该年的实际支出应为 3150 余万两，出入相抵后的盈余为 716 万余两[①]。然而这只是各省的出入情形，未包括京师支出在内，而当时京师的支出，主要是靠各省解

---

① 参见王庆云《石渠余纪》卷 3《直省岁出总数表》后附言。

款。道光后期，京师户部每年支放银九百四五十万两，其来源"除各省例解部款一百二十万，常捐、旗租、减平二百余万外，不敷银两随时奏闻，于盈余省份地丁、盐、关指款拨解部库"[1]。计入京师用款，道光后期全国总计的岁入、岁出实际是没什么富余的，因为各省出入的盈余数，差不多全要用来解京供中央开销。常例收支如此（表5均为常例奏销数），应付起当时层出不穷的例外开支，就只能靠吃库存老本，"是以各省封存正杂等项渐至通融抵垫，而解部之款日少一日"。这种局面，到太平天国起义于道光朝的最后一年（道光三十年）年底爆发以后，终于演变为清政府一场空前的财政危机，而清前期的财政，也就以这场危机为标志而告终结了。

（原载《晚清财政：1851—1894》，上海财经大学出版社2008年版）

---

[1] 王庆云：《石渠余纪》卷3《部库年例应放数目》。

关于中国历史 GDP 研究的点滴思考[①]

自从 2010 年申报国家社科基金重点课题"十九世纪上半期的中国经济总量估值"获得批准以来,本书课题组正式开展工作已经有大半年了。现将我们的一些想法写出来,企盼学界同行不吝赐教。

一 研究路径的选择:从史料入手,重建历史数据

本课题组准备如何去做这项研究,我们攻关的重点、学术贡献的追求放在哪里?

GDP 研究,即某一国家或地区一定时期内(通常为一年)的国内生产总值(增加值)核算,无论现实的还是历史的,都是西方学者首先做起来的,已有相当成熟的方法和整套的指标体系。他们业已总结出来的那些核算方法和经济指标,是任何做此项研究的人都必须遵循的,除非你不去做这项研究。当然,由于中国传统经济有自己的特点,研究中国的历史 GDP 必然,也应当在某些具体的方法和指标上有所创新或者说突破,但笔者认为,根本性的创新或突破是不可能的。这个方向,不应该是我们课题攻关的重点;我们在学术上力争做出贡献的主要方面,不应放在这里。

既然方法和指标不是重点,那么,完成此课题需要做的另一项工作即历史数据的收集和整理,自然而然就应该是我们工作的重

[①] 此文原为笔者在 2011 年举办的一次学术研讨会上的发言,由徐毅记录并整理成文,笔者亲加修改裁定后与徐毅共同署名发表。

点了。

　　研究历史 GDP 离不开历史上的经济数据，这是大家都知道的，但如何去获取数据可以有不同的方法。开始做课题前，我们考察了已经做过和正在做这方面研究的学者们的论文或专著，发现有相当一部分研究者不做或很少做第一手原始数据的收集工作。他们在确定好估算方法和所需指标之后，就按图索骥，间接地从他人已有的成果中去到处摘取相关的资料和数据；自己方面，主要是就这些现成的资料、数据进行比较、选择及以某种假定为前提做一些修正和再加工的工作。如此做法，或许与这些研究者多为"学习经济学出身"，不熟悉、不习惯历史学研究方法的学术背景有关，但不可否认，其中也可能有"尽快出成果"的功利因素在内。需要承认的是：采用这种方法，如果态度足够严肃、认真和审慎，在利用前人成果时不出现硬伤，其所得到的研究结论也有可能成为"一家之言"，对于推动学界就相关问题的进一步讨论，不无意义。

　　虽然也是一种可行的选择，但我们不打算采用这种方法。这倒不仅仅是因为我们课题组的几个人均为"学习历史学出身"，习惯使然，主要还是因为我们希望把课题做得更好一些。在我们这个课题涉及的研究范围内，我们认为，固然可供参考的前人成果已经比较丰富，有些已经比较深入，我们应当，也必须充分尊重和利用这些成果，但是，相对于我们的研究需要来说，这些前人成果还远不能说已经非常充分和足够。相反，在我们看来，目前清代经济史的研究，在许多方面，特别是在一些基础性的历史数据方面，还有不少欠缺；一些既有结论，也有必要再加讨论。试问，在诸如耕地数量、主要农作物的种植面积和单位面积产量、农产品的价格等关系农业产值估算的基础数据方面，在手工业、国内商品流通、国际贸易以及其他需要有数据支持才能进行 GDP 估算的经济指标上，有哪一方面可以认为目前的成果已经足够，不需要再做进一步的研究了？人们之所以不满意安格斯·麦迪森（Angus Maddison）对中国历史 GDP 的估计，认为有的结论不靠谱并纷纷继起修正，所质疑的，还不就是他用来估算中国历史 GDP 的那些主要来自西方学者的既有研究成果的数据吗？麦迪森是历史 GDP 估算和国际比较研究的先驱者，他的贡献不在于他的那些具体结论，而在于他开创了一个新的研究领域。无论他的估计结论的可靠性如何，其所做工作的意义和贡献都是不容否认的。可是，如果我们这些后来者继续走同样的路子而不肯在历史数据上下更大的功夫，那么，我们所做工作的意义和贡献又在哪里呢，难道仅仅是为了提出一些不同于前人的新的估计吗？笔者认为，如果只满足于这样的结果，那么，我们所做工作的意义和贡献与麦迪森的相比，其间的差距恐怕是"未可以道里计"的。

所以，从一开始我们就说：我们这个课题要从史料开始，在"重建历史数据"上花大力气，下大功夫。我们对课题的最终成果的设想，是不但要提出自己对 19 世纪上半期中国经济总量的估计，而且，还要在用来支持这个估计的历史数据上有所贡献，要在清代经济的主要计量指标方面提供超过前人的系统原始数据资料。这些资料，将来同我们的估计结果一起发表，以方便后人的进一步研究。我们最终能够在多大程度上达到这个目标，目前还不敢放言吹牛，然而，"虽不能至，心向往之"，"取法乎上，得乎其中"，相信只要付出努力，一个至少说得过去的结果应该还是可以期望的。

经过大半年的努力，我们"重建历史数据"的工作已经有了一些结果。例如在笔者直接负责的农业数据方面，主要是通过查阅地方志，已经总共收集了全国 18 个省及东北、新疆等地区的粮食亩产量数据近 3000 个，超过前人提供的数据总数一倍有多（前人如郭松义、赵刚先生等收集的清代亩产量数据，也包括笔者过去贡献的，总数只有 1000 个出头）。这里说的还只是在我们的数据表上录入的数字，由于有些数字是经过合并计算的，原始数据的实际数量应在 1 万个以上。在手工业及国内商品流通的数据方面，我们也已在前人工作的基础上，又增添了自己的贡献。就笔者来说，对这批数据成果的看重，是更要超过最后的 GDP 估算结果的。笔者认为，这批数据成果对后人的用处、意义，有可能比我们的一个简单的 GDP 估算结果更大。

二　如何重建历史数据：中国传统文献中的数字史料问题

重建历史数据并不是简单地从历史文献中"抄数"，而是一个相当烦琐复杂的数据收集、研究、再加工的过程。清代没有定期发布国民经济运行状况基本数据的"国家统计局"这样的机构，当时人也没有今天的经济学家满脑子都是的那些成套的经济学概念，因此从留下来的那个时代的历史文献中不可能找到现成的可供我们用来做 GDP 估算的各项经济指标的基本数据。这些基本数据，需要首先从各种文献中收集大量的相关原始数据并对之进行鉴别、比对、选择即考证和研究，然后，在前一项工作的基础上，通过对这些不同来源、不同口径、不同质量的或零散或系统的原始数据进行"再加工"，某些情况下还需要利用近代的调查统计资料并且不能排除合理的"推断"和"估计"，才有可能得到。就是说，"重建历史数据"的过程实际是包含了前后相连的两个步骤的，即原始数据的采集和考证、研究，以及以之为基础的原始数据的"再加工"（包括某种情况下合理的"推断"和"估计"）。由于目前我们重建历史数据的工作大部分还没有走到第二步，这里笔者只就第一步的问题说些想法。

从历史文献中采集原始数据，当然是指采集那些"数字形式"的史料。这个工作，说起来容易，其实并不简单。长期以来，中国经济史的量化研究之所以很难深入，主要原因有二：一是中国的传统史料对于经济现象的描述绝大多数是文字形式的，用数字描述的十分有限，收集起来往往需要从海量文献中去"大海捞针"，颇为不易；二是即便数字形式的史料，也未必就一定是历史上那种经济现象在数量上的真实反映，往往需要下一番"考据"功夫，才能弄清楚其确切的含义。"实词虚意"与"虚词实意"的现象在中国传统文献的记载中是经常可见的。清人汪中在其《释三九》中曾说过，古代文献中的"三"和"九"两个数字在许多情况下其实并非实数，而只是用来表示"数个"或"许多"的意思，——此即所谓"实词虚意"。近人杨联陞《中国经济史上的数词与量词》一文指出，历史文献中的"数年"一词许多时候有"五年""七年"的确切含义——这又是"虚词实意"了。还有一种情况，就是不少"实词实意"的数字史料，由于种种原因，也可能与历史的真实情况有很大偏差——清官书中的人口数字（乾隆以前的编审人丁数）、耕地数字以及政府财税收支数字等，都是典型的例子。上述现象的存在，无疑大大增加了中国经济史量化研究的难度。麻烦还在于，对这些问题，并无什么可以到处通行的、标准化的统一解决方案。笔者只能要求课题组的成员要时时、处处将上述种种复杂的情况牢记在心，一方面，对原始数据的收集要尽可能做到全面，不偏废，不遗漏；另一方面，在使用数据时要极其小心、谨慎，做足甄别、比对的考据功夫，而绝不能见数就用，尤其不能使用孤证及违背常识、可疑度极大的数据。有的时候，特别是在需要根据原始数据做出某种判断或估计的时候，引入数学的区间方法，即设定估计值的上、下限，也许比给定一个确定的数值要更好。另外，当需要在两个数值不同的数据间做出取舍时，采取"就低不就高"的做法，也是比较稳妥的。

有关史料收集和处理的问题还有很多。特别是作为计量单位的度量衡问题，经常让笔者非常头疼。不过，这个问题已有不少学者做过深入研究，发表过很好的意见，笔者就不在这里饶舌了。

三 避免以西方或欧洲为中心：经济总量研究中的国际比较问题

对一国的历史 GDP 进行估算是与经济总量的国际比较研究相联系的。我们课题目前的进展距离这一步还相当遥远，但最终总会走到这一步，因此笔者也就这个问题发表点意见。

正如历史 GDP 的估算是西方人首先搞起来的一样，以这种估算为基础的不同经济体之间的经济总量比较研究也是西方人首先搞起来的。英国著名古典政治经济学家威廉·配第的《政治算术》一书对英国、荷兰、法国的国民财富比较自不必说，那是经济总量国际比较研究的开篇之作；近年来历史 GDP 研究热潮的开创者保罗·贝洛赫（Paul Bairoch）和安格斯·麦迪森对各国历史 GDP 的估算也无不以国际比较研究为最终归宿。尽管西方学者在这方面的研究是以 20 世纪下半叶以来欧美学术界反思和批判"欧洲中心论"，强调"全球眼光"或"整体主义"的思潮为背景的，但不可否认，他们用以进行比较研究的那些概念、范畴或标准仍然是"西方化"的，是以近数百年发展成熟起来的西方经济体系作为范本概括、提炼、总结出来的。建立在这套概念、范畴或标准基础之上的中、西或东西方的比较研究，不管研究者主观上是否意识到，其实是不可能完全跳出传统欧洲中心论的窠臼的，即仍然是以近现代的欧洲经济作为衡量标杆，以欧洲的成功为成功，以欧洲的经验为经验。

对于上述情况，笔者想，我们这些目前已经或正在试图加入比较经济史研究热潮的中国学者，心里要有一个清醒的认知。一方面，如同历史 GDP 估算的基本方法和指标一样，我们不能，也不可能完全拒绝采用西方学者建立起来的那些用于比较研究的概念、范畴或标准，另一方面，我们也不能受他们思路的约束。作为中国学者，我们更应该关注中国传统经济体系自身的特点，研究它的内部结构、运转的规律和特点并以"全球眼光"，在世界历史的坐标体系中审视它的发展及其与西方经济的交互影响关系。相对于欧洲经济标杆下的中国传统经济"应该发生什么、为什么没有发生"的研究思路，我们更应该注重研究中国传统经济在历史上"发生了什么、是怎么发生的"。笔者想，只有坚持这样的理念，遵从这样的路径，我们的中国历史 GDP 估算及经济总量的国际比较研究才能真正具有我们本土学者的特色并以这种特色贡献于"整体主义"的世界经济史研究，而不使我们的研究成果成为新版本的"欧洲中心论"的数量化诠释。

（原载《中国经济史研究》2011 年第 3 期）

清代农业生产指标的估计

本文将简要介绍笔者在即将出版的《清代农业的发展和不发展（1661—1911年）》一书中对清代农业生产各项主要指标的估计思路和估计结果。

《清代农业的发展和不发展（1661—1911年）》是为"中国量化经济史丛书"专门写作的，中心内容是对1661—1911年中国农业生产的各项主要指标做出量化估计，并在此基础上讨论清代农业在中国传统农业发展史上的地位及其对中国传统社会近代化转型的影响等问题。为进行此项研究而从上千种清代文献和档案中收集的、涉及当时农业生产各个方面的大量历史数据资料，经过整理和考订，将在书末以附录的形式贡献给学界，供进一步研究、讨论之用。

一 研究的整体思路

清代的农业，就全国大部分地区的总体情况而言，仍然是以种植业，特别是以粮食生产为主体；牧、林、渔等项生产，除禽畜（力畜及食用禽畜）的养殖在传统农区作为农家副业有一定规模的存在外，主要是在东北、蒙古、新疆、青藏等边疆地区以及内地省份的一些自然地理条件特殊的地方存在和发展。根据当时中国农业的特点，本项研究将农业生产指标估计的重点放在种植业，尤其是粮食生产上。在估出粮食生产的产量、产值和包括经济作物生产在内的全部种植业产值的基础上，参照学界对近代农业生产结构的调查和研究成果，分别估定林、牧、渔等业产值与种植业产值的恰当比例,并据之计算各该业的产值和将其包括在内的农业总产值。当时农民的家庭副业生产,除禽畜养殖计入农业产值以外,还有些小项虽也与农业相关,因其无多,忽略不计。

对种植业产值的估计采用如下设计进行:首先,将种植业分为粮食生产和经济作物生产两部分,分别估算其各自的产值,然后以两项结果相加,得出种植业的总产值。估算的公式为:

产值 = 作物的平均单位面积产量 × 作物种植面积 ×
作物的平均价格 − 生产成本

按照上述思路,本项研究选定顺治十八年(1661)、康熙二十四年(1685)、雍正二年(1724)、乾隆三十一年、嘉庆十七年、道光三十年、光绪十三年和宣统三年总共 8 个清代历史的时间节点,分别对各该点的生产指标进行量化估计。

选择上述 8 个时间节点是因为在这些时间点上基本都有系统的官方耕地资料可供参考(仅道光三十年和宣统三年没有),而耕地资料是本项研究最主要的基础数据之一,离开了耕地资料,整个研究将无从做起。同时,这几个时间点在清代历史上都有标志性的意义,将这几个时间点的指标估计出来,可以将清代农业生产的发展过程进行关键节点的前后贯穿,做出整体性的观察和讨论。

各时间节点的历史标志意义是:

顺治十八年和康熙二十四年:此二时点均属"清初",是清王朝完成统一、社会经济秩序恢复、国家发展重新步入正轨的"起始点"。清王朝自 1644 年入关以后,经过长达 20 年的残酷战争,至顺治末、康熙初年才最终平定了南明及大西、大顺农民军残部的武装抵抗,实现了对大陆国土的统一。然而国家安定和平的局面并未就此到来。康熙初年,南有"三藩",东有隔海的台湾郑氏割据。直到康熙二十年代,以先后平定"三藩"、收复台湾、开放"海禁"并开始在闽、粤、江、浙设关通商等一系列历史事件为标志,清王朝才最终完成了对全国的统一并建立起稳固的统治。

雍正二年:经过顺治、康熙两朝的恢复,到康熙末、雍正初年,清王朝的人口、耕地都已重新达到了明代的规模，开始迈进"盛世"的门槛。

乾隆三十一年和嘉庆十七年：这两个年份一个可以代表清王朝鼎盛阶段的乾隆中期，一个是"盛世"过后嘉道走下坡路阶段的中间点。

道光三十年：此为清前期行将结束，王朝历史即将进入"近代"的标志性时间点。笔者过去的研究以1840年作为清前期结束的标志，本项研究将"近代前夕"的时间点稍向后移至道光末年，即1850年，是因为以鸦片战争为中国古、近代历史和清代前、后期历史的分界，从宏观、整体的角度说固然正确，但具体的历史演进是一个过程，不是历史的每一个方面都与宏观划界的标志性事件在时间上完全同步。以清代的农业历史说，第一次鸦片战争对它的直接影响并不大，深远的影响要到第二次鸦片战争以后，随着外国势力侵入内地，才逐渐显现出来。而夹在两次鸦片战争中间，从咸丰朝开始的太平天国大起义对清朝农业的直接影响远比第一次鸦片战争要大得多，清前期农业发展的多方面指标都是在此前达到历史的峰值，而后便陷入了近代长期停滞不振的局面。因此，本项研究在估计"近代前夕"的各项农业指标时，将时间点划定在道光末年。

光绪十三年和宣统三年：这两个年份，前者可以代表经历过太平天国大起义以后的所谓"同光中兴"时期——清王朝历史上最后一个大乱之后社会秩序和经济发展相对稳定的时期，后者则是武昌起义的枪声响起，清王朝268年统治的终结之年。

二　主要指标的估计

（一）耕地面积

本项研究选定的8个时间点除道光三十年和宣统三年两个年份以外，均有清朝官方文献记录的包括各省资料在内的全国耕地数据，载于《大清会典》和《清朝文献通考》等官书。但是，正如近十年来众多学者深入研究并在学界达成的基本共识：这些耕地资料由于受到下列因素的不同程度影响，不能被当作真实的耕地数据直接使用。①（1）就其实质而言，这些数据只是政府据之征税的"田额"，而非实际的耕地面积；（2）这些数据深受许多地方为保证征税公平，在将民间耕地登录官册时实行的所谓"折亩"制度的影响；（3）这些数据受到历朝政府主要出于鼓励垦荒的目的而实行的各种"免科""免丈"政策和民间根深蒂固的隐匿、瞒报因素的影响；（4）在清代的土地登录制度下，有大量民族地区的耕地，如所谓"番地""苗田""瑶田""僮田""土司田"，等等，未入官方的耕地统计。

清官书的田亩数字既存在导致其较实际耕地"紧缩"的因素，也存在着使其失之过高的"膨胀"因素（如江浙等一些地方有以小于官定标准的民间"小亩"入于官册的情况；一些地方的非耕地如"山""塘"之类也被计入官册的田亩数；一些地方存在官员为"邀

---

① 最先对清官书田亩数字不实问题做出经典研究的是旅美华人历史学家何炳棣。早在1959 年，何炳棣在其《中国人口研究》（Ping-ti Ho, *Studies on the Population of China, 1368—1953*, Cambridge, Harvard University Press, 1959. 中译本题名为《明初以降人口及其相关问题：1368—1953》，葛剑雄译，生活·读书·新知三联书店 2000 年版）中就指出了中国"传统的土地数据"实只为"交纳土地税的单位数目"，并对形成明清两代官书册载田亩数与民间实际耕作田亩数巨大差距的诸种因素、特别是"折亩"问题，做了实证分析。20 世纪 80 年代，何炳棣又写出专著《中国古今土地数字的考释和评价》，进一步发挥他的观点，由中国社会科学出版社于 1988 年出版（此书出版之前，其核心部分先以《南宋至今土地数字的考释和评价》为题，发表于《中国社会科学》1985 年第 2、3 期）。何炳棣之外，美国学者德·希·珀金斯（Dwight H. Perkins）在其 1969 年出版的专著《中国农业的发展（1368—1968 年）》中亦指出"清朝中期耕地面积数字的可靠性特别差"（宋海文等译，上海译文出版社 1984 年版，第 16 页）。此后，清官书耕地面积不实日益成为国内外研究者的共识。20 世纪 80 年代至 90 年代初，国内学者发表专文对清官书耕地数字的可靠性提出疑问并对其不实的原因做出分析的主要有潘喆、唐世儒、高王凌、江太新等人（参见潘喆、唐世儒《获鹿县编审册初步研究》，中国人民大学清史研究所编《清史研究集》第 3 辑，四川人民出版社 1984 年版；高王凌《关于清代中国的耕地面积》，《平准学刊》第 5 辑下册，光明日报出版社 1989 年版；《明清时期的耕地面积》，《清史研究》1992 年第 3 期；江太新《关于清代前期耕地面积之我见》，《中国经济史研究》1995 年第 1 期）。笔者 1989 年发表的论文《清代前期的耕地面积及粮食产量估计》（《中国经济史研究》1989 年第 2 期），亦对清官书耕地面积不实问题进行了研究（更详尽的分析见史志宏《清代前期的小农经济》，中国社会科学出版社 1994 年版，第 140—148 页）。

急公之名"而虚悬浮报的情况,等等)。但是,这两方面因素的影响不可以等量齐观。前一方面的因素所导致的后果是全局性或大面积发生的,而后一方面因素或者只对部分地方的耕地统计有影响,或者作用所及只是少数个别案例,并非普遍情况,正如何炳棣指出的:"使土地数缩减的因素显然远远大于使之膨胀的因素","传统的土地统计数字必然大大低于实况"①。

总的判断是:清官书的田亩数在清初阶段(雍正以前)与实际耕地的距离尚属有限,因此可以通过在其基础上考订、修正的方法来估出实际的耕地面积。然而到了乾隆以后,特别是随着清代耕地开垦超越传统农耕区,向着以往尚未充分开发或基本未开发的各地山区及边疆地区展开的时候,"固守田额"的官方数字便与实际情况拉开了越来越大的距离,仅靠考订、修正官方数据的方法,已经基本不可能"复原"真实的耕地面积。因之,对乾隆以后的实际耕地面积,只能通过另外的方法、特别是使用近代数据回归的方法,来进行估定。

按照上面的思路,本项研究首先对雍正二年和道光三十年的实际耕地进行了估计。对雍正二年的耕地,笔者以清官书该年的数字为基础,用综合考虑了折亩及隐漏等因素的校正系数与之相乘,来进行估计。② 对道光三十年的实际耕地则使用近代数据回归的方法,具体说是以国家统计局公布的1952年耕地数字为基准,又利用民国

---

① 何炳棣:《明初以降人口及其相关问题:1368—1953》(中译本),第145页。
② 这个方法章有义先生也曾经使用过,参见其《近代中国人口和耕地的再估计》(《中国经济史研究》1991年第1期)一文。章先生使用的校正系数为1.44(折亩率按册载亩比实际亩大20%估定,平均隐漏率亦估定为20%,合计为1.2×1.2=1.44)。但章先生的估计有几个问题:首先,他使用这个方法来估计19世纪以后的耕地,而笔者以为,这个方法只适用于修正清代早期的官书耕地数字,19世纪以后的官书耕地记载已经距离实际太远,用这种方法很难将其还原为实际耕地面积。其次,章先生在修正清官书数据时没有区分官田和民田,这是不对的,因为折亩和隐漏的问题只是出在征赋民田的数字上,并不涉及官田。最后,章先生是用一个统一的系数来修正官书的全国总数及各省数字,而没有顾及各省的不同情况,这也不合理。笔者对清初官方数据的修正仅就民田部分做出,然后用修正后的民田数字与官田相加;修正民田数字时也不用统一的系数,而是按照各省的不同情况分别确定,最高3.0,低的仅1.2,还有个别省的数字未加修正,最终估得的全国综合系数则与张先生使用的1.44相差不远。

时期中央农业实验所与金陵大学农业经济系编制的从晚清到民国抗日战争前的各省耕地面积指数表［将该表的同治十二年（1873）指数借用到道光末，另以该表1933年指数为1952年这个新基点的指数］，由1952年耕地向回推道光末年的耕地面积。①

上述两个年份的耕地面积确定之后，对其他时间点的实际耕地采用不同的方法进行估计。顺治十八年的实际耕地使用估计雍正二年耕地的校正系数对官册数字进行修正（修正前首先对官册数字做出校订）。康熙二十四年的实际耕地则是首先依据官册顺治十八年和康熙二十四年两个年份的耕地数字反映的耕地增长情况分别确定此期间各省的耕地增长指数，然后用已经估得的顺治十八年实际耕地进行推算。乾隆三十一年和嘉庆十七年的耕地依据已经得到的雍正二年和道光三十年的耕地数据，通过计算各省耕地年平均增长率的方法来进行估计。光绪十三年和宣统三年的耕地使用估计1850年耕地相同的方法，以1952年耕地面积为基准，利用前述从晚清到民国抗日战争前的耕地面积指数表向前逆推（将该表1893年指数借用到1887年，1913年指数借用到1911年）。

在本项研究选定的8个时间点上，清官书有记载的年份的耕地数字见表1，笔者估计的各时间点的实际耕地面积见表2。

表1　　　　　　　清官书记载的各时期分省耕地面积　　　　单位：万清亩

省区	1661年	1685年	1724年	1766年	1812年	1887年
全国总计	民田：54936 屯田：3079 学田：33 旗地：1535	民田：60784 屯田：3079 学田：33 旗地：1535	民田：68379 屯田：3945 学田：39 旗地：1735	78072	79153	91198

---

① 此法笔者在20余年前写作博士学位论文时就曾使用过，当时使用的推算基准是民国抗日战争前的耕地数字，参见拙著《清代前期的小农经济》，第151—153页。此次重估，改用国家统计局的1952年数字为基准推算，理由参见笔者《十九世纪上半期的中国耕地面积再估计》，《中国经济史研究》2011年第4期。

续表

省区	1661年	1685年	1724年	1766年	1812年	1887年
直隶	4597.7 (5351.4)	5434.3 (6188.0)	7017.1	6823.4	7414.4	8665.2
山东	7413.4 (7629.9)	9252.7 (9469.2)	9925.9	9891.5	9863.5	12594.1
山西	4078.7 (4593.7)	4452.2 (4967.2)	4924.3	5454.8	5527.9	5660.9
河南	3834.0 (3835.5)	5721.1 (5722.6)	6590.5	7972.4	7211.5	7168.5
陕西	3732.9 (4639.5)	2911.5 (3060.5)	3065.5	2996.5	3067.8	3059.3
甘肃		1030.9 (1788.4)	2179.1	3509.3	2368.4	1677.5
江苏	9534.5 (9771.4)	6751.5 (6868.7)	6933.2	6732.4	7209.0	7512.8
安徽		3542.7 (3662.4)	3420.0	4068.9	4143.7	4111.4
浙江	4522.2 (4541.5)	4485.7 (4505.0)	4588.5	4641.4	4650.0	4677.8
福建	1034.6 (1035.5)	1120.0 (1120.9)	3130.7	1459.1	1365.4	1345.2
台湾	—	—	—	—	86.4	—
江西	4443.0 (4491.1)	4516.1 (4564.2)	4855.3	4674.4	4727.4	4734.3
广东	2508.4 (2552.8)	3023.9 (3068.3)	3175.8	3422.4	3203.5	3473.1
广西	539.4 (540.7)	780.3 (781.6)	815.8	1017.5	900.3	899.3
湖北	7933.5 (8233.0)	5424.2 (5578.4)	5540.4	5889.2	6051.9	5922.0
湖南		1389.2 (1534.5)	3125.6	3439.7	3158.2	3473.1

续表

省区	1661年	1685年	1724年	1766年	1812年	1887年
四川	118.8 (123.4)	172.6 (177.2)	2150.3	4600.7	4654.7	4641.7
云南	521.2 (562.4)	648.2 (689.4)	721.8	925.4	931.5	931.9
贵州	107.3 (129.9)	96.0 (118.5)	145.4	267.3	276.6	276.5
奉天	6.1	31.2	58.1	275.3	2130.1	2849.6
吉林	—	—	—	—	149.2	149.8
黑龙江	—	—	—	—	8.2	8.2
新疆	—	—	—	—	111.4	1148.0

资料来源：顺治、康熙、雍正、嘉庆、光绪数字见各朝会典，乾隆三十一年数见《清朝文献通考》卷4《田赋四》，顺治十八年、康熙二十四年的分省数字不加括弧者为民田数，加括弧者为民、屯、学田合计数，旗地不在内（屯田数为康熙二十四年数据，旗地及学田数为康熙二十二年数据）；雍正二年的分省数字为民、屯、学田合计数，旗地不在内；乾隆以后数字均为官民田的合计总数。又原资料的分省合计数与所载全国总数多有不合，均仍旧（差距最大者为光绪十三年数，表内为光绪会典原载全国总数，而据分省数合计，仅有84980万余亩）。

表2　　　　　　　　清代各时期分省实际耕地面积估计　　　　单位：万清亩

省区	1661年	1685年	1724年	1766年	1812年	1850年	1887年	1911年
全国总计	77840[1]	89343[2]	108235[3]	116170	127763	143275	150758	158228
直隶	9029.6	10536.6	12024.6	12824.7	13762.3	14587.5	14295.8	14581.7
山东	10891.8	13540.3	14184.0	14481.9	14815.3	15096.8	15543.7	15857.6
山西	5213.7	5644.1	6804.9	6930.6	7071.0	7189.0	7401.8	7907.9
河南	6902.7	10299.5	11861.4	12126.8	12424.3	12675.5	12550.7	14824.7
陕西	5206.4	3554.8	5520.6	6277.0	7224.9	8114.8	7953.0	7709.3
甘肃		1892.7	3297.3	4164.5	5378.1	6643.0	7702.5	7802.6
江苏	8524.3	9029.6	9113.4	9131.4	9151.2	9167.5	9257.4	9348.2
安徽	5437.7	5544.1	5664.0	6558.7	7701.5	8794.9	9325.7	9410.5
浙江	4794.8	4794.8	4844.4	5142.5	5490.2	5795.1	5912.4	4233.6
福建	1490.7	1613.6	1690.8	2006.5	2420.2	2825.7	2712.2	2600.2

续表

省区	1661年	1685年	1724年	1766年	1812年	1850年	1887年	1911年
台湾	—	23.1	58.1	149.7	422.1	993.9	1206.8	—
江西	4956.1	5037.1	5812.6	5589.1	5354.2	5167.7	5116.5	4806.1
广东	3957.5	4761.6	4925.5	5041.0	5170.6	5280.0	5331.7	5331.7
广西	1473.9	2131.3	2191.7	2538.2	2989.1	3404.3	3576.0	3982.1
湖北	6166.5	5024.2	5540.4	5628.1	5725.7	5807.8	6021.8	6164.8
湖南		1545.3	3125.6	4050.9	5119.5	6334.0	5573.9	5635.2
四川	304.0	439.6	5410.1	6190.6	7175.3	8106.2	8266.0	8426.4
云南	1604.8	1985.8	2003.9	2296.7	2666.6	3016.9	3347.4	4011.4
贵州	344.7	379.1	391.2	712.0	1371.8	2359.5	2714.6	2855.7
奉天	6.1	31.2	1829.3	2290.3	2929.6	3303.5	3546.3	3806.0
吉林	—	—	59.6	122.3	268.9	1715.6	3633.1	6005.4
黑龙江	—	—	146.4	189.6	251.6	1139.1	2511.0	4951.1
新疆	—	—	—	371.2	618.2	1237.3	2092.1	2165.0
蒙古	—	—	—	1355.9	2259.9	4519.7	5165.4	5811.1

注：1. 各省区分数合计为76305万亩，另外全国有旗地1535万亩，主要分布在直隶和东北各地，因无法准确分割，各省区分数内未包括此项旗地。

2. 各省区分数据合计为87808万亩，另外全国有旗地1535万亩。

3. 各省区分数据合计为106500万亩，另外全国有旗地1735万亩。

由于本项研究要对粮食和经济作物的生产分别估算产值，在估出了各时点的耕地总面积之后，还需对其进行分割，分别确定其中粮食生产用地和经济作物生产用地各有多少。

清代人口激增，耕地紧张，因而中国传统种植业以粮食生产为主体的特点在这一时期表现得十分突出。尽管粮食生产用地在当时的全部耕地中占多大比例并无直接史料可供判断，但20世纪上半期至50年代初的统计数据可以提供参考。

从民国初年北洋政府农商部发布的《农商统计表》[①]、国民党政

---

① 北洋政府农商部先后编印发布过九次《农商统计表》（民国元年至九年，1912—1920），虽编辑粗陋，错谬甚多，但数据珍贵，不失为重要的民国初年经济统计资料。这些统计表已全部收入殷梦霞、李强选编的《民国统计资料四种》，由中华书局于2010年影印出版。

府时期国民政府主计处统计局发布的《中华民国统计提要》① 到1949年以后国家统计局公布的20世纪50年代初的统计数据都显示，20世纪上半期中国的粮食用地占总耕地的比重始终高达80%以上。② 根据近代的数据，本项研究将清代各个时点的粮食生产用地比例估计在85%—92%（民国时期数据最低时为84%），具体如下：晚清两个时间点（1887年、1911年）为85%，19世纪上半期的两个时间点（1812年、1850年）为87%，1866年为90%，清初三个时间点（1661年、1685年和1724年）为92%。据此，推算清代各时间点的粮食生产用地面积如表3所示。

表3　　　　清代各时期的粮食生产用地面积估计　　单位：亿亩；%

年份	总耕地面积		粮食生产用地面积		
	清亩	市亩	占总耕地比例	清亩	市亩
1661	7.78	7.17	92	7.16	6.60
1685	8.93	8.23	92	8.22	7.58
1724	10.82	9.97	92	9.95	9.17
1766	11.62	10.71	90	10.46	9.64
1812	12.78	11.77	87	11.12	10.25
1850	14.33	13.20	87	12.47	11.49
1887	15.08	13.89	85	12.82	11.81
1911	15.82	14.58	85	13.45	12.40

注：市亩面积按1清亩=0.9216市亩换算。

（二）粮食的亩产量和总产量

1. 粮食平均亩产。清代人口比明代增加2倍左右，耕地则仅增

---

① 《中华民国统计提要》系国民政府主计处统计局就1935—1947年七次《全国统计总报告》择其精要编制而成，于1935年、1940年、1945年、1947年先后刊行。由于《全国统计总报告》并不对外公开，仅以内部编印形式送呈政府施政参考，这4次公开出版的《统计提要》便成为了解其时政府统计的国家经济数据的权威来源。这些《统计提要》殷梦霞、李强选编的《民国统计资料四种》也收入了。

② 事实上这种情况延续到20世纪70年代末，1981年以后才降至80%以下，参见《中国农业统计资料汇编1949—2004》，中国统计出版社2004年版，第32页，表2-12。

加1倍上下,① 并且在人口达到峰值的晚清时期，人均耕地只有3.3—3.5市亩，已经接近了人们公认的传统农业生产条件下的最低耕地需求，即所谓"温饱常数""饥寒界限"的水平②——综合考虑这些指标，可以肯定清代的粮食平均亩产至少在清前期（19世纪中期以前）较之明代是有所增加的；晚清时期内忧外患、社会动荡、天灾频仍，特别是从太平天国大起义开始的长达十数年的战争和社会动乱给内地传统农业区，尤其是长江流域、黄淮流域各省以及西南云贵地区造成的破坏性影响极为严重，一些地方长久不能恢复，加之这一时期因清政府财政困难而导致农民税负加重，无力改善生产条件，农业整体上处在停滞甚至衰退的态势之中，粮食的平均亩产量应当是趋于下降的。

基于以上判断，本项研究对清代粮食亩产的估计以19世纪中期为基点，首先确定1850年的粮食平均亩产水平，然后，向前、向后延伸，分别估计其他时间点的亩产。

为评估19世纪中期的粮食亩产水平，笔者从清代各种官私文献，主要是各省地方志中搜集了涵盖全国所有内地省份和部分边疆地区的3000多个亩产事例。这些事例涉及的州、县（包括散厅）数目近800个，约当其时全国基层行政单位总数之半；3000多例的数据总量也仅是就经过整理及合并计算后的事例数量而言，若按所收集的最原始数据统计，总量当以万数计。无论事例数量还是其所覆

---

① 明盛世人口估计在1.5亿人，清代在19世纪中期的峰值人口接近4.5亿人，两相比较约增2倍。明盛世耕地按笔者估计最多不会超过8亿亩，以市亩计为7亿亩稍多。清代耕地在19世纪中期时为14亿亩多，清末达到15亿多亩，合市亩为13亿—14.5亿亩，约比明盛世增加1倍。

② 清人对维持温饱所需耕地数量的估计，大体在3—5亩，如清初张履祥说："百亩之土，可养二三十人"（《杨园先生全集》卷5《补农书下》，中华书局2002年点校本）；乾隆末洪亮吉说："一岁一人之食，约得四亩，十口之家，即需四十亩矣"（《洪亮吉集·卷施阁文甲集》卷1《意言生计》，中华书局2001年点校本）。近人罗尔纲亦认为在晚清中国，人均4亩耕地为维持"温饱常数"的最低指标（参见氏著《太平天国革命前的人口压迫问题》，《中国社会经济史集刊》第8卷第1期）。此外，如王育民、吴慧等人口史、经济史学者，也都将人均4亩耕地看作"饥寒界限"（王育民：《中国人口史》，江苏人民出版社1995年版，第549页）或"才过得去"的人均耕地数量（吴慧：《中国历代粮食亩产研究》，农业出版社1985年版，第149页）。

盖的地域范围，本项研究在资料的依据上，都已超过以往的研究。①

对19世纪中期粮食亩产水平的观察和讨论，按照水稻亩产、旱粮亩产，又区别南方、北方以及不同的农作方式，分别做出。本项研究对南北方不同农作方式的亩产水平及该农作方式的耕地占全国总耕地比例的估计结论如表4所示。

表4　　　　19世纪中期不同农作方式的亩产及耕地占比估计

农作方式	北方		南方		
	旱作	水田	旱作	水旱复种	水田
亩产估计（石/亩）	0.9—1.1	2—2.5	2.5—3.0	3.4—3.9	3.3—3.5
占总耕地（%）	52.7	0.5	23.4	9.4	14.0

依据表4的估计，可计算得到全国水旱粮食总平均亩产如下：

（1）按低限计算，平均亩产 = $0.9 \times 0.527 + 2 \times 0.005 + 2.5 \times 0.234 + 3.4 \times 0.094 + 3.3 \times 0.14 \approx 1.85$（石/亩）；

（2）按高限计算，平均亩产 = $1.1 \times 0.527 + 2.5 \times 0.005 + 3 \times 0.234 + 3.9 \times 0.094 + 3.5 \times 0.14 \approx 2.15$（石/亩）。

上面的估算没有对清前期玉米、番薯等高产作物的推广的影响加以评估。事实上，无论玉米还是番薯，至晚到清中期以后，在南、北各省均已广泛种植，玉米在四川、陕西、湖广、云南、贵州、广西及安徽、浙江、江西等省山区的种植尤为普遍。清前期推广种植玉米、番薯，不仅对开发山区、利用空闲余地，从而扩大耕地有重要意义，而且，对提高粮食平均亩产的作用，亦不容小觑。吴慧先

---

① 前人收集并发表的清代粮食亩产量数据，绝大部分都集中在郭松义《清前期南方稻作区的粮食生产》(《中国经济史研究》1994年第1期)、《清代北方旱作区的粮食生产》(《中国经济史研究》1995年第1期) 两篇专文及赵冈、刘永成、吴慧、朱金甫、陈慈玉、陈秋坤编著的《清代粮食亩产量研究》(中国农业出版社1995年版) 一书中。其他一些研究者的著作，特别是一些区域性研究的专著和论文，也对清代粮食亩产量数据的搜集做出了贡献。前人发表过的数据资料，凡已经见到的，笔者在做本项研究时均一一根据原始文献重加核实、订正并吸收进各省数据表（少数无法得见原始出处，又判断其大体可靠者则注明转自某文某书）。这些已经公布的数据资料（包括本人在过往研究中贡献的），据笔者统计，总共有1000多个。

生曾估算，清前期玉米和番薯的广泛种植，可使粮食平均亩产增加 17 斤左右。① 这个说法，笔者以为是不过分的。据此，上面对 19 世纪中期粮食总平均亩产估算数的上、下限，应再分别上调 1 斗，即可估计在 1.95—2.25 石的产量区间，换算为市制，每市亩 303—349 市斤，中值可按 326 市斤计。

其他时间点的粮食平均亩产是结合各朝代的亩产事例分析并根据不同时期的农业生产条件、技术进步等情况综合估定的，结果如表 5 所示。

表 5　　　　　19 世纪中期前、后各时间点的粮食亩产估计

年份	亩产估计	
	清制（石/亩）	市制（市斤/市亩）
1661	1.70	258
1685	1.75	266
1724	1.85	281
1766	2.00	310
1812	2.10	326
1887	2.00	310
1911	1.90	295

2. 粮食总产量。根据本项研究对各时间点的粮食生产用地面积和粮食平均亩产的估计，可计算清代不同时期的粮食总产量，结果见表 6。

表 6　　　　　清代各时期的粮食总产量估计

年份	平均亩产量（石/亩）	粮食生产用地面积（亿亩）	粮食总产量	
			按清石计（亿石）	折合市制（亿市斤）
1661	1.7	7.16	12.2	1706

---

① 吴慧：《中国历代粮食亩产研究》，第 183—188 页。

续表

年份	平均亩产量（石/亩）	粮食生产用地面积（亿亩）	粮食总产量 按清石计（亿石）	粮食总产量 折合市制（亿市斤）
1685	1.75	8.22	14.4	2014
1724	1.85	9.95	18.4	2573
1766	2.00	10.46	20.9	2988
1812	2.10	11.12	23.4	3345
1850	2.10	12.47	26.2	3746
1887	2.00	12.82	25.6	3660
1911	1.90	13.45	25.6	3660

表6中的19世纪中期粮食总产量是按平均亩产估计的中值计算的。如果要给出一个产量区间，低限为：粮食总产量 = 1.95 × 12.47 ≈ 24.3（亿石），高限为：粮食总产量 = 2.25 × 12.47 ≈ 28.1（亿石）。也可以按另一种方式，即按笔者分别估计的当时南、北方不同农作方式下水稻、旱粮各自的平均亩产量来计算总产量，如表7所示。

表7 19世纪中期南、北方不同农作方式各自粮食产出量和总产量估计

农作方式		耕作面积 面积（百万亩）	耕作面积 占比（%）	亩产 低限（石/亩）	亩产 高限（石/亩）	总产量 低限（百万石）	总产量 高限（百万石）
全国总计		1247	100	1.950	2.250	2432	2806
北方合计		663.4	53.2	1.010	1.212	669.6	804.1
南方合计		583.6	46.8	3.020	3.430	1762.6	2002.0
北方	旱地耕作	657.2	52.7	1.000	1.200	657.2	788.6
	水田种稻	6.2	0.5	2.000	2.500	12.4	15.5
南方	旱地耕作	291.8	23.4	2.700	3.200	787.9	933.8
	水旱轮作	117.2	9.4	旱作：1.000 水稻：2.400	旱作：1.500 水稻：2.400	旱作：117.2 水稻：281.3	旱作：175.8 水稻：281.3
	水田种稻	174.6	14.0	3.300	3.500	576.2	611.1

注：南、北方旱地的亩产根据上文对玉米、番薯等粮食新品种推广在粮食产量上的影响的估计，在原估计数的基础上重新做了调整。

根据表7的计算，在其时全国26.2亿石粮食总产出（按高、低限的中值计，下同）中，北方的粮食总产量约为7.4亿石，占28.2%；南方为18.8亿石，占71.8%。又此总产量中，旱粮的产量南北总计为17.3亿石，占总产量的66%；水稻产量为8.9亿石，占34%。旱粮的总产量中，北方出产7.2余亿石，占41.8%；南方出产10亿石，占58%。水稻几乎全部为南方所产，其8.75亿石的产量占8.9亿石的全国总产量的98.3%，北方所出仅约1400万石，占比不足2%。

（三）粮食的总产值和增加值

1. 粮食总产值。粮食产值是粮食产量的价值计量，可以利用现存的清代粮价资料进行估算。清代各省对粮价的奏报始于康熙朝，到乾隆初年形成有统一内容、格式、按月奏报的规范制度。粮价清单以府及直隶州、直隶厅等为单位，[①] 依次分别开列各该府或州、厅主要粮食的当月价格。各省开列价格的粮食种类各按本省出产择定重要者报告（全国总计报告的粮食种类近40种）。粮价单的数据，尽管从部分事例看，不能否认确实存在着"官样文章"甚至涉嫌造假的情况，因而可能与实际粮价有一定距离甚至严重不符，但这批长时段的系列数据的总体可靠性不容置疑。[②]

[①] 个别地方直接以州县粮价报送。
[②] 关于清代粮价单数据可靠性问题的讨论，参见 Han-sheng Chuan（全汉昇）and Richard A. Kraus, *Mid-Ch'ing Rice Markets and Trade: An Essay in Price History*, published by East Asian Research Center, Cambridge, Harvard University, 1975; Yeh-Chien Wang（王业键）, "Secular Trends of Rice Prices in the Yangzi Delta, 1638—1935", in T. G. Rawski and Lillian M. Li eds., *Chinese History in Economic Perspective*, Berkeley, University of California Press, 1992；陈春生《市场机制与社会变迁——18世纪广东米价分析》，中山大学出版社1992年版；彭凯翔《清代以来的粮价——历史学的解释与再解释》，上海人民出版社2006年版。清代的粮价奏报不依靠独立的专门机构和专业的调查人员，而是由地方各级行政机构（州县、府、布政司）通过层层上报来进行，亦无为此设置的专项经费，在这种情况下，由于负责收集粮价信息的地方机构都是"额外"承担此项工作，且需"额外"负担由此产生的行政成本，加之官僚机构固有的"具文""敷衍塞责"陋习，其所上报的粮价信息不准确或不全面是完全可以想象的。但是，正如全汉昇所指出的，一方面由于不存在地方政府倾向性造假的利益动机，另一方面由于存在着各级官员之间的利益牵制，以及皇帝还有其他渠道获知粮价信息可以与本处的粮价报告互相印证，地方政府上报粮价时蓄意造假的情况是不可能系统、大面积发生的。王业键使用是否与当地受灾时应有的米价变化相一致、是否与其他来源的比较可信的米价记载相一致，两种方法对苏州粮价单的米价记载进行检验，在经验的层面论证了粮价单数据的可靠性。陈春生虽然列举了一些确实存在的粮价单涉嫌作弊事例，但也肯定在大多数情况下粮价单的数据是可靠的。

本项研究使用中国社科院经济所藏清代粮价单抄档道光三十年各省的粮价平均数，计算19世纪中期及其他时间点的粮食总产值。之所以这样选择，是因为第一，如上面所说，清代直到乾隆时才建立起规范的粮价奏报制度，此前虽然也有一些官员奏报粮价，但并没有形成后来那种系统的官方粮价记录，不足以支撑起用每个时点的粮价核算该时点粮食产值的研究，而撇开粮价单，另以其他资料去估计乾隆以前各时间点的粮价，又会面临因数据样本不足且有种种缺陷，难以保证估计结果的准确性的问题。第二，用每个时间点的粮价计算该时间点的粮食产值，所得结果如要在不同时间点进行比较，以观察清代农业的发展，还必须讨论各时间点间的物价水平变化，因为同样的产量，由于不同时间点的物价水平不同，计算出的产值也不同，是不能直接进行比较的，而用一个时间点的粮价统一核算各时间点的粮食产值，就不存在这个问题，这在研究上是便利的。至于选择道光三十年的粮价，是因为本项研究对各时间点指标的估计，均以19世纪中期指标的研究为基础（如耕地面积、亩产量等），由之向前、向后进一步扩展，从而得到连续的指标序列。估计粮食产值，自然也应以这一年的粮价为计量标准。

道光三十年的粮价单包括内地18省及新疆和奉天地区的共计270府、直隶州、厅等行政单位的数万个粮价数据，虽有个别地方缺失全年或个别月份数据，但总体上相当完整。本年的粮价水平，除个别省全年或某些月份稍高（如江苏省本年粮价属于"贵中"，安徽省各府州则或全年价"贵"或某些月份价"贵"），绝大多数地方的价格均为价"中"或"平"。根据本年粮价单计算得到的全国平均粮价结果如表8所示。

表8　　　　　道光三十年各省区平均粮价　　　单位：银两/仓石

省区	稻米均价	旱粮均价	原单所开粮食种类
全国平均	北方^1：2.35 南方^2：1.79	北方^1：1.13 南方^2：1.23	

续表

省区	稻米均价	旱粮均价	原单所开粮食种类
直隶	—	1.17	粟米、高粱、糜米、麦、黑豆
奉天	1.99	0.97	稻米、粟米、粟谷、高粱、小麦、黑豆
山东	3.10	1.35	稻米、粟米、粟谷、高粱、小麦、黑豆
山西	—	1.18	小米、麦子、荞麦、高粱、豌豆
河南	—	0.85	粟米、小麦、谷子、高粱、黑豆
陕西	1.97	0.96	大米、小米、小麦、大麦、糜米、豌豆、黄豆
甘肃	—	1.37	粟米、小麦、豌豆、糜子、青稞
新疆	—	1.16	小麦、粟米、豌豆、青稞、糜谷、高粱
江苏	2.44	1.34	上米、中米、糙米、小麦、大麦、黄豆、小米、秫秫
安徽	2.02	1.25	上米、中米、糙米、小麦、大麦、黄豆、秫秫、粟米
江西	2.31	1.13	稻米、小麦、大麦、黄豆
浙江	2.14	1.30	籼米、细籼、晚米、细晚、大麦、小麦、黄豆
福建	1.67	—	上米、中米、下米
湖北	1.66	1.13	上米、中米、下米、大麦、小麦、黄豆
湖南	1.92	1.25	上米、中米、下米、大麦、小麦、黄豆
广东	1.73	—	上米、中米、下米
广西	1.29	—	上米、中米、下米
四川	1.93	1.55	中米、大麦、小麦、黄豆、荞麦、青稞、莜麦
云南	1.46	0.91	白米、红米、小麦、荞麦、豆
贵州	0.86	—	上米、中米、稗米

注：1. 指直隶、奉天、山东、山西、河南、陕西、甘肃、新疆。
2. 指江苏、安徽、江西、浙江、福建、湖北、湖南、广东、广西、四川、云南、贵州。
资料来源：中国社科院经济所藏清档粮价单。

表8中，有水稻种植的直隶和河南均无米价数据，因此北方地区的稻米平均价格只能使用奉天、山东和陕西的米价进行计算。这三个地方的米价，奉天和陕西与南方各省相比只是中等略高，山东

米价则明显偏高。由于山东的米价高，表 8 计算的北方稻米均价可能要高于实际均价。不过，由于北方的水稻种植面积不大，产量有限，即便使用的均价稍高，也不会对最终粮食总产值的计算结果产生很大影响。北方地区每仓石 2.35 两的稻米价格，折算为稻谷价格可以按每仓石 1.18 两取值。

南方各省的稻米均价，按表 8 的数据计算为每仓石 1.79 两，折算为稻谷价格，本项研究将南方的水稻均价按每仓石 0.9 两估计。

旱粮的平均价格南、北方相差不多，南方略高于北方。由于在计算时，凡原始数据为加工过的成品粮价格者（如粟米、糜米等）均已折算为原粮价格，本项研究即按北方旱粮均价每仓石 1.13 两、南方旱粮均价每仓石 1.23 两分别取值。

根据以上粮食均价，利用表 7 估计的北方及南方各自的旱粮、稻谷产量数据，可计算得到 19 世纪中期全国粮食的总产值如表 9 所示。

表 9　　　　　　　　19 世纪中期全国粮食总产值估计

地区	粮食种类	产量（百万石）		平均价格（两/石）	产值（百万两）	
		低限	高限		低限	高限
总计		2432	2806	1.086—1.097	2642	3077
北方	旱粮	657.2	788.6	1.13	742.6	891.1
	稻谷	12.4	15.5	1.18	14.6	18.3
南方	旱粮	905.1	1109.6	1.23	1113.3	1364.8
	稻谷	857.5	892.4	0.90	771.8	803.2

其他时间点的粮食产值虽原则上仍以道光三十年的粮价估算，但这不是指用于最后计算的"全国平均粮价"，而是指稻谷和旱粮在各该时点的平均价格。由于各时间点的粮食构成不同，其各自的"全国平均粮价"应与 19 世纪中期有所不同。按照表 8 的数据计算，19 世纪中期的全国平均粮价，大体在每石 1.09 两左右（按中值计，下同），这其中，旱粮均价为每石 1.19 两，按照旱粮产量在粮食总

产量中的比例，占全国平均粮价的权重为66%；稻谷均价为每石0.9两，占全国粮食均价的权重为34%。本项研究，19世纪以后各时间点的全国平均粮价，仍按19世纪中期的每石1.09两取值，以前则另做估计。清初时期，粮食生产仍主要局限在传统农业区，因而粮食总产量中的稻谷比例比较大，我们估计，至少应不低于50%。[①] 雍正，特别是乾隆以后，因新开发的山区及各边区耕地绝大部分为旱地，旱粮的产量在粮食总产量中的占比逐渐增加，稻谷占比则不断下降。基于这个判断，本项研究对清初顺治十八年、康熙二十四年和雍正二年3年的全国平均粮价中的水稻、旱粮价格权重，按各占50%估计，计算结果为每石1.04两；乾隆三十一年的全国平均粮价，按水稻价格权重45%、旱粮价格权重55%估计，结果为每石1.06两。

依照如上估计的平均粮价，计算得到清代19世纪中期以外几个时点的全国粮食总产值如表10所示。

表10　　　　　　19世纪中期前后全国粮食总产值估计

年份	粮食总产量（亿石）	全国平均粮价（两/石）	粮食总产值（亿两）
1661	12.2	1.04	12.7
1685	14.4	1.04	15.0
1724	18.4	1.04	19.1
1766	20.9	1.06	22.2
1912	23.4	1.09	25.5
1887	25.6	1.09	27.9
1911	25.6	1.09	27.9

---

① 根据本文表2的各时期分省耕地面积数据，顺治十八年南方12省的耕地总面积约计为4.06亿亩，占全国7.78亿亩总耕地的52%。以后南方耕地的占比虽逐渐降低，但直到雍正二年仍占49%，即接近一半。假定清初南方耕地的60%为水田，40%为旱地，其中水田的产量3倍于北方旱地，旱地的产量2倍于北方旱地，那么在南北方耕地各占一半的情况下，南方水田的稻谷产量即占全国粮食总产量的50%；在南方耕地多于北方（例如顺治十八年）或南方水田比例及稻谷产量更高于如上估计（这是很可能的）的情况下，稻谷产量占全国粮食总产量的比例会更高。

2. 粮食的生产成本和粮食生产增加值。如上结果只是粮食的"毛产值",而非扣除了生产成本之后的"增加值"。计算清代粮食生产的增加值,需首先估定当时的粮食生产成本。

通过对种子、耕畜、肥料、大小农具等生产要素投入的计算来直接估计清代粮食生产的成本是不容易的,但通过匡算当时一年的粮食总产出中用于必不可少的消费部分的数量,对其时粮食生产成本的最大边界进行估计,则是可行的。这是因为,在生产和再生产持续进行的情况下,一年的粮食总产出必然要分割成如下等式中的几个部分:

粮食总产出 = 当年粮食总消费 + 生产成本 + 用于扩大再生产的剩余

式中,当"用于扩大再生产的剩余"等于零,即假定其时的生产只是简单再生产时,"粮食总产出"等于"当年粮食总消费"与"生产成本"之和,因而粮食的生产成本可以用"粮食总产出"减去"当年粮食总消费"来求得。这样一来,问题便相对简单了,因为粮食总产出是已知的,而粮食总消费可以通过匡算全国一年的口粮、工业及其他用粮的耗费来估计。

本项研究按照成年大口日食米1升、未成年小口日食米半升的清代通行口粮标准并假定成年人口占总人口60%、未成年人口占40%的比例,估算19世纪中期全国4.36亿人一年的口粮消费为12.73亿石。此为加工后的成品粮,折算成原粮大约为21.2亿石。其他粮食消费,当时一年耗于酿酒的粮食数量应不少于5000万石;纺织业中的棉布上浆是另一耗粮大项,据许涤新、吴承明估计,此项耗粮约为每年1300万石。① 这两项,再加上其他以粮食为原、辅材料的传统手工行业用粮以及家禽家畜的粮食消耗,本项研究将19世纪中期口粮以外的粮食消费数量计为7000万—8000万石。

将如上19世纪中期全国一年口粮消费21.2亿石、工业及其他

---

① 许涤新、吴承明主编:《中国资本主义的萌芽》,人民出版社1985年版,第320页。

用粮 7000 万—8000 万石的估计数合计，当时一年的粮食消费总量为 22 亿石左右。用其时一年的粮食总产出 26.2 亿石减去这个消费总量，差值为 4.2 亿石。这 4.2 亿石粮食，即为当时粮食生产成本的最大边界。不过，即便在道光末年，虽然粮食生产已经达到了中国传统农业发展的高峰，即将进入近代长期停滞甚至衰退的前夕，从接触到的各种资料做整体观察，似乎也还不是仅能维持简单再生产的情况。假定当时的粮食总产出在扣除了生产成本和当年消费总量以后，还能有占总产出 3%—4% 即 0.8 亿—1 亿石的剩余，则生产成本应相应调整到 3.2 亿—3.4 亿石，按价值计为银 3.5 亿—3.7 亿两。这个生产成本，按中值计算大约占其时粮食总产出的 12.6%。

19 世纪中期的粮食总产出按价值计约为银 28.6 亿两，从中扣除 3.6 亿两生产成本（高、低限的中间值），增加值为 25 亿两。

19 世纪中期以外其他时间点的粮食生产成本比例，乾隆中至清末的各时间点一律按 12.6% 估计；清初顺治、康熙、雍正 3 个时间点，由于当时人、地压力还不太大，生产相对粗放，可以估计得稍低一些，按 10% 取值。由此得到清代各时间点的粮食生产成本和扣除成本后的粮食生产增加值如表 11 所示。

表 11　清代各时期粮食生产成本和粮食生产增加值估计

| 年份 | 总产值（亿两） | 粮食生产成本 | | 增加值（亿两） |
		占总产值比例（%）	数额（亿两）	
1661	12.7	10.0	1.27	11.4
1685	15.0	10.0	1.50	13.5
1724	19.1	10.0	1.91	17.2
1766	22.2	12.6	2.80	19.4
1912	25.5	12.6	3.21	22.3
1850	28.6	12.6	3.60	25.0
1887	27.9	12.6	3.52	24.4
1911	27.9	12.6	3.52	24.4

（四）种植业总产值和农业总产值

（1）经济作物的产值与种植业总产值。清代有规模种植的经济作物，主要是棉、麻、桑、茶、甘蔗、烟草等；此外，如花生、大豆等油料作物，竹、杉等造纸原料，红花、蓝靛等染料作物，以及药材、花草、瓜果蔬菜、花卉等，也都有一定的生产规模。种植这些经济作物，一般说来，投入的工本比种植粮食要多，但经济收益也高于粮食生产。

本项研究对晚清时期3年的有规模种植的主要经济作物逐一讨论其种植面积和相较于粮食作物的每亩经济收益（即每亩产值，以19世纪中期的价格为基准），据此计算经济作物的总产值；19世纪中期以前各时间点的经济作物生产，因无充分的史料依据，不再按作物分别估计产值，而是按19世纪中期每亩经济作物平均收益为粮食作物的1.9倍的比值，根据对各时间点经济作物总种植面积的估计，来计算其产值。各时间点的经济作物生产成本，统一按总产值的15%比例扣除。1850年、1887年和1911年3年的经济作物产值估计如表12、表13和表14所示，清前期几个时点的经济作物产值估计如表15所示。

表12　　　　　　　道光三十年经济作物产值估计

种类	种植面积			亩产值（两/亩）	总产值（百万两）	成本（百万两）	增加值（百万两）
	面积（百万亩）	占全国总耕地面积比例（%）	占经济作物种植面积比例（%）				
总计	186.3	13	100	4.36	813	122	691
棉	39.79	2.78	21.36	2.5	99.48	14.92	84.56
麻	10.85	0.76	5.82	6.9	74.87	11.23	63.64
桑	3.00	0.21	1.61	9.2	27.60	4.14	23.46
茶	6.00	0.42	3.22	3.5	21.00	3.15	17.85
甘蔗	4.50	0.31	2.42	4.6	20.70	3.11	17.59
烟草	3.26	0.23	1.75	6.9	22.49	3.37	19.12
其他	118.9	8.30	63.82	4.6	546.94	82.04	464.90

表 13　　　　　　　光绪十三年经济作物产值估计

种类	种植面积			亩产值（两/亩）	总产值（百万两）	成本（百万两）	增加值（百万两）
	面积（百万亩）	占全国总耕地面积比例（%）	占经济作物种植面积比例（%）				
总计	226.1	15	100	4.4	999	150	849
棉	40.77	2.70	18.03	2.5	101.93	15.29	86.64
麻	10.53	0.70	4.66	6.9	72.66	10.90	61.76
桑	4.82	0.32	2.13	9.2	44.34	6.65	37.69
茶	9.00	0.60	3.98	3.5	31.50	4.73	26.77
甘蔗	4.50	0.30	1.99	4.6	20.70	3.11	17.59
烟草	3.40	0.23	1.50	6.9	23.46	3.52	19.94
其他	153.08	10.15	67.70	4.6	704.17	105.63	598.54

表 14　　　　　　　宣统三年经济作物总产值和增加值估计

种类	种植面积			亩产值（两/亩）	总产值（百万两）	成本（百万两）	增加值（百万两）
	面积（百万亩）	占全国总耕地面积比例（%）	占经济作物种植面积比例（%）				
总计	237.3	15	100	4.5	1060	159	901
棉	41.45	2.62	17.47	2.5	103.63	15.54	88.09
麻	10.31	0.65	4.34	6.9	71.14	10.67	60.47
桑	6.30	0.40	2.65	9.2	57.96	8.69	49.27
茶	8.00	0.51	3.37	3.5	28.00	4.20	23.80
甘蔗	3.6	0.23	1.52	4.6	16.56	2.48	14.08
烟草	4.81	0.30	2.03	6.9	33.19	4.98	28.21
其他	162.83	10.29	68.62	4.6	749.02	112.35	636.67

表 15　　　　　　　19 世纪中期以前经济作物产值估计

年份	全国耕地（亿亩）	经济作物种植面积		亩产值（两/亩）	总产值（亿两）	成本（亿两）	增加值（亿两）
		占全国耕地比例（%）	种植面积（亿亩）				
1661	7.78	8	0.62	4.36	2.70	0.41	2.29

续表

年份	全国耕地（亿亩）	经济作物种植面积		亩产值（两/亩）	总产值（亿两）	成本（亿两）	增加值（亿两）
		占全国耕地比例（%）	种植面积（亿亩）				
1685	8.93	8	0.71	4.36	3.10	0.47	2.63
1724	10.82	8	0.87	4.36	3.79	0.57	3.22
1766	11.62	10	1.16	4.36	5.06	0.76	4.30
1812	12.78	13	1.66	4.36	7.24	1.09	6.15

根据以上对粮食作物产值与经济作物产值的分别估计，可得清代各时期种植业总产值的估计结果如表16所示。

表16　　　　　　　　清代各时期种植业总产值估计

年份	粮食		经济作物		合计总产值（亿两）	合计增加值（亿两）
	总产值（亿两）	增加值（亿两）	总产值（亿两）	增加值（亿两）		
1661	12.7	11.4	2.7	2.3	15.4	13.7
1685	15.0	13.5	3.1	2.6	18.1	16.1
1724	19.1	17.2	3.8	3.2	22.9	20.4
1766	22.2	19.4	5.1	4.3	27.3	23.7
1812	25.5	22.3	7.2	6.2	32.7	28.5
1850	28.6	25.0	8.1	6.9	36.7	31.9
1887	27.9	24.4	10.0	8.5	37.9	32.9
1911	27.9	24.4	10.6	9.0	38.5	33.4

（2）林牧渔业的产值和农业总产值。林、牧、渔业是传统农业的重要组成部分，其产值也应当计入清代的农业总产值。不过，估算这部分产出，相对于种植业生产来说，更难以从历史文献的记载中寻求直接的史料依据。唯一现实的解决办法，是参考一些学者对近代农业产值研究的成果，结合对清代农业结构状况的判断，对当时农业生产的这一块进行合理的间接推求。

本项研究在一一考察和比较了前辈学者巫宝三、张仲礼、吴承明及美国学者珀金斯、美籍华人学者刘大中和叶孔嘉等人关于晚清19世纪80年代、1914—1918年和20世纪30年代前半期中国农业产值研究成果的基础上,[①] 认为巫宝三的估计资料来源广泛,考据认真,估算过程严谨、审慎,在没有更好的研究可以提供参考的情况下,借鉴巫宝三的估计是一个谨慎的选择。

对19世纪以后几个时点的牧、林、渔各业分别占种植业的比重,本项研究在巫宝三估计数的基础上略作调整,其中畜牧业按8%估计,林业按3%估计,渔业按2%估计(巫宝三估计的这三个比例数分别为6.29%、2.57%、1.58%),据之计算得到的1812年、1850年、1887年和1911年的林牧渔各业产值如表17所示。

表17　　19世纪至20世纪初林牧渔业产值估计

项目	林牧渔业占种植业比重(%)	林牧渔业产值(亿两)			
		1812年	1850年	1887年	1911年
合计	13.0	3.7	4.2	4.3	4.3
畜牧业	8.0	2.28	2.55	2.63	2.67
林业	3.0	0.86	0.96	0.99	1.00
渔业	2.0	0.57	0.64	0.66	0.67

注明:各年份的种植业产值见表16。

---

① 这些成果分别出自如下著作:巫宝三《中国国民所得(1933年)》,中华书局1947年初版,商务印书馆2011年再版;张仲礼《中国绅士的收入》,最初以英文发表,由美国华盛顿大学出版社于1962年出版(Chung-Li Chang, *The Income of the Chinese Gentry, Studies on Their Role in Nineteenth-century Chinese Society*, Washington, University of Washington Press, 1962),中译本由费成康、王寅通译,题为《中国绅士的收入——〈中国绅士〉续篇》,上海社会科学院出版社2001年版;许涤新、吴承明主编《中国资本主义发展史》第二卷《旧民主主义时期的中国资本主义》,人民出版社1990年版,第三卷《新民主主义时期的中国资本主义》,人民出版社1993年版;Dwight H. Perkins, *Agricultural Development in China, 1368—1968*, Chicago, Edinburgh University Press, 1969. 中译本由宋海文等译,上海译文出版社1984年版;Ta-chung Liu(刘大中)and Kung-chia Yeh(叶孔嘉), *The Economy of the Chinese Mainland: National Income and Economic Development, 1933—1959*. Princeton, Princeton University Press, 1965.

19世纪以前各时间点的林牧渔业相对于种植业的比重结合历史情况有所调整,具体为:1766年,畜牧业比重上调至9%,林业比重上调至3.5%,渔业调至2.5%,合计为15%;清初3个时间点(1661年、1685年、1724年),畜牧业调至10%,林业调至4%,渔业调至3%,合计为17%。按照如上比重,计算各时点的林牧渔业产值如表18、表19所示。

表18　　　　　乾隆三十一年的林牧渔业产值估计

项目	林牧渔业占种植业比重(%)	林牧渔业产值(亿两)
合计	15	3.6
畜牧业	9	2.13
林业	3.5	0.83
渔业	2.5	0.59

注明:本年种植业总产值(增加值)为23.7亿两,见表16。

表19　　　　　清初林牧渔业产值估计

项目	林牧渔业占种植业比重(%)	林牧渔业产值(亿两)		
		1661年	1685年	1724年
合计	17	2.3	2.7	3.5
畜牧业	10	1.37	1.61	2.04
林业	4	0.55	0.64	0.82
渔业	3	0.41	0.48	0.61

注明:各时间点的种植业总产值(增加值)分别为13.7亿两、16.1亿两、20.4亿两,见表16。

综合以上讨论,本项研究对清代各时期的农业总产值的估计数如表20所示,各时期农业总产值中各业所占比例如表21所示。

表20　　　清代各时期的农业总产值估计　　　　单位:亿两

年份	粮食	经济作物	畜牧业	林业	渔业	合计
1661	11.4	2.3	1.4	0.5	0.4	16.0

续表

年份	粮食	经济作物	畜牧业	林业	渔业	合计
1685	13.5	2.6	1.6	0.6	0.5	18.8
1724	17.2	3.2	2.0	0.8	0.6	23.8
1766	19.4	4.3	2.1	0.8	0.6	27.2
1812	22.3	6.2	2.3	0.9	0.6	32.3
1850	25.0	6.9	2.6	1.0	0.6	36.1
1887	24.4	8.5	2.6	1.0	0.7	37.2
1911	24.4	9.0	2.7	1.0	0.7	37.8

表 21　　　　清代各时期农业总产值的构成　　　　单位：%

年份	粮食	经济作物	畜牧业	林业	渔业	合计
1661	71.3	14.4	8.8	3.1	2.5	100
1685	71.8	13.8	8.5	3.2	2.7	100
1724	72.3	13.4	8.4	3.4	2.5	100
1766	71.3	15.8	7.7	2.9	2.2	100
1812	69.0	19.2	7.1	2.8	1.9	100
1850	69.3	19.1	7.2	2.8	1.7	100
1887	65.6	22.8	7.0	2.7	1.9	100
1911	64.6	23.8	7.1	2.6	1.9	100

三　几点简要的观察和分析

下面对本项研究估计的清代农业的各项指标做些观察和分析。

（一）清代农业是中国传统农业发展的最高峰

清代农业在农具改良和生产技术上较之前代并无明显进步，但在土地资源的充分开发利用和先进的耕作制度与农艺技术的普遍推广上取得了空前成就。这两方面的成绩，前一方面表现在传统农耕区土地的更充分开发利用和农耕区向山区及边地的扩张，其结果是大大增加了中国的耕地总量；后一方面表现在原来只在部分地区应用的诸如轮作、间作、套作、复种多熟等充分利用耕地的先进农作制度以及与传统精耕细作农业相联系的包括土壤耕作、选种育种、田间管理、施肥、灌溉等都在内的精细农艺技术在主要农耕区大面积的普遍推广，从而进一步提高了粮食平均亩产量。耕地的扩张与粮食平均亩产的提高大大增加了粮食总产量，养活了清代迅速增长的数量空前的庞大人口。

（1）耕地面积。中国农耕土地开发利用的历史轨迹是由北而南，由平原、河谷而山区，由内地而边区。华夏农耕文明诞生于黄河中下游的中原地区，直至魏晋南北朝以前，农地开发主要是在北方的中原地区。西晋末到南北朝时期，随着大量北方人口避乱南迁，南方得到初步开发。此后，又经过唐末"安史之乱"、五代十国以及北宋末年的"靖康之变"等几次大的北方动乱以及与之相伴的人口南迁，中国的农业重心逐渐由北方转移至南方。但迄至明代，南方农地的开发还主要集中在长江中下游地区、四川成都平原和岭南的珠江三角洲地带。清以前，无论南北，各主要传统农耕区内仍存在着不少可耕土地未加利用，许多深山密林地带仍然人烟稀少，"山未垦，林未开"。

清前期，中国人口在宋、明两代过亿的基础上再创新高，从18世纪初恢复到明代的人口规模（约1.5亿人）起，在近一个半世纪里又先后突破2亿人、3亿人、4亿人大关，到19世纪中期达到近代长期停滞前的最高峰——4.5亿人左右。迅速增多的人口使各传统农耕区人多地少的矛盾日趋突出，不但促成了已开发地区土地资源的进一步深度开发，连山头地角、河湖滩涂等零星土地也大都垦种，而且，伴随着清前期始终未绝的南北人口密集地区向外跨省域移民的大潮，以往尚处在半开发或未开发状态的各地山区和边疆地区的许多土地也得到开垦，大大拓展了中国农耕区的地域范围。

清前期因大量移民进入而得到开发的内地山区主要有：东南的浙江（浙南、浙西）、江西（赣南、赣东北和赣西北）、福建（闽西)、安徽(皖南)各省的丘陵山区,中部湖南毗邻江西的湘东山区和少数民族聚集的湘西山区、湖北的鄂西南山区,以及川、陕、楚三省交界的陕南、川东北和鄂西北老林山区等。传统农耕区向边疆地区的扩张,在东南方向上表现为大量闽、广移民迁入台湾及其他沿海岛屿带来的当地农业开发,西南方向上随着雍正时期"改土归流"及随后的汉族移民进入而出现的云南、贵州、广西及四川等省少数民族地区开发,西北新疆、甘肃各地的政府驻军屯田和内地移民屯垦,北部长城沿边蒙古地区(土默特、察哈尔等)的山西、直隶移民开垦,以及东北辽东等地随着源源不断的山东、直隶"闯关东"移民的到来而出现的开发等。北方蒙古和东北地区的农业开发在清后期得到进一步发展,其过程持续到民国时期。东北三省到晚清时期已经逐渐成为中国最重要的新兴农耕区之一,每年都有大量余粮供应关内。

中国历代开垦耕种的土地数量按今天的市亩计在清代以前从未超过 10 亿亩。根据赵冈等考证,中国耕地总面积在两汉时期(西汉晚期至东汉,公元初年至 2 世纪中)有 5 余亿市亩,北宋神宗治平、元丰年间(11 世纪 60—70 年代)达到 6.6 亿市亩左右,至明盛世神宗万历初年进一步增至 7.9 余亿市亩,为清以前垦田的最高数额。① 赵冈等的估计,除去细节不谈,大体上是靠谱的;② 其中缺失的隋唐大一统时期的全国耕地数据,结合当时人口数量和农业开发的总体状况,笔者认为应该超过两汉,但不及北宋,很可能在 6

---

① 赵冈、陈钟毅:《中国土地制度史》,新星出版社 2006 年版,第 96 页,表 2-7。
② 笔者认为赵冈等对明万历年间的耕地数字估计偏低。赵冈等的研究着重于讨论万历清丈并在此基础上修正官方记录,但万历时的土地清丈只涉及民田,而民田外尚有皇室、藩王、勋贵等的庄田、军队的屯田以及其他各种官田,另外边远少数民族地区的耕地也不在政府的征赋册籍之内。将民田、官田以及各种不在政府册籍的耕地合算,明盛世的实际耕地至少应有 8 亿亩。按照笔者的估计,明万历中(1600 年前后)的政府载籍征赋民田实数为 5.66 亿余亩,换算成实际耕作面(而非政府征赋册籍使用的"折亩")并考虑进隐漏因素,再加上各种官田,当时的全国耕地总面积应在 9 亿明亩左右,约合今天的 8.3 亿市亩,相关证据和讨论将在笔者关于明代农业的一部专著中给出。

亿亩上下。① 从汉至明耕地增加的情况见表22。

表22　　　　　　　　中国历朝耕地面积

年代	史籍记载耕地数（百万亩）	校正数字（百万市亩）
西汉（公元2年）	827	506
东汉（105年）	732	535
唐（755年）	—	600
北宋（1072年）	462	660
明（1600年）	700＋	830

注明：此表的历代耕地数字均只按最高时期截取。西汉、东汉和北宋的数字据赵冈、陈钟毅《中国土地制度史》，第96页，表2－7；唐、明两代的数字为笔者估计。

将汉、唐、宋、明耕地的峰值与本项研究估计的清代雍正二年、道光三十年和宣统三年的耕地数值连缀起来，前后1900年间中国耕地数量的增长情况如图1所示。

中国的耕地数量自西汉中期至明万历时期，在长达近1600年的时间里只增加了3亿多市亩，而在清代200多年时间里，耕地总量增加了6亿多市亩，超过以往16个世纪1倍以上，清代农业在耕地扩张方面的成就实在不容低估。

清代耕地的增加并非南北东西各地齐头并进，而是呈现出经济发达的传统农耕区或曰核心农耕区的增加幅度小、经济不发达的半开发或未开发地区增加幅度大的鲜明特点。为说明问题，我们将当

---

① 唐代载籍人口最多时为玄宗天宝十四年，计891万余户，5292万人（参见杜佑《通典·食货七》），不及汉代（汉代载籍人口的峰值为西汉平帝元始二年即公元2年时的1223万余户，5959余万口，参见《汉书·地理志》）。这当然不是事实。唐代史学家杜佑估计天宝十四年的实际户数为1400万左右，人口数在7500万—8000万人。葛剑雄《中国人口发展史》（福建人民出版社1991年版）盛唐天宝年间的人口峰值在8000万—9000万人。至于汉代人口，按当代学者王育民《中国人口史》的估计，西汉人口的峰值至少应有6500万人，东汉最盛时则更超过6500万人。如果汉代人口按6500万人算，唐代人口按葛剑雄估计数的中值8500万人算，则盛唐人口比汉代的峰值人口大约要多出30%。唐代农业尚多休耕，土地亦宽（这是均田制得以实行的条件），人均耕地的数量即便已较汉代（约14汉亩，合今10市亩左右）减少，也肯定要高于宋代（5—6市亩），姑按人均7市亩计，则8500万人的耕地需求在6亿亩上下。

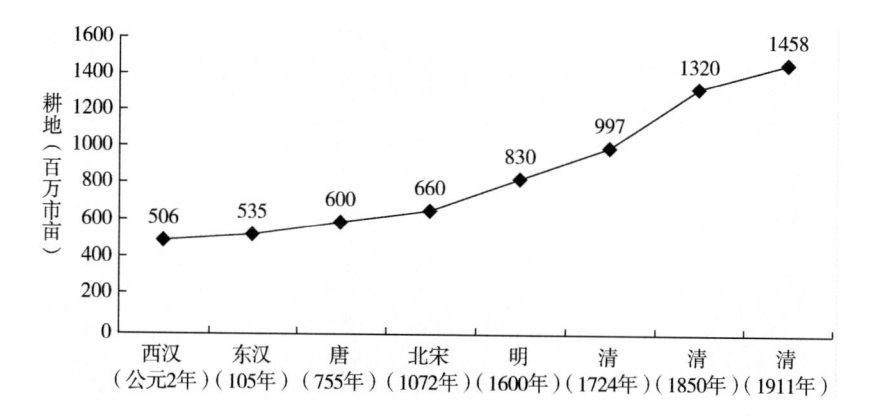

图1 自汉至清中国耕地数量的增长

（纵轴：耕地（百万市亩）；横轴各点数值：西汉（公元2年）506、东汉（105年）535、唐（755年）600、北宋（1072年）660、明（1600年）830、清（1724年）997、清（1850年）1320、清（1911年）1458）

时的中国划分为北方六省（直隶、山东、河南、山西、陕西、甘肃）、东南六省（江苏、安徽、浙江、福建、广东、江西）、中部二省（湖北、湖南）、西南四省（四川、广西、云南、贵州）以及新疆、蒙古、东北几个大的板块，① 各板块在清代各时间点的耕地数量变化如表23所示，耕地变化指数如表24所示。

表23　　　　　　　清代各时期分区耕地面积　　　　单位：百万清亩

省区	1661年	1685年	1724年	1766年	1812年	1850年	1887年	1911年
全国总计	778.40	893.44	1082.35	1161.71	1277.63	1432.76	1507.58	1582.29
北方六省	387.79	470.03	554.28	568.06	606.76	643.07	654.48	686.84
东南六省	291.61	308.04	321.09	336.19	357.10	380.25	388.63	357.30
中部二省	61.67	65.70	86.66	96.79	108.45	121.42	115.96	118.00

---

① 这种划分只是就总体而言。甘肃在清代所辖地域处在内地传统农耕区或曰核心农耕区与边疆地区的过渡地带，省内农业比较发达的地方只是河东地区和东北部引黄灌溉的宁夏府近河套地区，河西走廊地区则只有一些星星点点的绿洲农业。将甘肃整体划入内地传统农耕区是因为它在清初与陕西同属一个布政司，在历史数据的处理和观察上比较方便。四川在清代整体上仍属农业欠发达省份，所以将其与广西及云南、贵州一同归入"西南四省"，当然其中的部分地区如成都平原，在历史上已经有较高程度的农业发展。其他分别划为"北方""东南""中部"内地核心农耕区的各省也并不是意味着其省内各地农业都很发达。在这些省的内部，在清代也都存在着传统农业从发达地区向不发达地区（如山区）扩张的趋势。

续表

省区	1661年	1685年	1724年	1766年	1812年	1850年	1887年	1911年
西南四省	37.27	49.36	99.97	117.38	142.03	168.87	179.04	192.76
新疆	—	—	—	3.71	6.19	12.37	20.92	21.65
蒙古	—	—	—	13.56	22.60	45.20	51.65	58.11
东北	0.06	0.31	20.35	26.02	34.50	61.58	96.90	147.63

资料来源：据表2。本表1661年、1685年和1724年北方六省耕地的合计数内包括原表计入全国总数而未计入各省区分数内的旗地，以使各地区分数加总符合全国总数。当时旗地不只分布于关内，还有一部在东北地区，将旗地全部计入北方六省自然不尽合理，但东北的旗地有限（旗地主要在直隶境内），这样做对观察和分析的结果没有影响。

如表23、表24的数字所示，在雍正以前的经济恢复阶段，各地区耕地普遍有相当程度的增加：从顺治十八年到雍正二年，全国耕地总计增加约30%，其中在明末清初经历过长期战乱的北方省份和中部的湖广地区，耕地的增加幅度与全国平均水平大体相当；东南六省遭受战争破坏较小，耕地增加幅度也相对较小，不到10%；西南各省，主要是四川省，在战乱时期人口损失巨大，土地抛荒严重，战后大批外省移民入川垦荒，故耕地大幅增加，西南四省耕地总计增加超过60%，远高于全国平均水平。雍正以后，北方六省、东南六省和中部的湖南、湖北二省这样的传统农耕区继续扩大耕地面积的余地已经不大，耕地扩张主要表现在地处偏远，以往开发程度较低的西南各省和西北新疆、北部蒙古沿边和东北等边疆地区。从雍正二年到清朝灭亡，在近两个世纪里，全国耕地总计增加46.2%，其中北方六省增加23.9%，东南六省增加11.3%，中部湖南、湖北二省共增加36.2%，均低于全国平均水平；而西南四省则大幅增加92.8%，其他边疆地区因原来的耕地基数低，更是成倍增加，新疆增加近5倍，蒙古增加3倍多，东北增加6倍余。上述情况，清楚地反映出清代耕地增加的主要方向。

表 24　　　　　　　清代各时期分区耕地指数　　　　1724 年 = 100

省区	1661 年	1685 年	1724 年	1766 年	1812 年	1850 年	1887 年	1911 年
全国总计	71.9	82.5	100	107.3	118.0	132.4	139.3	146.2
北方六省	70.0	84.8	100	102.5	109.5	116.0	118.1	123.9
东南六省	90.8	95.9	100	104.7	111.2	118.4	121.0	111.3
中部二省	71.2	75.8	100	111.7	125.1	140.1	133.8	136.2
西南四省	37.3	49.4	100	117.4	142.1	168.9	179.1	192.8
新疆	—	—	—	100	166.8	333.4	563.9	583.6
蒙古	—	—	—	100	166.7	333.3	380.9	428.5
东北	0.3	1.5	100	127.9	169.5	302.6	476.2	725.5

资料来源：据表 23。本表各区耕地指数的计算均以 1724 年为 100，唯新疆、蒙古因无该年份数据，改以 1766 年的耕地总数为 100。

　　清前期耕地的增加呈现出的传统农耕区向外扩张的趋势，在上述各大地区板块内部也同样存在。表 23、表 24 显示的北方六省、东南六省和中部二省这几个地区板块自雍正、乾隆以后的耕地增长，主要就是由于上述各地山区的开发。[①] 从雍正初的 1724 年到道光末的 1850 年，全国耕地总计增加约 3.5 亿亩（清亩，下同），其中北方六省、东南六省和中部二省共增加 1.8 亿亩，占全国新增耕地的一半还多，说明在这一时期，内地传统农耕区的耕地挖潜（开发山区和其他一切宜农土地）与当时已经开始的各边疆地区的农业大开发，是同时并进的。晚清时期，内地省份的耕地开发接近饱和，几无增加，甚至东南六省和中部二省经过太平天国大起义，较之世纪中还有所减少，而各边疆地区的耕地则持续大幅增加，反映出近代以后中国耕地开发的主要方向。

　　经过清代两个多世纪的开发，中国近代耕地的地域分布格局逐渐形成。如表 25 所示，1724 年时，北方六省的耕地占全国总耕地的 51.2%，东南六省占 29.7%，中部二省占 8%，合计占比接近全国总耕地的 90%；而西南四省和新疆、蒙古、东北等边疆地区的耕地

[①] 清前期内地各省山区开发的情况，参见拙著《清代前期的小农经济》，第 123—133 页。

占全国耕地的比重，总共只有10%稍多一点。这种耕地的地域分布，大体也可以看作明代的情况。然而经过清前期的边地开发，到1850年时，各传统农耕区耕地占全国耕地的比重除中部二省略有上升外，均出现明显下降，14省的总比重约下降了10个百分点，已经不足全国耕地的80%，西南四省及各边区的耕地比重则上升到20%左右。这一趋势在晚清时期进一步发展，1911年清朝灭亡时，内地核心农耕区耕地的比重已经不足全国总耕地的四分之三，西南四省及各边疆地区耕地的比重则上升到四分之一多；其中，西南四省耕地增加不多，表明其开发程度已经较高，而边疆地区尤其是东北，则继续增加。与1952年的数据相比，清末各地区板块在全国耕地中的占比，除个别地区（如东北）后来继续有较大变化外，总的格局已经大体相当。图2是1724—1952年中国耕地地域分布变化趋势的示意图。

表25　1724年、1850年、1911年、1952年中国耕地地域分布变化

	1724年		1850年		1911年		1952年	
	耕地（百万亩）	占比（%）	耕地（百万亩）	占比（%）	耕地（百万亩）	占比（%）	耕地（百万亩）	占比（%）
全国	1082.4	100	1432.8	100	1582.3	100	1575.3	100
北方六省	554.28	51.2	643.07	44.9	686.84	43.4	614.20	39.0
东南六省	321.09	29.7	380.25	26.5	357.30	22.6	320.41	20.3
中部二省	86.66	8.0	121.42	8.5	118.00	7.5	115.42	7.3
西南四省	99.97	9.2	168.87	11.8	192.76	12.2	185.46	11.8
新疆	—	—	12.37	0.9	21.65	1.4	23.15	1.5
蒙古	—	—	45.20	3.2	58.11	3.7	77.61	4.9
东北	20.35	1.9	61.58	4.3	147.63	9.3	239.09	15.2

（2）粮食产量。清代农业进步还表现在粮食平均亩产和总产量的提高上。据本项研究估算，在清代粮食亩产最高的19世纪上半期，全国平均亩产达到326斤/亩（市制，下同），比笔者估计的明代万历时期平均每亩243斤的产量高出1/3，这在中国传统农业发展史上，是一个很大幅度的提高。

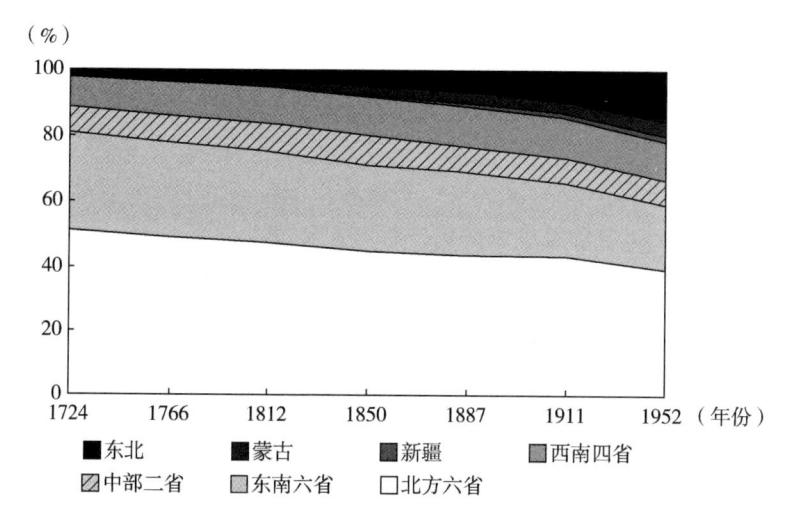

图 2　1724—1952 年中国耕地地域分布变化趋势

资料来源：本图系根据表 25 的数据并加上 1766 年、1812 年、1887 年 3 个观测点的数据（据表 24 的相应年份数据计算得出）制成。

当然，笔者对清代粮食平均亩产的估计只是一家之言，近二三十年来有不少关于这一课题的研究成果，结论并不完全一致。[①] 但无论哪家的研究，对清代前中期的粮食亩产达到了中国传统农业的最高峰这一点，认知并无不同。吴慧的《中国历代粮食亩产研究》估计了战国直至清前中期（鸦片战争以前）的历代粮食亩产，结论如表 26 所示。

表 26　吴慧估计的中国历代粮食平均亩产量

朝代	亩产（市斤/市亩）	朝代	亩产（市斤/市亩）	朝代	亩产（市斤/市亩）
战国中晚期	216	北朝	257.6	元	338
秦汉	264	唐	334	明	346
东晋南朝	257	宋	309	清前中朝	367

资料来源：据吴慧《中国历代粮食亩产研究》，第 194 页表。

---

① 此课题的研究成果甚多，不能一一开列，可参看石涛、马国英《清朝前中期粮食亩产研究述评》，《历史研究》2010 年第 2 期。

按照吴慧的估计，清代前中期的粮食亩产是历代最高的，比汉代（吴氏的估计以汉代的产量为基准而加以扩展）增加了39%，较之明代增加的幅度虽不如笔者估计的大，但也有6.7%左右的提高。吴慧认为：中国历史上粮食亩产的提高，"汉、唐、明和清是三个上升的台阶"，其中从汉到唐的亩产提高是由于经济重心南移，水稻生产发展；从唐到明、清的亩产提高，是由于稻田复种指数增加和玉米、番薯种植推广。① 对吴慧的上述判断，笔者从大的趋势上基本认同，但认为其对明代粮食亩产的估计太过偏高。吴氏指出从唐到明清的粮食亩产提高系由于稻田复种指数增加和玉米、番薯种植推广，但这两个因素在推动粮食产量增加上的作用其实只是到清代才真正显现出来：明代实行稻麦复种二熟的地区仍主要是在长江下游的江南地区，较之宋代虽在地域上有所扩展，但有限；种双季稻或实行二稻一麦三熟的地方仅限于闽、粤。当时南方大多数地方都基本只种一季晚稻。清前期，各种水旱轮作复种多熟的农作制在长江以南普遍推广，并不限于长江下游的局部地区，向北则推进到了秦岭、淮河一线，实行范围之广远非明代可比。在北方，旱粮作物的二年三熟或三年四熟轮作复种在黄河下游的华北平原以及陕西关中平原遍地开花，实行范围和普及程度均远超明代。至于玉米、番薯等美洲高产作物的引种，虽然明代已开其端，但真正在南北各地普遍推广是在清前期。玉米直到清初康熙时还多限于平原河谷地带的传统农区，而且往往只在田畔园圃种植，尚未成为主要的大田作物。乾隆以后，随着山区开发，玉米的种植优势得到发挥，才被普遍种植，成为各地山区最重要的粮食作物和人们的基本口粮。番薯的种植在明后期限于闽、广沿海，清前期开始向内地传播，最初只在南方地区，乾隆以后，随着藤种冬藏技术的解决（窖藏法），才在北方推广，嘉、道时成为各地普遍种植的重要作物之一。所以，复种指数的提高和域外高产作物的引种推广这两个引致中国粮食平均亩产在

---

① 吴慧：《中国历代粮食亩产研究》，第195页。

唐宋基础上再上新台阶的因素其实只是在清前期才真正发挥了作用，即如果说粮食亩产上了新台阶，那么这只能是发生在清前期，而不是在明代。笔者无意低估明代农业的进步。唐以后，明代和宋代一样都是中国粮食平均亩产提高的重要阶段，但与清前期相比，笔者相信二者并不处在一个水平上。明代人口虽然过亿，但即便高估，也不可能超过宋代1倍（宋代人口也过亿，明代人口高估也不会达到2亿人，笔者估计为1.5亿人）。清代人口的峰值为4.5亿人甚至更多，比明代多出两倍不止，而耕地仅比明代增加不到1倍，在这种情况下，说清代的粮食平均亩产只比明代高6.7%，是很难令人相信的。

促使清代粮食平均亩产提高的不止有复种指数增加和高产作物引种推广两个因素。中国传统农业的精耕细作农艺技术在各主要农耕区的大面积普遍推广也是一个重要原因。清前期，一方面人口快速增加，人均耕地减少，要解决众多人口的吃饭问题，只能力图在有限的耕地上产出更多的粮食来；另一方面，在传统社会，农业是最大、最主要的经济部门，人们在农业以外的生存出路有限，绝大多数新增人口只能投入农业，而精耕细作农业正是需要大量人工劳动的投入的，这样，就在必要性和可能性两个方面推动了精耕细作农业传统的进一步发扬。清代的大量农书和地方志都显示出，当时的农业生产无论南北，也无论水旱耕地，在土壤耕作、选种育种、田间管理、施肥、灌溉等各个方面表现出来的精耕细作、集约化经营的特点十分突出，农民的各项农活茬口安排往往极为紧凑，当然也十分辛苦："农民治其业，自非岁时伏腊、省祠墓、通亲戚，则晴事耕耘，雨勤织绩，赤背而薅草，跣足而犁冰。"[1] 清前期，由于众多人口的生存压力和劳动人手的大量增加，可以说已将大量投入劳动力、集约化经营的中国传统农艺的特点发挥到极致，这是当时粮食亩产提高的不可忽视的主要原因之一。

---

[1] 包世臣：《安吴四种·齐民四术》卷1上《农政·作力》（同治十一年注经堂刻本）。

清代的粮食平均亩产不仅在19世纪上半期达到了中国传统农业发展的最高峰，而且高于近代。从19世纪中期起，社会动荡不安，天灾人祸不断，农业生产条件恶化，粮食亩产也从历史的高点开始向下跌落。按照本项研究的估计，晚清时期，粮食的平均亩产从嘉、道两朝的每亩326斤（市制）一路下滑到清亡时的295斤，下降幅度接近10%。进入民国，这一趋势仍然延续。整个20世纪上半期，无论区域性的农业情况调查还是学者对全国总体水平的估计，粮食亩产都大大低于清代，基本上只有200多市斤。有学者认为民国时期的粮食平均亩产即便在情况较好的20世纪30年代前半段，也"仍比清中叶下降了百分之二十多"。①

清代的粮食总产量也显示出与亩产相似的变化趋势，即在清前期达到历史最高峰，远超前代；晚清以后，开始停滞、下滑，一直到20世纪中期以后，这一颓势才得以扭转。明代的粮食总产，按照笔者的估计，万历中达到最高点时大概为13.66亿石，约合1858亿市斤。② 20世纪30—50年代若干年份的全国粮食总产量，如表27所示。将如上清代前、后时期的粮食总产量与笔者估计的清代各时间点粮食总产连缀起来，1600年以后三个半世纪的粮食总产量变化曲线如图3所示。

表27　　20世纪30—50年代若干年份的全国粮食总产量　　单位：亿市斤

年份	1931	1932	1933	1934	1935	1936	1946	1947	1949	1952	1957
产量	2192	2338	2321	2016	2244	2318	2249	2150	2264	3278	3901

资料来源：1931—1947年数据据严中平等编《中国近代经济史统计资料选辑》，科学出版社1955年版，第360页表84（原统计的粮食品种为稻、小麦、高粱、小米、玉米、大豆6种，其他粮食不在内，故各年总产量仅为这6种粮食产量的合计数，应较当时全部粮食作物的总产量低一些。又原统计的单位为市担，今按1市担合100市斤换算）。1949年、1952年、1957年数据据《中国农业统计资料汇编1949—2004》，第35页，表2-13。

---

① 参见吴慧《中国历代粮食亩产研究》，第205页。
② 其时的总耕地按9亿明亩估计，假设粮食生产用地按占总耕地的92%（与清初比例相同），平均亩产按1.65石计，总产量=1.65×（9×0.92）≈13.66（亿石）。

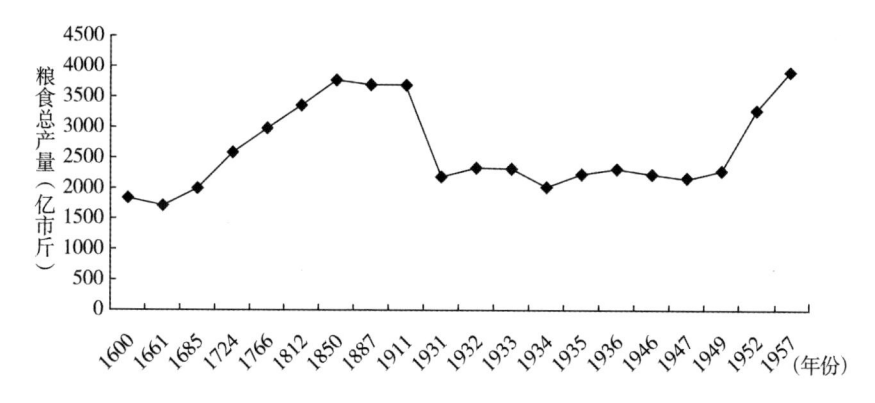

图 3 1600—1957 年粮食总产量变化

清代农业的进步还表现在经济作物种植的发展上。清代，尽管因人口快速增长而使吃饭问题十分突出，绝大多数耕地都不得不用来生产粮食，但即便在这种情况下，经济作物的生产依然有所扩大，棉花、桑、麻等重要手工业原料作物，甘蔗、茶、烟叶等商业性作物，在种植地域上比明代更广，占用耕地的比例比明代更大，产量也有所提高。按照本项研究的估计，经济作物的种植面积，清初仅有 6000 万亩稍多；1850 年增加到 1.86 亿亩，比清初增加 2 倍；晚清时期，1887 年为 2.26 亿亩，1911 年为 2.37 亿亩，比 1850 年增加 27.4%，为清初的 3.8 倍。经济作物种植面积在总耕地中的占比，清初为 8%，与明代相当；到 19 世纪中期，增加到 13%，清末更增加到 15%，约比清初增加一倍。经济作物的产值（增加值），按 19 世纪中期的银价核算，清初为 2.29 亿两，1850 年为 6.91 亿两，比清初增长 2 倍；清末进一步提高到 9 亿两左右，比清初多出近 3 倍。经济作物一般比粮食作物收益要高，经济作物种植面积的扩大意味着种植业整体生产效率的提高并带来种植业结构的变化。本项研究估计的清代各时期种植业产值构成的变化如表 28 所示。

表 28　　　　　　　　　清代各时期种植业的结构变化

年份	种植业总产值（亿两）	粮食作物		经济作物	
		产值（亿两）	占种植业总产值的比重（％）	产值（亿两）	占种植业总产值的比重（％）
1661	13.7	11.4	83.2	2.3	16.8
1685	16.1	13.5	83.9	2.6	16.1
1724	20.4	17.2	84.3	3.2	15.7
1766	23.7	19.4	81.9	4.3	18.1
1812	28.5	22.3	78.2	6.2	21.8
1850	31.9	25.0	78.4	6.9	21.6
1887	32.9	24.4	74.2	8.5	25.8
1911	33.4	24.4	73.1	9.0	26.9

注：产值均为扣除了生产成本的增加值。

（二）清代农业发展的局限

虽然在一系列总量指标上清代农业达到了中国传统农业发展的最高峰，但从生产效率上考察，清代的农业却不是历史上最高的。清代农业在劳动生产率以及一系列按人口平均的农业指标如人均耕地面积、人均粮食占有量等方面，都不但低于传统农业历史上曾经达到的高点，而且从变化的趋势上观察，至少从18世纪中期以后就一直在不断恶化。

（1）劳动生产率。农业劳动生产率可以通过平均每个农业劳动力每年能够提供的粮食数量、粮食产值以及农业产值等劳均指标来衡量。清代人口约比明代增加2倍，但由于明、清时期都处在相当稳定的传统农业社会，总人口中的绝大多数人都只能从事农业生产这一点没有也不可能发生大的变化。在《清代前期的小农经济》一书中，笔者将清前期总人口中的90％估计为农业人口，农业人口中从事生产的人口比例也估计为90％（另外10％为地主及其家庭成员、仆役等不从事或很少从事农业生产的人口），又估计从事生产的农业人口中的劳动力占比为40％，由此估算清前期的农业劳动力数量；至于农业劳动力中从事粮食生产的劳动力的比例,则按75%估计。① 上述估计,应该说不离大谱,但是稍嫌粗糙。笔者以为,从明到清,上述人口结构的比例虽无大的变化,但是在不同的历史时期,随着社会的发展,还是应该有所不同。为此,本项研究将上述各项比例做出微调,如表29所示;据之估算的各时期农业劳动力数量及其中从事粮食生产的劳动力数量如表30所示。

表29 清代各时期的农业人口及其中的劳动力比例估计　　单位：%

年份	农业人口占总人口比例	生产人口占农业人口比例	劳动力占生产人口比例	从事粮食生产劳动力占农业劳动力比例
1600	95.0	90.0	40.0	90.0
1661	95.0	90.0	40.0	90.0
1685	95.0	90.0	40.0	90.0
1766	92.0	90.0	90.0	85.0
1724	95.0	90.0	40.0	90.0
1812	90.0	90.0	40.0	80.0
1850	90.0	90.0	40.0	80.0
1887	87.0	90.0	40.0	75.0
1911	87.0	90.0	40.0	75.0

表30 清代各时期农业劳动力数量及其中从事粮食生产的劳动力数量估计　　单位：百万人

年份	总人口	农业人口	农业人口中的生产人口	农业劳动力	从事粮食生产劳动力
1600	150	142.5	128.3	51.3	46.2
1661	120	114.0	102.6	41.0	36.9
1685	146	138.7	124.8	49.9	44.9
1724	202	191.9	172.7	69.1	62.2
1766	286	263.1	236.8	94.7	80.5

---

① 参见拙著《清代前期的小农经济》,第199—200页。

续表

年份	总人口	农业人口	农业人口中的生产人口	农业劳动力	从事粮食生产劳动力
1812	369	332.1	298.9	119.6	95.7
1850	436	392.4	353.2	141.3	113.0
1887	436	379.3	341.4	136.6	102.5
1911	460	400.2	360.2	144.1	108.1

根据表 30 估计的各时期农业劳动力数量，就可以计算表内各个年份按照劳均粮食产量、产值等项指标衡量的农业劳动生产率了，结果如表 31 所示。

表 31　　　　各时期的农业劳动生产率估计

年份	粮食总产量（亿市斤）	粮食总产值（亿两）	农业总产值（亿两）	劳均粮食产量（市斤/每人·每年）	劳均粮食产值（两/每人·每年）	劳均农业产值（两/每人·每年）
1600	1858	12.8	18.0	4021.6	27.7	35.1
1661	1706	11.4	16.0	4623.3	30.9	39.0
1685	2014	13.5	18.8	4485.5	30.1	37.7
1724	2573	17.2	23.8	4136.7	27.7	34.4
1766	2988	19.4	27.2	3711.8	24.1	28.7
1812	3345	22.3	32.3	3495.3	23.3	27.0
1850	3746	25.0	36.1	3315.0	22.1	25.5
1887	3660	24.4	37.2	3570.7	23.8	27.2
1991	3660	24.4	37.8	3385.8	22.6	26.2

表 31 显示：清代的农业劳动生产率，清初的几个年份（1724 年以前）情况最好，较之明代，几个衡量指标或者有所提高（劳均粮食产量），或者不相上下（劳均粮食产值），或者虽然有所不及（劳均农业产值），但相差不大。然而，从 1866 年起，几个指标全面恶化，到 1850 年，劳均粮食产量较之 1600 年下降了 17.6%，劳均粮

食产值下降了20.2%，劳均农业产值更下降了27.4%。晚清时期的两个年份的农业劳动生产率与1850年相比止跌回升是由于太平天国以后人口数量和从事粮食生产的劳动力比例的变化所致。晚清时期商业性农业发展、经济作物种植扩大带来的从事粮食生产的劳动力比例下降、从事经济作物种植的劳动力比例上升，这一农业种植结构的变化当然会导致农业劳动生产率的上升。但即便在这种情况下，以1911年与1887年相比较，各个指标的变化趋势依然是下降的，说明人口数量的增长对清代农业劳动生产率的影响，实在是太大了。

（2）人均耕地面积、人均粮食占有量。清代的耕地和粮食产出在总量指标上较之明代是上升的，但由于人口增加太多，人均指标反而是下降的，并且下降的幅度很大。表32和表33是分别按本项研究估计的清代耕地面积和粮食总产量计算的人均耕地面积和人均粮食占有量指标。

表32　　　　　清代各时期的人均耕地面积及指数

以明万历中（1600年）为100

年份	1661	1685	1724	1766	1812	1850	1887	1911
耕地（亿市亩）	7.17	8.23	9.97	10.71	11.77	13.20	13.89	14.58
人口（亿人）	1.2	1.46	2.02	2.86	3.69	4.36	4.36	4.60
人均耕地（市亩/人）	6.00	5.64	4.94	3.74	3.19	3.03	3.19	3.17
人均耕地指数	108	102	89	68	58	55	58	57

注：明万历中（1600）总耕地面积为9亿明亩，合8.29亿市亩。人口1.5亿人，人均耕地5.53市亩。

表33　　　　　清代各时期的人均粮食占有量及指数

以明万历中（1600年）为100

年份	1661	1685	1724	1766	1812	1850	1887	1911
粮食总产量（亿市斤）	1706	2014	2573	2988	3345	3746	3660	3660

续表

年份	1661	1685	1724	1766	1812	1850	1887	1911
人口（亿人）	1.2	1.46	2.02	2.86	3.69	4.36	4.36	4.60
人均粮食（市斤/人）	1422	1379	1274	1045	907	859	839	796
人均粮食指数	115	111	103	84	73	69	68	64

注：明万历中（1600）粮食总产量为1858亿市斤，人口1.5亿人，人均占有粮食1239市斤。

如表32、表33显示的，清代的人均耕地和人均粮食占有量只是在清初时优于明代，以后便随着人口增长而不断下降。到19世纪中期，人均耕地只及明代的55%，人均粮食只及明代的69%。晚清时期，人口增长放缓，加之东北、内蒙古等边疆地区陆续有新的耕地开发出来，人均耕地有所增加，但幅度有限；人均粮食的指标则在晚清时期继续下降，到清末时已不足每人每年800市斤。

中国历史上的人均耕地数量，统一按市亩计，汉代为8—9亩，唐代在7亩上下，宋代为5—6亩，明代按笔者的估计为5.5亩稍多（6明亩）。[1] 如上的人均耕地水平是与各代的生产力水平相适应的，大体上能够满足当时人们的吃饭需要和社会正常发展对土地产品的需求。清代的人均耕地，除在早期与明代大体相当甚至还更多一些以外，从18世纪中期以后，就下降到4市亩以内；19世纪以后，更连按清亩计算的人均耕地也不足4亩了。人均3—4亩是一个什么概念？如上文所述，清人按照当时的生产水平对维持温饱所需耕地数量的估计在3—5亩。所以，清代自18世纪中期以后，特别是进入19世纪以后，人均耕地的数量已经接近于"温饱常数""饥寒界限"的水平了。

---

[1]　各代耕地总量的估计见本文表22。按照此表的耕地总量，如汉代人口按6500万人算，人均耕地为8.23亩；按6000万人算，则人均耕地接近9亩。唐代耕地笔者估计不少于6亿市亩，人口按葛剑雄估计的8500万人算，人均约7亩。宋代总耕地约6.6亿市亩，人口按1亿人算，人均6.6亩；按1.2亿人算，人均5.5亩。明代人均耕地的估计见正文。

从人均粮食占有量更可以看清楚问题的严重性。清代自 19 世纪以后的人均粮食占有量只有 800—900 斤，比明代下降了 1/4 到 1/3，而且从动态的角度观察一直呈不断下降的趋势。这里的人均粮食是按未加工的原粮计算的，换算为成品粮只有四五百斤。这样的人均粮食数量，如果单只满足当时人的口粮需求自然没有问题，但问题是生产出来的粮食并不能都用来吃。当时的粮食产出，如下几项用途也是必不可少的：①种子：留种为次年接续生产所必需；②工业用粮：酿酒、棉纺织业中的棉布上浆每年都要消耗掉大量粮食，此外还有其他一些手工行业也以粮食为生产所必需的原辅材料；③饲养家禽家畜的饲料粮；④备荒用的储备粮。另外，在运输、储藏过程中的消耗和损失也是考察口粮问题时不能忽略、需加以扣除的重要因素。如上几项口粮外的必要需求，在 19 世纪以后的社会条件下，将其比例估计为占当时粮食总产出的 20%—30% 应该并不为过。所以，考虑到口粮以外的必要用途，19 世纪以后的人均粮食占有量不仅不能说没有问题，而且应该说问题很大。表 34 是笔者对 19 世纪至 20 世纪初几个时间点的口粮需求及其在粮食总产出中的占比的估算。

表 34　1812 年、1850 年、1887 年、1911 年口粮需求及其占粮食总产量的比例

年份	人口（亿人）	口粮需求（亿石）	粮食总产量（亿石）	口粮占粮食总产量的比例（%）
1812	3.69	17.95	23.4	76.7
1850	4.36	21.20	26.2	80.9
1887	4.36	21.20	25.6	82.8
1911	4.60	22.40	25.6	87.5

注：口粮需求按总人口中 60% 为成年大口、40% 为未成年小口，大口每人每日吃粮 1 升、小口半升（均为成品粮）估算，估算结果按 60% 的原粮出品率折算为原粮记入表内。

如表 34 所示，当 19 世纪初人口不足 4 亿人的时候，当时的粮食总产出在扣除人口的正常口粮以后尚有 23.3% 的剩余可以供种子、

工业、饲料及备荒储备等项之需,虽不充裕,但总算还能大体满足需要。然而随着人口增长,到了世纪中即 1850 年的时候,扣除正常口粮以后的余粮比例就降到不足 20% 了,以后进一步下降,清亡时扣除口粮以后的余粮比例只有 12.5%。如此低的余粮比例,无论如何也是不能满足口粮以外的"必要扣除"的。在这种情况下,必然出现人们的生存需要与社会经济正常发展的需求"争粮"的局面:满足前者就不能满足后者,反之亦然,最终的结果只能是两者都不能得到充分的满足,这是 19 世纪中期中国进入近代社会以后一直面临的一个非常大的困境。

劳动生产率下降、多项按人口平均的重要生产指标恶化反映了清代传统农业发展的局限,其结果是这个作为当时社会经济基础的最重要的产业部门能为社会进一步发展提供的支撑作用的削弱。这,是考察清代农业发展必须看到的另一个方面。

(原载《中国经济史研究》2015 年第 5 期)

清代农业生产指标研究的缘起、数据和方法

——《清代农业的发展和不发展(1661—1911年)》
一书导言节录

一 研究缘起

笔者对清代农业生产指标进行量化研究的最初尝试始于20世纪80年代中后期在中国社会科学院研究生院经济系攻读博士学位期间。当时国内经济史学界受西方（美国）"计量史学"的影响，正出现一股小小的"计量研究"热潮①。在这一风气之下，笔者于1988年完成的博士学位论文《清代前期的小农经济研究》不但从生产关系如土地所有制、租佃关系、地租形式、赋役制度以及国家与农民的关系等方面分析和考察清代前期的农民经济，而且试图对当时的农业生产发展状况进行定量化研究，利用读博几年时间里花费很大精力收集和整理的历史数据，对清前期主要是鸦片战争前的耕地面积、

---

① "计量史学"（Cliometrics）是将计量经济学（Econometrics）应用于历史研究的一个西方经济史研究流派，诞生于20世纪50—60年代美国"新经济史学"（New Economic History）对"历史主义"的传统经济史研究或曰"旧经济史学"（Old Economic History）的批评和"革命"之中。20世纪80年代，"新经济史学"在西方，特别是在美国，早已蔚为大观并成为经济史研究的主流，但在改革开放不久的中国，仍属刚刚引进的"新学问"，对当时更重视"定性研究"的国内经济史学者冲击不小，提倡"定量研究"的声音，以及重视"量化"的研究实践在国内经济史学界随之兴起，形成一股小小的"热潮"。然而，就研究的实际而言，当时绝大多数国内学者的所谓"计量"研究，仍属传统的统计学方法，而非西方"计量史学"那种模型先导，应用数学公式推导各种变量之间关系并得出结论的研究范式。真正可以归入"计量史学"风格的国内学者的经济史研究，只是在最近十几年才"热"起来，并且践行者大都是一些青年学者和刚刚踏入这一领域的研究生。而国内经济史研究的主流，包括笔者这样一贯重视"量化研究"的人，其实至今也没有完全接受计量学派的研究理念，认为其所倡导的经济数学模型、"计量推导"最多只是经济史研究的工具之一，并不能作为普适方法无条件地在所有研究中到处应用。这一话题，后文将进一步申述笔者的意见。

粮食亩产和总产量以及劳动生产率等农业生产指标做了尝试性的初步估计。这些成果在 20 世纪 80 年代末 90 年代初以中、英文论文及专著的形式，陆续公开发表①。

博士毕业以后，笔者到中国社会科学院经济研究所工作，因承担研究室的集体著作《中国近代经济史：1895—1927》和《中国近代经济史：1927—1937》两部书②的写作，负责其中的财政和内债部分，以及其他课题任务，暂时中断了对清代农业生产指标的量化研究，不过对国内外此项研究进展的关注，以及对相关史料的收集和整理工作，始终也没有停止。

重回此项研究的契机是 2009 年参加在荷兰乌德勒支举办的第 15 届世界经济史大会。这次大会使笔者深切感觉到：在 20 世纪 90 年代以后的 20 年时间里，与笔者此项研究的背后主题高度相关的"历史国民账户"或曰历史 GDP 及其国际比较研究，已经和正在发生着重大而深刻的变化。肇始于 1981 年发表的法国经济学家保尔·贝洛赫《工业革命以来国民经济发展差异的主要趋向》③ 一文的反传统呼声而在西方学术界掀起的关于现代经济增长起源问题的讨论，不

---

① 参见史志宏《清代前期的耕地面积及粮食产量估计》，《中国经济史研究》1989 年第 2 期；《清代前期的农业劳动生产率》，《中国经济史研究》1993 年第 1 期；《清代前期的小农经济》，中国社会科学出版社 1994 年版，第 140—154、188—203 页。用英文写作的"The Development and Underdevelopment of Agriculture during the Early Qing Period（1644—1840）"一文先在 1989 年 9 月日本东京庆应大学举办的一个学术研讨会上宣读，次年又在比利时鲁汶举办的第 10 届世界经济史大会 B - 3 Session 发表，会后收入 Akira Hayami 与 Yoshihiro Tsubouchi 合编的论文集 "Economic and Demographic Development in Rice Producing Societies: Some Aspects of East Asian Economic History（1500—1900）"，由鲁汶大学出版社出版（Leuven University Press, 1990）。

② 前书由汪敬虞主编，人民出版社 2000 年出版；后书由刘克祥、吴太昌主编，人民出版社 2010 年出版。两书均为国家社会科学基金重点课题。

③ 参见 Paul Bairoch, "The Main Trends in National Economic Disparities since the Industrial Revolution", in Paul Bairoch and Maurice Levy Leboyer, eds., *Disparities in Economic Development since the Industrial Revolution*, St. Martin's Press, New York: 1981, pp. 3 - 17。贝洛赫在这篇文章中批评了自克拉克和库兹涅茨以来西方长期国民账户比较研究低估工业革命之前亚非国家经济发展水平的传统观点，历史上第一次提出了在进入近现代经济增长之初，亚非发展中国家的人均国民收入并不远逊于西方国家，中国当时的人均收入甚至还超过一些西方国家（如法国）的观点。贝洛赫此文还按照 1960 年美元的价格估算了 1800—1977 年共 8 个年份的中国人均收入，建立起一个包括了前近代、近代直至当代的中国人均收入序列。

但已经逐渐升温为热门话题,而且随着讨论的深入,一些研究者更将探究的视野由工业革命向前延展至欧洲近代早期,甚至将其前推到了更为久远的中世纪,最终导致"历史国民账户体系"(The System of Historical National Accounts)这一颇具创意的新概念被正式提出,还出现了一套有别于现代国民账户核算方法的历史统计学新方法①。被简·德弗里称为"早期近代主义者的挑战"(Revolt of the Early Modernists)②的这场关于现代经济增长起源问题的讨论在推动欧洲近代早期与中世纪晚期国民账户研究的同时,还随着20世纪后期中国经济在世界上的迅速崛起而引发了西方学术界认识与了解欧洲以外世界的强烈冲动,关于中国历史国民账户的研究因之成为许多西方学者感兴趣的热门课题之一。1989年出版的美国匹兹堡大学教授托马斯·罗斯基的《战前中国的经济增长》③一书对中国近代(1914—1918年、1931—1936年)国民收入与人均收入的重新估算,20世纪90年代中期以后陆续发表的英国数量经济史学家安格斯·麦迪森的《世界经济观测》《中国经济的长期表现》《世界经济千年史》和《世界经济千年统计》等系列著作④,都是西方学者研究欧

---

① 正式提出"历史国民账户体系"概念及其一整套研究规范和方法的是荷兰乌德勒支大学的范·赞登(Jan Luiten van Zanden)教授及其领导的经济史研究团队,其有关理念详见 Jan-Pieter Smits, Edwin Holings & Jan Luiten van Zanden: *Dutch GNP and its components*, 1800—1913, Ggdc Research Memorandum, 2000, 23 (July), pp. 21-30。当然,如果不究其名而究其实,将衡量一个经济体一定时期内的发展水平的统计工具"国民账户体系"的GNP/GDP (Gross National/Demestic Product)、国民收入(National Income)等概念引入历史领域的相关研究实际早就存在了。自1940年英国经济统计学家科林·克拉克《经济进步的条件》(Colin Clark, *The Conditions of Economic Progress*, Macmillan, London: 1940)一书出版以来,对各国历史GDP以及各国长期国民账户的国际比较研究,在20世纪90年代以前就已经开展,并成为西方经济史研究的一个重要分支。但是这些较早时期的历史GDP研究,同今天正在蔚为大观的"历史国民账户"研究在时代背景、研究理念以及研究方法上都有诸多不同,也没有形成今天这样的研究"热潮"。

② Jan de Vries, "The Industrial Revolution and the Industrious Revolution", *Journal of Economic History*, Vol. 54 (2), 1994, pp. 249-270.

③ Thomas G. Rawski, *Economic Growth in Prewar China*, University of California Press, 1989.

④ Maddison, Angus, *Monitoring the World Economy*, 1820—1992, OECD Development Centre, Paris, 1995; *Chinese Economic Performance in the Long Run*, OECD Development Centre, Paris, 1998; *The World Economy: A Millennial Perspective*, OECD Development Centre, Paris, 2001; *The World Economy: Historical Statistics*, OECD Development Centre, Paris, 2003.

洲以外，包括中国在内的亚洲及世界其他地区经济历史表现的重头著作，并为这场讨论提供了有关中国历史国民账户的新数据。2000年美国普林斯顿大学出版社出版的著名历史学家、加州学派代表人物彭慕兰的《大分流》① 一书，则为这场讨论进一步推波助澜。尽管彭慕兰的著作没有使用 GDP 和人均 GDP 指标，而是用个人收入与消费来衡量中国与欧洲的经济发展水平，但其观点同样挑战了克拉克、库兹涅茨以来的西方传统观点。彭慕兰的著作在西方影响甚广，出版后引发了西方学术界关于中国和西欧经济分流及其产生原因的热烈而持久的争论。这场争论，原本并不都是在定量研究的层面上展开的，但随着讨论的深入，越来越多的"大分流"讨论参与者感到只有进行定量分析才能更好地说明问题，于是也加入了历史国民账户的研究之中，即出现了"大分流"讨论与历史国民账户研究以中西经济比较这一主题为背景的"合流"。

上述 20 世纪后期至 21 世纪初期西方经济史学界研究的新动向，笔者在参加第 15 届世界经济史大会期间不但深切感受到，而且由此激发了强烈的"参与进来"的研究冲动。正因如此，笔者回国后立即联合两位青年学者一起申报了 2010 年度国家社会科学基金重点项目"十九世纪上半期的中国经济总量估值研究"并得到立项（10AJ1003）。在此项课题中，笔者亲自承担农业部分的估值研究；手工业及商贸、交通、服务业的研究则委托给两位青年学者去做。经过课题组全体成员齐心协力，此项课题于 2016 年顺利结项。呈现在读者面前的这本书——《清代农业的发展和不发展（1661—1911 年）》，是笔者在课题结项书稿《19 世纪中期的中国经济总量研究》② 中农业估值部分的基础上又加以扩充，并对所得结果进行初步分析的一部独立专著。

---

① Kenneth Pemeranz, *The Great Divergence: Europe, China, and the Making of the Modern World Economy*, Princeton University Press, 2000.

② 这部书稿，尽管在结项时鉴定等级被评为"优秀"，但实在还只是一个比较粗糙的初稿，需做更细致的打磨并补充资料、完善分析结论，才能交付出版。

本书对笔者20世纪80年代关于清代农业生产指标研究的改进之处主要有：（1）研究的时段不再局限于鸦片战争以前，而是向后推移到了1911年，即将清代整个历史时期全都包括进来，涵盖了中国历史古代末段、近代前段两个大的时间段。（2）对各项农业生产指标进行量化估计的时间点不再仅仅局限于19世纪中期（原来是1840年），而是又向前、向后延展，选取了1661年、1685年、1724年、1766年、1812年、1850年、1887年和1911年共计8个时点，使估出的结果形成包括清代历史各个发展阶段的完整时间序列，以便对整个清代农业进行长时段的数据观察和分析。（3）20世纪80年代的研究只对耕地面积和粮食的亩产和总产量等指标做了估计，此次则在这些指标之外，还对粮食生产的总产值和增加值、经济作物的产值和增加值以及包括林、牧、渔业都在内的全部农业的总产值也都做出估计，可以说衡量清代农业发展状况的基本经济指标都已经具备了。（4）20世纪80年代的研究所依据的资料相对有限，估计结论自然也就比较粗糙。此次则得益于近30年来众多学界同人的共同努力发掘，以及笔者本人在这期间对相关历史资料和数据的进一步收集和整理，研究依据较之原来大大丰富，因而对估计结论的可靠性的自信心远比过去要强。

二 历史数据

笔者此次对清代农业生产指标研究的最大着力点是历史数据的收集和整理。尽可能完备地收集与所研究内容相关的第一手历史资料，是一切严肃认真的量化经济史研究的基础，没有这第一步的基础工作，整个研究就是无源之水、无本之木，无论事先的研究设计看起来多么完美，以后的路也没有办法走下去。那种不亲自或很少亲自收集第一手资料，几乎完全依赖从他人相关成果中摘引二手、三手来源的现成数据来做研究的做法，笔者以为是不可靠的，所得结论不足凭信。所以，从"十九世纪上半期的中国经济总量估值研究"课题立项开始，笔者就在课题组内提出："从史料入手，重建历史数据"是我们做这个项目的研究路径的不二选择，要在这件事上花大力气，下大功夫。要通过做这个项目，不但提出我们对所研究时段的中国经济总量的估计，而且，还要在用以支持这个估计的历史数据的发掘上有所贡献，为学界提供超过前人的系统的原始资料数据库。这些资料，将来连同我们的估计结果一起发表，以方便后人做进一步的研究。① 在农业生产指标估值这项工作上，笔者所收集、整理的历史数据来源于上千种清代官私文献、原始档案以及近代的调查，其中主要是地方志。为了收集尽可能多的清代亩产数据，笔者查阅的清代方志数量有二三千种，涵盖全国所有内地省份和大部分边疆地区，最终整理出来的清代粮食亩产数据总数有 3000 多个（其中许多是合并处理过的，原始数据数量在万数以上）。根据这批粮食亩产资料整理的"清代南方水稻亩产事例表"和"清代北方旱粮亩产事例表"构成本书附录的核心部分。表内，对每个数据都注明了资料来源和笔者如何处理原始数据的简要说明，以便读者按图索骥查找这些数据的原始出处并对笔者处理数据的合理与否做出自己的判断。

三　研究方法

笔者对清代农业生产指标的研究遵循现代国民账户的 GDP 核算方法，按照粮食生产、经济作物生产和种植业以外的林牧渔业生产的部门划分，一个部门一个部门地分别估计其产值及增加值，然后将所得结果加总。各部门的产值及增加值估算，也是以生产法为主。例如种植业中的粮食生产，笔者先估计粮食的种植面积和亩产量，然后以之为依据计算粮食的总产量，又根据价格资料计算粮食的总产值，再从中扣除生产成本（中间投入），最终得出粮食生产的增加值——

---

① 参见史志宏、徐毅《关于中国历史 GDP 研究的点滴思考》，《中国经济史研究》2011年第 3 期。

总之就是老老实实地一步一步算账。当然,做历史 GDP 研究与现实 GDP 的核算不同:由于很难找全规范核算所必需的所有当期数据,有时甚至连最基本的关键数据都无法直接获取,具体估算过程中迂回曲折的种种变通做法必不可免;在极端缺乏当期数据的情况下,有时还不得不使用较晚时期的数据做逆向回归推算(如清中期以后的耕地面积),或利用较为可信的相关研究成果及他处、他期的数据,包括近代的调查统计数据,进行比例法推算(例如林牧渔业的产值估计)等。正因为很难像核算现实 GDP 那样获取所有必要的数据,一些基本数据只能依据所掌握的资料通过各种迂回曲折的方法近似地估计出来,历史 GDP 的研究者,包括笔者,一般将自己的研究定义为"估算",而不称为"核算"。尽管如此,就所用方法的整体而论,笔者是遵循 GDP 指标的核算原则,并且是以生产法为主体,来进行工作的。这也是迄今为止大多数历史 GDP 研究者所使用的方法。

在历史 GDP 的估算方法上,近来也有学者试图别开生面,另创新路。如一些主张将计量经济史的方法引入历史 GDP 研究的学者认为,过往中外学者估算历史 GDP 的方法只能称为"会计核算",而由于各家所见资料不同,估计的结果往往彼此相差很多。计量经济史的方法是"根据经济学原理已经反复证明的函数关系,对不可能存在于文献中的关键数据,利用已知的数据以计量经济学的方法推算出来"[1]。对这种创新尝试,笔者在原则上并不反对,甚至认为在特定的条件下,如在"会计核算"因缺乏足够史料而实在无法进行,而"计量推导"又确有把握的情形之下,或者,在"会计核算"已经得出结果,但这个结果是否准确尚不能完全自信,有必要采用其他方法进行验证的情形之下,也不妨一试。但是,从历史 GDP 研究的根本方法上说,笔者对这种创新不敢轻易尝试,而宁愿"会

---

[1] 参见刘巍《近代中国 GDP 估算:数量分析方法的尝试》,载《中国经济史研究》2011 年第 3 期。同样推崇计量经济史研究方法,并认为目前其在国内学者的研究中尚不普及的原因是在于进入的"门槛"较高的还有刘文革《中国计量经济史研究的回顾与展望》一文,载《广东外语外贸大学学报》2009 年第 6 期。

计核算"。

笔者之所以主张谨慎对待在历史 GDP 研究中使用"计量推导",是因为对倡导者所高扬的那些"经济学原理已经反复证明的函数关系"能否普适于现代市场经济以前的前近代乃至更古远时代的传统经济,持高度怀疑态度。笔者以为,那些所谓"经济学原理已经反复证明的函数关系",绝大多数其实只是现代市场经济条件下各种经济变量之间关系的数学表达或者说是数学抽象。这些"函数关系"即便在现代市场经济运作中已被"反复证明",因而可以放心利用,由一些已知数据来推算未知数据,但其能否在传统时代的非市场经济或二元经济中也一体适用,却是难以让人放心的,因为在后者的经济运行中,那些看起来相同或相似的经济变量之间是否存在同样的"函数关系",还并没有被"反复证明"。在市场经济条件下,农民家里的粮食存量与市场上的粮食价格当然存在一定的"函数关系",但是在市场发育不充分、不完全的传统社会里,农民家里的存粮有相当一部分是不能出卖或根本就不准备出卖的,在这种情形之下,其与市场上的粮食价格还存在同样的"函数关系",适用同样的数学公式么?迄今为止,经济学对现代市场经济出现以前的人类社会的其他经济形态及其运行规律的研究还很不充分,更遑论去"反复证明"那些根据现代市场经济提炼、抽象出来的经济变量之间的"函数关系"了。20 世纪以前中国社会的经济活动并没有全面、系统的文献记录,现有数据都是经济史研究者从海量的史籍、有些还是只言片语中去爬梳整理、考据提炼才最终得到的。经济史研究者就是根据这些并不完整、缺失多多,并且质量高低不齐的拼凑起来的数据,经过"会计核算",有时甚至还要进行被讥笑为"揣测"式的估计,才得以复原当时经济在个别时点上的并不十分清晰,也并不敢肯定其准确程度如何的全貌。在这种情况下,那些"函数关系"谈何已被"反复证明"?既然还未被"反复证明",在并不完全相同的社会条件下运用那些"函数关系"去推算文献记载所缺失的数据,至多也只能被认为是"试水"罢了,与"揣测"其实也相距不远（揣测也要有史实依据的）。所以，问题的关键并不在于"计量推导"的"门槛"高不高——"门槛"再高，稍抬抬腿也还是可以迈过去的。何况，当前一些研究所谓的"计量推导"，大多还只是线性回归之类的浅层次应用，本质上仍属统计学范畴，稍学过些经济数学的人都能掌握，算不得什么高深的知识。问题只在于，笔者认为，在目前这个阶段，在现有的研究条件下，将"计量推导"全面应用于历史 GDP 的研究，条件还不成熟。这是笔者仍然宁愿老老实实做"会计核算"的根本原因。在研究方法上，笔者推崇已故吴承明老前辈"史无定法"的遗训，无论哪种方法，只要适用，都可以用。这里，"适用"，笔者以为应该是选择哪种研究方法的唯一条件。

[原载《清代农业的发展和不发展（1661—1911 年）》，社会科学文献出版社 2017 年版]

编选者手记

本书共选编了12篇史志宏的中国经济史论文，基本可以代表作者主要的研究成果和研究风格。

所选论文按内容区分包括五个研究主题。

其一，清代摊丁入地问题的研究。《论清代的摊丁入地》为作者进入史学领域的首篇"用力甚勤"的作品，是其在北大历史系读研究生时的硕士学位论文，完成于1982年4月，同年夏答辩通过并获得学位。本文的内容，虽后来被拆散为多篇较小的专题论文先后发表，但从未以其最初的面貌完整地公开。本次"原汁原味"地收录这篇论文（作者做了少许文字修改），算是对作者学术生涯"开篇"的一个纪念。作者关于摊丁入地问题的其他论文，根据其本人意见，这次没有收录。

其二，中国传统农业问题的研究。农业史是作者到经济所工作后的主要研究领域之一，发表过两部专著和多篇论文。本主题收录了作者4篇论文，其中《中国传统社会的经济结构与农业发展》《关于中国历史GDP研究的点滴思考》（与徐毅合作）、《清代农业生产指标研究的缘起、数据和方法》[节录自作者《清代农业的发展和不发展（1661—1911年）》一书"导言"] 三篇均为议论文，反映了作者对中国传统社会经济结构和农业发展的特点及中国古代农业生产指标研究方法等问题的思考；《清代农业生产指标的估计》一文则代表了作者对中国传统农业发展水平研究的主要的，也是最新的研究成果。

其三，无锡、保定农村经济调查及调查数据的研究。无锡、保定农村调查是作者到经济所后所做的另一项主要工作，本文集收录论文4篇。《无锡、保定农村调查的历史及现存无、保资料概况》一文概述了近代中国农村调查中唯一前后历经四次、延续了近70年之久的无、保农村经济调查的历史并介绍了历次调查数据的现存状况。其余三篇关于无、保调查数据分析的文章，据作者说，原系作者拟与外方合作者合写的一部学术专著中的有关章节的内容，后该专著因故未能完成，乃以已经草就的部分内容作为专题论文发表。根据作者的意见，这几篇关于无、保调查的公开论文，本文集予以全部收录。

其四，明及清前期海外贸易政策的研究。此主题收录了作者两篇论文。这两篇文章原为作者参加1998年在西班牙马德里举行的第12届世界经济史大会的论文，原文为英文（题为China's Overseas Trade Policy and Its Historical Results：1522—1840，收入 A. J. H. Latham 与 Heita Kawakatsu 合编的英文论文集 *Intra-Asian Trade and the World Market*，Routledge 出版社2006年出版），后经作者自译为中文在国内发表（因原文较长，用中文发表时拆为两篇）。收录这两篇论文，是考虑其在作者的研究中属于"异数"（作者极少在自己专长的领域之外发表文章，而且其写作以实证性的论文为主，甚少发表以议论为主的文章，此二文兼具这两点，在作者的公开文字中绝无仅有），同时也因为这两篇文字反映了作者对15世纪大航海以来在世界历史上曾长期辉煌的中华古文明逐渐衰落的深层原因的思考，而这种思考对于人们认知和理解21世纪的今天中华文明以崭新的面貌不可阻挡地再次崛起，重登世界文明之巅的历史大势的原因，也是不无裨益的。

其五，财政史研究。财政史也是作者的主要研究领域之一，有专著和多篇论文发表。由于篇幅所限，同时也由于作者的财政史研究成果在已经公开出版的两部学术专著（《清代户部银库收支和库存统计》和与徐毅合著的《晚清财政：1851—1894》），以及在作者所在研究室集体写作的《中国近代经济史》1895—1927年卷和1927—

1937年卷的"财政与内债"专章中,基本上都已体现,本文集只从《晚清财政:1851—1894》一书中抽出《清朝前期财政概述》一章(该书第一章),作为作者这方面研究的代表。

  史志宏在以上领域的研究成果,编者既无能力,也没必要进行总结和评价,读者自会评判。在此编者想写几句"题外话"。史志宏是一位有趣、灵动的学者,比如,针对一些学者认为量化历史研究中的"计量推导"尚不普及的原因在于进入的"门槛"较高,他写道:"门槛"再高,稍抬抬腿也还是可以迈过去的(见文集中《清代农业生产指标研究的缘起、数据和方法》)。某项具体方法的运用,与学科研究之间,并不存在不可逾越的鸿沟,关键在于鉴别出适用的方法,倘若需要,那就投入时间和精力去"抬抬腿",便可迎刃而解。史志宏研究员的表述,简明、从容。

樊 果
2021年12月

《经济所人文库》第二辑总目(25 种)

(按作者出生年月排序)

《汤象龙集》　　《李伯重集》
《张培刚集》　　《陈其广集》
《彭泽益集》　　《朱荫贵集》
《方　行集》　　《徐建青集》
《朱家桢集》　　《陈争平集》
《唐宗焜集》　　《左大培集》
《李成勋集》　　《刘小玄集》
《刘克祥集》　　《王　诚集》
《张曙光集》　　《魏明孔集》
《江太新集》　　《叶　坦集》
《李根蟠集》　　《胡家勇集》
《林　刚集》　　《杨春学集》
《史志宏集》